마음과 철학
서양편 하

마음의 본성을
탐구하는
철학의 지적 모험

마음과 철학
서양편 하

니체에서
차머스까지

서울대학교 철학사상연구소 엮음

서울대학교출판문화원

발간사

〈마음과 철학〉 총서를 열며

　　서울대학교 철학사상연구소는 동양과 서양의 철학사상을 현대적으로 종합하고, 각 분과 학문의 방법론과 토대에 관해 학제적 연구를 수행하려는 목적으로 1989년 6월 14일에 설립되었습니다. 이후 여러 주제의 콜로키엄, 집담회, 포럼, 학술회의, 심포지엄, 국제 행사, 교육과 연구 관련 과제, 그리고 출판 저술 활동들을 주관하며 이제 국내 철학계의 연구 활동을 대표하는 학술 연구소로 자리 잡게 되었습니다.

　　연구소의 나이가 스무 살이 넘어감에 따라, 한국의 지식인뿐만 아니라 일반 지식 공동체도 관심을 둘 기획과제를 수행해 보자는 의욕이 연구소의 구성원들 간에 자발적으로 발생하게 되었습니다. 그후 2년여의 준비를 거친 끝에 이제 〈마음과 철학〉 총서를 완성하게 되었습니다. 기획 단계에서 주제를 '마음에 대한 철학적 성찰'로 정하고, 편집위원회가 구성되었으며, 동양과 서양의 대표적 철학자를 총 59명으로 압축하고, 해당 분야를 주요 전공으로 연구하시는 강호의 제현들에게 원고 집필을 부탁드렸습니다. 또 한편으로는, 일 년간 〈철학 강좌: 마음에 대한 철학적 성찰〉 시리즈를 개최하였습니다. 일반 대중들과 전문가들 앞에서 원고 내용 일부를 발표하였으며, 청중들과 질의응답하고 토론하면서, 소통을 통해 저희들의 사유를 보다 날카롭게 하였습니다. 매번 그 자리에 만장하셔서 좋은 질문을 해주셨던 이름 없는 청중 여러분께 이 자리를 빌려 감사의 말씀을 전합니다.

본 총서의 주제로 '마음'을 선정하게 된 데에는 몇 가지 이유가 있습니다. 우선 현재 철학계뿐만 아니라 인문학계 또는 한국의 학계 전반에서 불고 있는 통합 학문적 연구에 대한 지식인들의 사명의식입니다. 인문학과 다른 학문 간의 소통을 진작하고 더 많은 대화를 통하여 미래에 새로운 빛과 진보를 가져올 수 있는 새로운 아이디어와 사유를 가져오기 위해, 저희들은 전통적으로 철학자들의 오래된 주제였으며 최근 자연과학자들에 의해서도 그 실체가 탐구되고 있는 '마음'이라는 것을 밝혀보기로 했습니다. 두 번째 이유로는 마음이라는 주제가 동양, 서양 모두에서 많은 철학자들이 오랜 시간을 두고 심대하게 다루어온 주제라는 것에 주목하였습니다.

철학사상연구소는 동서양을 꿰뚫어 소통할 수 있는 철학적 담론을 개발하는 것을 그 주요 설립 목적으로 하고 있습니다. 저희는 이러한 '마음' 연구를 통해, 동과 서를 넘어, 철학과 사상, 종교를 아우르는 인류 정신사의 오랜 자취를 다시 살펴보고자 하였습니다. 서양의 철학 전통이 인식의 주체, 사유의 주체로서의 마음에 천착해온 데 비해, 동양에서의 마음이란 인식과 사유를 넘어서는 종교적 완성의 주체이기도 합니다. 그래서 유학의 경우는 오랜 심성론의 전통이 있습니다. 한편 불교는 의식의 탐구를 수행의 중심에 놓으며, 특히 인도의 경우 오랜 불교 인식론의 이론적 전통이 존재했습니다. 동아시아 불교가 지닌 마음의 본성에 대한 이해는 인식론을 넘어 존재론, 나아가 윤리학과도 관련될 만큼 중요한 주제입니다. 또한, 20세기 역사에서 유물론이 등장하고 사회 발전 단계에서의 물질의 중요성이 부각되었던 것처럼, 21세기에 들어서는 마음이 중요한 화두로 등장하였습니다. 마음과 그의 본성이 무엇인지에 대한 학문적 연구가 활발해졌을 뿐만 아니라, 마음이 지닌 무한한 가능성과 창조적 힘이 문화와 종교에서 강조되면서 마음은 새롭고 신비스러운 모습으로 대중에게 새로이 인식되고 있다고 할 수 있습니다. 이러한 학문적, 그리고 대중적 관심에 대해 저희는 나름의 철학적 답변을 이 네 권의 〈마음과 철학〉 총서로 여기에 제시하고자 합니다.

'마음'이라는 단출한 말 속에 담긴 이런 폭넓고 깊은 전통을 네 권의 책 속에 모두 담아내는 것은 쉬운 일은 아니었으나, 많은 선생님들의 헌신적인 수고로 이 일을 잘 마칠 수 있었습니다. 박찬국, 김상환, 강상진, 이석재, 강진호, 정원재, 안성두 교수님 등 편집위원들께서는 기획 단계에서부터 마무리에 이르기까지 많은 귀중한 조언을 주셨습니다. 특히 강진호 교수님은 공개강좌를 기획 진행하고, 서양편 두 권의 원고를 편집하는 등 이 기획의 전 단계에서 헌신적인 노력을 아끼지 않았습니다. 불교편은 안성두 교수님께서, 그리고 유학편은 정원재 교수님께서 공개강좌를 진행하고 원고를 편집하는 데 노고를 아끼지 않으셨습니다. 서울대학교 철학과 박사과정의 이정규 씨와 이우람 씨는 서양편 원고 수집 과정을 도와주었으며, 특히 이우람 씨는 용어 해설 작성을 맡아주었습니다. 유학편과 불교편은 서울대학교 철학과 박사과정의 이해임 씨, 석사과정의 양성철 씨(보일 스님)와 이상엽 씨가 원고 수합과 용어 해설을 맡아주었습니다. 그리고 이 책의 기획의도를 누구보다도 더 잘 이해하고 편집 방향에 많은 조언을 준 서울대학교 출판문화원의 형난옥 전 운영본부장과 그동안의 여러 가지 어려움에도 불구하고 철학에 대한 애정으로 헌신적으로 이 일을 끝까지 마무리해준 김현호 편집장에게도 감사를 표합니다.

    이런 대규모의 기획 프로젝트가 실현될 수 있었던 데에는 커다란 재정적 후원이 있었기 때문에 가능했습니다. 우선 서울대학교 연구처의 특별 지원금이 있었기에 이 프로젝트를 시작할 수 있었고, 특히 유학편과 불교편은 안국선원 회주이신 수불 스님의 너그러운 기금 지원으로 이루어졌다는 것을 밝힙니다. 이 자리를 빌려 깊은 감사를 드립니다.

    이번 총서는 철학 전공자들뿐 아니라 마음의 본성에 대해 관심이 있는 타 학문 전공자들과 대학생, 일반인도 읽을 수 있는 고급 학술교양서를 지향하였습니다. 부디 독자 제현들께서 열람해주시고 질정해주시길 바라며 이 사회에서 철학의 가치를 높이고자 노력하는 저희 연구소의 활동에 애정 어린 관심 부탁드리겠습니다.

2012년 5월 매화꽃 향기가 가득한 교정에서

서울대학교 철학사상연구소 소장
조은수 배상

차례

발간사   iv

서문   xi

니체   '생리학'으로 해명한 '나'와 '의식'   1
백승영

프로이트   무의식 혁명   31
김석

후설   현상학에서의 의식   61
이남인

하이데거   개시성으로서의 마음   89
박찬국

베르그손   의식의 층위들   119
황수영

메를로-퐁티   육화된 의식   153
주성호

라캉   '프로이트로의 복귀'   183
김서영

| 들뢰즈 | 반시대적 전쟁기계 209
박정태 |

| 비트겐슈타인 | 유배된 마음의 귀향 243
강진호 |

| 데이비슨 | 무법칙적 일원론 283
백도형 |

| 김재권 | 환원적 물리주의 313
김기현 |

| 설 | 중국어 방과 의식 341
최훈 |

| 데넷 | 지향적 마음의 진화 367
장대익 |

| 차머스 | 의식의 신비 399
한우진 |

찾아보기 426

상권 차례

플라톤	영혼의 세 부분	강성훈
아리스토텔레스	형상으로서의 영혼	이태수
플로티누스	신성한 마음	송유레
아우구스티누스	불투명한 마음	강상진
아퀴나스	영혼론의 새로운 체계화	박승찬
데카르트	이원론과 정념론	김상환
스피노자	정신적 자동장치	진태원
라이프니츠	모나드로서의 영혼	윤선구
로크	의식으로 구성된 마음	이재영
버클리	정신과 관념의 이원론	이석재
흄	지각다발로서의 마음과 역사적 자아	양선이
칸트	진선미의 원천으로서의 마음	백종현
헤겔	의식을 넘어선 정신	강순전
마르크스	천상에서 지상으로 내려온 마음	정호근

서문

마음을 이해하는 서양철학의 세 가지 전통

강진호 　서울대학교 철학과 교수

총서『마음과 철학』서양편은 고대의 플라톤에서 현대의 차머스에 이르는 스물여덟 명의 서양철학자들이 마음의 본성에 대해 어떻게 성찰하였고 어떠한 견해를 발전시켰는지 논의한 글들을 담고 있다. 필자 중에는 한국 철학계에서 해당 전공 분야를 대표하는 학자들이 여럿 포함되어 있다. 해방 이후 오늘날까지 그야말로 격동의 시간을 보낸 한국 현대사의 소용돌이 속에서, 한국 철학계는 학계 내외의 어려운 상황을 극복해나가며 꾸준히 성장해왔다. 이러한 성장에 따라 이제 한국 철학계는 세계 학계의 기존 연구를 답습하는 데 그치지 않고 조금씩 독자적인 연구 성과를 산출해내고 있다. 이 책에 실린 글들은, 비록 마음이라는 단일한 영역에 한정된 것이긴 하지만, 지금까지 서양철학 분야에서 축적된 한국 철학계의 연구 역량을 엿볼 수 있는 내용을 담고 있다. 그러므로 이 책은 서양철학의 전통에서 이루어진 마음에 대한 성찰을 종합적이고 심층적으로 이해하기 위한 길잡이 역할을 할 수 있을 뿐 아니라, 오늘날 한국 철학계의 서양철학 연구 수준을 가늠해보는 시금석 역할을 할 수 있을 것이다.

이 책에 실린 글들은 다양한 주제를 다루고 있다. 본 서문에서 이들을 모두 소개하는 것은 불가능하다. 여기서는 단지 전반적인 길잡이를 제공하기 위해, 먼저 마음이라는 주제가 철학에서 왜 중요한 위치를 차지하고 있는지 설명한 후, 서양철학에서 특히 마음의 본성에 대한 논의의 중심이 된 이른바 '심신 문제mind-body problem'가 무엇인지 살펴보겠다. 이어서 심신 문제에 대한 서양철학에서의 세 가지 기본적 입장인 이원론dualism, 관념론idealism, 유물론materialism(물질론)이 어떠한 식으로 전개되어왔는지 간략히 고찰하겠다. 마지막으로 마음에 대한 철학적 성찰이 마음에 대한 오늘날의 과학적 탐구와 관련하여 어떤 의의를 가질 수 있는지 논의하도록 하겠다.

왜 마음이 철학에서 문제되는가

서양의 지적 전통에서 '철학philosophy'이란 말은 세계 전체에 대한 근본적이고 총체적인 이해를 추구하는 학문을 가리킨다. 근대 이전까지 이 말은 순수학문 일반을 총칭하는 의미로 사용되었다. 이러한 전통은 가령 오늘날에도 순수학문 분야의 박사학위를 '철학박사Doctor of Philosophy, Ph.D.'라고 부르는 것에서 찾아볼 수 있다. 그러나 근대 이후 물리학을 필두로 분과 학문들이 차례로 독립해나가면서 철학은 더는 순수학문 일반과 동일시될 수 없게 되었다. 오늘날 철학은 일상생활과 각 분과 학문에서 우리가 받아들이고 있는 근본 전제들을 성찰하는 임무를 맡고 있으며, 이러한 의미에서 근본학根本學으로 이해될 수 있다.

예를 들어, 일상생활에서 우리는 우리를 둘러싼 세계가 실재한다는 것을 자명한 것으로 믿고 있다. 그러나 철학은 이러한 우리의 믿음이 과연 정당화될 수 있는지 성찰한다. 또한 일상생활에서 우리는 인간이 자유롭게 행위할 수 있다는 것을 자명한 것으로 받아들인다. 그러나 철학은 인간이 정말로 자유롭게 행위할 수 있는지, 그리고 자유롭다는 것이 정확히 무엇을 의미하는지 성찰한다. 분과 학문과 관련하여, 가령 수학에서는 수(數)가 존재한다고 전제하고 이러한 수와 관련된 법칙들을 찾아내고자 한다. 그러나 철학에서는 눈으로 볼 수도 없고 시공간 속에 있지도 않은 수라는 대상이 도대체 어떻게 존재할 수 있는지 성찰한다. 물리학과 화학, 생물학 등에서는 인과 관계라는 것이 존재한다고 전제하고 세계의 현상들이 맺고 있는 다양한 인과 관계들을 드러내는 법칙들을 밝히고자 한다. 그러나 철학에서는 인과 관계라는 것이 정말로 존재하는지, 그리고 만약 존재한다면 그 본성은 무엇인지 성찰한다. 더 나아가, 철학에서는 일반적으로 어떤 것이 존재한다는 것이 도대체 무엇을 의미하는지, 그리고 실제로 존재하는 것과 단지 가상적으로만 존재하는 것은 어떻게 구분될 수 있는지 성찰한다.

위에서 사례로 든 일상생활과 각 분과 학문의 근본 전제들은 우리가 세계를 파악하는 가장 기본적인 범주들을 나타내는 개념들을 포함하고 있다. '실재', '자유', '행위', '수', '인과', '존재' 등이 바로 그러한 개념들로서, 이들을 '근본개념'이라고 부를 수 있다. 근본개념의 또 다른 사례들로는 '대상', '실체', '속성', '참', '필연성', '지식', '좋음(善)', '정의', '아름다움' 등이 있다. 철학은 이러한 근본개념들의 본성을 탐구함으로써 세계 전체를 가장 근본적인 측면에서 총체적으로 이해하고자 한다.

철학이 마음의 본성을 성찰 대상으로 삼는 일차적 이유가 여기에 있다. 왜냐하면 '마음'이란 개념은 앞에서 열거한 근본개념들과 마찬가지로 우리가 세계를 파악하는 가장 기본적인 범주를 나타내고 있기 때문이다. 우리가 세계의 다양한 존재자들을 파악하는 가장 기본적 방식 중 하나는, 해당 존재자가 마음 또는 심성心性을 갖고 있는가 그렇지 않은가이다. 우리는 마음 또는 심성을 부여할 수 있는 존재자와 그렇지 않은 존재자에 대해 근본적으로 다른 태도를 취한다. 그러므로 우리는 인간과 동물을 근본적으로 다르게 취급하고, 동물 중에서도 개나 고양이처럼 비교적 풍부한 심성을 부여할 수 있는 동물과 지렁이나 조개처럼 그렇지 않은 동물을 근본적으로 다르게 취급한다. 또한 우리는 아예 심성을 부여할 수 없는 책상이나 의자와 같은 무생물을 인간이나 동물과 근본적으로 다르게 취급한다.

더 나아가, 많은 철학자들에게 있어서 '마음이란 무엇인가?'라는 질문은 단지 여러 철학적 질문 중 하나가 아니라 핵심적인 철학적 질문이다. 세계 전체를 총체적으로 이해하고자 하는 철학은 세계 속에서의 인간이 세계와 맺고 있는 관계를 해명하는 것을 자신의 중심 과제로 삼는다. 이론철학과 실천철학에서 이러한 과제는 각각 세계를 파악하는 인간 인식 및 세계를 변화시키는 인간 행위의 본성이 무엇인지에 대한 탐구로 나타난다. 많은 철학자들은 인간의 세계 인식과 행위가 모두 마음을 통해 비로소 가능하다고 믿었으며, 따라서 마음의 본성에 대한 성찰은 이들의 철학에서 핵심적인 위치를 차지하고 있다. 실제로 이 책에 실린 여러 글에서 드러나듯이, 많은 경우 마음의 본성에 대한 어떤 철학자의 성찰을 이해하는 것은 그의 철학 전반을 이해하는 데에도 커다란 빛을 던져준다.

심신 문제
– 몸과 마음의 관계는 무엇인가

　마음의 본성과 관련된 여러 문제 중, 서양철학에서는 특히 몸과 마음이 어떤 관계를 맺고 있는지 해명하고자 하는 심신 문제가 논의의 중심을 이루어왔다. 서양철학에서 심신 문제가 이렇게 쟁점으로 떠오르게 된 것은, 고대의 플라톤과 아리스토텔레스, 중세의 아우구스티누스와 아퀴나스, 그리고 근대의 데카르트로 대표되는 서양철학의 고전적 전통이 몸과 마음의 관계에 대해 양립되기 어려워 보이는 두 가지 견해를 모두 받아들이고 있었기 때문이다.
　우선 서양철학의 고전적 전통은 몸과 마음이 구분될 뿐 아니라 더 나아가 서로 대립되는 범주의 존재라는 견해를 받아들였다. 우리가 어떤 두 범주를 구분할 때 해당 범주들이 반드시 서로 대립될 필요는 없다. 가령 정치인과 예술가는 서로 구분되는 범주이지만, 그렇다고 해서 정치인이 동시에 예술가일 수 없거나 예술가가 동시에 정치인일 수 없는 것은 아니다. 반면, 예를 들어 존재와 무無는 서로 구분될 뿐 아니라 대립되는 범주이기도 하다. 존재하는 것은 결코 없을 수 없으며 없는 것은 결코 존재할 수 없기 때문이다. 존재와 무 이외에도, 실재와 가상, 우연과 필연, 참과 거짓, 지식과 무지, 선과 악, 정의와 불의, 아름다움과 추함의 경우에서 볼 수 있는 것처럼, 앞에서 열거한 많은 근본개념들이 나타내는 범주들은 자신과 대립되는 범주들을 갖고 있다. 서양철학의 고전적 전통에서 '몸'과 마음'이란 개념은 이러한 범주들과 마찬가지로 서로 대립되는 범주를 나타내는 개념으로 이해되었다. 즉 몸은 결코 마음일 수 없으며 마음은 결코 몸일 수 없다는 것이다. 서양철학의 고전적 전통이 이렇게 몸과 마음을 서로 대립되는 범주의 존재자로 이해한 데에는 서양문명 전반에서 결정적인 영향을 끼친 기독교의 역할을 빼놓을 수 없다. 죽음 이후 소멸하는 육체와 달리 불멸하는 영혼이 존재한다는 생각은 기독교의 교리에서 없어서는 안 될 요소이기 때문이다. 육체와 영혼이 각각 갖고 있는 소멸성과 불멸성이라는 대립적 특성은, 몸과 마음이 서로 대립되는 범주의 존재자일 수밖에 없음을 단적으로 보여주고 있다.

다른 한편으로, 서양철학의 고전적 전통은 또한 몸과 마음이 밀접한 관계를 맺고 있다는 견해를 받아들였다. 이러한 견해는 우리 인간을 몸과 마음이 결합된 통일체로 파악하고자 할 때 받아들일 수밖에 없는 결론인 것처럼 보인다. 몸과 마음이 밀접한 관계를 맺고 있지 않다면, 그러한 통일체로서의 인간 또한 성립할 수 없을 것이기 때문이다.

그러나 이처럼 몸과 마음을 서로 대립되는 범주의 존재자로 생각하면서도 동시에 양자가 어떤 밀접한 관계를 맺으며 결합되어 인간이라는 통일체를 이룬다고 생각함으로써, 서양철학의 고전적 전통은 이제 풀기 어려운 문제에 부딪치게 되었다. 몸과 마음이 정말로 대립되는 존재자라면, 이 두 대립되는 존재자가 서로 밀접한 관계를 맺고 있다는 것이 어떻게 가능한가? 이것이 바로 심신 문제이다. 즉 서양철학에서의 심신 문제는 서로 충돌하는 것처럼 보이는 다음의 두 논제를 어떻게 조화시킬 것인가 하는 문제로 이해될 수 있다.

(1) 몸과 마음은 서로 대립되는 범주의 존재자이다.
(2) 몸과 마음은 서로 밀접한 관계를 맺고 있다.

서양철학에서 심신 문제에 대한 세 가지 기본적 입장인 이원론,

관념론, 유물론은 (1)과 (2) 사이의 충돌을 각각 다른 방식으로 해결하고자 하는 시도로 볼 수 있다. 이제 이 세 가지 입장에 대해 좀 더 자세히 살펴보자.

이원론
– 몸과 마음은 대립되는 존재자다

이원론은 몸과 마음이 서로 대립되는 범주의 존재자임을 받아들이는 입장이다. 이원론은 다시 몸과 마음의 밀접한 관계를 받아들이는 입장과 이를 거부하는 입장으로 구분된다. 앞의 입장을 '상호관계 이원론', 뒤의 입장을 '비상호관계 이원론'이라고 부를 수 있을 것이다. 반면 관념론과 유물론은 몸과 마음이 서로 대립되는 범주의 존재자임을 거부하는 입장이다. 관념론이 몸을 마음과 동일하거나 비슷한 범주로 취급하는 반면, 유물론은 마음을 몸과 동일하거나 비슷한 범주로 취급한다. 이를 통해 관념론과 유물론은 몸과 마음이 서로 밀접한 관계를 맺을 수 있는 이유를 설명하고자 한다. 그러므로 앞에서 말한 심신 문제의 구도에서 각 입장을 살펴본다면, 상호관계 이원론은 (1)과 (2)를 모두 받아들이는 입장이고, 비상호관계 이원론은 (1)을 받아들이면서 (2)를 거부하는 입장이며, 관념론과 유물론은 (1)을 각각 다른 방식으로 거부함으로써 (2)를 받아들이는 입장이라고 정리할 수 있다. 이 책에서 논의되는 대부분의 서양철학자들은 심신 문제에 대해 이러한 네 가지 입장 중 어느 하나를 취하고 있는 것으로 분류될 수 있다. 그러나 이는 어디까지나 이해의 편의를 돕기 위한 도식적인 분류이며, 해당 철학자들의 성찰이 갖고 있는 내용의 섬세함과 풍부함을 반영할 수는 없다는 점도 감안해야 할 것이다.

특히 앞에서 언급한 것처럼 서양철학의 고전적 전통을 대표하는 고대의 플라톤과 아리스토텔레스, 중세의 아우구스티누스와 아퀴나스, 그리고 근대의 데카르트는 상호관계 이원론을 옹호하였다. 그러므로 이들은 서로 대립되는 범주의 존재자인 몸과 마음이 그러한 대립성에도 불구하고 어떻게 밀접한 관계를 맺을 수 있는지 해명해야 할 과제를 안게 되었다. 이러한 과제를 그 논리적인 정합성의 측면에 있어서 가장 만족스럽게 해결한 이론은 아리스토텔레스가 발전시켰고 아퀴나스가 독창적으로 계승해 나간 질료-형상 이원론이라고 볼 수 있다. 흔히 '질료형상론hylomorphism'이라고 불리는 이 이론에 따르면, 세계는 질료hyle와 형상eidos의 두 존재자가 결합된 실체들로 이루어져 있으며 몸과 마음의 관계 또한 이러한 질료와 형상의 관계로 이해될 수 있다. 단순화해 설명하자면 여기서 실체의 '형상'이란 그 실체가 갖고 있는 고유한 기능을, 그리고 실체의 '질료'란 그러한 기능을 실현할 수 있는 매질媒質 또는 매개체를 가리킨다. 어떤 기능 자체와 그 기능을 실현하는 매개체는 결코 동일한 것으로 간주될 수 없으므로, 질료는 형상일 수 없고 형상은 질료일 수 없다. 그러므로 질료-형상 이원론은 몸과 마음이 서로 대립되는 범주의 존재자인 이유를 잘 설명해준다. 다른 한편으로, 아리스토텔레스의 질료-형상 이원론에 따르면 질료는 형상의 실현을 위한 필요조건이고 형상은 질료가 실현해야 하는 목적이므로 질료와 형상은 결코 떨어져 있을 수 없고 반드시 내적으로 결합되어 있어야 한다. 그러므로 아리스토텔레스의 질료-형상 이원론은 몸과 마음이 왜 밀접한 관계를 맺을 수밖에 없는지 잘 설명해준다.

특히 아리스토텔레스는 형상으로서의 마음 또는 영혼의 유무가 바로 생물과 무생물을 구분짓는 기준이라고 생각하였다. 즉 그가 말하는 '영혼$_{psyche}$'은 자연계의 생물 일반에 있어 그 생물이 살아가는 것을 가능하게 해주는 존재자였다. 이에 따라 아리스토텔레스는 인간뿐 아니라 식물과 동물에게도 영혼을 부여하였다. 식물의 영혼은 영양 섭취 기능과 번식 기능을, 동물의 영혼은 이에 더해 감각 기능과 운동 기능을, 그리고 인간의 영혼은 이에 더해 지성적인 사고의 기능을 가능하게 한다는 것이다. 이러한 아리스토텔레스의 생각은 영혼을 생명 일반의 원리로 본 근대 이전의 세계관을 대변하고 있다.

그러나 아리스토텔레스의 질료-형상 이원론은 코페르니쿠스로부터 시작하여 뉴턴에 이르러 완성된 근대의 과학혁명에 의해 결정적인 타격을 입게 된다. 질료-형상 이원론의 기반을 이루고 있는 목적론적 세계관이 과학혁명으로 말미암아 기계론적 세계관으로 대체되었기 때문이다. 세계를 설명함에 있어 일체의 목적을 부정하는 기계론적 세계관에서 이른바 '질료가 실현해야 하는 목적'인 형상과 같은 존재자가 설 자리는 없었으므로, 질료-형상 이원론은 몰락을 맞이하게 되었다. 그러므로 상호관계 이원론의 입장에서 심신 문제를 해명하기 위해서는 이제 질료-형상 이원론을 대체할 새로운 존재론이 등장해야만 했다.

그러한 존재론을 제공한 것이 바로 데카르트의 이원론이다. 아리스토텔레스의 이원론이 질료와 형상의 이원론인 반면, 데카르트의 이원론은 물질과 정신의 이원론이다. 여기서 데카르트가 말하는 물질이란 수학적으로 양화$_{量化}$될 수 있는 속성인 연장성$_{延長性,}$ $_{extension,}$ 즉 '공간을 점유하고 있음'이란 속성을 본질로 갖는 존재자이며, 반면 정신이란 '생각함'이란 속성을 본질로 갖는 존재자이다.

이때 데카르트가 말하는 '생각함'이란, 의식consciousness, 그중에서도 특히 정신이 자기자신을 의식하는 자기의식self-consciousness을 뜻한다. 그 자신이 과학혁명의 주역 중 한 사람이었던 데카르트는 기계론적 세계관을 가능한 끝까지 밀고 나가보고자 하였다. 이에 따라 데카르트는 무생물이나 식물은 말할 것도 없고 인간을 제외한 모든 동물이 물질로만 이루어져 있으며 따라서 수학적인 자연법칙에 전적으로 지배되는 기계적 존재자라고 주장하였다. 그러나 데카르트는 언어 사용 행위에서 전형적으로 드러나는 인간의 자유롭고 합리적인 행위의 경우 결코 수학적인 자연법칙의 지배를 받는 물질의 운동만으로 설명될 수 없다고 생각하였다. 그는 인간이 이렇게 자유롭고 합리적인 행위를 할 수 있는 이유가 바로 자유롭고 합리적인 사고를 할 수 있기 때문이라고 보았고, 사고 활동의 본질이 수동적인 물질의 연장성과 근본적으로 대립되는 능동적인 의식 활동에 있다고 보았다. 데카르트가 말하는 '정신'이란 바로 이러한 의식 활동의 주체를 가리키는 것이었다.

데카르트는 인간의 몸과 마음을 지금까지 설명한 의미에서의 물질과 정신으로 보았다. 그러므로 비록 데카르트가 '정신mens'과 더불어 '영혼anima'이란 용어를 같이 사용하고 있기는 하지만, 그가 말하는 '영혼'은 아리스토텔레스에서처럼 자연계의 생물 일반에게서 발견될 수 있는 생명의 원리가 아니라 모든 생물 중 오직 인간만이 고유하게 갖고 있다고 상정된 의식 활동의 주체를 가리킨다. 이렇게 마음을 의식의 주체로 이해한 데카르트의 생각은 근대 철학자들에게 널리 공유되었다. 단순화를 무릎쓰고 고대에서 근대에 이르는 마음 개념의 변화를 한마디로 요약하자면, '생명의 원리인 영혼에서 의식의 주체인 정신으로'라고 할 수 있을 것이다. 특히 영국

경험론을 대표하는 철학자 흄은 한 걸음 더 나아가서 의식의 주체가 마음이 아니라 의식 그 자체가 마음이라는 급진적인 주장을 제시하였다. 즉 마음은 '영혼'이나 '정신'이란 말이 함의하는 것과 달리 어떤 실체가 아니라는 것이다. 이 책의 하권에 실린 여러 글에서 알 수 있듯이, 의식을 마음의 본질로 간주한 데카르트 이래 근대철학의 전통은 마음에 대한 오늘날의 철학적 논의에도 여전히 커다란 영향력을 발휘하고 있다.

관념론과 유물론
– 몸과 마음은 대립되는 존재자가 아니다

그러나 데카르트의 물질–정신 이원론은 그것이 지닌 논리적 정합성의 측면에서만 본다면 오히려 아리스토텔레스의 질료–형상 이원론보다 만족스럽지 못한 이론이라고 평가할 수 있다. 앞에서 언급한 것처럼 질료–형상 이원론에서 질료와 형상은 한편으로는 서로 대립되면서도 다른 한편으로는 분리될 수 없는 내적 관계를 맺고 있었다. 즉 질료는 형상과 독립적으로 존재할 수 없고 형상은 질료와 독립적으로 존재할 수 없었다. 그러나 데카르트는 물질과 정신을 연장성과 의식이라는 서로 대립되는 속성을 가진 대립적 존재자로 보았을 뿐 아니라, 더 나아가 물질과 정신이 각각 독립적으로 존재할 수 있는 실체라고 보았다. 즉 물질은 정신에 의존하지 않고도 존재할 수 있고 정신 또한 물질에 의존하지 않고도 존재할 수 있다는 것이다. 그러나 물질과 정신이 이렇게 서로 독립적인 실체라면, 물질로서의 몸과 정신으로서의 마음이 어떻게 상호 결합하여 인간이라는 하나의 통일체를 이룰 수 있는가? 데카르트의 답변은 몸과 마음이 상호간에 인과적인 작용을 함으로써 그럴 수 있다는 것이었다. 그러나 이러한 데카르트의 답변은 커다란 난점을 갖고 있었다. 몸과 마음이 인과적 상호작용을 한다는 것은 양자가 곧 인과적인 상호 의존 관계를 맺고 있다는 것인데, 몸과 마음이 각각 독립적 실체임을 주장하면서 동시에 양자가 서로 의존 관계를 맺고 있음을 인정하는 것은 명백히 불합리하게 보였기 때문이다.

그러므로 데카르트 이후 스피노자에서 헤겔에 이르는 서양 근대의 모든 대표적 철학자들은 데카르트의 실체이원론에 대해 비판적인 입장을 취했다. 그러나 물질의 본질이 연장성에 있고 정신의 본질이 의식에 있다는 데카르트의 견해는 널리 받아들여졌다. 이에 따라 데카르트 이후 많은 근대 철학자들은 몸과 마음 모두를 데카르트적 의미에서의 물질이나 정신 중 어느 한 범주에 속하는 존재자로 이해함으로써 양자 간의 상호 의존 관계를 해명하고자 시도하였다.

이러한 시도의 결과로 나타난 철학적 입장이 관념론과 유물론이다. 두 입장 중 서양 근대철학의 주류를 형성한 것은 관념론이었다. 관념론은 데카르트가 말하는 물질과 같은 것의 존재를 인정하지 않는다. 관념론에 따르면 우리의 의식에 직접적으로 인식될 수 없는 것은 존재한다고 볼 수도 없는데, 물질은 바로 그 정의상 우리의 의식과 독립적이며 의식에 직접적으로 인식될 수 없는 존재자이기 때문이다. 그러므로 관념론은 의식에 직접적으로 인식될 수 있는 관념idea 및 의식의 주체인 정신만이 세계에 존재하며, 우리의 몸은 관념들로 이루어진 것이라고 주장하였다. 이러한 관념론을 옹호한 근대 철학자로 라이프니츠와 버클리를 들 수 있고, 근대 철학을 대표하는 두 철학자 흄과 칸트, 그리고 독일 관념론German Idealism

(독일 이상주의)을 대표하는 헤겔도 대체로 관념론을 옹호하였다고 볼 수 있다. 주지하다시피 서양 근대의 시대정신을 이루고 있었던 것은 신으로 상징되는 일체의 전통적 권위를 배격하고 오직 주체 스스로 의심할 수 없이 확실하다고 여기는 것만을 진리로 받아들이고자 하는 비판정신이었다. 의식의 주체인 정신과 의식의 직접적 인식 대상인 관념만을 세계의 존재자로 인정하는 관념론은, 세계 인식에 있어서 주체의 주관적 확실성을 정당화의 최종 근거로 삼은 서양 근대의 비판정신을 철학적으로 대변하고 있다고 볼 수 있다.

그러나 19세기 중반부터 서양철학에서는 유물론의 영향력이 점차 커지기 시작하였다. 특히 오늘날의 서양철학에서 심신 문제에 대한 주류 입장은 유물론이다. 유물론에 따르면 데카르트가 말한 정신 같은 것은 존재하지 않는다. 세계를 이루고 있는 것은 물질뿐이며, 의식 활동을 비롯하여 우리가 마음의 작용이라고 생각하는 모든 심리 현상은 물질적 속성들에 의해 설명할 수 있다. 서양철학의 전통에서 이러한 유물론은 이미 고대의 데모크리토스와 에피쿠로스, 그리고 근대의 홉스와 라메트리La Mettrie에 의해 주장된 바 있다. 그럼에도 이원론이나 관념론에 비해 유물론이 19세기 전반까지 서양철학에서 주도적인 영향력을 행사하지 못한 큰 이유는, 앞에서도 언급한 바와 같이 인간의 자유롭고 합리적인 사고와 행위를 물질의 운동만으로 설명하는 것이 불가능한 것처럼 보였기 때문이다.

그러나 19세기 중반부터 서서히 이러한 상황에 변화가 생기게 되었다. 변화는 두 방향에서 이루어졌다. 첫째, 인간의 사고와 행위가 서양철학의 고전적 전통에서 생각된 것처럼 그렇게 자유롭지도 합리적이지도 않다는 주장이 점차 힘을 얻게 되었다. 특히 마르크스와 니체, 프로이트는 각각 사회의 경제적 구조에 의한 의식의 규정과 제약, 자아와 의식의 생리학적 기반, 그리고 인간 행위의 이해에 있어서 무의식의 중요성을 역설함으로써, 자유의지에 따라 의식적이고 합리적으로 행위하는 주체로서의 인간이라는 서양 근대 철학의 인간관에 근본적인 도전을 제기하였다.

둘째, 근대의 과학혁명 이후 자연과학이 눈부시게 발전하면서 점점 더 많은 현상을 자연과학적으로 설명할 수 있게 됨에 따라, 인간의 자유롭고 합리적인 사고와 행위 또한 수학적 자연법칙의 지배를 받는 물질의 운동만으로 설명할 수 있다는 주장이 점차 힘을 얻게 되었다. 특히 19세기 중반에 제시되어 당시 서구 지성계에 커다란 영향을 끼친 다윈의 진화론은, 자연계의 생물들이 마치 어떤 목적을 달성하기 위해 갖고 있는 것처럼 보이는 생물학적 기능들이 사실은 어떠한 목적도 가정할 필요 없는 자연선택natural selection의 산물인 물리적 기제mechanism들에 의해 구현되는 것임을 설득력 있게 보여주었다. 이러한 다윈의 생각은, 목적지향적으로 보이는 인간의 합리적 사고와 행위를 가능하게 하는 마음의 기능들 또한 자연선택의 산물인 두뇌의 기제들에 의해 구현되는 것이라는 오늘날의 진화심리학evolutionary psychology을 낳게 하였다. 또한 20세기에 들어와 영국의 논리학자이자 수학자인 튜링A. Turing은 형식논리학과 수학에서 효율적으로 계산가능한 모든 증명을 기계적으로 수행할 수 있는 이른바 '튜링 기계Turing machine'의 개념을 제시하였다. 이로써 서양 철학에서 플라톤 이래 합리적 사고의 전범으로 여겨졌던 논리적, 수학적 추론을 순전히 물리적인 기계에 의해 구현할 수 있는 이론적 토대가 마련되었다. 튜링의 아이디어를 공학적으로 구현한 것이 바로 오늘날의 컴퓨터이다. 튜링의 이론적 업적과 더불어 20세기 중반 이후 컴퓨터의 성능이 비약적으로 발전함으로써, 단지 형식

논리학과 수학에서의 추론뿐 아니라 인간의 모든 사고 활동을 컴퓨터로 구현해보고자 하는 이른바 '인공지능artificial intelligence' 연구가 탄생하게 되었다.

19세기 중반 이래 벌어진 이러한 지적 혁명에 영향을 받아, 현대의 많은 철학자들은 심신 문제에 대한 해결책으로 유물론을 옹호하게 되었다. 오늘날 데카르트 식의 실체이원론이나 관념론을 옹호하는 철학자들은 소수에 불과하다. 유물론에 반대하는 철학자들은 대개 실체이원론 대신 속성 이원론과 같은 대안적 형태의 이원론을 옹호하거나, 아니면 의식(그리고 관념)과 물질의 대립을 극복할 수 있는 새로운 존재론적 범주에 바탕을 둔 대안적 존재론을 발전시키고자 시도하고 있다. 특히 속성 이원론을 옹호하는 철학자들 중 많은 이들은 자신들의 입장을 이른바 '비환원적 물리주의nonreductive physicalism'로 규정함으로써, 약화된 의미에서의 유물론은 거부하지 않는다는 점을 분명히 하고 있다.

마음, 과학, 철학

앞 절에서 유물론이 심신 문제에 대한 오늘날 서양철학의 주류 입장임을 지적하였다. 그러나 '비환원적 물리주의'라는 용어에서 볼 수 있듯이 현대의 철학적 논의에서는 '유물론'보다 '물리주의physicalism'라는 용어가 더 자주 사용되고 있다. 그 주된 이유는 물리학이 계속 발전함에 따라 유물론의 핵심 개념인 '물질matter'을 정확히 어떻게 정의해야 할지가 분명치 않게 되었기 때문이다. 가령 데카르트가 믿고 있었던 것처럼 연장성 또는 공간의 점유가 물질의 본질이라면, 현대 물리학에서 말하는 광자photon와 같은 것은 물질로 보기 어렵다. 물리주의는 '세계의 모든 존재자들이 궁극적으로 물리학에서 가정하는 존재자들로만 이루어져 있거나 이들에 의존해 있다'라는 철학적 입장으로, 물질 개념에 호소하지 않고도 유물론의 기본 정신을 표현할 수 있는 장점을 갖고 있다.

심신 문제와 관련하여 유물론 또는 물리주의가 오늘날 서양철학에서 주류 입장을 형성하게 된 결정적 이유는, 앞에서 언급한 것처럼 근대의 과학혁명 이후 자연과학이 눈부시게 발전하면서 점점 더 많은 현상을 자연과학적으로 설명할 수 있게 되었기 때문이다. 자연과학적 탐구는 물리 현상과 화학 현상을 설명하는 데 있어서 지속적으로 탁월한 성과를 거두고 있으며, 20세기 후반에 와서는 분자생물학molecular biology을 성립시킴으로써 생명 현상을 설명하는 데 있어서도 커다란 성과를 거두고 있다. 그러므로 많은 이들이 다음 차례로 심리 현상 또한 자연과학적 탐구를 통해 설명될 수 있으리라 기대하는 것은 당연한 일이다. 실제로 오늘날 자연과학적 탐구를 통해 심리 현상을 설명하고자 하는 시도는 역사상 어느 때보다도 활발하게 이루어지고 있으며, 이러한 시도를 통해 드디어 마음의 본성에 대한 수수께끼가 풀릴 것이라는 기대감 또한 역사상 그 어느 때보다도 높아지고 있다. 일례로 인공지능 연구의 선구자이며 노벨 경제학상 수상자인 허버트 사이먼H. Simon은 1965년 출간된 저서에서 "인간이 할 수 있는 어떠한 일도 앞으로 20년 내에 기계가 할 수 있을 것이다"라고 예측한 바 있다.[1] 1970년대에 들어와서는 심리학, 신경과학, 컴퓨터과학, 언어학, 철학 등 여러 학문이

---

1 H. Simon, *The Shape of Automation for Men and Management*, Harper and Row, 1965, p.96에서 번역 인용.

모여 마음의 본성을 자연과학적으로 밝혀보고자 하는 학제적 학문인 인지과학cognitive science이 탄생하였다. 특히 1990년대 이후 신경과학 분야의 많은 연구자들은 두뇌에 대한 연구가 마음의 본성을 해명하는 열쇠를 쥐고 있다는 확신을 갖고 연구를 진행하고 있다. 가령 제임스 왓슨J. Watson과 더불어 DNA 분자의 이중 나선 구조를 최초로 밝혀냄으로써 노벨 생리의학상을 수상한 프랜시스 크릭F. Crick은 1994년 출간된 『놀라운 가설The Astonishing Hypothesis』에서, "기쁨과 슬픔, 기억과 야망, 정체감正體感과 자유의지" 등 모든 심리 현상은 결국 "신경세포들의 연합체 및 관련된 분자들의 행동에 지나지 않는다"고 주장한 바 있다.[2] 이렇게 두뇌에 대한 자연과학적 탐구를 통해 마음의 본성을 해명할 수 있다는 생각은 오늘날 학계뿐 아니라 일반인들에게도 널리 퍼져 있다. 실제로 언론 매체들에서 쏟아내는 대중적인 과학 관련 기사나 칼럼들을 살펴보면, 가령 기능성 자기공명영상장치fMRI를 통해 사람의 두뇌를 스캔함으로써 그 사람의 생각을 읽어낼 수 있는 기계가 조만간 개발되리라는 식의 장밋빛 전망을 쉽게 발견할 수 있다.

그러나 냉정하게 평가해본다면, 물리 현상이나 화학 현상, 생명 현상에 대한 자연과학적 탐구의 성과에 견주어볼 때 심리 현상에 대한 자연과학적 탐구가 아직은 비교할 수 없을 만큼 빈약한 성과를 내고 있는 것도 사실이다. 사이먼의 예측과 달리 인간이 할 수 있는 모든 일을 하는 기계를 만들어내는 것은 아직까지도 이루어지지 않고 있다. 사실, 현재의 과학기술로는 인간은 고사하고 모기

---

2 F. Crick, *The Astonishing Hypothesis: The Scientific Search for the Soul*, Touchstone Press, 1994, p.3에서 번역 인용.

가 할 수 있는 모든 일을 하는 기계도 만들어내지 못한다. 위에서 언급한 크릭 또한 2003년 논문에서 "빨강이 빨갛다는 경험이 도대체 어떻게 뇌의 작용들로부터 일어날 수 있는지 아직까지 누구도 그럴듯한 설명을 내놓은 바가 없다"[3]고 고백하면서, 시각 경험과 같은 의식의 신경적 토대에 대해 여전히 우리가 아는 것이 거의 없음을 인정하고 있다.

더 나아가, 그동안 마음의 본성에 대해 다양한 자연과학적 이론이 제안되었지만 아직은 대략적으로 합의된 이론 틀마저도 존재하지 않고 있는 실정이다. 일례로 저명한 심리학자이자 인지과학자인 스티븐 핑커S. Pinker가 1997년 『마음은 어떻게 작동하는가 How the Mind Works』라는 야심찬 제목의 책에서 마음의 본성에 대한 진화심리학적 접근법을 옹호하자, 역시 저명한 인지과학자이며 철학자인 제리 포더J. Fodor는 2000년 『마음은 그렇게 작동하지 않는다 The Mind Doesn't Work That Way』라는 제목의 책을 펴내 핑커의 진화심리학적 접근법을 신랄하게 비판한 바 있다. 심리 현상에 대한 자연과학적 탐구는 아직 토마스 쿤이 말하는 '정상과학normal science'의 단계에 진입하지 못하고 있다.

더구나 심리 현상에 대한 자연과학적 탐구의 이러한 빈약한 성과가 단지 시간적 문제 때문이 아니라 어떤 근본적인 한계 때문이라는 주장도 강력하게 제기되고 있다. 가령 현대 언어학과 인지과학을 대표하는 학자 노엄 촘스키는 비록 자신이 언어와 마음의 본성에 대한 연구에 자연과학적 접근법을 채택하고 있기는 하지만,

---

3　F. Crick, "A Framework for Consciousness", *Nature Neuroscience* 6, 2003, pp.119~126에서 p.119 번역 인용.

그럼에도 여전히 "자연주의 심리학 전체로부터보다도 소설을 읽거나 역사 또는 일상생활 활동을 공부함으로써 사람들이 어떻게 생각하고 느끼고 행동하는지에 대해 인간적으로 흥미있는 것을 훨씬 더 많이 배운다고, 그리고 아마도 언제까지나 그럴 것"이라고 믿고 있다.[4] 앞에서 언급한 포더 또한 인간이 수행하는 높은 차원의 인지가 어떻게 자연과학적으로 해명될 수 있을지 우리는 아무런 단서도 갖고 있지 못하다고 주장한 바 있다.[5] 사실 여기서 포더가 말하는 '높은' 차원의 인지란, 가령 우리가 철수라는 한 개인에 대해 '철수는 시보다 소설을 더 좋아한다'고 믿는다든지 '철수는 영호와 비슷한 성격을 갖고 있다'고 믿는다든지 하는 것처럼 일상생활에서 우리가 늘 수행하는 인지 활동을 포함한다. 그러므로 만약 포더의 주장이 옳다면, 우리가 관심을 갖고 있는 대부분의 심리 현상은 자연과학적인 관점에서 볼 때 완전한 신비 속에 놓여 있는 셈이다.

마음의 본성에 대한 자연과학적 탐구의 올바른 이론 틀 및 그 범위와 한계에 대해 이렇게 엇갈린 의견들이 난무하고 있는 혼란스러운 상황에서, 이번 책을 통해 마음의 본성에 대한 과거와 현대 서양철학자들의 성찰을 심층적으로 살펴보는 것은 마음에 대한 오늘날의 철학적 성찰과 관련해서뿐 아니라 자연과학적 탐구와 관련해서도 의의를 지닐 수 있다고 생각한다. 우선 이 책에 실린 여러 글들은 마음에 대한 현재의 자연과학적 탐구가 가질 수 있는 한계를 반성하는 것과 관련하여 도움을 줄 수 있을 것이다. 비록 오늘날 서양철학에서 심신 문제에 대해 유물론 또는 물리주의가 주류

---

[4] N. Chomsky, *New Horizons in the Study of Language and Mind*, Cambridge University Press, 2000, p.77에서 번역 인용.

[5] F. Fodor, *The Modularity of Mind*, MIT Press, 1983, pp.101~129 참조.

적 입장을 형성하고 있기는 하지만, 다른 한편으로 물리주의에 반대하는 입장도 만만치 않다. 또한 물리주의 내부에서도 비환원적 물리주의자들 중 상당수는 마음의 핵심적 특성인 의식, 지향성intentionality, 자유의지 등이 결코 자연과학적으로 해명될 수 없을 것이라고 주장한다. 이들의 주장을 살펴봄으로써 우리는 마음에 대한 자연과학적 탐구가 가질 수 있는 한계에 대해 좀 더 균형 잡힌 시각을 얻게 될 것이다.

더 나아가, 이 책에서 논의하고 있는 고대에서 현대에 이르는 서양철학자들의 성찰로부터 마음에 대한 자연과학적 탐구의 새로운 방향을 모색해볼 수도 있을 것이다. 심리 현상에 대한 현재의 자연과학적 탐구가 갖고 있는 난점들을 해결하기 위해 필요한 것은 어쩌면 더 정교한 수학적 모형이나 더 정교한 실험이 아니라 마음의 본성을 바라보는 근본적으로 새로운 개념틀일지도 모르며, 이 책에서 논의되는 과거와 현재의 철학적 성찰들이 그러한 개념틀의 실마리를 제공할 수 있을지도 모르기 때문이다. 이는 단순한 사변적 가능성이 아니다. 일례로 1970년대에 인지과학이 성립하게 된 중요한 계기 중 하나는 1950년대 말까지 심리학계를 지배해왔던 행동주의 심리학에 대해 촘스키가 날카로운 비판을 제기했기 때문이었는데, 촘스키의 이러한 행동주의 심리학 비판은 그 자신이 밝히고 있는 것처럼 데카르트의 철학에서 커다란 영향을 받았다. 또한 최근 인지과학계에서 활발하게 논의되고 있는 이른바 '체화된embodied 인지' 또는 '체화된 마음' 이론은 하이데거와 비트겐슈타인, 메를로-퐁티의 철학에서 상당한 영향을 받고 있다.

본 서문의 첫머리에서 언급한 것처럼, 오늘날 철학은 일상생활과 각 분과 학문의 근본 전제들을 성찰하는 임무를 맡고 있다. 비

행동주의 심리학
Behavioristic Psychology
심리상태가 아니라 행동을 심리학의 연구 대상으로 보는 심리학 이론. 행동주의 심리학에 따르면 유기체의 모든 행동은 내적인 심리상태에 호소하지 않고도 완전히 설명될 수 있으며 따라서 심리상태를 나타내는 모든 용어들은 심리학적 설명에서 제거되거나 행동에 관한 용어들로 환원될 수 있다. 행동주의 심리학은 1960년대 초반까지 심리학계의 주류를 형성하였으나, 이후 촘스키를 필두로 여러 학자들이 심리학적 설명에서 심리상태의 존재를 가정하는 것이 필수불가결함을 지적하고 이에 따라 인지 심리학cognitive psychology이 발전하면서 몰락하게 되었다.

록 심리학이 심리 현상을 자신의 고유한 연구 대상으로 삼는 분과 학문으로 존재하고 있지만, 심리학은 아직 합의된 이론 틀과 연구 방법론을 갖고 있지 못한 실정이다. 심리학이 과연 그러한 이론 틀과 연구 방법론을 가질 수 있을지, 그리고 이를 위해 요구되는 것이 무엇인지를 논의하기 위해서는 마음의 본성에 대한 철학적 성찰이 필요할 것이다. 이 책에 실린 글들은 그러한 성찰을 도울 수 있는 풍부한 내용을 담고 있다. 그러므로 이 책이 철학 전공자뿐 아니라 인지심리학, 진화심리학, 컴퓨터과학, 언어학, 뇌과학 등 심리 현상에 대한 과학적 탐구와 관련 있는 분야의 연구자, 그리고 더 나아가 마음의 본성에 대해 관심이 있는 모든 이에게 마음을 이해하는 새로운 생각의 실마리를 제공해줄 수 있길 바란다.

일러두기

1 본문에 수록된 용어 설명은 서울대학교 철학사상연구소에서 작성한 것이다.

2 인용문에서 컬러로 강조된 부분 중 '강조는 필자'라고 별도 표기한 것 외에는 모두 원저자가 강조한 것이다.

3 각 철학 용어의 번역은 필자들의 협의를 거쳐 통일하려 노력하였다. 하지만 '지성'과 '오성', '물질주의'와 '유물론', '관념론'과 '이상주의' 등 번역어 선택 과정에서 필자의 철학적 해석이 개입하는 경우는 각 필자의 번역을 존중하였다.

4 외래어표기는 국립국어원의 표준외래어표기법을 따르는 것을 원칙으로 하였다. 단, '베르그손', '메를로-퐁티' 등 이미 해당 학계에서 굳어진 표기의 경우는 이를 존중하였다.

5 각 글에서 다루는 해당 철학자의 인용은 본문주로, 그렇지 않은 경우는 각주로 표기하였다. 독자의 이해를 돕기 위해 본문주의 문헌명은 학계에서 통용되는 약어가 아닌 한국어 문헌명으로 약칭하는 것을 원칙으로 하였다. 예를 들어 아퀴나스의 *Summa theologiae*는 'Sth'가 아닌 『신학대전』으로 표기하였다. 단 플로티누스, 데카르트, 니체 등 해당 철학자의 글을 모은 전집을 인용의 저본으로 삼는 경우 중 일부는 학계에서 통용되는 약어로 표기하였다.

6 필자가 저본으로 삼은 원전의 서지정보는 〈더 읽을거리〉에 최대한 풀어서 표기하였고, 인용 페이지 표시 기준도 밝혀 두었다. 하지만 플라톤이나 아리스토텔레스 등 표준 준거문헌의 권·장·절이 이미 확정된 경우나, 글 전체에서 필자가 원전을 직접인용하지 않은 경우는 원전의 서지를 따로 표기하지 않았다.

니체

'생리학'으로 해명한 '나'와 '의식'

백승영

서강대학교 철학과를 졸업한 후 동 대학원에서 니체 인식론 연구로 석사학위를 받았다. 그후 독일 레겐스부르크대학에서 철학을 제1전공으로, 종교학을 제2전공으로 이수하고 "Zur Interpretation bei F. Nietzsche. Eine werkimmanente Analyse"(「니체의 해석론에 대한 작품내재적 분석」)라는 논문으로 철학박사학위를 받았다. 서울대학교 철학사상연구소 연구원 및 BK21 연구원, 영남대학교 학술연구교수로 재직했다. 현재 홍익대학교에서 강의하고 있다. 니체를 중심으로 독일 근현대 철학 연구를 하고 있으며, 형이상학, 인식론, 도덕론, 예술론, 법론에 이르는 철학적 주제들에 관한 논문과 글을 발표했다. 대표저서로는 *Interpretation bei Nietzsche. Eine Analyse* (『니체의 해석론 논구』), 『니체, 디오니소스적 긍정의 철학』, 『니체, 건강한 삶을 위한 긍정의 철학을 기획하다』 등이 있고, 한글판 『니체전집』(KGW) 발간에 편집위원이자 번역자로 참여하여 『유고』(KGW VIII 2, VIII 3), 『바그너의 경우·우상의 황혼·안티크리스트·이 사람을 보라·디오니소스 송가·니체 대 바그너』를 우리말로 옮겼다. 제24회 열암학술상과 제2회 한국출판문화대상을 받았다.

니체의 고민

마음의 문제를 '나'와 '의식'의 문제로, 적절한 방법론 찾기

'마음을 갖고 있다'는 말의 의미는 무엇인가? 도대체 마음이 어디에 있으며, 몸과 어떤 관계를 맺고 있는가? 이는 누구나 한번쯤 던졌을 '마음'과 관련된 의문들이며, 인간 본성을 이해하고자 하는 철학의 오래된 난제이기도 하다. 하지만 마음의 실체를 알아내고 이해한다는 것이 과연 가능할 것인가? 2천 년 동안 서양철학이 형이상학이나 인식론, 그리고 심리철학을 중심으로 많은 노력을 기울여왔고, 발전된 뇌과학이나 신경생리학, 유전공학 등이 DNA, 뉴런, 화학구조 등을 동원해 설명하고 있지만, 그것이 과연 마음에 대한 총체적인 설명이 될 수 있을 것인가? 우주에서 아마도 가장 신비로울 그것, '마음'의 비밀이 과연 밝혀질 수 있을 것인가? 오랫동안 미제이자 난제였던 마음의 문제가 정녕 해결될 수 있을 것인가?

19세기에 생리학과 진화론의 발전을 목격하고 영향을 받았던 니체는 마음의 실체를 밝히는 것이 가능하리라고 생각했다. 하지만 자연과학적 수단이나 형이상학적 방법을 적용해서 마음의 비밀을 완전히 벗겨낼 수 있다는 자만은 아니었다. 니체에게도 마음의 실체를 풀어내는 일은 여전히 어렵다. 어려울 뿐만 아니라 완전한 해명은 불가능하다고 그는 생각한다. 하지만 영원한 미제이자 난제라 여겨 그 앞에서 암중모색만을 하거나, 독단적 주장의 폭력 앞에서 무기력해져버리는 상태로부터는 최소한 벗어날 가능성이 있다는 소박한 생각을 니체는 하고 있다. 그 가능성을 니체는 문제의 성격을 제대로 파악하고, 그 성격에 맞는 방법론을 선택하는 데서 찾는다. 문제의 성격에 대한 직시와 적절한 방법론 찾기. 이것이야말로 문제 해결의 '실마리'이며, 이 실마리를 따라 우리는 조금씩이나마 비밀에 접근할 수 있다는 것이다. 물론 그 결과 역시 마음에 대한 우리의 '인간적인 너무나 인간적인' 해석일 뿐이겠지만, 그 해석은 우리 삶에 좀더 유용한, 우리 삶의 창조적 가능성을 더 고양시키는 마음에 관한 해석일 수 있는 것이다. 그렇다면 '마음이란 무엇인가?'라는 물음은 어떤 성격의 문제이며, 그에 걸맞는 방법론을 니체는 무엇이라고 생각하는가?

'마음이란 무엇인가?'의 문제는 '나는 무엇'이고 '의식은 무엇'인지의 문제로 전환되어야 한다고 니체는 생각한다. '마음'은 분명 일차적으로는 '나'의 마음이고 '나'는 살아있는 유기체이며, 나의 특정한 유기적 구성이 바로 '마음'이라고 불리는 과정을 낳는다고 생각하는 것이 자연스럽기 때문이다. 또한 '마음'은 분명 '의식'이라는 정신적 과정을 포함하기 때문이다. 그런데 나와 의식은 경험적으로 연구될 수 있는 과학적 탐구대상만은 아니다. 물론 형이상학의 선험적 접근으로만 해명될 수 있는 것도 아니다. '나'는 기존의 분류방식으로 말하자면 정신성과 육체성과 의지가 불가분적으로 연계되어 구성해내는 관계적 유기체며, '의식'은 그런 나의 의식으로서, 실체가 아니라 '흐름'이자 '과정'이며, 나의 총체성 및 선의식적 영역에 대한 '기호'다. 그런 한에서 심리학과 생물학, 생리학적 접근을 철학적 탐구방식에 복합시키는 총체적 접근이 필요한 그 무엇이다. 이런 총체적 접근방식에 대해 니체는 '생리학Physiologie'이라는 대표명사를 사용한다. 생리학을 동원한 이러한 마음 이해방식이야말로 문제의 성격을 제대로 파악한, 적절한 마음 이해방식이며, 이런 방식을 사용해야 철학의 오랜 난제이자 미제를 풀어낼 수 있는 '단초'라도 제공될 수 있다고 그는 생각한다. 이러한 '마음' 이해방식은 '마음'을 정신성의 영역이라는 협소한 공간에서 해방시켜 인간의 자연성 및 총체성의 영역으로 되돌리는 것이며, 마음에 대한 물리주의나 정신주의 등의 방식이 갖고 있는 필연적 한계를 지적하는 것이라고 할 수 있다.

'생리학으로 마음 이해하기!'의 의미와 배경

니체가 '생리학으로 마음 이해하기!'를 선언한 배경에는 무엇보다도 마음을 다루는 전통 철학의 형이상학적 방식에 대한 그의 불만이 놓여 있다. 그것이 마음을 정신성의 영역으로만 제한하는 이원론을 기초로, 마음에 대한 경험적 접근을 간과하거나 부차적인 것으로 여겼기 때문이다. 플라톤이 제시한 영혼psyche, 데카르트의 사유실체res cogitans, 칸트의 선험적 자아transcendentales Ich 및 헤겔의 정신Geist 등으로 이어지는 (니체가 '플라톤주의'라고 명명하는) 그 사유전통에 대해 그는 철학 속에 있는 "반과학적 정신"(『유고』 KGW VIII 3, 14(146), 123)이 반영된 '독단주의'라고 비난한다. 그것이 정신성의 영역과 육체성의 영역을 '구분'하고 '분리'하며, 전자만을 마음의 장소로 이해하기 때문이다. 더불어 사고와 감정 등 정신 활동을 육체성에 대한 경험적 탐구를 무시한 채, 좀더 심층에 있다고 하는 어떤 실체(영혼, 선험적 자아, 관념, 정신 등)에 귀속시키기 때문이다. 그러면서 경험적 자료를 제시하기보다는 직관에 기초한 주장을 토대로 하기 때문이다. 비록 플라톤이 살았던 고대세계의 신화적이면서도 세련되지 않은 사유방식이 우연적 속성(육체)과 본질적 속성(영혼)을 구분하게 했다고 하더라도, 근대라는 시점에서 그것도 생물학에 대해 조예가 깊었던 데카르트마저 생물학을 배제한 채로 플라톤주의에 합류해버린 것은 니체에게는 아이러니다. 어쨌든 그 방식은 '나'를 그리고 '인간'을 정신으로 용해시키거나 축소시키는 것으로, 그런 한에서 그것은 철학 속에 있는 반과학적 정신의 전형이 되는 것이다.

> 지금까지 독단주의자들이 세워왔던 고상하면서도 절대적인 철학이라는 건축물. 그것에 초석을 놓기 위해 무엇만으로도 충분했었는지를 우리가 연신 알아차릴 때가 가까워진 것 같다.—태곳적부터 있었던 통속적 미신(주체-미신과 나-미신으로서 오늘날에도 여전히 넌센스를 유발하고 있는 영혼-미신 같은 것), 말장난 같은 것, 문법적 측면에서 나오는 유혹, 혹은 매우 협소하고 매우 개인적이며 매우 인간적인 너무나 인간적인 사실에 관한 무모한 일반화가 바로 그것이다.(『선악의 저편』 서문: KGW VI 3, 3)

니체에게 철학 속에 있는 반과학적 정신을 없애는 길은 '과학 대 철학'을 벗어나, '과학과 철학'을 연계시키는 것이다. 여기서의 '과학'은 니체가 '반과학적'이라고 생각했던 것, 즉 형이상학적 이원론과 대립되는 것을 지칭한다. 그래서 형이상학이 간과했던 경험적 방식 일체, 탈이원적이면서도 탈본질적인 방식 일체가 그 대상이 된다. 그런 특징을 갖고 있는 것이라면 무엇이든 니체는 일단 환영이다.

하지만 마음이라는 것, 나와 의식이라는 것은 매우 복잡한 신비체이며, 그 신비체의 비밀에 심리학적 접근이나 생물학적 접근 같은 한 가지 방법만으로는 접근하기 어렵다. 제아무리 '과학적'이라고 해도 말이다. 마음은 심리적인 어떤 것으로도, 분자구조와 DNA, 뇌의 화학반응으로도 환원될 수 없는 그 무엇이기 때문이다. 그래서 니체는 마음이 무엇인지, 나와 의식이 무엇인지를 알기 위해서는 총체적인 접근법이 필요하다고 생각했으며, 그것에 '생리학'이라는 명칭을 사용한 것이다.

    니체는 '생리학'을 '생물학'과 호환가능한 개념으로 사용한다. 생물학이 살아있는 생명체에 관한 학문이고, 생리학은 그 생명체의 화학적·물리적 과정과 기능에 관한 학문이기에, 일반적으로는 생리학이 생물학의 하위 개념이다. 하지만 니체에게 그런 분류는 별 의미가 없다. 그는 오히려 '생물학'이라는 명칭을 전면에 등장시키기도 하고 때로는 '생리학'이라는 명칭을 큰 고민 없이 그 자리에 대체시키기도 한다. 그 이유는 단순하다. 두 가지 모두 정신성을 배제하지도, 육체성을 배제하지도 않고, 그것들의 상호관계를 '생명체로서의 나' 속에서 해명해보려는 시도로 이해할 수 있기 때문이다. 그런 생리학은 심리학도 배제할 수 없다. 물론 이때의 심리학은 육체성과의 상호연계를 전제하고 그 과정을 밝히려는 '경험의 심리학'이어야 한다. 또한 영혼이나 정신을 기억과 추리와 의지의 능력 일체의 담지자로 제시하는 유심론적 접근은 배제하는 것이어야 한다. 그래서 이 심리학은 신체와 독립적인 정신, 초시간적인 정신 등은 전제하지 않는다. 이렇게 해서 니체는 나와 의식의 문제로 환원된 마음의 문제에 다가서는 적절한 접근법을 찾아낸 셈이다. 그 문제는 생물학적-생리학적 전제들 위에서 고찰되어야 하며, 니체가 이해하는 심리학적 접근이 추가되어야 한다.

하지만 니체는 철학 속에 있는 반과학적 정신을 없애고 싶어했지, 철학 자체를 포기하고 싶어했던 것은 아니었다. 그는 철학의 고유한 방식을 결코 포기하지 않는다. 그래서 나와 의식의 문제는 철학적 추론과 사변에 생물학-생리학-심리학의 방식을 접목시켜야만 비로소 그 해명의 실마리를 찾을 수 있는 것이 된다. 철학적 추론이라는 전제 위에 심리학과 생리학, 생물학을 연계짓는 작업. 이 작업을 기획하면서 니체는 데카르트가 간과한 바로 그 부분을 직시했던 것이며, 그것은 곧 마음을 인간의 자연적 상태로 되돌리는 작업이기도 하다. 그런 한에서 니체의 마음 이해는 라일G. Ryle이 "기계 속의 유령the ghost in the machine"이라고 비난한 데카르트류의 실체이원론을, 더 넓게는 영혼과 육체에 관한 형이상학적 이원론을 벗어날 수 있게 된다. 니체가 '플라톤주의'라고 명명한 그 사유 패턴이 갖고 있는 문제를 그대로 보여주는 영어식 말장난, "무엇을 마음에 두고 있는가?What is in mind? 아무것도 아니다No matter, 무슨 일인가?What is matter? 마음 쓸 것 없다Never mind."는 니체에게는 유효하지 않다.

그런데 니체가 생리학을 선택한 것은 독창적인 것은 아니었다. 그는 당대의 생리학과 자연과학 및 자연철학의 경향을 잘 알고 있었다. "자연철학자로서의 니체"라는 후에 붙여진 명칭은 니체에게 결코 호사나 과잉은 아니다. 니체는 생리학자 룩스W. Roux를 통해 신체라는 유기체 내부의 싸움에 주목했고, 마이어J. R. v. Mayer를 공부하면서 자연 전체에 적용되는 에너지 보존의 법칙과 힘의 방출에 유념하게 된다. 더 나아가 질료적 원자론을 비판한 보스코비치R. J. Bošković는 니체에게 세계의 근본 요소로서 힘을 상정하고, 그 힘의 관계적 작용에 대해 고심하게 했으며, 생물학자 포그트J. G. Vogt 역시

라일
1900~1976.
영국의 분석철학자.
철학적 문제는
개념상의 혼란에서
유래하므로, 철학의
사명은 이런 혼란을
개념 분석을 통해
정리하고 해소하는 데
있다고 주장했다.

보스코비치
1711~1787.
크로아티아 출신의
물리학자·수학자·
철학자. 역동설力動說을
주장했다. 원자의
실체성을 부정하고
그것을 일종의 역학적
장場으로 보았다.

마찬가지다. 이 외에도 니체는 췰너J. K. F. Zöllner, 헬름홀츠H. v. Helmholz를 통해 유기체의 신경생리적 과정에 관심을 가지게 된다. 이런 문제의식과 자연과학적 고찰들을 배경으로 니체는 다음과 같이 선언하는 것이다.

> 헬름홀츠
> 1821~1894.
> 독일의 물리학자·생리학자. 논문 「힘의 보존에 대하여」에서 에너지 보존의 법칙을 수학적으로 표현, 물리학 전반에 적용된다는 것을 명백히 하였다.

　　의식된 삶의 전체, 즉 영혼과 심장과 선의와 덕과 함께 하는 정신: 이것은 도대체 무엇에 봉사하는가? 동물적 근본기능들의 수단을(영양과 상승의 수단을) 가능한 한 완전하게 하는 데 봉사한다: 그중에서도 특히 삶을 상승시키는 수단을.(『유고』 KGW VIII 2 11(83), 282)

　　신경계는 훨씬 확장된 영역을 갖고 있다. 의식세계는 거기에 부가된 것이다.(『유고』 KGW VIII 3 14(144), 121)

　　모든 유기체의 근본기능들을 힘에의 의지로 환원한다.(『유고』 KGW VIII 1 1(30), 13)

위 세 인용문은 마음을 바라보는 니체의 관점을 간단하게 제시하고 있다. 정신성은 '나'라는 유기체의 한 부분이고, '나'라는 유기체는 관계적 구성체이며, 그 관계체는 힘에의 의지들 때문에 상승적 삶을 추구한다. 정신성은 유기체의 상승적 삶이라는 목적을 위한 수단이고, 유기체의 특징을 우리에게 알려주는 기호다. 기호이기에 피상적일 수밖에 없지만, 그것은 우리의 실천적 본능이 손을 대어 우리가 만들어낸, 마음을 알기 위한 해석적 수단이다.

'나' 해명을 통한 마음 이해
—
'나'는 신체다

마음의 문제를 '나'와 '의식'의 문제로 전환한 니체, 그는 '나'를 무엇으로 생각하는가? '나'는 형태적으로나 기능상으로 '구분'될 수는 있지만 '분리'될 수는 없는 여러 부분으로 구성되어 있으며, 각각의 부분과 전체 사이에 불가분적 소통이 일어나고 전체로서는 통일체를 이루고 있는 것, 한 마디로 살아있는 유기체다. 인간을 이해할 때 동원되는 전통적인 범주를 사용해서 말하자면, 정신성과 육체성 그리고 (힘에의) 의지들의 활동이 연합하여 구성해내는 살아있는 관계적 존재다. 이런 관계적 유기체에 대해 니체는 '신체' 또는 '몸Leib'이라는 명칭을 붙인다. "나는 전적으로 신체일 뿐 그 외의 것이 아니다"(『차라투스트라는 이렇게 말했다』 I 「신체를 경멸하는 자들에 대하여」: KGW VI 1, 35)는 이런 나의 총체성에 대한 니체의 단적인 표현이다. 그래서 나는 결코 정신과 육체라는 이원적 도식으로 분리해 설명되거나, 의지로 환원되거나 할 수 없다. 그런데 니체가 생각하는 의지는 매우 구체적인 지향점을 갖고 있다. 그것이 어떤 상태로 표출되든—공부하려는 의지든, 잠을 자려는 의지든, 먹으려 하는 의지든—모두 힘의 상승과 강화를 추구한다. 그런 한에서 모든 의지는 더 많은 힘을 추구하는 의지, 즉 힘에의 의지Wille zur Macht이며, '더 많은 힘을 추구함'은 의지들에 내재하는, 의지들의 본성이다. '나'의 의지는 '모두' '예외없이' 힘에의 의지인 것이다.

그렇다면 힘에의 의지와 정신성과 육체성 중에서 주도적으로 기능하는 것은 무엇인가? 신체가 분열되지 않고 통일성을 유지하는 것은 무엇 덕분인가? 신체라는 유기체의 변화는 무엇 때문인가? 이 세 가지 질문에는 인간을 신체로 규정하는 것의 특징을 그대로 보여주는 한 가지 답변이 제공된다. 바로 힘에의 의지다. 힘에의 의지는 인간 유기체의 모든 활동에 시간적으로 앞서고, 그 활동의 방향과 성격을 결정짓는 규제적 원리다. 그래서 니체는 앞의 인용문에서처럼 "모든 유기체적 근본기능들을 힘에의 의지로 환원한다"고 말할 수 있는 것이다. 즉 나의 내부에서 이성과 육체와 힘에의 의지라는 단위들이 서로 영향을 주고받지만, 거기서 힘을 추구하는 상승의지가 이성 활동과 육체 활동의 '왜?'와 '어디로?'를 결정한다.

그런데 힘에의 의지, 힘을 추구하는 의지는 하나가 아니다. 우리가 의식하는 의지들은 부분적으로나마 그 다양성을 알려준다. 매순간 우리는 수없이 많은 의지를 경험한다. 서로 모순되는 다양한 의지의 활동을 동시에 경험하기도 한다. 이런 의식적 차원에서 경험되는 의지들의 활동은 의식 이전의 차원에서도 마찬가지로 진행된다. 단지 우리가 의식하지 못할 뿐이다. 수없이 많은 의지들은 그때그때 긴장과 갈등을 일으킨다. 그 싸움에서 서로 힘을 겨루게 되며, 그 결과 이기고 지는 의지들의 위계질서가 형성된다. 이때 승자가 된 의지에 나머지 의지들은 복종한다. 하지만 그 힘의 위계는 고정적일 수는 없다. 힘의 위계가 결정된 순간 다시 새로운 긴장과 싸움이 진행된다. 힘 상승을 추구하는 의지들의 본성 때문이다. 즉 의지가 힘에의 의지이기 때문이다. 힘에의 의지는 자신의 본성에 따라 늘 활동하고 운동하면서, 힘 상승의 역학을 이어간다. 인간의 모든 활동과 행위 일반이 이런 힘에의 의지라는 규제원리의 영향하에 있는 한, 그것은 늘 힘 상승의 역학과 그 역학이 구현해내는 삶의 상승을 경험하지 않을 수 없다. 이런 힘 상승과 삶의 상승의 과정. 이것이 바로 우리 내부의 역동적 변화를 구성해낸다. 우리 내부에서 힘에의 의지가 역동성을 잃지 않는 한, 신체로서의 나는 결코 고정될 수 없는 변화를 경험하며, 그 변화는 자기극복의 과정으로 나타난다. 결국 '신체로서의 나'는 총체적으로 자기극복의 역학이 구현되는, 자기극복적 삶을 구현해내는 존재인 것이다. 이 자기극복의 역학은 의식적 활동의 장에서뿐만 아니라, 의식 이전의 영역, 더 나아가 육체성의 동물적 활동의 영역에 이르기까지 전체적으로 이루어진다.

> 신체를 단초로 삼아서 우리는 인간을 다양성으로 살아가는 존재로 이해한다. 부분적으로는 서로 싸우고, 부분적으로는 정돈되고 위아래로 질서지어지며, 그것의 개개의 단위에 대한 긍정 속에서 자신도 모르는 사이에 전체가 긍정되는 존재로. 이런 살아있는 존재들 사이에는 복종이라기보다는 고도로 지배하는 것들이 있으며, 이것들 사이에는 다시 싸움이 있고 승리가 있다. 인간의 전체는 우리에게 부분적으로 의식되지 않고 부분적으로는 충동의 형태로 의식되는 유기체들의 속성을 갖는다.(『유고』
> KGW VII 2 27(27), 282)

힘에의 의지의 기능은 그런데 이것만이 아니다. 그것은 신체의 통일성도 확보한다. 앞서도 잠시 언급했지만 그것이 힘의 정도에 따른 질서 부여의 힘을 갖고 있기 때문이다. 힘에의 의지 덕택에 신체는 자기분열이나 종말이나 카오스 상태에 빠지지 않을 수 있다. 신체의 통일성은 이렇듯 지성이나 의식 영역 이전에 이미 선의식적으로 이루어지고 있다.

> 더욱 놀랄만한 것은 오히려 신체다: 어떻게 인간의 신체가 가능하게 되었는지: 어떻게 그렇게 엄청난 살아있는 생명의 통합이, 각각 의존하고 예속하지만, 그러나 어떤 의미에서는 명령하고 자신의 의지 속에서 행동하며, 전체로서 살고 성장하고 특정 시간 동안 존속할 수 있는지는 아무리 경탄해도 끝이 없다―: 이런 것은 명백히 의식을 통해 일어나는 일이 아니다! 그런 '기적 중의 기적'에 의식은 단지 하나의 '도구'일 뿐 그 이상이 아니다.(『유고』 KGW VII 3 37(4), 302~303)

이런 '기적 중의 기적'인 신체의 통일성은 힘관계가 변화하면 깨질 수 있다. 하지만 그 순간은 새로운 통일적 관계의 등장을 의미한다. 힘에의 의지라는 질서부여의 힘이 지속되기 때문이다. 그래서 신체의 통일성은 상대적 지속이라는 특징을 갖게 된다. 신체는 항상 가변적이지만, 전체로서는 통일적인 존재다.

신체로서의 인간이 총체적인 자기극복의 변화를 경험하는 존재이고, 힘에의 의지가 의식적인 영역에서나 선의식적인 영역에서 규제원리로 작용하고 있는 존재라면, 우리의 정신성은 과연 무엇인가? 니체는 이성이나 정신 등 정신성의 영역을 '작은 이성Die kleine Vernunft'으로, 반면 신체를 '큰 이성Die große Vernunft'으로 부른다. 여기서의 작은 이성은 힘에의 의지를 배제하고 순수 사유를 본질로 하는, 예컨대 데카르트적 이성으로, 그것은 큰 이성의 전령이자 메아리, 도구이자 놀잇감에 불과하다. 그런 한에서 큰 이성에 비해 "두 번째로 중요"(『유고』 KGW VII 1 7(126), 293)하다. 이렇듯 니체는 큰 이성에 이성-생각하는 나-지성보다 더 높은 이성성을 부여한다. 신체가 총체적 존재이자 동시에 힘에의 의지가 그 안에서 모든 행위 전반에 걸쳐 규제 원리로 작용하는 전체이기 때문이다. 우리가 순수한 사유 행위라고 부르는 것은 그 힘에의 의지로부터 자유로울 수 없다. 그런 한에서 힘에의 의지는 알 수 없게 은폐된 영역이거나 아무런 작용 없이 있는 것일 수 없다. 오히려 그것은 자신의 성격을 인간의 모든 행위 일반에서 실제로 드러낸다. 물론 힘의 역학관계 전체가 우리에게 의식되지는 않지만, 우리의 모든 행위에서 항상 먼저 작용한다. 사유 행위에서도 마찬가지다. 따라서 힘에의 의지작용을 배제한 순수 사유란 원칙적으로 불가능하고, 이런 상황에서 지성이나 순수 이성은 결코 자립적인 도구일 수 없다. 마지막 원인의 자리도 차지할 수 없다. 인지적인 것이라고 불리는 것은 힘에의 의지와 이성 기능들과의 공동작업의 결과인 것이다. 감각이나 지각작용도 마찬가지다. 이 작용들의 방식과 양태는 이성 기능과 마찬가지로 힘에의 의지에 의해 규제된다. 신체의 이런 활동의 목적은 상승적 삶–자기극복적 삶이다. 신체는 바로 이런 삶을 위해 이성과 감각기관을 사용한다. 끊임없는 자기극복으로서의 상승적 삶. 니체는 이런 목적에 여타의 다른 목적들보다 우위를 부여한다. 이 목적을 위해 신체는 자신의 최고의 지혜를 발휘하며, 이런 목적을 추구하기에 신체는 큰 이성인 것이다. 이런 내용을 니체는 차라투스트라의 입을 빌려 이렇게 말한다.

신체는 큰 이성이며 하나의 의미를 지닌 다수이고, 전쟁이자 평화, 가축떼이자 목자다.

형제여, 네가 '정신'이라고 부르는 그 작은 이성, 그것 또한 네 신체의 도구, 이를테면 네 큰 이성의 작은 도구이자 놀잇감에 불과하다.

너희는 '나' 운운하고는 그 말에 긍지를 느낀다. 믿기지 않겠지만 그 '나'보다 더 큰 것들이 있으니 너의 신체와 신체의 큰 이성이 바로 그것들이다. 큰 이성, 그것은 나 운운하는 대신에 그 나를 실천한다.(『차라투스트라는 이렇게 말했다』 I 「신체를 경멸하는 자들에 대하여」: KGW VI 1, 35)

나를 신체로 이해한다는 것은 인간과 다른 존재자들을 본질적 차이에 의거해 구분하는 사유방식의 극복이자, 영혼과 육체의 이분법에 대한 비판이다. 또한 선의식의 규제적 기능에 대한 적극적 인정이다. 더 나아가 그것은 인간에게서 내부와 외부의 이원적 구별 자체를 용해시켜버리는 것이기도 하다. 자신의 행위와 분리될 수 있으면서 그 행위를 야기하는 행위자로서의 내적 주체(이성, 영혼, 정신, 생각하는 나)라는 것은 있을 수 없기 때문이다. 니체의 이런 생각은 신체로서의 나를 '실체-행위자' 주체로 이해하는 기존의 방식에 이의를 제기하게 한다.

나를 '실체-행위자 주체'가 아니라 '과정-관계적 주체'로 이해해달라

'내'가 '신체'인 한에서 '나'는 자기극복의 역학을 보여주는, 과정적 존재이자 관계적 존재다. 이런 생각을 가지고 니체는 전통적인 주체 표상에 이의를 제기한다. 즉 '특정 행위를 유발하는 원인의 역할을 하고, 그 행위로부터 독립해서 존립할 수 있으며(행위자-주체), 다른 의지들과의 긴장 및 경쟁 관계로부터도 독립해서 존재할 수 있고 자기동일적인 존재로 이해되는 주체(실체-주체)'라는 것. 이런 행위자/실체 주체에 대한 생각은 니체에게는 힘에의 의지를 배제하고 시간성마저 배제한 것으로, "논리적이고도 형이상학적인 요청"(『유고』 KGW VIII 2 9(98), 55)이자 허구일 뿐, 결코 사실일 수 없다. 그 이유를 니체는 다음과 같은 방식으로 제시한다.

> 일정량의 힘이란 바로 그와 같은 양의 충동, 의지, 작용이다.―오히려 이것은 바로 이와 같은 충동작용, 의지작용, 활동 자체와 결코 다르지 않다. 오직 모든 작용을, 작용하는 자, 즉 '주체'에 의해 제약된 것으로 이해하고 오해하는 언어의 유혹(언어 속에서 화석화된 이성의 근본오류) 아래에서만 그것은 다르게 나타날 수 있다. 그것은 마치 사람들이 번개를 섬광에서 분리하여 후자를 번개라 불리는 어떤 주체의 활동이며 작용이라고 가정하는 것과 마찬가지다 (…) 그러나 그러한 기체는 존재하지 않는다: 활동, 작용, 생성 뒤에는 어떤 존재도 없다.(『도덕의 계보』 I 13: KGW VI 2, 293)

행위자로서의 기체라는 주체 표상이 허구가 생겨나는 출발점이다. 번개의 예에서 보듯이, 우리는 번개라는 행위자를 번쩍임으로부터 분리되어, 번쩍임이 사라진 후에도 여전히 남아 있는 어떤 것이 행위의 담지자인 기체, 즉 주체의 역할을 하는 것으로 이해한다. 그러나 이러한 설명은 니체에 따르면 문법의 '행위자-행위' 구조, 더 근본적으로는 '주어-술어' 형식을 습관적으로 따른 것일 뿐이다. 그런데 주어-술어 문법은 사실상 주체에 대한 우리의 근본믿음에서 연유하고, 이 믿음은 다시 '나'에 대한 우리의 습관적 표상에서 연유한다. 즉 팔을 들어올릴 때 내 팔을 들어올리는 것이 바로 '나'라고 생각하듯이, 바로 '내'가 '어떤 것을 행하고 고통을 당하며 어떤 것을 갖고 속성들을 갖는다'라고 우리는 '나'에 대해 생각한다. 이 '나' 야말로 행위와 소유와 인식의 주체이자 원인이라고 생각한다. 이 '나'에 대한 표상은 발생하는 모든 것은 어떤 주체에 서술격으로서 관계한다는 표상을 자연스럽게 도출시킨다. 즉 '나'를 주체로 상정하고, 이 나에 상응하는 어떤 것으로서의 행위자를 모든 현상에서 찾으려 한다. 니체에게는 이런 주체 개념이야말로 허구에 불과하며, 이런 행위자를 상정하는 것은 오류추론이다. 행위자-주체 표상은 행위와 분리되어 그 행위가 모두 사라진 후에도 여전히 남아 있는 자기 동일적이고 자존적인 존재를 상정한다. 즉 실체적 주체 개념을 상정하는 것이다. 하지만 이런 실체적 존재 역시 주체 개념과 마찬가지로 허구일 뿐이다. 실체로서의 주체, 즉 행위를 유발하는 원인의 역할을 하고, 다른 의지들 간의 긴장 및 경쟁 관계로부터 독립적인, 더불어 자기 동일성을 유지하는 존재로 이해되는 그런 주체라는 것은 없다. 그런 주체는 단지 우리의 언어적 습관에 불과하다. 단지 언어의 유혹 때문에 주체를 놓아버리지 못하고 있는 셈이다.

'행위자/실체-주체'에 대한 상정은, 니체의 데카르트 비판에서도 드러나듯이 시간의 역행에 기인한 착오다. 예를 들어 우리는 '나는 생각한다'에서 '나'는 조건을 짓는 것으로, '생각한다'는 조건지어진 것으로, 즉 '나'에 대한 서술격으로 이해한다. 그러나 니체에 의하면 '생각한다'가 조건이고, '나'가 조건지어지는 것인 게 옳다. 우리가 알 수 있는 것은 '생각한다는 것이 발생했다'는 것 외에 아무것도 없고, 만일 '생각'이 주어지지 않았다면 우리는 생각하는 '어떤 것'에 대응하는 것으로서의 '나'도 만들어내지 않았을 것이기 때문이다. 데카르트는 비록 생각하는 자와 생각 행위를 구분하여 전제로 삼지만, 생각하는 자로서 데카르트가 믿는 '나'는 단지 "생각

행위를 통해서 비로소 만들어지는 종합_Synthese"(『선악의 저편』 54: KGW VI 2, 71)일 뿐이다. 그래서 니체는 '나' 주체의 허구성을 파악하면서, '나는 생각한다'라는 문장을 '그 무엇이 생각한다'라는 문장으로 바꿀 것을 요구한다. 하지만 그에게는 이런 '그 무엇' 역시 '나'와 마찬가지로 주어-술어 문법에 대한 우리의 습관을 표현한 것에 불과하다. 그러므로 '나'가 '생각하는 바로 그 무엇'이라는 것은 단지 하나의 규제적 허구로서, 우리가 생성 세계에 지속성을 부여하여 인식 가능하게 만들기 위해 사용하는 이성범주일 뿐이다. 나는 이러한 '나'에 대해 사실상 아무것도 알지 못한다. 결국 '나'라는 행위자/실체-주체, 즉 '데카르트적 나'는 "우화, 허구, 말장난"(『우상의 황혼』, 「네 가지 중대한 오류들」 3: KGW VI 3, 85)에 불과하며, 그런 한에서 "관점적 환상"(『유고』 KGW VIII 1 2(91), 104)인 것이다.

주어 '나'는 술어 '생각한다'의 조건이라고 말하는 것은 사실을 왜곡한 것이다. 그 무엇이 생각한다_es denkt. 그러나 이러한 '그 무엇'이 바로 저 오래되고 유명한 '나'라고 한다면, 부드럽게 말한다고 해도 단지 하나의 가정일 뿐이고, 주장일 뿐이다. '직접적 확실성'은 아닌 것이다. 결국 '그 무엇이 생각한다'는 것도 지나친 것이다. '그 무엇'은 이미 과정에 대한 하나의 해석을 포함하고 있으며, 과정 자체에는 속하지 않는다.(『선악의 저편』 17: KGW VI 2, 25)

반면 신체 주체는 역동적인 힘들이 상호작용하는 장소이자 상대적 지속을 경험하는 통일체다. 이런 주체는 이제 관계적 힘의 활동이 이루어지는 장소이자 힘의 상승이 지속되는 과정이다. 이런 관계적-과정적 주체가 실체-행위자 주체의 자리를 대신한다. 이런 주체만이 유일하게 입증될 수 있는 주체이며, 이것이 바로 '나'다.

주체-원자들이 아니다. 주체의 영역은 지속적으로 증가하거나 감소하면서—체계의 중심점은 지속적으로 움직이면서—; 실체가 아니라 오히려 그 자체로 강화를 추구하는 어떤 것이다.(『유고』 KGW VIII 2 9(98), 55~56)

'의식' 분석을 통한 마음 이해
과정이자 기호로서의 의식

마음의 문제에서 가장 독특하고도 진기한 것은 바로 '의식'일 것이다. 의식(혹은 정신)은 인간성의 단적인 징표로 여겨져왔고, 인간 본성을 묻는 사람에게는 아마도 가장 궁금한 부분이라고 할 수 있다. 니체에게도 마찬가지이며, 의식에 대한 해명은 이제 마음을 이해하는 또 하나의 방식이 된다. 그런데 의식에 대한 니체의 이해는 '신체로서의 나'를 전제한다. 그래서 의식을 알기 위해서도 신경계와 세포와 혈행과 근육계 등 인간 유기체의 모든 기관과 기능과 현상 전체를 고려하지 않을 수 없다. 그런 한에서 니체가 말하는 의식은 생리학적 고찰의 대상이 된다. 하지만 니체가 아무리 당대의 생물학 및 생리학을 잘 알고 있었고, 의식에 대해 생리학적 고찰을 해야 한다는 생각을 했다고 하더라도, '생리학자 니체'의 면모를 직접 보여준 바는 없다. 단지 그는 그런 고찰방식이야말로 의식의 문에 다가가는 적절한 통로라는 점을 지적하고 싶어할 뿐이다. 그래서 그의 설명은 신체를 규명할 때와 마찬가지로 구체적이지는 않지만, 그럼에도 의미는 있다. 적어도 관찰 가능하고 검증 가능한 육체성의 영역에 직접적으로 호소하지도 않고, 인간을 유기체적 총체로 전제하지도 않는 형이상학적 절차의 피상성을 고발하고 있기 때문이다. 하지만 이것이 다는 아니다. 니체는 몇 가지 새로운 내용을 제시하며, 그것은 다음과 같다.

첫째, 의식의 일차적 특징은 과정Prozeß이고 흐름이지, 결코 고정된 단일한 실체가 아니라는 것이다. 이것은 윌리엄 제임스보다 한 세기나 앞선 의식 규명이다. "의식은 흐르는 것이다. 강물이나 흐름이라는 말이 가장 자연스럽게 의식을 기술하는 비유적인 말이다. 차후에는 의식을 언급하는 경우 의식을 사고흐름 혹은 의식흐름 혹은 주관적인 생활흐름이라고 부르기로 한다. (…) 의식들은 하나의 길게 늘어진 의식 혹은 중단 없는 흐름일 것이다."[1] 의식이 중단 없는 흐름이라면, 의식 영역과 의식 이전의 영역은 무엇으로 구분되며, 두 층은 어떤 관계를 맺는가? 이에 대한 니체의 대답은 매우 상식적이며 간단하다. 의식 영역은 중단 없는 흐름의 과정에서 우리에게 의식되는Bewußt-werden 부분이며, 이것을 우리는 '의식Bewußt-sein'이라는 명사형을 써서 포착한다. 그런데 의식된 부분은 의식 이전의 부분과 단절되거나 고립될 수 있는 것은 아니다. 오히려 의식되지 못하는 선의식적 영역이 의식되는 부분들로 이행하는 것이라고 할 수 있다. 따라서 의식은 선의식적 현상과 분리 가능한 어떤 것일 수 없다. 독립적으로 존립할 수도 없고, 고정된 영역을 가질 수도 없다.

> 윌리엄 제임스
> 1842~1910.
> 미국의 철학자·심리학자. 교육심리학, 종교적 경험의 심리학, 신비주의, 실용주의 철학에 관해 영향력 있는 저술을 남겼다.

---

1 윌리엄 제임스, 「사고의 흐름」, 『심리학의 원리』 I, 9장, 정양은 옮김, 아카넷, 2005, p.435.

둘째, 의식의 성질은 가치평가적이며, 목적지향적이다. 의식이 비록 흐르는 물 같은 것이라 하더라도, 그 흐름은 임의적인 것은 아니다. 오히려 선택적 활동을 한다. 그것이 비교적 단순한 감각지각의 활동이든 좀더 고차적인 사고 활동이든, 주목과 주의는 공평하게 분배되지 않는다. 오히려 취사선택하고 무시하고 떼어내고 합치고 강세를 주는 활동을 한다. 절묘한 선택적 공정을 하는 것이다. 그렇다면 무엇이 그런 활동을 가능하게 하는 것일까? 니체의 답은 일관적이다. 힘에의 의지가 그 활동의 주역이다. 즉 힘의 상승과 그 힘의 상승역학이 가능하게 하는 삶의 상승을 꾀하는 의지. 그 의지의 힘에 의해 의식은 비교하고 취하고 버리고 모으고 강조하는 활동을 하는 것이다. 달리 말하면 의식은 힘 상승과 삶의 상승이라는 목적을 추구하며, 그 목적 때문에 그리고 그 목적을 위해 선택적 활동을 하는 것이다. 그것도 그 목적을 위해 무엇이 필요하고 유용한지를, 즉 그 목적에 대한 가치를 평가하면서 말이다. 의식의 목적지향적 활동은 이렇듯 필연적으로 선택적 활동을, 구체적으로 말하면 가치평가적 활동을 유발한다. 이런 목적지향적–가치평가적–선택적 활동을 니체는 관점적 평가perspektivische Wertschätzung 행위 혹은 해석Interpretation 활동이라고도 부른다. 의식에 이런 성질을 부여하는 것은 물론 니체가 우리의 신체 전체를 힘에의 의지의 지배 하에 있는 것으로 전제하기 때문이다. 의식적 차원은 물론이거니와 의식하지 못한다고 하더라도 우리에게서 해석 활동은 거의 본능적으로 이루어진다. 그렇다면 의식은 우리의 본능이 하는 일과 같은 일을 하고 있다고 말할 수 있다. 그래서 니체는 다시 한 번 다음처럼 말할 수 있는 것이다.

한 유기체 속에 있는 엄청나게 다양한 생기 내에서 우리에게 의식되는 부분은 단지 한 귀퉁이일 뿐이다 (…) 의식된 삶의 전체, 즉 영혼과 심장과 선의와 덕과 함께 하는 정신: 이것은 도대체 무엇에 봉사하는가? 동물적 근본기능들의 수단(영양섭취와 상승의 수단)을 가능한 한 완전하게 하는 데 봉사한다: 그중에서도 특히 삶을 상승시키는 수단을.(『유고』 KGW VIII 2 11(83), 281~282)

셋째, 의식은 결코 자율적이지 않다. 하지만 의식이 돌연히 우연하게 생기거나 변하는 것일 수는 없다. 의식적 차원의 모든 변화는—그것이 사유든, 감각지각이든, 의지의 활동이든—선의식적 차원에서 활동하는 힘에의 의지들 때문에 발생한다. 그렇다고 하나의 힘에의 의지가 특정한 의식 현상을 유발시키거나 새로운 의식적 상태를 도출시키는 것은 아니다. 힘에의 의지들이 벌이는 그때그때의 힘겨루기 상황, 그때그때의 힘의 위계질서가 특정한 의식을 도출시키며, 그 상황의 변화가 곧 의식 변화의 원인이 되는 것이다. 이런 현상은 비교적 단순한 지각 활동에서든 추론이나 윤리적 판단 같은 좀더 고차적인 활동에서든 예외없이 발생한다. 그렇다면 우리는 예컨대 특정한 의식적 사유의 등장에 '다른 의식적 사유가 원인이 되었기 때문'이라고 말할 수 없다. 두 의식적 사유들 사이의 관계는 사유들 사이의 인과관계가 아니라, 단지 사유들의 시간상의 '연접'일 뿐이다. 그리고 이 연접을 가능하게 하는 것이 바로 선의식, 즉 힘에의 의지들이 맺는 힘관계 및 그 관계의 변화인 것이다.

의식되는 것은 우리에게는 전혀 드러나지 않은 인과관계 아래에 있으며,—의식 속에서 사유와 느낌과 이념들이 연속한다는 점이, 이 연속이

> 인과적 연속이라는 점을 표현해주는 것은 물론 아닌데: 겉으로는 그렇게 보인다. 그것도 최고도로.(『유고』 KGW VIII 2 11(145), 310)

> 각각의 사유의 근저에는 아펙트Affekt가 숨겨져 있다. 각각의 사유 내용, 각각의 느낌, 각각의 의지는 하나의 특정한 충동에서 발생하지 않는다. 오히려 그것들은 전체 상태이며, 전 의식의 표층으로서 우리를 구성하는 충동들의 순간적인 힘 설정에서 귀결되는 것이다. (…) 그 다음의 사유내용은 어떻게 전체 힘-상황이 그 사이에 변경되었는지에 대한 징표다.(『유고』 KGW VIII 1 1(61), 22)

아펙트
니체 철학의 중요 개념. 모든 것 안에서 실질적·경험적으로 활동하고 있는 힘에의 의지, 의지작용을 가리키는 말.

의식 변화의 원인을 의식 이전의 영역에서 찾고, 그것도 힘에의 의지의 총체적 상태로 이해하는 것. 이것은 의식에게서 '정신적 원인'의 지위를 박탈해버리는 것이기도 하다. 우리가 의식을 생각 행위와 느끼는 행위와 욕구 행위의 담지자이자 원인으로 간주해왔다고 하더라도, 그것은 사실이 아니다. 이는 단지 유용성 때문에 습관으로 굳어진 언어적 표현방식이자 해석일 뿐이다.

넷째, 의식은 기호다. 두 가지 측면에서 그렇다. 먼저 의식 이전의 현상을 알려주는 기호다. 의식은 지속적 흐름의 귀결점이자, 그 지속적인 흐름에서 우리가 '의식적'으로 확인할 수 있는 작은 부분이다. 또한 의식은 인간 유기체 전체에서 일어나는 일을 알려주는 기호이기도 하다. 의식 역시 선택적-평가적-목적지향적-해석적 활동을 하기 때문이다. 하지만 이 기호가 전체를 다 보여주리라고 기대할 수는 없다. 니체에 의해 정신적 원인의 역할을 박탈당했던 의식은 그래서 '피상적인 기호'라는 특징을 부여받게 된다. 형이상학적 의식 탐구의 결과가 "정신과 의식을 과대평가"하는 "엄청난 실책"에 불과하다고 니체가 비난하는 것은(『유고』 KGW VIII 3, 14(146), 122) 이상한 일이 아니다. 피상적 기호에 불과한 의식을 형이상학이 모든 것의 배후이자 모든 것의 최고의 심의기관으로 승격시켰기 때문이다.

> 모든 유기체의 총체적 삶에서 드러나듯이 서로 돕고 서로 방해하는 일들의 거대함과 다양함을 고려하면 각 유기체의 감정과 의도 그리고 가치평가들이 의식되는 세계는 하나의 자그마한 단편에 불과하다. 이런 한 조각의 의식을 삶의 총체적 현상의 목적과 이유로 간주할 권리를 우리는 결코 갖지 못한다: 의식됨Bewusstwerden이란 삶의 전개와 힘의 확대에서 한 가지 수단에 불과하다는 것은 명백하다.(『유고』 KGW VIII 2 10(137), 199)

다섯째, 의식은 언어적이며, 언어적이기에 관계적이다. 피상적 기호인 의식을 왜 우리는 신뢰하고 왜 필요로 하는가? 그것이 갖고 있는 유용성 때문이다. 우리가 주어-술어 문법을 그것의 유용성 때문에, 즉 그것의 실천적 필요성 때문에 사용하고 요청하듯이, '의식' 역시 마찬가지다. 그리고 그 유용성은 인간 유기체의 근본적이면서도 자연적인 욕구와 관련된 것이라고 니체는 생각한다. 공동체를 형성하는 것은 인간의 자연본성이며, 그 때문에 우리는 자기 자신을 표현하고 전달하고 이해시키려는 욕구를 갖는다. 그래서 의식은 외부세계와의 관계를 전제하고, 소통의 필요성과 소통의 욕구를 반영하게 되는 것이다. 그런 한에서 의식은 우리 경험을 개별적으로 이해하고 구별한다기보다는, 일반적 범주와 비교하고 조정하고 편입하여 의식으로 끌어들인다. 개별적인 경험과 행위의 유일하고도 개인적인 면들은 의식으로 끌어들여지지 않는다. 의식이 이런 것이기에, 그것은 언어와 불가분적일 수밖에 없다. 의식의 소통 욕구는 빠르고도 쉬운 소통을 요청하고, 그를 위해서는 언어가 필수불가결하기 때문이다. 규약적인 언어 형식을 합의하고 그 합의를 준수하는 것은 필요하면서도 의미 있는 일이다. 그래서 의식은 언어적이고, 언어적이기에 관계적이다. 좀더 빠르고 쉬운 소통이 필요할수록, 좀더 빠르고 쉬운 소통에 대한 욕구가 생길수록, 의식은 발전하고 언어 역시 발전한다. 그래서 니체는 '의식의 발전과 언어의 발전은 손을 맞잡고 간다'고 말하는 것이다. 하지만 그 발전이라는 것은 일반적이고 공통적인 특징을 좀 더 갖추어가는 모양새일 수밖에 없다. 의식된 모든 것에 대해 니체가 '평범하고', '희미한', '타락'이자 '위조'라고 말하는 것은 바로 이런 이유에서다.

> 의식의 발전과 언어의 발전은 손을 맞잡고 간다. (…) 의식은 개인 삶에 속한다기보다는, 오히려 인간에게 있는 공동체 본성과 무리 본성에 속한다. 이로부터 도출되는 결론은 의식은 공동체와 무리를 위해 유용성을 지니는 한에서만 세련된 발전을 이룬다는 것이다. (…) 우리에게 의식되는 세계는 피상적 세계, 기호의 세계, 일반화되고 범속해진 세계에 불과하다. 따라서 의식된 모든 것은 평범하고 희미하고 상대적으로 어리석고 일반적이며 기호, 무리의 표식이 된다. 의식된 모든 것에는 근본적으로 커다란 타락, 위조, 피상화, 일반화가 결합되어 있다.(『즐거운 학문』 354: KGW V 2, 275)

흐름이자 가치평가적-선택적인 운동을 하지만, 정신적 원인이 아니고, 선의식의 규제하에 있으며, 언어적이지만 피상적인 기호에 불과한 의식. 그럼에도 이런 의식은, 그리고 의식이 제공하는 내용은 우리의 삶을 위해 필요한 해석이다. 우리의 실천적 본능 자체가 손을 댄, 우리가 만들어내고 우리가 사용하면서 살아가는 우리의 해석인 것이다.

그렇다면 나의 마음은?
마음이라는 비밀을 풀 수 있을까?

'마음'의 문제를 '나'와 '의식'의 문제로 환원시켜, 생리학적으로 해명해볼 것을 권유한 니체. 그것은 물론 형이상학적 마음 이해와 데카르트적 주체 개념을 넘어서는 새로운 시도였으며, 제임스 류의 의식 이해를 선취하는 선구적 시도였다. 그렇다고 니체의 설명이 마음에 대한 문제를 모두 해명해주는 질문 종결자 역할을 하는 것은 아니다. 거기에는 일차 의식과 재인식이나 자의식 같은 고차적 의식의 구별도 없고, 선의식에 대한 구체적인 경험적 설명도 제공되지 않는다. 그러면서도 선의식의 결정적 역할을 강조한다. 그런 한에서 프로이트에게 가해지는 '비과학적'이라는 비난이 니체에게도 적용될 수 있다. 하지만 니체의 설명은 최소한 다음과 같은 점을 환기시키는 역할을 하고 있으며, 이것은 니체가 살았던 시대의 철학적 상황을 고려해도 그렇고, 뇌과학이나 신경과학의 대단한 발전이 이루어지고 있는 오늘날에도 여전히 시사하는 바가 크다고 할 수 있다.

첫째, '마음'이라는 것은 복합적인 사태이기에, 정신성의 영역으로나 육체성의 영역으로 단순하게 환원시킬 수 없다. 그래서 마음을 이해하는 데 있어 정신주의나 물리주의 등의 제한된 방식은 필연적으로 한계가 있을 수밖에 없다. 둘째, 마음이라는 신비체를 이해하기 위한 적절한 시작점은 인간이 유기적 관계체라는 점을 직시하는 것이다. 그래서 인간이 맺고 있는 내적-외적 관계의 구조에 대한 해명작업이 선결되어야 한다. 이것은 마음에 대한 관계주의이자 자연주의이며, 마음에 대한 총체적 접근의 필요성을 강조하는 것이다. 셋째, 마음에 대한 어떤 해명도 '해석'일 뿐이기에, 그것을 통해 마음의 비밀을 다 풀었다거나, 마음에 대한 최종이론the final theory이라고 말해서는 안 된다. 그것은 아마도 새로운 독단일 것이다. 세계에 대한 우리의 해석이 갖는 유한성을 니체가 절감하면서 '우리의 새로운 무한함'이라 겸손하게 고백한 다음 내용은, 마음에 대해서도 마찬가지로 적용될 수 있다. 마음은 "우리에게 다시 한 번 무한한 것이 되었다. 우리가 그것에 대해 무한한 해석을, 인간적인 너무나 인간적인 해석을 하지 않을 수 없는 한에서 (…) 거대한 전율이 다시 우리를 엄습한다(…)."(『즐거운 학문』 374: KGW V 2, 309)

더 읽을거리

마음의 본성에 관한 니체의 사유를 종합적으로 보여주는 니체의 저서나 유고는 없다. 니체가 체계적인 글쓰기를 하지 않았기 때문이다. 본문에서 소개된 주제와 인용문들을 중심으로, 저작과 유고 여기저기 흩어져 있는 글들을 씨줄과 날줄로 엮어내는 과정이 필요할 것 같다.
이 과정을 위해 추천할 만한 문헌은 다음과 같다.

정동호·이진우·김정현·백승영 외 옮김, 『니체 전집』, 책세상, 2005

독일어판 정본 니체 전집인 *Nietzsche Werke. Kritische Gesamtausgabe*, Berlin/New York, 1967ff(=KGW)의 한글 번역본이다. KGW는 출판된 니체의 저작 외에도 그가 남겨놓은 모든 유고를 철저한 고증을 거쳐, 임의적 편집 없이 원형 그대로, 씌어진 순서대로만 수록하고 있다. 이 전집은 국제표준판이며, 현재의 니체 연구는 이 전집을 기초로 이루어지고 있다. *Kritische Studien Ausgabe*(=KSA)는 이 전집의 문고판이다.

백승영, 『니체, 디오니소스적 긍정의 철학』, 책세상, 2005

니체 철학을 긍정의 철학으로 제시한 책으로, 니체 철학을 방법론, 존재론, 인식론, 도덕론, 예술론으로 체계화해 보여준다. 더불어 니체의 삶의 연대기와 저술과의 관계, 그의 철학과 서양의 지적 전통과의 관계도 소개되어 있다. 특히 이 책의 4부 「해석적 지식과 해석적 진리: 관점주의 인식론」은 마음에 관한 니체의 사유를 이해하기 위한 길잡이 역할을 한다.

하이데거, 『니체 I』, 박찬국 옮김, 도서출판 길, 2010

니체를 시인철학자라는 위치에서 비로소 위대한 철학자의 반열로 옮겨놓은 책이다. 하이데거의 10여 년에 걸친 니체 연구를 총망라하면서 하이데거의 후기 철학을 이해하기 위한 지침서 역할도 하고 있는 이 책은 1970~80년대 니체 철학 연구에 대단한 지적 자극을 주었다. 하지만 '서양형이상학의 완성자'로서의 니체 상이나, 힘에의 의지의 형이상학을 나치사상과 연계하는 것은 부정적 평가의 대상이 된다. 이 책의 「힘에의 의지로서의 의지」, 「의지와 힘, 힘의 본질」, 「인식에 대한 니체의 생물학적 해석」 등의 부분은 마음의 기능과 한계에 대한 니체의 숙고를 이해하는 데 도움이 된다.

G. Abel, "Interpretatorische Vernunft und menschlicher Leib", in
 Nietzsches Begriff der Philosophie, M. Djuric (Hg.), Würzburg, 1990
 니체의 신체 혹은 몸Leib의 근원적 현상을 힘에의 의지의 생기生起, Geschehen
 인 해석 활동으로 제시하고 있다.

V. Caysa, "Nietzsches Leibphilosophie und das Problem der Körperpolitik",
 in: *Nietzscheforschung 4*, 1998
 니체의 신체 개념이 갖고 있는 철학사적 의미와 니체 철학에서의 내재적
 의미를 총괄적으로 밝히고 있는 글이다.

E. Schlimgen, *Nietzsches Theorie des Bewußtseins*, de Gruyter, 1999
 의식에 관한 니체의 사유는 언어철학 및 인식론의 내용과 밀접하게 연계되어
 있다. 이 책은 특히 언어철학과의 관계를 잘 조명하고 있다.

J. Simon, "Das Problem des Bewußtseins bei Nietzsche und der traditionelle
 Bewußtseinsbegriff", in *Zur Aktualität Nietzsches*, M. Djuric &
 J. Simon (Hg.), Würzburg, 1984
 위의 책(E. Schlimgen)과 더불어 니체가 제시한 의식분석의 의미와
 전통적인 의식 개념과의 변별점을 밝혀주는 글이다.

프로이트

무의식 혁명

김석

건국대학교 철학과에 입학해 석사과정까지 독일 근대철학을 공부했으나 지나친 사변적 접근과 인식론적 편중성에 회의를 느끼고 당시 '포스트모던 이론'으로 소개된 프랑스 철학으로 관심을 돌린다. 프랑스 철학을 제대로 배우고자 1995년 유학을 떠나 프랑스 스트라스부르대학을 거쳐 파리8대학 철학과에서 '라캉의 욕망하는 주체'를 주제로 철학박사 학위를 받았다. 2005년 귀국하여 철학아카데미, 건국대, 고려대, 서울시립대 등에서 교양과목을 강의하였으며 현재는 건국대학교 철학과에서 학생들을 가르치고 있다. 주로 임상적 차원과 비평 관점에서 소개된 정신분석 이론을 철학적 관점에서 대중화하기 위해 강연과 저술에도 열심이다. 현재는 욕망과 마음에 대한 탐구를 심화시키면서 한국사회의 집단심리를 분석하고 공동체적 대안을 제시하는 연구에 집중하고 있다. 주요 저서로『에크리, 라캉으로 이끄는 마법의 문자들』,『프로이트 & 라캉, 무의식의 초대』,『마침내 고유한 나를 만나다』등이 있다. 옮긴 책으로는『라캉, 주체 개념의 형성』,『문자라는 증서』등이 있다.

프로이트와 무의식 혁명

프로이트는 이전까지 학문의 대상이 아니었던 무의식을 과학의 탐구 대상으로 삼는 정신분석학을 창시하여 서구 전통에 깊이 각인된 이성 중심주의에 균열을 만들었다. 정신분석학은 억압되고 망각되었지만 끊임없이 의식을 뒤흔드는 무의식을 마음의 본질로 간주한다는 점에서, 존재의 잃어버린 기원을 탐구하는 학문이다. 폴 리쾨르는 『해석의 갈등』에서 욕망, 충동, 의지 같은 신체의 '선행성antériorité'을 강조하는 정신분석학을 '주체의 고고학archéologie du sujet'이라고 정의했다. 물질적 현상학을 주창한 미셸 앙리M. Henry는 『정신분석학의 계보학』에서 정신분석학은 표상의 근저에 놓인 존재의 본질, 즉 잃어버린 기원을 찾는 새로운 존재론이라고 말한다. 미셸 앙리가 말하는 기원은 존재의 근본 토대이자 이성주의가 배척해온 뿌리인 몸을 말한다.

정신분석학은 논리적 일관성을 강조하는 이성의 논리를 뒤집고 억압된 것을 끄집어내면서 존재의 진리를 전혀 새로운 토양 위에 세운다는 점에서 사유의 대혁명이라 할 수 있다. 이성과 의식 대신 무의식적 욕망을, 의미와 논리에 대해 무의미와 역설의 진리를, 합리성과 선의 윤리 대신 단절과 파토스의 미학을 말하는 것이 정신분석학이다. 또한 정신분석학은 정신의 구조를 근본적인 분열과 갈등에서 찾으면서 삶의 역동성을 강조한다.

정신분석학은 플라톤 이래 서구사상을 지배해온 로고스 중심주의에 대한 전복이자 코페르니쿠스와 다윈을 잇는 세 번째 인간학 혁명이다. 이 글에서 우리는 프로이트의 몇 가지 핵심 이론을 중심으로 정신분석학에서 인간의 마음을 어떻게 설명하는지 살펴보겠다. 이를 통해 우리는 프로이트가 사유의 지평에 도입한 무의식 혁명의 이론사史적 의의를 깨달을 수 있을 것이다.

정신기구 모델과 메타심리학

프로이트는 무의식의 작동법칙과 심리구조의 본질을 보여주기 위해 두 차례에 걸쳐 '정신기구 모델psychic apparatus'을 구상하면서 이를 과학적으로 설명하는 자신의 이론을 '메타심리학metapsychology'이라 불렀다. 메타심리학은 의식현상 너머에 있는 무의식을 탐구대상으로 삼는 정신분석학의 또 다른 이름으로 프로이트의 문제의식을 잘 보여준다. 이 용어는 물리학 너머에서 존재의 진정한 본질을 발견하려는 아리스토텔레스의 형이상학metaphysics을 연상시킨다. 무의식을 전면에 부각시키는 메타심리학이야말로 오랫동안 철학이 지탱해온 마음과 의식의 동일성 논리를 프로이트가 전복하고자 했다는 것을 잘 보여준다. 마음과 의식의 동일성 논리란 표상과 지각을 통해 대상을 사유하고 느끼는 투명한 의식을 마음의 본질로 보면서 의식이 수용하지 못하는 무의식적 관념이나 정서를 배척하는 입장을 말한다. 메타심리학의 세 가지 관점은 다음과 같다.

첫째, 지형학적topographical 관점으로, 장소를 의미하는 그리스어 '토포스topos'에서 유래하였다. 지형학은 정신 내부가 상이한 역할을 담당하는 세 심급으로 나뉘어 독립적으로 작용하면서 일정한 관계

속에서 통일된 구조를 형성한다는 말이다. 프로이트는『꿈의 해석』 에서 처음으로 1차 정신기구 모델을 제시하면서 무의식, 전의식, 의식을, 그리고 1920년대 '사유의 대전환'[1] 이후 새로 구상한 2차 모델에서 이드, 자아, 초자아를 마음의 실체로 제시했다. 마음의 역동성이나 리비도 경제학은 '장소'를 고려하는 지형학적 관점을 고려할 때 잘 이해할 수 있다. 그런데 심리적 장소는 해부학적 영역이 아니라 행동과 표상을 상이하게 관장하는 기능 차원에서 이해해야 하며 프로이트는 지형학을 은유가 아니라 정신의 실재로 간주한다.

둘째, 경제적economical 관점으로, 리비도 경제학으로 부르기도 한다. 프로이트는 심리 과정을 에너지의 분할과 증감을 통해 설명하면서 일정 수준의 긴장을 유지하려는 '항상성homeostasis' 원리가 기본 메커니즘으로 작동한다고 설명한다. 리비도는 대상에 상이한 강도와 방식으로 투여되면서 쾌와 불쾌의 자극을 준다. 에너지 흐름에서 일정량의 에너지를 서로 나누고 상호작용하면서 적정한 쾌락 수준을 유지하는 것을 양적 차원에서 설명하고자 프로이트는 경제적 논리를 도입한다. 경제적 관점을 보면 프로이트가 19세기 물리학과 생리학의 기본 원리에 기반을 둔 심리구조 모델을 구축하려 했던 것을 알 수 있다. 그러나 경제적 관점은 인간 마음을 지나치게 역학적으로 설명하려 한 프로이트의 한계를 잘 보여주며, 이후 라캉처럼 인문학적 관점에서 정신분석학의 과학화를 새롭게 시도한 사람들에 의해 수정된다.

셋째, 역동적dynamic 관점이다. 역동성이란 일정한 장소를 점유한

---

1   프로이트는 1920년대 들어와 자신의 이론적 주장을 대폭 수정하는데, 이를 학자들은 '사유의 대전환'이라고 부른다.

정신기구들이 만족을 추구하며 에너지를 동원하는 과정에서 끊임없이 충돌하고 타협하면서 정신기구를 무한한 갈등과 욕망의 전장으로 내몬다는 생각이다. 정신기구가 대립된 힘의 고갈되지 않는 투쟁 속에서 역동성을 발휘한다는 생각은 이미 니체가 개진했지만 프로이트는 이것을 정신의 분열 논리와 충동이원론 개념을 통해 더 구체화한다.

프로이트는 신경증을 어떤 신체적 결함이나 유전적 원인이 아니라 심급들 간의 필연적인 분쟁으로 설명함으로써 신경증이 인간 정신의 보편적 구조라는 것을 분명히 했다. 이것은 전통 정신의학과 완전히 구별되는 프로이트의 입장이다. 특히 역동성의 논리는 주로 일상생활 속에서 무의식이 어떻게 의식의 검열과 억압을 뚫고 자신을 드러내는지를 설명하기 위해 도입되었다. 욕망은 주체의 선험적 능력이 아니라 상이한 힘들의 충돌 속에서 충동과 결합하면서 구체화된다. 프로이트에 따르면 인간의 마음도 고정된 관찰대상이 아니라 욕망과 충동의 작용을 통해 스스로 구체화해나가는 변화무쌍한 존재다.

메타심리학은 이처럼 세 가지 관점을 통해 구체화되면서 프로이트 정신분석학을 심리학이나 정신의학과 차별화한다. 이성의 통제력과 의식의 일관성을 강조하는 심리학이나 정상과 비정상의 구분과 진단에 매달리면서 치료를 강조하는 정신의학과 달리 정신분석학은 인간 삶의 불합리한 요소들과 갈등, 그리고 우리가 알 수 없거나 오해하는 무의식적 충동을 그 자체로 인정하기 때문이다. 메타심리학은 우리의 마음을 어떤 고정된 하나의 실체가 아니라 맹목적으로 만족을 추구하는 무의식과 이것을 방어하면서 현실과 조화를 이루려는 의식의 상호작용과 대립 속에서 움직이는 역동적인 기구로 파악하는 것이 특징이다. 프로이트는 이것을 다음과 같이 말한다. "에로스와 죽음 충동의 협력과 대립적 작용으로 우리 삶의 그림이 생긴다."(「나의 이력서」, 『정신분석학 개요』, V, 261)

정신기구의 세 심급

프로이트는 1923년 발표한 「자아와 이드」에서 자신의 이론적 견해를 대폭 수정하여 2차 정신기구 모델을 새롭게 제안하지만 1차 모델의 중요한 점들을 통합하면서 좀 더 역동적 차원에서 인간 마음을 설명한다. 1차 모델이 기억 흔적에 남은 무의식적 소망이 의식의 검열을 뚫고 일상의 다양한 차원에서 현재화하는 무의식의 서술적 양상에 초점을 맞추었다면, 2차 모델에서는 이드에서 발원하는 에너지의 역동적 힘과 '충동drive'의 역할을 더 강조한다. 그리고 1차 모델에서 의식과 무의식의 완충작용을 했던 전의식 기능이 자아와 초자아에 전가되면서도 이 두 심급의 상당 부분이 무의식에 속한다는 것이 강조된다. 초기의 프로이트가 자기보존 충동과 성적 충동을 대립시켰다면 후기에는 자기보존 충동을 성적 충동에 포함시키면서 삶의 충동과 죽음 충동으로 충동이원론의 강조점을 변경시킨다.

| 우리 마음의 뿌리, 이드

'이드id'란 최초로 우리 인격을 형성하는 마음의 뿌리로 충동과

억압된 욕망의 근원이자 에너지의 저장고라 할 수 있다. 이드는 인간을 지배하는 가장 원초적인 차원으로 프로이트는 이를 '정신의 본래 현실'이라고 했다. 그러나 이드를 생물학적 본능이나 호르몬처럼 생각해서는 안 된다. 프로이트는 인간 본성이 처음부터 결정되어 있거나, 혹은 존 로크가 가정하듯 완전히 '빈 서판tabula rasa'에서 출발해 훈육을 통해 본성이 만들어진다고 보지 않는다. 분명 인간의 마음에는 선천적이고 생물학적 요소가 잠재해 있지만 그것을 사회화하는 과정에서 억압되면서 비로소 충동의 형태로 형성된다고 말할 수 있다. 무의식은 단순히 과거의 망각이 돌아오는 것이 아니라 현재와 과거의 일치, 즉 '사후 작용deferred action'을 통해 구체화된다는 것이 중요하다. 또한 이드는 언제나 정신기제의 핵심으로 절대 길들여지지 않으며 자신의 만족을 위해 자아와 대립한다.

또 하나 중요한 구분은 '무의식unconsciousness'과 '이드'의 차이다. 무의식이 억압된 충동과 결부된 표상들을 그 주요 내용으로 삼는다면 이드는 충동을 활성화하는 에너지 자체를 일컫는다. 예를 들어 죽음 충동은 이드에 속하지만 그 자체로는 무의식이 아니며, 성적 욕구나 도착 속에서 죽음 충동이 드러날 때 무의식의 양상을 띤다. 자아와 초자아는 이드에서 분화되며 이드가 그 원천이라면 무의식은 심급들 간 상호작용을 통해 구체화된다.

이드는 내적·외적 자극에서 발생하는 흥분을 방출하려는 쾌락원리의 지배를 받으며 방해물 없이 가장 빠른 방식으로 욕구를 충족하려는 일차적 욕망에 충실하다. 꿈의 표상이나 환상의 원천이 되는 것이 이드다. 특히 공격성과 성적 충동은 이드에서 기인한다.

현실의 대변자, 자아

'자아^{ego}'는 사회화 과정에서 현실과 접촉하면서 외부에서 부과하는 여러 제약과 요구를 수용하기 위해 이드에서 분화된 심급이다. 우리는 자아를 소유하면서 비로소 인간이 된다고 할 수 있으며, 자아는 언어와 이미지를 동원해 인간의 고유한 현실세계를 창조한다. 프로이트가 1차 정신기구 모델에서 의식과 무의식의 대립을 다소 평면적으로 강조했다면 2차 모델에서는 성 에너지의 역동성에 좀 더 초점을 맞추면서 외부현실에 적응하기 위해 방어와 억압을 담당하는 심급으로 자아를 개념화한다.

이드가 쾌락의 직접적이고 무한한 만족을 추구하는 근본적 열정에 가깝다면, 자아는 이드를 조절하고 통제하면서 좀 더 합리적인 방식으로 쾌락원리를 추구한다. 자아는 이성과 상식을 대표하며 현실원리의 지배를 받는다. 자아가 현실원리에 충실하다는 것은 자아가 외부세계의 대변자처럼 이드를 감시한다는 말이다. 반면 다음에 보게 될 '초자아'는 내부세계의 대변자로서 도덕적 심급을 형성하면서 자아와 이드를 감시하고 공격한다.

프로이트의 자아 개념에서 주목할 것은 성적 쾌감의 두 원천인 신체와 외부대상의 구별이 생기면서 자아가 신체 이미지를 수용하여 2차적으로 발생한다는 것이다. 프로이트가 보기에 선험적이고 고정된 자아는 존재하지 않으며 신체가 자아와 동일한 것도 아니다. 자아는 언제나 이미지를 매개로 구성되는데 여기서 여러 가지 착각이 발생할 수 있다. 자아가 신체 이미지를 수용하는 과정을 프로이트는 동일시라고 부르는데 이때 이미지가 이상화되면서 이것이 자아정체성의 심리적 기초가 된다. 여기서 동일시는 이상화된 자아 이미지에 매료되고 그것에 집착하는 심리적 상태를 말하는데, 정신분석학은 이를 '나르시시즘narcissism'이라 부른다. 자아가 나르시시즘을 통해 형성되고 유지되는 것이라면 자아가 실체라는 생각은 부정되고 여러 변화의 가능성이 더 강조된다. 사람이 환경의 변화를 겪으면서 자아의 성격이나 기질이 계속 바뀌는 것도 이 때문이다. 나르시시즘 이론은 흔히 심리학에서 많이 강조하는 자아 중심의 여러 오류의 원천을 좀 더 명확하게 설명해준다.

또 하나 주목할 것은 자아가 억압기능을 담당하기도 하지만, 자아의 근본 목적은 현실원리를 통해 쾌락원리를 안전하게 만족시키는 것이라는 점이다. 자아는 이드에 뿌리를 두고 있기 때문에 여전히 우회적 방식으로 이드의 만족을 도와주며 때로 자극의 만족을 연기하거나 사고와 상징화를 통해 좀 더 고차원적인 쾌락을 즐기면서 리비도를 발산하기도 한다. 프로이트는 자아가 지각, 기억, 사고와 판단 등 고차적인 정신기능을 담당하는 심급임을 인정하지만 이것이 기본적으로 쾌락원리를 보충하는 연장선에 있음을 강조함으로써 충동의 성적 본질을 고수한다. 또 자아의 많은 부분이 무의식적이라고 봄으로써 무의식이 왜 의식보다 본질적인가를 부각시킨다. 자아 내에 분열이 존재한다는 것은 인간의 모든 행동이 언제나 상반되고 모순된 상태로 존재한다는 것이며 나중에 라캉은 이를 주체분열이론으로 발전시킨다.

| 영원한 검열관, 초자아

'초자아superego'는 자아에 대한 검열과 판단을 담당하고 양심의 형태로 금지와 처벌을 강제하는 기관이다. 초자아는 인간이 왜 도

덕적 감정을 갖고 끊임없이 신경증을 비롯한 증상에 시달리는지에 대한 원인을 잘 납득시켜주며 무의식이 개인적이면서 동시에 타자와의 관계 속에서 작용하는 것임을 잘 이해하게 해준다. 이드의 욕구에 대해서도 초자아는 마찬가지 심판관 역할을 하는데 자아가 현실원리를 내세운다면 초자아는 이상성과 도덕의 기준을 잣대로 삼는다. 그러나 초자아는 도덕의 이름으로 교묘하게 이드의 공격성을 정당화해주기도 한다.

초자아는 남근기에 경험하는 오이디푸스 콤플렉스Oedipus complex[2]가 해소될 때 부모에게서 오는 금지를 내면화하여 형성되며, 자아에서 분화된다. 아이에게 부모는 닮아야 할 모델이자 권위를 갖는 두려움의 대상인데 이러한 부모의 두 가지 이미지를 수용하고 여기에 동일시하면서 초자아가 형성된다. 이에 대응하여 초자아는 이상적 자아와 양심이라는 두 개의 하위체계로 이루어진다. 이상적 자아가 나르시시즘적 열정과 자부심을 불러일으킨다면 양심은 도덕적 가치의 수호자가 된다. 일단 초자아가 자리잡으면 이제부터 부모의 간섭이나 명령 때문이 아니라 자발적으로 복종하는 내면의 목소리가 작동하는 것이다.

초자아는 프로이트가 도덕과 사회의 근원을 설명하기 위해 고안한 심급이다. 우리가 도덕에 지배를 받고 양심의 가책을 느낀다면 이는 인간의 선한 본성이나 사회적 선에 대한 공리주의적 합의

---

2 오이디푸스 콤플렉스는 남근기(3~5세) 아이가 겪는 심리적 갈등으로 이 시기 아이는 이성의 부모를 대상으로 성애를 느끼며 동성의 부모에게는 경쟁심에 기초한 적대감을 느낀다. 하지만 거세콤플렉스 때문에 부모를 향한 성적 리비도 발산을 억압하며 동성의 부모에 대한 동일시를 통해 인격구조를 형성한다. 프로이트는 오이디푸스 콤플렉스가 보편적인 유아성욕의 토대를 이루며 신경증의 핵이라고 정의한다.

때문이 아니라 초자아로 대표되는 권위와 처벌에 대한 두려움 때문이라는 게 프로이트의 관점이다. 프로이트는 죄책감의 두 가지 근원을 다음처럼 설명한다.

첫번째 죄책감은 권위자에 대한 두려움에서 생겨나고, 두 번째 죄책감은 초자아에 대한 두려움에서 생겨난다. 첫번째 죄책감은 본능만족을 단념하도록 강요하고, 두 번째 죄책감은 본능만족을 단념하는 것만이 아니라 징벌까지도 요구한다.(『문명 속의 불만』 VII, 307)

초자아가 부모가 아이에게 전달하는 부모들의 초자아에 대한 동일시의 산물이라면, 도덕의 근원에는 언제나 포기에 뒤따르는 상실의 감정과 죄책감이 있기 마련이다. 결국 선과 이상적 가치를 갈망하는 도덕의 근저에는 타자에게서 오는 처벌에 대한 불안감과 억압된 것에 대한 동경이 깔려 있기에 우리 심리기제는 언제나 갈등과 상호 침투 속에 놓여 있는 것이다. 인간주체가 근본적으로 신경증적 구조를 가질 수밖에 없는 것도 초자아가 자아와 대립하기 때문이다.

무의식에 관한 두 가지 정의

이제 무의식이 과연 무엇이고 어떤 법칙을 통해 작동하는지 구체적으로 살펴보자. 무의식은 프로이트의 모든 저작을 관통하는 핵심 범주로 프로이트는 다양한 영역에서 무의식에 관해 언급한다. 무의식에 관한 정의는 크게 서술적·역동적 관점에서 무의식의 전개 양상에 주목하거나, 아니면 위상학적 관점에서 하나의 체계로서 무의식을 설정하는 두 입장으로 묶을 수 있다. 이 두 관점은 프로이트가 번갈아 강조하면서 때로 모순적으로 대립하기도 하지만 언제나 모호하게 뒤섞이면서 여러 저술에서 반복된다. 이제 마음 이론의 본질이라 할 수 있는 무의식 개념을 좀 더 자세히 살펴보면서 정신분석학이 무엇을 겨냥하는지 보도록 하자.

| 서술적·역동적 관점의 무의식 이론:
| 작용으로서의 무의식

서술적 관점은 무의식이 일상생활에서 의식의 검열을 뚫고 드러나는 양상에 주목하는 것으로 『농담과 무의식의 관계』, 『일상생활의 정신병리학』 같은 초기 저작에 잘 묘사되어 있다. 프로이트는 나중에 2차 정신기구 모델을 구체화하면서 충동이 어떻게 무의식적 표상을 생산하는지와 증상의 반복에 더 관심을 갖는다. 일생 동안 프로이트는 무의식을 영혼의 어두운 부분처럼 신비화하는 낭만주의적 관점을 경계하고, 과학적으로 무의식을 해명하면서 그 법칙성을 밝혀내려 하였다. 무의식은 의식의 일관성과 연속성을 뒤흔드는 일종의 장애물이자 의식의 단절 속에서 자신을 드러내는 또 다른 사고[3]처럼 작동한다.

---

3 프로이트는 '꿈 사고Traumgedanke'라는 말이나, '또 다른 장면Eine andere szene'으로 이를 지칭한다. '또 다른 사고'라는 말은 내가 어떤 것을 의식하거나 언어로 표현할 때 내가 눈치채지 못하는 전혀 다른 생각이 이를 교란시키거나 함께 작용할 수 있다는 말이다.

예컨대 프로이트는 꿈을 무의식적 소원의 성취 과정으로 정의하면서 꿈이 무의식의 왕도라고 말하는데[4] 꿈은 의식에 침투하는 무의식의 힘을 잘 보여준다. 프로이트는 자신이 상담한 많은 환자의 꿈과 자신의 꿈을 분석해 꿈을 통해 표출되는 무의식의 양상을 보여주면서 우연처럼 보이는 많은 것이 사실은 무의식의 메커니즘을 따르고 있음을 증명하였다. 예를 들어 다음과 같은 꿈이 그 전형이다. "나는 어떤 식물종에 대한 연구논문을 집필했다. 그 책이 내 앞에 놓여 있고, 나는 원색삽화를 뒤적거린다. 책에는 말린 식물 표본이 하나 붙어 있다."(『꿈의 해석』 VI, 340)

아주 간단하고 별 사연이 없어 보이는 이 꿈을 풀어내면 프로이트가 당시 느끼고 있는 여러 감정과 갈등은 물론 숨겨진 욕망을 알 수 있다. 꿈의 키워드는 식물학 논문과 원색 삽화다. 식물학은 프로이트가 한때 성공을 꿈꾸며 연구에 매진한 코카인 연구를 암시하기도 하고, 논문이라는 소재는 자신의 학자적 위치에 대한 고민을 보여주기도 한다. 프로이트는 다음으로 식물학에서 자유연상의 방법으로 끌어낸 '꽃'이라는 기표를 분석하면서 꽃을 좋아하는 자기 아내를 비롯한 많은 여성 환자의 에피소드를 떠올린다. 또 학술 논문과 어울리지 않는 원색 삽화는 프로이트의 정신분석학을 한갓 그림책처럼 비웃는 동료 의사들과 그에 대한 프로이트의 좌절감을 뜻하기도 한다.

이처럼 꿈은 겉으로 드러난 소소하고 엉뚱한 이미지에 억압되고 망각되었지만 여전히 주체를 괴롭히는 기억을 중층적으로 압축

---

[4] "꿈은 완벽한 심리적 현상이며, 정확히 말해 소원 성취이다."(『꿈의 해석』, III, 163)

시키면서 전혀 다른 장면처럼 보여준다. 또한 꿈은 외견상 하찮거나 무의식의 소망과 전혀 관계없어 보이는 이미지를 통해 억압된 사유를 표현하는데 이를 전치라 한다. 이것은 의식의 검열을 피하기 위함으로 꿈의 생산 과정에서 활용되는 압축과 전치를 프로이트는 무의식의 기본법칙으로 파악한다. '압축condensation'과 '전치displacement'를 대입해볼 때 꿈은 언제나 의식에 드러난 면과 그 밑에 감춰진 또 다른 내용물로 구성되는데 이것이 무의식의 본질이다. 프로이트는 드러난 꿈과 종횡으로 엮여 있는 잠재된 꿈 사고를 함께 분석하면서 그것이 과거의 소망이나 기억 흔적들, 재현과 연관이 있음을 보여주었다. 드러난 꿈 내용은 무의식적 욕망을 주 내용으로 하는 잠재된 꿈 사고를 감추고 주체의 사고를 다른 곳으로 돌리기 위해 동원된다. 농담, 망각, 말실수, 실착행위 등도 마찬가지이다. 개회사에서 '폐회를 선언합니다'라는 말실수를 했던 어떤 의장의 예는 의식과 전혀 다르게 작동하는 무의식적 염원을 잘 드러낸다. 그는 사실 회의를 진행하고 싶지 않았던 것이다.

| ## 위상학적 관점의 무의식 이론:
| 체계로서의 무의식

위상학적 관점은 특히 1차 정신기구 모델과 1915년에 쓴 메타심리학에 관한 논문들 중 하나인 「무의식」에 잘 드러난다. 『꿈의 해석』에서 프로이트는 무의식을 독일어 정관사를 붙여 '무의식das Unbewusste'이라고 하나의 실체처럼 서술하면서, 앞에서 설명한 의식이나 '전의식preconscious'과 대립시킨다. 전의식은 무의식처럼 억압되어 있지만 어떤 조건이 되면 의식화되는 부분으로, 말실수 같은 것

압축
프로이트와 그의 추종자들이 사용하는 용어로, 두 개 이상의 관념이 부분적으로 융합되는 것을 가리킨다. 술과 휴가의 이미지가 융합되어 크리스마스 휴가 기간의 뜻으로 쓰이는 'alcoholidays' 같은 말을 예로 들 수 있다.

전치
대상이 한 곳에서 다른 곳으로 옮겨지는 것. 정신분석학적으로는, 꿈 속에서 정서가 평상시에는 그것과 무관한 다른 사물로 옮겨가는 것을 뜻한다.

실착행위
잘못 말하거나 잘못 쓰는 등 일상적으로 흔한 잘못을 말한다. 프로이트는 이와 같은 행위가 단순한 부주의나 우연에서 생기는 것이 아니고 무의식적인 의미를 지니고 있다고 생각했다.

이 전형적인 예다. 그렇다면 실체로서 무의식을 가정할 때 그 내용은 과연 무엇일까?

위상학적 이론은 억압된 과거 기억의 흔적들과 충동의 대리물을 무의식의 내용으로 규정하면서 무의식의 불멸성을 강조한다. 프로이트는 무의식의 역동성을 '억압된 것의 회귀'를 통해 설명하는데 그것이 발원하는 공간이 바로 무의식이고 돌아오는 것은 기억이 아니라 '충동의 대리물instinctual representative'이다. 충동은 정신과 신체의 경계를 지칭하는 개념이기 때문에 표상에 의해 대리되는 형태로만 자신을 드러낸다. 무의식이 이러한 '충동의 대리물'을 주된 내용으로 가진다는 것은 무의식이 순전히 정신적인 것만도 생물학적인 소여도 아니라는 말이다. 무의식은 억압된 표상일 뿐 아니라 억압 과정 자체이기도 한데, 이때 억압의 대상이 되는 것이 바로 충동을 표상하는 심리적 대리물이다. 표상화된 대리물은 주체의 삶에서 나타나는 환상이나 상상물의 소재가 되며 무의식적 사유란 '충동의 대리물'을 재생하고 활용하는 과정이라 할 수 있다. 유아기 기억도 그 자체가 아니라 흔적으로만 남는데 이러한 기억 흔적들이 무의식의 내용물을 이룬다.

무의식의 내용물은 표상이나 기억 흔적뿐 아니라 그것을 동원하고 리비도를 투자하게 만드는 에너지를 포함한다. 앞에서 언급한 것처럼 각각의 정신기구들은 활동과 만족을 위해 에너지가 필요한데 이 에너지는 이드에 그 근원을 두며 자아와 초자아도 동일한 에너지를 활용하기 때문에 늘 갈등과 충동이 있게 된다. 이로부터 대상에 대한 에너지 '집중investment'과 '반집중anti-investment'이 반복되는데 이것이 무의식적 행동으로 표출된다. 예를 들어 배고픈 아기가 손을 빠는 것처럼 이드는 어떤 대상에든 직접 에너지를 투여해 만족

> **소여**
> 인식에 있어서 사유 작용에 앞서 전제되는 것으로, 사유 자체에서 이끌어낼 수 없는 '주어져 있는 것'을 말한다.

을 얻으려고 한다. 이때 자아는 통제력을 회복하기 위해 자신에게 에너지를 돌리면서 이드의 에너지 투여를 억제하는데 이것이 반집 중이다. 2차 정신기구 모델이 확립되면서 무의식의 주 내용은 충동 에너지로 정의된다. 이제 무의식은 이드와 자아의 상당부분을 포괄하고 의식과 상호작용하는 힘으로 정의되면서 역동적 관점과 결합한다.

정신기구는 어떻게 작동하는가

현상학
경험의 구조에 관한 탐구. 20세기 초에 후설이 창시하였다. 후설에 따르면 현상학은 의식의 작용에 나타나는 현상과 의식의 구조에 대한 체계적인 연구·반성이다. 후설의 현상학에는 많은 비판이 제기되었으며, 이후 다양한 형태로 계승·발전되었다.

철학은 감각을 통해 파악되는 외양을 넘어 사태의 본질을 직관하고 정리하며 기술하는 의식과 자아의 순수한 역할을 중시하는데 특히 현상학이 그러하다. 예컨대 후설은 지향성 개념을 통해 의식은 언제나 어떤 대상에 관한 의식이며 경험 속에서 감각적 현상을 정돈하고 관조하는 초월적 의식을 통해 인간은 세계와 관계를 맺는다고 강조했다. 그러나 프로이트는 의식이 아니라 무의식이 인간의 본질임을 선언함으로써 세 번째 탈중심화[5] 혁명을 완수하고 의식의 절대성을 강조하는 철학적 세계관을 일종의 환상이라고 비판한다. 프로이트에 따르면 이성이나 의식의 사유는 현실과의 관계를

---

[5] 프로이트에 따르면 첫번째 탈중심화는 코페르니쿠스의 지동설로 코페르니쿠스는 인간을 우주의 중심에서 변방으로 떨어뜨렸다. 두 번째 탈중심화는 다윈의 진화론으로 인간은 더는 만물의 영장이 아니라 자연 생태계의 일부를 형성할 뿐이라는 것이 선언되었다. 마지막 탈중심화는 인간 정신의 본질이 의식이 아니라 무의식이라는 프로이트의 이론으로 우리는 이를 무의식 혁명으로 부를 수 있다.

맺는 과정에서 생존을 위해 이차적으로 발생한 것이며 근본적인 것은 무의식의 과정이다. 프로이트는 무의식의 메커니즘을 일차과정으로, 의식과 전의식의 작용을 이차과정으로 명명하면서 그 둘의 관계를 통해 마음의 본질과 기능을 새롭게 정의한다.

| 일차과정과 이차과정

일차과정이란 쾌락의 만족을 추구하기 위해 가장 빠른 경로로 자유롭게 심적 에너지를 투자하면서 적절한 긴장 수준을 유지하려는 메커니즘이다. 프로이트는 무의식적 소망을 꿈의 소재로 가공하는 압축과 전치를 일차과정의 전형적 예로 든다. 임상의 영역에서 관찰되는 다양한 환상, 증상도 일차과정으로 의식보다 앞서 존재하며 의식은 일차과정에 직접 개입하지 않는다. 프로이트에게 꿈은 융의 생각처럼 집단 무의식에 각인된 상징의 재현이나 특별한 의미가 담긴 어떤 서사 혹은 미래에 대한 예언이 아니라 억압된 표상들을 다시 불러내고 여기에 직접적으로 에너지를 투여하는 무의식적 과정이다.

프로이트가 말한 '불타는 아이의 꿈'을 그 예로 들 수 있다. 한 아버지가 열병으로 죽은 아들의 시신을 장례식장 노인에게 지켜달라고 말한 후 옆방에서 잠이 들었다. 그런데 갑자기 죽은 아들이 꿈에 나타나 "아버지, 내가 불타는 게 보이지 않으세요"라고 아버지의 팔을 붙잡고 울부짖는다. 깜짝 놀란 아버지는 잠에서 깨어나는데 옆방에서 불빛과 연기가 새어나오고 있었다. 노인은 잠이 들었고 촛불이 넘어져 아이의 시신을 덮은 천이 타고 있었던 것이다. 여기서 아버지가 죽은 아들을 만나는 것은 죽은 아이에 대한 죄책감과 연민, 아이를 보고 싶은 소망 등 꿈꾸는 사람을 갈등하게 만드는 표상들의 복합적 표현이다. 아버지는 꿈에서나마 아들을 보면서 잠시 현실의 괴로움을 잊을 수 있지만 동시에 아버지를 비난하는 아이의 모습은 번뇌의 근원이기도 하다. 환상이나 환각도 마찬가지다. 주체는 자신이 원하는 이미지를 직접 대면하고 여기에 에너지를 집중하면서 즉각적으로 만족을 누리기 위해 환상을 창조한다. 일차과정은 무엇보다 긴장 해소를 위해 에너지의 방출과 적절한 강도의 에너지를 유지하려는 쾌락원리의 지배를 받는다.

하지만 욕망의 무제한적이고 즉각적인 추구가 언제나 쾌락을 가져오는 것은 아니기 때문에 현실과의 관계에서 그것을 조절할 필요가 있다. 이때 직접적 만족을 지연시키고 때로 제어하며 현실에서 욕망의 대상을 획득하기 위해 의식과 전의식이 작용하는 것이 바로 2차과정이다. 예를 들어 무인도에 표류한 사람이 배가 고파 먹는 꿈을 꾸면서 만족을 느끼는 것이 일차과정이라면, 잠에서 깨어나 자신이 처한 상황과 조건을 분석하고 과거 경험과 지식을 동원해 현실세계에서 먹을 것을 찾는 행위가 이차과정이다.

이차과정은 의식의 주된 메커니즘으로 사유, 판단, 추론, 통제되고 계획된 행동 등 이성을 매개로 한 모든 활동을 지칭하며 현실원리의 지배를 받는다. 이차과정은 자아가 형성될 때부터 시작되며 자아가 이차과정의 최종 행위자가 된다. 이차과정이 발생하는 것은 자신을 보존하려는 필요 때문이며 생존을 위해 욕구의 충족은 지연되고, 우회하며, 때로 부정되는데 이 과정에서 이성이 형성된다는 것이 프로이트의 결론이다. 프로이트에 따르면 학문이나 예술 같은 고도의 정신적 활동은 이차과정의 필연적 산물이다. 이차과정의 주된 대상은 대상 자체가 아니라 그것의 표상이며 이것과 관계를 맺는 표상하는 주체가 필요하기 때문이다. 이차과정은 결국 외부세계와 좀 더 타협하면서 현실적으로 쾌락원리를 충족시키기 위해 자아를 만들고 일차과정을 통제하면서 일차과정을 위해 복무한다고 말할 수 있다. 하지만 자아에서 발생하는 모든 과정이 다 이차과정은 아니며 특히 강박증 같은 정신장애에서 두드러지는 반복적 강박행위는 일차과정에 더 가깝다.

우리는 보통 일차과정이 미숙한 본능이나 유아기 사유에 가깝고 이차과정이 인간정신의 본질이라고 생각하지만 프로이트는 일차과정이 더 근본적으로 인간을 지배한다고 하면서 이를 토대로 충동 개념을 발전시킨다.

성적 활동의 본질인 '충동'

정신분석학을 흔히 모든 것을 성적 욕망으로 환원해서 설명하는 범성론汎性論이라고 비판하지만 그런 비판자들 대부분이 성적 욕망과 리비도가 왜 마음의 본질로 간주되는지 그 이유는 잘 모른다. 프로이트는 인간이 성적 존재라고 말하지만 언제나 '본능instinct'이 아니라 '충동trieb, drive'[6]을 통해 '성sexuality'을 설명한다. 이때 본능, 리비

---

6 충동이라는 용어는 프로이트가 고안한 것이 아니라, 미국의 심리학자 로버트 우드워스Robert Woodworth가 1918년 처음 사용하였으며, 행동주의학자 클라크 헐Clark Hull이 내용을 풍부하게 만들었다. 하지만 심리학자들이 식욕, 수면욕, 행동 등 본능적 행동일반을 불러일으키는 유기적 자극의 의미로 충동을 이해했다면 프로이트는 성충동에 이를 엄격히 국한시키며, 대상에 의존하지 않고 무한히 반복되는 인간 욕망의 고유한 양태로 충동을 재정의하였다.

도, 충동을 엄밀하게 구분할 필요가 있다. 리비도가 성적 활동과 자극에 활용되는 에너지를 말한다면 충동은 유기체가 어떤 경향성을 갖도록 추동하는 상태 자체를 가리킨다. 또 충동이 유기체의 생명유지 활동과 중첩되어 본능을 포함한 더 넓은 영역을 포괄한다면 리비도는 성적 에너지에 국한된다. 하지만 언제나 리비도가 충동을 활성화하며 리비도는 끊임없이 이동하기에 우리 마음의 상태는 언제나 역동적이라는 결론이 나온다.

충동과 본능의 구분은 성 이론에서 더 중요하다. 충동은 본능과 달리 신체와 정신의 경계 개념이며 자극의 방출을 목적으로 하지만 특정 대상에 의존하지 않는 것이 특징이다. 또한 충동은 처음부터 고정되어 있는 것이 아니라 일정한 발달단계[7]를 거치면서 구체화되는데 이 과정에서 개인의 경험과 문화적 환경에 따라 그 양상이 다르게 전개된다. 몇 가지 중요한 정의를 중심으로 충동이 왜 그렇게 정신분석학 이론에서 중요한지 보자.

먼저 충동은 신체적인 것과 심리적인 것의 경계 개념으로 어느 한쪽이 아니라 경계 자체에 속한다. 충동은 신체 자극에 그 원천이 있지만 자극 자체가 아니라 그것이 표상된 형태로 드러난다. 이것은 충동의 발달 과정을 보면 더 분명해진다. 예를 들어 구순 충동은 먹으려고 하는 식욕에서 시작되지만 입의 만족이 남긴 기억흔적이 등록되면서 이제 대상 자체가 아니라 만족의 기억 자체를 대상으로 삼는 충동이 작동한다. 본능이 유기체의 필요를 충족시켜

---

7   충동의 발달단계는 성 이론에서 중요하지만 이 글은 마음 이론에 관해 살피는 데 있으므로 개념 자체에 더 치중한다. 충동은 구순기→항문기→남근기→성기기의 형태로 발달하며 각 단계는 심리적 행동의 원형으로 작용하면서 특정 단계에 대한 고착이나 퇴행이 일어나기도 한다는 게 성욕발달의 핵심이다.

주는 대상에 절대적으로 의존한다면 충동은 자신이 겨냥하는 표상에 따라 다양하게 대상을 동원하는 능동성을 보인다. 구순 충동은 젖가슴, 손가락, 담배처럼 입과 직접 관계있는 물리적 대상에 대한 집착뿐 아니라 결핍을 채우려는 소유욕이나 수다 같은 형태로도 발휘된다. 항문 충동도 배출 경험 자체와 규율에 대한 태도가 중요하기 때문에 청결에 대한 강박증이나 금전적으로 인색한 행동으로 표출된다. 이것은 충동이 최초 만족이 남긴 기억흔적의 표상에 따라 재구성되기 때문이며 충동의 만족은 신체와 정신 양자에 영향을 미친다.

다음으로 프로이트가 「충동과 그 운명」에서 서술한 것처럼 충동은 그 전개 과정에서 여러 변화를 겪는다. 사랑과 미움처럼 정반대적 성향으로 전도되거나 대상이 아니라 사람에게 전환되어 표출되기도 한다. 또 충동의 표상이 주체를 불쾌하게 만들 때 억압되기도 하고 사회적으로 승인받는 형태로 승화되어 드러나기도 한다.[8] 한 마디로 충동은 고정된 것도 선천적 성향도 아닌데 바로 이것이 인간의 성이 본능이 아니라 문화에 의해 결정되는 이유를 설명해 준다. 특히 승화 개념은 학문, 예술, 창조적 작업처럼 고도의 지적이고 문화적인 활동이 사실은 그 뿌리를 성적 충동에 두고 있음을 증명하기 위해 고안되었다.

인간이 성적 존재라는 것은 인간이 성적 욕망만을 위해 산다는 말이 아니라 인간의 모든 활동이 성적 충동의 영향을 받으며 리비도 에너지를 통해 활성화된다는 뜻이다. 실제로 학문 활동을 예로

---

8   별색으로 강조된 글씨는 프로이트가 충동의 네 가지 전개 양상으로 정의한 단어들로, 필자가 표시한 것이다.

보면 그 목적이 번식이나 성적 쾌락과 무관하지만 그 기원에서는 어떤 결여를 채우고 더 고차적으로 만족을 누리려는 욕구가 깔려 있다.

다음으로 충동은 언제나 파편화되어 신체 각 부분에 산재한 형태로만 존재하면서 신체에서 외부와 내부가 연결되는 다양한 공간에 자리잡는다. 성감대는 원래 내적·외적 자극이 교체하면서 유기체의 생명 활동을 보장하는 곳으로 생식적 목적과 직접적 관련 없이 형성된다. 부분충동은 크게 두 범주로 조직화되는데 말기에 프로이트는 생명을 유지하고 통합하는 에로스 충동과 그것을 해체하고 무기체로 되돌리려는 죽음 충동으로 이원화된다고 강조한다. 죽음 충동은 긴장을 완전히 없애는 것을 지향하는 충동으로 모든 파괴적 성향의 원천이 되지만 절대적 근원으로 돌아가려는 것을 지향한다는 점에서 쾌락원리의 극한이기도 하다. 리비도의 남성적 본능을 강조하는 리비도 일원론과 충동이원론은 프로이트가 죽을 때까지 고수한 원칙이다.

증상과 무의식적 욕망

정신분석학이 무의식을 우연한 현상이나 장애가 아니라 정신의 본질로 가정하면서 그것이 삶에 미치는 절대적 영향력을 인정하는 것은 다양한 임상 경험을 통해 분석된 '증상symptom'의 중요성을 목격했기 때문이다. 의학 용어인 증상은 어떤 장애나 질병의 징후들이 현상으로 드러나는 것으로, 치료는 증상을 제거하는 것을 목표로 한다고 생각하지만 정신분석학에서는 독특한 의미와 커다란 중요성을 증상에 부여한다. 신체 마비나 두통처럼 히스테리의 증상들은 주체가 심한 고통을 겪고 있음을 보여주는 억압 때문에 발생하지만 또 대립되는 힘들의 타협물이기도 하다. 프로이트는 이것을 다음과 같이 말한다.

"둘로 나뉘었던 힘들이 증상들 속에서 다시 뭉친 것입니다. 이 두 힘들은 동시에 증상 형성이란 타협을 통해서 화해한 것입니다. 그래서 증상 역시 저항을 할 수 있습니다."(『정신분석 강의』 XXIII, 484)

증상이 리비도의 충족 과정에서 발생하는 대립된 힘들의 타협이라면 증상을 완전히 제거하는 것은 불가능하다는 결론이 나온다. 그러므로 증상을 삶 속에서 주체성이 표출되는 실존적 징표처럼 긍정할 필요가 있다. 리비도야말로 모든 활동과 승화의 원동력이고 다양한 무의식적 갈등의 원천이기 때문에 삶에는 반드시 증상이 있기 마련이다. 프로이트는 처음에는 증상이 정신적 충격이나 외상의 표현이라고 보았으나 점차 증상을 억압된 것과 동일시하고 이를 통해 무의식적 소망을 이루려는 욕망의 실현으로 증상을 긍정한다.[9] 특히 증상이 향유의 대상이 된다는 것은 반복적인 강박증에서 두드러지게 관찰된다. 증상은 심적 갈등을 드러내는 지표이기도 하지만 때로 증상 자체가 역설적으로 주체에게 만족을 주기도 한다. 예컨대 프로이트의 환자 중 29세의 남성 하나는 자기 아버지가 쥐에게 항문을 물어 뜯기는 환상 때문에 불안감을 토로한

---

9 이런 입장은 실존적 부조리와 한계상황에서 겪는 정신적 고통과 병리적 증상에 주목하면서 본질의 자각과 자유의지를 통해 치유와 존재 회복을 강조하는 실존주의 입장이나 인본주의 심리학과 뚜렷하게 대조된다. 전자의 예로는 야스퍼스나 키에르케고르 등이 있고, 후자는 에리히 프롬이 대표적이다.

다. 이 불안감은 실은 무의식적으로 품은 항문성애에 대한 집착과 이에 대한 방어작용을 동시에 보여주기도 한다.

하지만 증상을 무조건 긍정하는 게 아니라 그것을 무의식적 욕망과 관련하여 제대로 이해하면서 증상에 대해 바람직한 태도를 가질 필요가 있다. 모든 무의식의 형성물은 억압된 것의 회귀와 실현이라는 면에서 무의식적 욕망과 관계가 있다. 라캉이 지적한 것처럼 프로이트가 관심을 가진 세계는 사물이나 존재가 아니라 욕망의 세계이고, 욕망이야말로 인간의 본질이라고 할 수 있을 것이다. 그런데 욕망은 생물학적인 성향이나 유기체적 본능 충족과는 전혀 다른 개념이다.

프로이트가 욕망을 엄격하게 개념화하지는 않았지만 그것은 특정한 대상을 통해 해소되는 욕구와는 거리가 있다. 프로이트는 욕망이나 꿈에서 상연되는 소원이 유아기에 근원을 둔 최초 만족의 '기억흔적 memory trace'에 연결되며 이 만족을 떠올리는 유사한 경험을 할 때 환상적 형태로 완수된다고 설명한다. 최초 만족은 절대 되풀이될 수 없지만 언제나 환상을 통해 주체의 욕망을 끌어당긴다. 욕망이 환상과 결합되는 것은 대상이 아니라 오히려 욕망을 무대화하는 과정 자체가 만족을 주기 때문이다.

욕망이 과거 기억흔적과 현재 자극을 통해 구체화된다는 것은 심리적 인과성이 과거와 현재의 상호작용인 '사후작용 deferred action'을 통해서 작동한다는 뜻이다. 사후작용 논리에 따르면 과거 기억흔적은 절대로 소멸하지 않고 현재 욕망의 내용과 실체를 이루는 질료처럼 작용한다. 그리고 새로운 경험은 뇌관처럼 작용하면서 주체를 사로잡는 욕망을 반복 속에서 되풀이하게 만든다.

욕망이 대상으로 삼는 대상은 언제나 '심리적 현실 psychic reality' 속

기억흔적
경험한 내용이 여운으로 보존되어 있는 것. 시간에 따라 희미해질 뿐만 아니라 내용도 변한다. 예컨대, 원래 경험의 두드러진 특징이 강조되거나 균형이 없던 것이 균형을 잡게 되는가 하면, 처음에 무엇과 닮았다고 생각하면서 기억하면 이후 그것과 비슷해진다.

에서만 의미가 있기 때문에 정신분석학은 환상을 그토록 중시하는 것이다. 환상은 망상과 다르며 주체의 욕망이 구성하는 현실이자 주체의 욕망이 펼쳐지는 장이다. 또 무의식에 시간이 없다는 것도 사후작용의 논리를 통해서만 그 의미를 이해할 수 있다. 사후작용은 나중에 라캉에 의해 '누빔점quilting point'[10] 이론으로 계승되면서 정교하게 개념화된다. 또한 데리다가 말하는 '차연différance' 개념, 즉 텍스트의 해석은 의미작용의 연쇄 속에서 지연되면서 차이를 보인다는 이론과도 통한다.

> 차연
> 프랑스의 철학자 자크 데리다Jacques Derrida 가 독자적으로 만들어 사용한 비평 용어. 프랑스어 'différence (차이)'의 어미 '-ence' 를 '-ance'로 바꾸어서 만든 것으로, 그의 해체주의에 결정적으로 중요한 관련어들을 지칭하기 위한 독특한 조어다.

무의식이 말하는 것

프로이트가 무의식과 성의 절대적 역할을 강조한 이래 정신분석학은 끊임없는 공격과 혐오의 대상이 되었다. 무의식은 억압을 통해 형성되는데 억압은 사회적 관계에서 형성된 도덕적 가치와 이성적 판단에 비추어 적합하지 않은 욕망과 생각을 의식에서 추방하는 작업이다. 그렇기 때문에 억압된 것이 다시 돌아올 때 의식은 격렬하게 이를 부정하고 막으려고 한다. 이렇게 본다면 인간의 성, 욕망, 공격성, 도착 같은 범주들을 과학의 대상으로 삼는 정신분석

---

10 누빔점은 소파 쿠션이 부유하지 않도록 고정시키는 지점이다. 라캉은 기표와 기의가 안정적으로 결합하는 게 아니라 계속해서 어긋나고 미끄러진다고 말한다. 이 경우 의사소통이 불가능하기 때문에 언어 습득 과정에서 어떤 중심점을 설정하고 그것을 기준삼아 의미화를 전개하는데 이곳을 누빔점이라고 한다. 또 누빔점은 말의 의미가 시간순서가 아니라 마침표를 찍을 때부터 소급적으로 결정된다는 이론으로 활용되기도 한다.

담론에 대한 저항이 발생하는 것도 같은 맥락에서 필연적이라고 이해할 수 있다.

하지만 프로이트에 따르면 억압된 것은 사라지는 것이 아니라 반드시 돌아오기 마련이며, 이성이 교묘하게 우리를 현혹하지만 무의식은 우리가 마주하기 싫은 또 다른 진실을 말한다. 그러면서 소크라테스의 말처럼 '내 자신을 안다는 것'이 실은 얼마나 어렵고 힘든 일인지 깨우쳐준다. 진리는 오히려 내가 아무것도 모른다는 것을 인정할 때 찾을 수 있을 것이다. 의식이 경계를 잠시 늦춘다면 무의식이 말을 하기 때문이다.

더 읽을거리

아래 소개된 한국어 번역본은 핵심개념 번역에 대한 다소의 논란이 있고, 번역 충실성도 부족한 편이다. 하지만 전체적인 프로이트 사상의 개요를 이해하는 데는 아주 유용하다. 이 글에서 인용한 『정신분석학 개요』, 『문명 속의 불만』, 『정신분석 강의』, 『꿈의 해석』은 모두 독일 피셔 출판사 (S. Fischer Verlag)에서 간행된 프로이트 전집을 저본으로 삼았다. 하지만 독자들의 편의를 위해 이 글의 인용문 페이지는 원서가 아닌 한글 번역본을 기준으로 표기하였고, 용어의 번역 일부는 필자가 수정하였다.

좀 더 관심 있는 독자들에게는 제임스 스트레이치James Strachey가 번역한 『꿈의 해석』 영문판 *The Interpretation of Dreams*(Basic Books, 2010)을 일독하기를 권하고 싶다.

프로이트, 『꿈의 해석』, 김인순 옮김, 열린책들, 2004
무의식의 과학인 정신분석학을 새롭게 개척하면서 집필한 프로이트의 대표적 고전이다. 정신분석학을 이해하기 위해 반드시 읽어야 하는 책이다. 꿈은 무의식의 왕도라는 선언이 유명하며, 특히 7장에서 프로이트는 1차 정신기구 모델의 의미와 세 가지 심급, 무의식의 작용법칙에 대해 자세히 설명하고 있다.

프로이트, 『정신분석학의 근본개념』, 윤희기 옮김, 열린책들, 2003
1911~1938년까지 프로이트가 집필한 주요 논문이 수록된 책이다. 프로이트는 환자를 치료한 임상경험을 토대로 문제점을 보완하고 주요 정신 장애와 심리 현상을 심층적으로 연구하여 보고서 형태로 발행하면서 정신분석 이론을 완성하였다. 특히 이 책에서는 프로이트의 이론적 전환점을 보여주는 「나르시시즘 서론」, 「쾌락 원칙을 넘어서」, 정신분석의 성 이론을 설명하는 「충동과 그 변화」, 2차 정신기구 모델과 연관된 「자아와 이드」 등 프로이트 사상의 정수를 보여주는 논문들이 실려 있다.

프로이트, 『성욕에 관한 세 편의 에세이』, 김정일 옮김, 열린책들, 2004
정신분석의 성 이론이 무엇인가를 알려면 반드시 읽어야 하는 책이다. 프로이트의 전집 중 국내에서 가장 많이 팔린 책이기도 하다. 프로이트가 주장한 유아성욕론, 오이디푸스 콤플렉스, 성차의 발생, 성도착이란 무엇인가 등 성에 관련된 여러 논문이 수록되어 있다.

프로이트, 『늑대인간』, 김명희 옮김, 열린책들, 2004
프로이트의 임상 중 가장 유명한 사례인 늑대인간과 쥐인간에 관한 보고서다. 늑대인간은 어렸을 적에 늑대에 관한 꿈을 자주 꾸고 늑대를 무서워했는데, 프로이트는 이것을 유아신경증의 한 예로 진단하면서 임상을 진행한다. 또다른 사례인 쥐인간은 히스테리와 더불어 신경증에 속하는 강박 신경증의 사례로, 가장 흔한 정신장애인 강박증에 대한 프로이트의 설명과 이론을 볼 수 있다. 정신분석 개념에 익숙하지 않은 독자라도 충분히 읽을 수 있을 만큼 흥미진진하게 서술되어 있다. 히스테리 사례에 관심이 많은 독자라면 욕심을 내어 『꼬마 한스와 도라』(김재혁·권세훈 옮김, 열린책들, 2003)도 읽어 보자.

장 라플랑슈·장 베르트랑 퐁탈리스, 『정신분석학사전』, 임진수 옮김, 열린책들, 2005
권위 있는 두 정신분석가가 펴낸 정신분석학 용어사전으로 1967년 프랑스 대학출판사(PUF)에서 처음 출판한 것을 미국에서 번역한 책이다.
프로이트의 관점을 충실하게 따르고 있으며, 주요 용어의 원문 출전을 찾아보는 데도 아주 유용하다.

김석, 『프로이트와 라캉』, 김영사, 2010
프로이트와 라캉 사상의 핵심 쟁점을 비교하면서 둘의 연관성과 차이를 알고자 할 때 유용한 책이다. 프로이트 사상에 대한 포괄적인 지형도를 살펴보고 주요 논쟁 지점을 이해하고자 할 때 쉽게 읽을 수 있는 유용한 책이다.

강영계, 『프로이트 정신분석학 이야기』, 해냄, 2007
프로이트의 사상이 현대인의 삶과 어떻게 연관되며 이론적 유용성이 무엇인지 잘 해설한 책이다. 정신분석학의 중심 영역인 임상 사례, 성에 관한 이론의 의미와 중요성은 물론 후기 저작에서 주로 탐구되는 사회 문화에 관한 이론까지 프로이트의 사상 전반을 이해하려고 하는 독자에게 추천하는 책이다.

캘빈 S. 홀, 『프로이트 심리학 입문』, 유상우 옮김, 홍신문화사, 2010

한때 심리학은 정신의학과 정신장애를 새로운 시각으로 탐구하는 정신분석학에 많은 관심을 가졌지만 오늘날은 정신분석학의 유용성을 과소평가하면서 심리학의 한 분과 정도로 취급한다. 저자는 정통 심리학자로서 프로이트의 이론이 특히 성격과 인성에 어떻게 적용되는지 꼼꼼하게 탐구하고 있다. 임상이나 문화적 접근과는 다르게 분석되는 프로이트주의의 또 다른 면모를 볼 수 있을 것이다.

후설

현상학에서의 의식

이남인

서울대학교 철학과 학부와 대학원 석사과정을 졸업하고 독일 부퍼탈대학 철학과에서 박사학위를 취득하였으며, 1995년부터 현재까지 서울대학교 철학과 교수로 재직하고 있다. 저서로 『현상학과 해석학』, 『후설의 현상학과 현대철학』, *Edmund Husserls Phänomenologie der Instinkte*(『에드문트 후설의 본능의 현상학』) 등이 있으며 국내외 학술지에 다수의 논문을 발표하였다. 『철학과 현상학 연구』, 『인문논총』 등 국내 학술지와 *Phenomenology and Cognitive Sciences* 등을 비롯한 다수의 국제 학술지 편집위원/자문위원으로 활동하고 있으며 2008년부터 국제철학원(IIP, Institut International de Philosophie) 정회원으로 활동하고 있다.

다양한 현대철학 사조의 둥치인 후설의 현상학

현상학
경험의 구조에 관한 탐구. 20세기 초에 후설이 창시하였다. 후설에 따르면 현상학은 의식의 작용에 나타나는 현상과 의식의 구조에 대한 체계적인 연구·반성이다. 후설의 현상학에는 많은 비판이 제기되었으며, 이후 다양한 형태로 계승·발전되었다.

브렌타노
1838~1917. 독일의 철학자·심리학자. 1864년 가톨릭 사제가 되었다. 실재론 철학을 배경으로 학문적 철학의 기초 구축을 꾀하였다. 철학의 기초학으로서, 경험적 방법에 의해 정신현상을 기술하는 기술적記述的 심리학의 이념을 전개했다.

후설E. Husserl(1859~1938)은 현대철학의 중심적인 사조 중의 하나인 현상학의 창시자이다. 현상학을 엄밀한 학문이자 보편학으로 전개하고자 한 후설은 플라톤, 아리스토텔레스 등의 고대철학자들, 데카르트, 스피노자, 라이프니츠 등의 근대 합리론자들, 로크, 버클리, 흄 등의 근대 경험론자들, 더 나아가 칸트, 피히테 등의 독일 관념론자들에게서 영향을 받았으며, 지향성을 현대철학의 핵심적인 개념 중의 하나로 등장시킨 스승 브렌타노로부터 큰 영향을 받았다.

후설 이후에 등장한 많은 현대 철학사조들은 그의 현상학을 수용하고 비판하면서 등장했으며 이러한 점에서 그의 현상학은 현대철학의 둥치라 불릴 수 있다. 우선 그의 현상학은 셸러M. Scheler, 하이데거, 사르트르, 메를로-퐁티, 레비나스, 핑크E. Fink, 인가르덴R. Ingarden, 슈츠A. Schutz, 거비츠A. Gurwitsch 등 이후 여러 현상학자가 전개해나간 다양한 유형의 현상학이 태동하는 데 결정적인 역할을 했다. 더 나아가 그의 현상학은 가다머, 리쾨르 등의 해석학의 전개 과정에도 커다란 영향을 미쳤으며, 아도르노, 호르크하이머, 하버마스 등의 비판이론, 리오타르, 데리다 등의 탈현대철학에도 영향을 미쳤으며 부분적으로는 분석철학의 전개 과정에도 영향을 미쳤다.

이 글의 목적은 후설의 현상학에 나타난 의식의 문제를 소개하는 데 있다.[1] 의식과 의식을 통해 경험되는 대상이 상관관계에 있다는 현상학의 근본입장에 따르면 모든 것은 그것을 대하는 사람의 태도가 변화함에 따라 다양한 모습으로 경험된다. 이 점은 의식도 마찬가지다. 의식 역시 그것을 대하는 태도가 변화함에 따라 다양한 모습으로 경험된다. 이 글에서 우리는 의식을 대하는 세 가지 태도, 즉 자연과학적 태도, 현상학적 심리학적 태도, 초월론적 현상학적 태도를 구별하고 이 각각의 태도에서 의식이 어떤 모습으로 경험되는지 고찰하면서 후설의 현상학에 나타난 의식의 문제를 검토할 것이다.

태도의 다양성과 대상의 다양한 모습

우선 의식이 그것을 대하는 태도가 변화함에 따라 다양한 모습으로 경험된다는 사실을 이해하기 위해 관악산 정상에 있는 바위를 예로 들어 살펴보자. 우선 저 바위는 우리가 자연과학적 태도를 취하면 물리학적 대상, 화학적 대상, 지질학적 대상 등 자연과학적 대상으로 경험된다. 이때 저 바위는 자연적 인과관계의 망 속에서 존재하는 대상으로 경험되는 것이다. 이 경우 우리는 여타의 자연

---

[1] 이 글의 많은 부분은 이미 발표한 필자의 여러 글에서 따왔는데, 이 글에서 자세하게 다루지 못한 내용에 대한 상세한 논의는 특히 다음을 참고하기 바람. 이남인, 『현상학과 해석학』, 서울대학교출판부, 2004; 이남인, 「인문학과 자연과학은 어떻게 만날 수 있는가?: 통섭 개념에 대한 비판적 검토를 토대로 삼아」, 『철학연구』 87집, 2009.

과학적 대상과 마찬가지로 이 바위를 실험, 관찰 등의 방법을 통해 연구하면서 그것이 지니고 있는 다양한 속성을 밝혀낼 수 있다. 자연과학적 연구를 위해 망원경, 현미경 등의 최첨단 장비를 사용할 수 있듯이 저 바위를 자연과학적으로 연구할 경우에도 다양한 최첨단 연구 장비를 사용할 수 있다.

그러나 저 바위가 자연과학적 대상으로만 연구될 수 있는 것은 아니다. 저 바위는 자연과학적 대상 이외의 다양한 모습으로 경험될 수 있다. 우선 그것은 일상적 삶의 태도를 취하면서 살아가는 사람들에게는 일상적인 생활세계적 대상으로 경험될 수 있다. 예를 들어 그것은 등산객이 등산을 하면서 피로를 풀기 위해 그 위에서 쉴 수 있는 대상으로 경험될 수 있다. 이러한 점에서 그것은 그 옆에 있는 나무, 등산객의 모자, 배낭, 지팡이 등과 유사한 방식으로 경험되는 것이다. 이 경우 등산객이 만나는 모든 대상은 등산을 위해 유용한 대상으로 경험된다. 이처럼 저 바위가 등산을 비롯해 일상적인 삶을 위해 유용한 대상으로 경험될 수 있는 이유는 우리가 일상적인 삶을 살아가면서 생활세계적 태도를 취하기 때문이다. 우리는 생활세계적 태도를 취하면서 그를 통해 드러나는 생활세계 및 생활세계적 대상들을 학문적으로 연구할 수 있다.

더 나아가 우리는 미학적 태도를 취하면서 저 바위를 경험할 수 있다. 이처럼 우리가 미학적 태도를 취하게 되면 저 바위는 아름다운 대상, 아름답지 않은 대상 등 미적 가치 판단의 대상으로 경험된다. 이처럼 저 바위가 미적 가치 판단의 대상으로 경험될 경우 그것은 우리가 루브르 박물관에서 감상할 수 있는 어떤 미술 작품과 동일한 범주에 속한다고 할 수 있다. 그리고 이 미술 작품과 마찬가지로 저 바위 역시 다양한 방식으로 연구될 수 있다. 예를 들어 그것은 그것이 가지고 있는 예술적 가치와 관련해서 연구될 수 있다.

우리는 다시 종교적 태도를 취하면서 저 바위를 경험할 수 있다. 이처럼 우리가 종교적 태도를 취하게 됨에 따라 저 바위는 종교적 대상으로 경험된다. 물론 우리가 어떤 종교를 믿느냐에 따라 저 바위는 서로 다른 종교적 의미를 지닌 대상으로 경험될 수 있다. 예를 들어 불교 신자에게 저 바위는 불교적 세계관과 연결된 의미를 지닌 대상으로 경험될 것이다. 이 경우 바위는 예를 들어 주위에 있는 연주암, 연주대와 연결되어 경험될 수 있을 것이다. 그리고 그리스도교 신자에게 저 바위는 그리스도교적 세계관과 연결된 의미를 지닌 대상으로 경험될 수 있을 것이다. 예를 들어 그것은 하느님에 의해 창조된 만물 중의 하나로 경험될 수 있을 것이다. 그리고 샤머니즘을 믿는 이들에게 저 바위는 샤머니즘의 세계관과 관련된 의미를 지닐 것이다. 예를 들어 저 바위는 무당이 관악산 산신을 위해 굿을 할 수 있는 터라는 의미를 지닐 수 있을 것이다.

우리는 또 윤리적 태도를 취하면서 저 바위를 경험할 수 있다. 예를 들어 누군가가 저 바위 위에 정으로 자신의 이름을 새기고 그 위에 페인트까지 칠해놓았다고 하자. 이 광경을 목격하고 우리는 바위가 이런 모습을 지니게 된 것에 개탄하면서, 이름을 새기고 페인트를 칠해놓은 사람을 도덕적으로 비난할 수 있다. 이 경우 우리는 윤리적 태도를 취하면서 저 바위를 경험하고 있는 것이며, 이러한 경험을 토대로 환경윤리의 관점에서 윤리학적 연구를 수행할 수도 있다.

이처럼 관악산 정상에 있는 바위는 우리가 그것을 어떤 태도로 대하느냐에 따라 다양한 방식으로 경험될 수 있다. 그런데 이 바위와 마찬가지로 인간의 의식도 우리가 어떤 태도를 가지고 그것을 대하느냐에 따라 각기 다른 방식으로 경험되기 마련이다. 이제 우리는 자연과학적 태도, 현상학적 심리학적 태도, 초월론적 현상학적 태도 등 세 가지 태도에 대응해 의식에 관한 자연과학, 현상학적 심리학, 초월론적 현상학이 전개될 수 있다는 사실을 살펴볼 것이다.

자연과학적 태도와 의식에 대한 자연과학

우리는 자연과학적 태도를 취하면서 의식을 자연과학적 대상으로 연구할 수 있다. 의식에 대한 자연과학적 연구는 다양하다. 예를 들어 우리는 의식을 생리학적 관점에서 연구할 수 있고 분자생물학이나 진화생물학의 관점에서 연구할 수도 있다. 그리고 최근 들어 뇌과학이 의식에 대한 새로운 자연과학적 연구로서 각광을 받고 있기도 하다.

그런데 의식을 연구하는 여러 과학은 모두 자연과학적 방법을 사용한다는 점에서 공통점이 있다. 이 모든 과학은 우선 의식을 자연의 인과관계망 속에 놓인 것으로 간주하고 그러한 방식으로 의식을 해명한다. 이러한 점에서 이 모든 과학은 물리학을 모범으로 해서 전개된다고 할 수 있다. 물리학이 물리현상을 연구할 때와 마찬가지로 이 모든 과학은 의식을 연구하기 위하여 관찰, 실험, 수리화 등의 방법을 사용하며 필요할 경우 고도의 성능을 지닌 관찰 장비와 실험 장비를 동원하기도 한다.

이 점을 뇌과학을 예로 들어 살펴보자.[2] 뇌과학은 모든 의식 활

---

[2] 뇌과학에 대한 아래의 설명은 다음을 참조했음. 조지프 르두, 『시냅스와 자아』.

동을 시냅스와 뉴런 등을 통하여 해명한다. 여기서 시냅스는 뉴런들 사이의 작은 틈을 뜻하는데, 하나의 뉴런이 활성화하면 전기적 충격이 뉴런의 신경섬유를 타고내려와 마지막으로 그 말단에서 화학물질인 신경전달물질을 분비하게 한다. 이 전달물질은 시냅스 사이 공간을 건너가 받는 뉴런에 있는 수상돌기에 결합하여 이로써 시냅스가 작동한다. 본질적으로 뇌가 하는 모든 일은 이러한 시냅스 전달 과정에 의해 이루어진다. 이 점에서 뇌가 수행하는 인간의 의식 활동도 예외가 아니다. 즉 어떤 사람의 의식은 그의 뇌 안에 들어 있는 뉴런들 사이의 상호연결 패턴을 반영하고 있으며 이런 점에서 '의식은 곧 시냅스다'라고 말할 수 있다.

여기서 알 수 있듯이 뇌과학은 인간의 의식 활동을 뉴런, 전기적 충격, 신경섬유, 시냅스, 신경전달물질, 수상돌기 등과 함께 자연적 인과관계의 망 속에 놓여 있는 것으로 간주하면서 의식 활동을 해명한다. 이처럼 자연적 인과관계의 망을 전제하고 대상을 연구한다는 점에서 뇌과학은 물리학과 큰 차이가 없다. 더 나아가 뇌과학은 뉴런이 활성화하는 과정, 전기적 충격의 형성 과정, 전기적 충격이 신경섬유를 타고내려오는 과정, 신경전달물질의 분비 과정, 신경전달물질이 시냅스 사이의 공간을 건너가는 과정, 그것이 수상돌기에 결합하는 과정, 시냅스 작동이 이루어지는 과정 등을 해명하기 위하여 뇌를 관찰하고 필요한 경우 실험을 해야 하며 그를 위해서는 다양한 관찰장비와 실험장비를 사용해야 한다. 뇌과학을 비롯해 의식에 대한 다양한 자연과학적 연구는 의식의 다양한

신경세포의 전달방식이 어떻게 자아를 결정하는가?」, 강봉균 옮김, 도서출판 소소, 2005, pp.17~18.

신비를 해명할 수 있다. 그리고 의식에 대한 다양한 자연과학적 연구가 인류의 삶을 위하여 아주 중요한 의미를 지니고 있음은 두말할 필요도 없다. 예를 들어 뇌과학은 우울증 등 의식과 관련된 여러 가지 병을 치료할 수 있는 길을 우리에게 제시해줄 수 있다.

현상학은 의식에 대한 자연과학적 연구가 가능할 뿐 아니라 그것이 가지고 있는 의의를 충분히 인정하고 있다. 의식에 대한 자연과학적 연구는 넓은 의미에서 현상학의 한 분야라 할 수 있다. 그 이유는 우리가 자연과학적 태도로 의식에 접근할 경우 그것은 자연적 인과관계의 망 속에서 자신의 모습을 드러내는 자연현상으로 경험될 수 있으며 자연현상으로서의 의식현상은 여타의 현상과 마찬가지로 현상학의 연구주제이기 때문이다. 실제로 후설도 의식에 대한 자연과학적 연구가 올바로 나아갈 수 있는 길을 제시해주는 것을 현상학의 과제 중 하나로 간주하였다.

여기서 우리는 현상학에 대한 오해 한 가지를 검토할 필요가 있다. 잘 알려져 있듯이 현상학은 실증주의Positivism를 비판하면서 등장하였다. 바로 이 대목에서 사람들은 현상학이 실증주의를 비판하기 때문에 그것이 의식에 대한 자연과학적 연구를 비롯해 물리학, 생물학, 화학 등의 실증과학을 비판하는 것으로 생각할 수 있다. 그러나 이것은 큰 오해이다. 이 점을 살펴보기 위해서 우선 현상학이 실증주의를 비판하는 이유를 검토해보자.

현상학이 실증주의를 비판하는 이유는 실증주의가 많은 문제점을 가지고 있는 철학이기 때문이다. 예를 들어 물리학적 실증주의는 인간관에 있어 심각한 문제점을 지니고 있다. 그 이유는 그것이 물리학적 방법을 통해서 파악될 수 있는 인간의 측면에만 주의를 기울이면서 그러한 방법을 통해서는 파악될 수 없는 주체의 다

실증주의
초월적·형이상학적인 사변을 멀리하고 자연과학에 기초하여 여러 현상을 관찰·기술·분석·설명·예측하는 것을 학문적 진리로 보고, 그러한 진리관에 의해 학문의 통일을 목표로 하는 사조.

양한 측면을 무시하고 있기 때문이다. 실증주의는 인간을 일종의 기계로 파악하면서 인간의 존엄성을 무시하고 인간경시 풍조와 더불어 인간소외를 낳는 주범이라 할 수 있다. 현재 전세계적으로 확산되고 있는 실증주의는 인간의 종말을 부채질하면서 인류 전체를 심각한 위기 속으로 몰아넣고 있다.

그러나 우리는 현상학이 실증주의를 비판한다고 해서 그것이 실증과학을 비판하는 것이라고 생각해서는 안 된다. 이 점과 관련해 우리는 실증주의와 실증과학이 전혀 별개의 것이라는 사실에 유의할 필요가 있다. '실증과학'이 물리학, 화학, 생물학 등의 경험과학을 뜻하는 것인 데 반해 '실증주의'는 자연과학적 방법을 통해 모든 진리를 파악할 수 있다고 생각하는 일종의 철학적 입장을 뜻한다. 현상학이 비판하는 것은 자연과학적 방법을 통해 모든 진리를 파악할 수 있다고 생각하는 그릇된 철학적 입장인 실증주의이지, 자연과학인 실증과학이 아니다. 현상학은 실증과학이 자신에게 할당된 대상 영역을 파악하기 위해서 자연과학적 방법을 사용해야 하며 따라서 실증과학이 그 나름의 고유한 권리를 지니고 있다는 사실을 조금도 부정하지 않는다.

그러나 현상학은 자연과학이 의식을 연구할 수 있는 유일한 학문이라고 생각하지 않는다. 그 이유는 자연과학처럼 외적 관찰과 실험을 통하지 않고도 의식의 구조를 해명할 수 있기 때문이다. 이 점과 관련해 자연과학에 대해서 아무것도 알지 못한다고 할지라도 우리가 의식에 대해 많은 것을 알고 있다는 사실에 주목할 필요가 있다. 우리는 기쁨, 슬픔, 배고픔, 충일감, 허무감, 허전함 등 수없이 많은 의식을 알고 있다. 이러한 사실은 현대를 살아가는 우리에 대해서만 타당한 것이 아니라 자연과학이 등장하기 전에 살았던 사람들의 경우에도 타당하다. 그들 역시 우리와 마찬가지로 다양한 유형의 의식에 대해 알고 있었음은 두말 할 필요도 없다.

그런데 자연과학이 없어도 의식에 대해서 알 수 있는 것은 우리가 내적 지각 또는 반성의 능력이 있기 때문이다. 말하자면 반성의 능력은 그를 통해 우리가 의식의 비밀을 해명할 수 있는 능력이다. 그리고 이 능력은 그 어떤 다른 능력에 의해 대체될 수 없으며 그 나름의 고유한 권리를 가지고 있다. 말하자면 자연과학을 가능하게 하는 최첨단 실험장비도 반성의 능력이 수행하는 역할을 대신할 수 없다. 이러한 사실은 자연과학이 최첨단 실험장비를 통해 의식의 비밀을 아무리 많이 해명한다고 하더라도 반성의 능력이 해명할 수 있는 의식의 비밀을 조금도 해명할 수 없다는 사실을 함축한다.

이처럼 반성의 능력을 통해 의식 현상을 연구하는 분야로는 현상학적 심리학과 초월론적 현상학이 있다. 그러면 이제 현상학적 심리학과 초월론적 현상학에 대해 살펴보자.

현상학적 심리학적 태도와 의식에 대한 현상학적 심리학

현상학적 심리학은 의식의 본질을 해명함을 목표로 한다. 여기서 본질이라 함은 그 무엇을 그 무엇으로 만들어주는 것, 다시 말해 그것이 없이는 그 어떤 것이 그 어떤 것으로 불릴 수 없는 것을 뜻한다. 예를 들어 인간의 본질이 이성적 동물이라 함은 이성적 동물이 바로 인간을 인간이게끔 해주는 것이며 이러한 속성이 없이는 그 어떤 것도 인간일 수 없음을 뜻한다. 따라서 의식의 본질이란 의식을 의식이게끔 해주는 것, 다시 말해 그것이 없이는 그 어떤 것도 의식이라 불릴 수 없는 것을 뜻한다.

후설은 의식의 본질을 지향성志向性에서 찾는다. 우리의 의식은 대상을 의식하면서 그것을 향해 있는데, 이처럼 대상을 의식하면서 그것을 향하고 있는 의식의 작용을 지향성이라고 한다. 예를 들어 내가 내 앞에 있는 책상을 보고 "이 책상은 갈색이다"라고 말할 경우 '갈색인 이 책상'을 향한 나의 의식의 작용이 지향성이다. 내가 아름다운 꽃을 감상하고 있을 경우 이 꽃을 감상하는 나의 의식의 작용 역시 지향성이다. 내가 그 무엇을 상상할 경우 이처럼 상상하는 의식의 작용도 지향성이다. 이처럼 모든 의식은 지향성을 가지고 있으며 바로 이 지향성이 모든 의식을 의식이 될 수 있도록 해주는 요소인 의식의 본질이다.

그러나 현상학적 심리학의 과제는 의식의 본질로서 지향성을 제시하는 데서 끝나지 않는다. 그 이유는 우리의 의식의 장場에 서로 구별되는 다양한 유형의 의식이 존재하기 때문이다. 따라서 현상학적 심리학은 이처럼 서로 구별되는 다양한 유형의 의식의 본질을 추적하면서 그들이 서로 어떻게 구별되는지 해명해야 한다. 그러면 사물에 대한 외부지각을 예로 들어 다양한 유형의 의식의 본질을 밝혀내는 작업이 구체적으로 무엇을 뜻하는지 살펴보자.

외부지각은 우선 지각대상을 생생하게 떠올린다는 점에서 체험 자체에 대한 반성적인 내적지각과 동일한 지향적 구조를 가지고 있다. 말하자면 내가 나의 현재의 심리 상태를 지각할 경우 나는 이 심리 상태를 나의 반성적 의식 앞에 떠올리면서 그것을 바로 이러한 반성적 의식 앞에 생생하게 주어지는 것으로 지각하듯이 내가 외부지각을 통하여 어떤 외적 대상을 지향하고 있을 경우 나는 이 대상을 내 눈앞에 생생하게 존재하는 것으로 지각한다.

그럼에도 불구하고 외부지각의 지향적 구조가 내적지각의 지향적 구조와 동일한 것은 아니다. 내적지각의 경우 지각대상, 즉 체험 자체는 그 어떤 오류도 없이 확실하게 지각 가능하다. 예를 들면 내가 어떤 벽면을 보고 그것의 색이 녹색이라고 생각할 경우를 살펴보자. 이 경우 이 벽면이 녹색이 아닐 수 있는 가능성은 얼마든지 존재하며, 그러한 한에서 이 벽면의 색이 녹색이라는 사실은 우리에게 그 어떤 오류도 없이 확실하게 경험되는 것이 아니다. 그럼에도 저 벽면이 나에게 녹색을 지닌 것으로서 경험된다는 사실, 다시 말해 내가 저 벽면을 녹색을 지닌 것으로서 경험한다는 사실은 나에게 필증적 명증의 양상에서 경험될 수 있다. 그러나 외부지각의 경우는 사정이 전혀 다르다. 앞서 우리는 내가 벽면의 색이 녹색이라고 지각할 경우 그것이 사실이 아닐 수 있는 가능성이 얼마든지 존재함을 언급하였다. 이처럼 외부지각의 경우 지각대상이 결코 필증적 명증의 양상에서 지각될 수 없다는 점에서 외부지각은 내적지각과 다른 본질 구조를 가지고 있다.

그러면 이제 외부지각이 지닌 또 다른 본질적인 특성을 밝혀내기 위하여 그것을 기억이라는 의식과 비교해보자. 외부지각은 지향적 대상을 그것 자체로 떠올린다는 점에서 기억과 동일한 지향적 구조를 가지고 있다. 내가 어제 강릉에 다녀와서 어제 보았던 강릉 바다를 오늘 기억 속에서 떠올릴 경우 내가 강릉 바다를 그것 자체로 떠올리면서 기억하는 것임은 두말 할 나위도 없다. 이 경우 나는 강릉 바다의 상을 떠올리는 것이 아니라, 강릉 바다 그 자체를 떠올리고 있는 것이다. 이와 마찬가지로 내가 내 앞에 있는 어떤

> 필증적 명증의 양상 절대적으로 확실하고 절대적으로 의심할 수 없음, 즉 그것이 그렇지 않음을 생각해볼 수 없음을 의미한다. 후설은 자기의식이 이런 필증적 명증의 양상에서 인식될 수 있다고 생각했다.

책상을 지각할 경우 나는 그 책상 자체를 지각하는 것이며, 이러한 점에서 외부지각은 기억과 동일한 지향적 구조를 지니고 있다. 그럼에도 불구하고 외부지각은 기억과는 다른 본질 구조를 지니고 있다. 외부지각이 지각대상을 눈앞에 생생하게 떠올리는 지향 체험인 데 반해 기억은 기억의 대상을 눈앞에 생생하게 떠올리는 작용이 아니기 때문이다.

더 나아가 외부지각은 그림지각이라는 의식과 구별된다. 우리가 어떤 유명한 화가의 그림을 감상할 때 우리에게 일차적으로 주어지는 것은 사물, 즉 외부지각의 대상으로서의 그림이다. 이 경우 그림은 우리에게 어떤 색들로 이루어진 어떤 크기를 지닌 대상이라는 의미로 주어진다. 이러한 식으로 지각될 때 이 그림은 그 주위에 있는 다른 사물들—책상, 의자, 책 등—과 본질적으로 구별되지 않는다. 이처럼 그림이 단순한 외부지각의 대상으로 주어질 때 외부지각은 있을지언정 진정한 의미의 그림지각은 아직 존재하지 않고 있다. 진정한 의미의 그림지각은 외적 사물로서의 그림에 대한 외부지각을 기초로 하여 그 그림이 표현하고자 하는 내용에 대한 새로운 지향체험이 형성되었을 때만 가능하다. 이처럼 그림지각은 이중의 지향체험, 즉 외적 사물로서의 그림에 대한 외부지각이라는 지향체험과 그를 토대로 형성된, 그림이 표현하고자 하는 내용에 대한 새로운 지향체험이 연결된 특수한 형태의 지향체험이다. 외부지각의 경우 이러한 이중의 지향체험의 구별은 확인할 수 없으며 그러한 한에서 외부지각은 그림지각과는 다른 본질적 구조를 가지고 있다. 우리는 이처럼 다른 종류의 의식과의 비교 분석을 통해 외부지각의 본질을 밝혀낼 수 있다. 그러나 이러한 분석이 비단 외부지각과 관련해서만 가능한 것은 아니다. 원칙적으로 우리는 모든 종류의 의식에 대해 이러한 분석을 수행할 수 있다. 현상학적 심리학은 다양한 유형의 지향체험—외부지각, 내적지각, 본질인식, 기억, 예상, 상상, 그림지각, 사진지각, 표상작용, 판단작용, 정서작용, 의지작용, 욕구작용 등등—에 대한 분석을 통해 이들 각각의 본질을 해명함을 목표로 한다.

이처럼 현상학적 심리학은 의식의 본질인 지향성을 해명함을 목표로 한다. 우리는 현상학적 심리학의 대상인 지향성과 관련해 다음의 세 가지 사실을 지적하고자 한다.

첫째, 우리는 지향성의 정체를 더 구체적으로 이해하기 위해서 지향적 관계와 자연적 인과관계의 차이점을 분명하게 파악할 필요가 있다. 이 경우 지향적 관계란 우리의 의식이 그것이 지향하고 있는 대상과 맺고 있는 의식적 관계를 뜻하며 자연적 인과관계란 자연적 인과관계의 망 속에 놓여 있는 선행하는 하나의 사건과 후행하는 하나의 사건이 맺고 있는 물리적 관계를 뜻한다.

양자의 차이점과 관련하여 우리는 우선 자연적 인과관계의 경우 인과관계의 두 항인 원인과 결과는 모두 현실세계에 존재하는 것이어야 한다는 사실에 유의할 필요가 있다. 현실세계에 존재하는 그 어떤 사건만이 현실세계에 존재하는 그 어떤 다른 사건의 원인이 될 수 있다. 따라서 자연적 인과관계라는 관점에서 보자면 현실세계 이외의 세계, 예를 들면 수학적 세계 혹은 상상의 세계 속에 존재하는 사실 혹은 사건은 결코 현실세계 속에 존재하는 사건의 원인도 결과도 될 수 없다. 예를 들면 '2 더하기 3은 5다'라는 사실, '백설공주가 일곱 난쟁이를 만났다'는 사실 등은 결코 '이 책상은 갈색이다'라는 사실의 원인도 될 수 없고 결과도 될 수 없다.

그러나 지향적 관계의 경우는 사정이 전혀 다르다. 지향적 관계의 경우 의식이 지향하는 대상이 꼭 현실세계에 존재하는 대상이어야 할 필요는 없다. 예를 들면 우리의 의식의 지향성은 현실세계에 존재하는 이 책상, 저 의자 등 수없이 많은 현실적인 대상뿐 아니라, 수학의 세계 속에 존재하는 2, 3, 5 등의 수학적 대상, 상상의 세계 속에 존재하는 백설공주, 일곱 난쟁이 등과도 지향적 관계를 맺을 수 있다.

이처럼 자연과학적 인과관계와 지향적 관계는 그 근본성격이 다르며, 따라서 우리는 양자를 혼동하지 않아야 한다. 그런데 실제로 이 양자를 혼동할 수 있는 위험은 늘 존재한다. 무엇보다도 어떤 의식의 지향적 대상이 실재하는 경우 우리는 1) 의식과 실재하는 대상 사이에 존재하는 자연적 인과관계와 2) 의식과 그의 지향적 대상 사이에 존재하는 지향적 관계가 동일한 관계라고 생각하기 쉽다. 예를 들어 내가 내 앞에 있는 책상을 지각하는 경우를 살펴보자. 이 경우 나의 의식과 이 책상 사이에는 자연적 인과관계뿐 아니라, 지향적 관계도 존재한다. 그러나 이 경우 우리는 1) 나의 의식과 이 책상 사이에 존재하는 자연적 인과관계와 2) 나의 의식이 이 책상과 맺고 있는 지향적 관계를 명료히 구별해야 할 필요가 있다. 나의 의식과 책상 사이에 존재하는 자연적 인과관계는 엄밀히 말해서 하나의 자연적 대상인 책상과 또 다른 자연적 대상인 나의 의식 사이에 존재하는 관계이며, 이러한 관계는 원칙적으로 자연과학적 방법을 통하여 해명될 수 있다. 그러나 나의 의식과 책상 사이에 존재하는 지향적 관계는 1) 대상을 어떤 의미를 지닌 대상으로 파악할 수 있는 능력이 있는 의식과 2) 바로 그러한 의미를 지닌 것으로 파악된 대상 사이에 존재하는, 의미를 매개로 하여 이루어진 관계다. 따라서 지향적 관계의 본질적 구조는 자연과학이 아무리 발달한다 하여도 자연과학적 방법을 통해서는 파악될 수 없다.

이러한 예를 통해서 알 수 있듯이 의식과 실재하는 대상 사이에 존재하는 자연적 인과관계와 지향적 관계는 엄밀히 구별된다. 현실적인 세계 속에 존재하는 동일한 의식, 동일한 대상이라고 하더라도 자연과학적 인과관계의 한 항으로 파악되느냐, 지향적 관계의 한 항으로 파악되느냐에 따라 전혀 다른 의식, 전혀 다른 대상으로 파악된다. 의식과 대상이 자연적 인과관계에서 파악될 경우 유일한 관심사는 의식과 대상이 지닌 물리적·화학적인 여러 가지 속성을 해명하는 일이며, 반대로 그것들이 지향적인 관계에서 파악될 경우 유일한 관심사는 의식과 대상이 의미를 매개로 하여 어떻게 연결되어 있는지를 해명하는 일이다. 바로 여기서 의식과 수학적 세계 및 상상의 세계에 존재하는 대상 사이에는 비록 자연적 인과관계는 존재하지 않을지라도, 지향적 관계는 존재할 수 있는 이유가 밝혀지는데, 그 이유는 바로 수학적 세계 및 상상의 세계에 존재하는 대상은 비록 그것이 물리적·화학적 속성은 지니고 있지 않지만 의미는 지니고 있기 때문이다.

둘째, 의식의 본질로서 지향성을 해명하는 작업은 그 자체로 의미있는 일이다. 그런데 이러한 작업은 의식현상을 연구하는 경험적 심리학의 철학적 정초와 관련하여 중요한 의미를 지닌다. 의식의 본질이 지향성이라는 말은 모든 의식을 의식이게끔 해주는 핵심적인 요소가 바로 지향성이며, 따라서 의식을 연구함을 목표로 하는 경험적 심리학 역시 그것이 의식에 관한 참된 경험과학으로 정립될 수 있기 위해서는 '지향성이라는 관점에서' 의식의 다양한 성질을 해명하도록 하여야 한다는 사실을 함축한다. 여기서 우리는 물리현상의 본질이 '자연적 인과성'이기 때문에 물리학이 '자연적 인과

관계의 관점에서' 물리현상의 다양한 측면을 연구하면서 참다운 의미의 물리학으로 발전할 수 있었다는 사실을 유의해야 한다. 이와 마찬가지로 후설에 따르면 의식의 본질은 '지향성'이기 때문에 '지향적 관계'의 관점에서 의식의 다양한 측면을 연구할 때 경험적 심리학은 비로소 참다운 의미의 심리학으로 발전할 수 있는 것이다. 따라서 이러한 현상학적 심리학의 입장에서 보자면 앞서 의식에 대한 자연과학적 태도를 다룰 때 살펴본 의식에 관한 제반 과학은, 엄밀한 의미에서 심리학이 아니라 자연과학이다. 바로 이러한 이유에서 우리는 앞에서 그것을 자연과학이라 불렀던 것이다.

그러나 경험적 심리학이 '지향성의 관점에서' 다양한 의식을 연구하면서 다양한 분야를 지닌 하나의 체계적인 경험과학으로 발전하기 위해서는 경험적 심리학이 물리학과 구별되는 본질적인 징표에 대한 발견만으로는 불충분하다. 경험적 심리학은 인지론, 감정론, 의지론, 욕구론, 기억론 등 다양한 분야로 나누어질 수 있다. 이처럼 다양한 경험적 심리학의 분야가 서로 어떻게 구별되는지 해명해야만 경험적 심리학이 다양한 분야를 아우르는 체계적인 경험과학으로 전개될 수 있는 것이다. 그런데 이처럼 다양한 심리학의 분야가 서로 어떻게 구별되는지 해명하기 위해서 우리는 다양한 유형의 의식의 본질을 해명할 필요가 있으며, 바로 이러한 점에서 다양한 유형의 의식의 본질을 해명하는 작업은 경험적 심리학의 철학적 정초 작업과 직결되어 있다.

셋째, 우리는 현상학적 심리학을 전개하기 위해서 현상학적 심리학적 태도를 취해야 하며 바로 현상학적 심리학적 환원을 통해 현상학적 심리학적 태도에 도달할 수 있다. 현상학적 심리학적 환원이란 자연과학적 태도에 대해 '판단중지$_{Epoche}$'하고 현상학적 심리학적 태도를 취하면서 지향성이라는 사태로 우리의 시선을 돌리기 위한 방법적 절차이다. 이 점과 관련해 우리는 우리가 자연과학적 태도에서 살아가는 한 이 세상에 존재하는 모든 것은 자연적 인과관계의 망 속에 존재하며 그것을 넘어서는 것, 즉 지향적 관계는 존재하지 않는다는 믿음을 가지고 살아간다는 사실에 유의할 필요가 있다. 따라서 지향적 관계에 우리의 시선을 집중할 수 있기 위해서 우리는 이러한 믿음에 대해 판단을 중지하고, 말하자면 그것이 옳은지 그른지 판단을 유보하고 지향적 관계에 시선을 집중해야 한다. 바로 이처럼 자연과학적 태도에서 현상학적 심리학적 태도로 넘어가는 것이 현상학적 심리학적 환원이다. 현상학적 심리학적 환원을 통해 현상학적 심리학적 태도를 취해야만 우리는 자연과학적 태도의 간섭으로부터 해방된 상태에서 지향적 관계를 온전하게 분석할 수 있다.[3]

초월론적 현상학적 태도와 의식에 대한 초월론적 현상학

초월론적 현상학은 현상학적 심리학과 마찬가지로 의식을 연구한다. 그러나 초월론적 현상학은 현상학적 심리학과는 다른 관점

---

3   이 글에서는 지면의 제약 때문에 현상학적 심리학적 환원에 대해 상세히 소개할 수 없다. 현상학적 심리학적 환원과 뒤에서 논의할 초월론적 현상학적 환원에 대해서는 다음을 참조할 것. 이남인, 『현상학과 해석학』, 서울대학교출판부, 2004.

에서 의식을 연구한다. 이 점과 관련하여 우리는 의식이 실제 주어진 것보다 '더 많이 생각함Mehrmeinung'이라는 본질적 속성이 있다는 사실을 유의할 필요가 있는데, 초월론적 현상학은 바로 의식이 지닌 이러한 속성을 연구함을 목표로 한다. 그러면 의식의 본질적 속성 중의 하나인 '실제 주어진 것보다 더 많이 생각함'이 구체적으로 무엇을 의미하는지 다시 외부지각을 예로 들어 살펴보자.

전면은 붉은색이고 후면은 노란색인 커다란 공에 대한 지각이 이루어지며 이 지각의 맨 처음 단계에서(t_0) 공의 빨간 면이 우리에게 지각되었고 공이 서서히 돌아가면서 다음 순간(t_1)에 공의 노란 면이 지각되었다고 가정하자. 이 공의 노란 면이 지각되기 시작한 이 순간(t_1) 이 공은 일차적으로 '전면이 부분적으로 붉고 부분적으로 노란 사물'이라는 의미를 지닌 대상으로 지각될 것이다. 그러나 이 순간 우리가 확인할 수 있는 것은 '전면이 부분적으로 붉고 부분적으로 노란 사물'로서의 공뿐만은 아니다. 물론 이 단계의 지각에서 이 공이 우리에게 일차적으로 '전면이 붉고 부분적으로 노란 사물'로 지각되는 것은 사실이다. 그러나 반성적으로 검토해보면 우리는 이 순간 이 공이 그러한 한계를 넘어서 이미 '한 면은 붉고 다른 한 면은 부분적으로 노랗고 부분적으로 비규정적인 사물'로 지각되면서 직접적으로 주어진 의미보다 더 많은 의미를 지니고 있는 대상으로 지각되고 있음을 알 수 있다. 지향체험으로서의 외부지각은 이처럼 실제 주어진 것보다 '더 많이 생각함'이라는 특징이 있다. 이는 지각의 지향성이 과거에서 이미 주어진 의미와 현재 주어진 의미를 종합하면서 더 높은 단계의 새로운 의미를 지향하면서 파악하기 때문에 가능하다. 후설은 이처럼 외부지각에서 확인할 수 있는, 실제 주어진 것보다 더 많이 생각하는 의식의 작용, 혹은 더 높은 단계의 새로운 의미를 지향하면서 파악하는 작용을 "구성작용Konstitution"이라고 부른다.

그런데 자세히 고찰해보면 이러한 구성작용은 비단 외부지각이라는 의식에만 국한된 것이 아니고 모든 유형의 의식이 가지고 있는 본질적인 특성이다. 실제로 우리는 의식의 장에서 다양한 유형의 구성작용을 확인할 수 있는데 이러한 다양한 유형의 구성작용은 그 구조에 있어 서로 엄밀히 구별된다. 이제 외부지각이라는 구성작용과는 구별되는 또 다른 유형의 구성작용을 몇 가지 검토해보자.

우리는 종종 어떤 사진을 보고 그 사진 속 사람이 누구인가를 지각하는 경우가 있는데, 이러한 사진지각 작용 역시 '더 많이 생각함' 속에서 나름의 새로운 대상적 의미를 파악하는 일종의 구성작용이다. 예를 들어 내가 어떤 사진을 보고 그 사진이 어릴 때 함께 놀던 옛 친구의 모습을 담고 있다는 사실을 깨닫게 되었다고 가정해보자. 이 경우 나에게 일차적이며 직접적으로 주어지는 것은 어떤 색을 지닌 종이라고 하는 물리적 대상으로서의 사진이지만, 나는 이 사진을 단순한 물리적 대상으로서가 아니라, 어릴 때 함께 놀던 옛 친구를 담고 있는 사진으로 지각한다. 이처럼 사진지각은 일차적이며 직접적으로 주어진 것보다 '더 많이 생각함'이라는 특성을 지니며, 그러한 한에서 그것은 일종의 구성작용이라고 할 수 있다. 그런데 이 사진을 어떤 색을 지닌 종이라는 물리적 대상으로 파악하는 과정 역시 외부지각이라는 구성작용이요, 따라서 본래적인 의미의 사진지각 작용은 외부지각이라는 구성작용에 기초한 한층 더 복잡한 유형의 구성작용이라 할 수 있다.

우리는 일상적으로 타인과 더불어 살아가면서 타인의 언어적 표현 혹은 신체적 표현 등을 매개로 타인의 심리 상태를 경험하는

데, 이러한 타인경험 역시 구성작용의 일종이다. 그런데 타인경험이라는 구성작용은 외부지각이나 사진지각과는 또 다른 지향적 구조를 보인다. 예를 들어 내가 타인의 신체적 표현, 예를 들면 그의 신체의 일부에 있는 큰 상처를 보고 그가 고통을 경험하고 있으리라는 사실을 이해할 경우를 생각해보자. 이 경우 타인의 신체적 표현을 보면서 나의 의식은 단지 그의 신체적 표현만을 향해 있는 것이 아니라, 그것을 토대로 그것을 초월하여 타인의 심리 상태를 파악하고 있기 때문에 타인경험 역시 일종의 구성작용이다.

그러나 타인경험이라는 구성작용은 앞서 살펴본 외부지각과 사진지각과는 다른 유형의 구성작용이다. 우선 타인경험은 외부지각과는 달리 타인의 신체적 표현에 대한 지각에 기초한 작용이며, 그러한 한에서 그것은 후자보다 더 복잡한 구조를 지닌다. 타인의 신체적 표현에 대한 지각 역시 일종의 구성작용이기 때문에, 타인의 심리 상태에 대한 경험은 이미 수행된 또 다른 구성작용에 토대를 둔 구성작용이라고 할 수 있으며, 그러한 한에서 그것은 사진지각과 유사한 구조를 가지고 있다고 할 수 있다. 그러나 타인경험이라는 구성작용이 사진지각이라는 구성작용과 동일한 구조를 가지고 있는 것은 아니다. 양자 사이에 존재하는 무엇보다도 분명한 차이점은 사진지각의 대상인바, 사진 속에 있는 사람이 현재는 나에게 직접적으로 지각될 수 없지만 많은 경우 원칙적으로 나에게 생생하게 지각 가능한 반면, 타인의 심리 상태는 타인에게만 생생하게 지각 가능하지, 나에게는 생생하게 지각될 수 있는 가능성이 원칙적으로 차단되어 있다는 데 있다.

그런데 이러한 구성작용은 비단 우리가 살펴본 외부지각작용, 사진지각작용, 타인의 심리 상태에 대한 이해작용에만 국한된 것은 아니다. 우리의 삶의 어느 한 순간을 살펴보아도 우리는 우리에게 직접적으로 주어진 것만을 존재하는 것이라고 생각하지 않고 그것을 초월하여 그보다 더 많은 것을 사념하면서 새로운 의미를 파악할 수 있는데, 바로 이처럼 직접적으로 주어진 것을 초월하여 새로운 의미를 파악하는 것이 바로 구성작용이다. 이렇게 본다면 우리의 삶은 부단히 다양한 유형의 구성작용을 수행하고 있다고 할 수 있다. 실제로 우리가 우리의 삶을 돌이켜보면 아침에 일어나서 잠들 때까지 우리의 의식이 부단히 다양한 유형의 구성작용을 수행하고 있음을 확인할 수 있다.

이처럼 우리는 의식의 장에서 그 본질에 있어 서로 구별되는 다양한 유형의 구성작용이 존재함을 확인할 수 있다. 그런데 현상학적 분석이 의식이 지닌 구성작용에 초점을 맞추고 진행될 경우 현상학은 현상학적 심리학의 단계를 넘어 구성적 현상학kontitutitive Phänomenologie의 단계로 넘어간다. 그런데 이러한 다양한 유형의 구성작용의 특징은 그러한 작용을 통하여 그 어떤 대상은 지금까지 그것이 우리에게 지녀왔던 의미를 넘어서 새로운 의미를 지닌 대상으로서 경험될 수 있다는 데 있다. 예를 들면 사진지각이라는 구성작용이 수행되었을 경우 우리에게는 단순히 외부지각의 대상이라는 의미를 지닌 사진만이 경험되는 것이 아니라, 그보다 더 높은 단계의 의미, 예를 들면 어릴 적 친구의 모습을 담고 있는 것이라는 의미를 지닌 대상으로서의 사진이 경험된다. 이러한 점에서 구성작용이란 그를 통하여 우리의 의식이 이미 앞서 주어진 낮은 단계의 대상적 의미로부터 더 높은 단계의 대상적 의미를 향해 초월해가는 과정이라 할 수 있다. 이처럼 구성적 현상학에서는 우리의 의식이 지니고 있는 초월작용이 주제화되며, 바로 이러한 이유에서 구성적 현상학은 초월론적 현상학transzendentale Phänomenologie이라 불린다. 구성적 현상학으로서의 초월론적 현상학의 과제는 다양한 유형의 초월론적 기능과 더불어 이러한 초월론적 기능의 발산중심인 초월론적 주관의 본질구조를 해명하는 데 있다.

초월론적 현상학의 핵심주제인 초월론적 주관은 다양한 유형의 초월론적 기능을 매개로 하여 다양한 유형의 의미로서의 대상을 구성하는 주관이다. 그런데 우리가 경험할 수 있는 의미를 지닌 다양한 대상의 총체가 다름 아닌 현상학적 의미의 세계이기 때문에, 바로 초월론적 주관은 궁극적으로 이러한 의미를 지닌 다양한 대상의 총체로서의 세계, 다시 말해 우리가 경험할 수 있는 의미의 총체로서의 세계의 구성 근거이다. 여기서 우리는 초월론적 현상학의 연구주제인 초월론적 주관이 현상학적 심리학의 연구주제인 심리학적 주관과 근본적으로 구별됨을 알 수 있다. 초월론적 주관이 의미의 총체로서의 세계를 비롯하여 의미를 지닌 일체의 대상을 구성하는 주관임에 반해 심리학적 주관은 세계를 구성하는 주관이 아니라, 초월론적 주관의 초월론적 기능에 의하여 의미를 지닌 것으로서 구성된 주관, 즉 의미의 총체로서의 세계의 한 부분을 이루고 있는 주관에 불과하다. 말하자면 초월론적 주관이 구성작용의 주체로서 파악된 것인 데 반해 심리학적 주관은 구성작용의 주체로서 파악된 주관이 아니다. 여기서 우리는 다양한 의식의 본질만을 해명함을 목표로 하는 현상학적 심리학은 단지 세계의 일부로서 구성된 주관만을 포착할 수 있을 뿐 이러한 세계를 구성하는 초월론적 기능을 지닌 초월론적 주관이 존재한다는 사실을 포착할 능력이 없음을 알 수 있다. 세계를 구성하는 초월론적 주관이 존재한다는 사실을 포착할 수 있기 위해서는 의식이 지닌 초월론적 구성기능을 체계적으로 연구해 들어가는 초월론적 현상학적 연구가 필요하다.

초월론적 주관에 대한 이러한 논의를 토대로 우리는 어떤 이유에서 초월론적 주관의 구조를 해명함을 목표로 하는 초월론적 현상학이, 가능한 모든 학문의 정초토대가 되는지 이해할 수 있다. 초월론적 주관이 의미로서의 세계가 구성될 수 있는 토대이기 때문에 초월론적 주관의 구조에 대한 해명은 곧바로 우리에게 어떤 의미를 지닌 것으로 주어질 수 있는 모든 것의 뿌리 혹은 원천을 해명하는 작업이라 할 수 있다. 이처럼 모든 것의 의미의 원천인 초월론적 주관을 연구함을 목표로 하는 초월론적 현상학은 가능한 모든 학문의 뿌리를 다루는 학문이라 할 수 있다.

초월론적 현상학을 전개하기 위해서 우리는 현상학적 심리학적 태도를 취해야 하며 바로 초월론적 현상학적 환원을 통해 초월론적 현상학적 태도에 도달할 수 있다. 초월론적 현상학적 환원이란 자연적 태도에 대해 판단중지하고 초월론적 현상학적 태도를 취하면서 초월론적 주관의 초월론적 기능으로 우리의 시선을 돌리기 위한 방법적 절차이다. 이 점과 관련해 우리는 우리가 자연적 태도에서 살아가는 한 '세계는 존재하는 것의 총체이다'라는 확고한 믿음을 가지고 살아간다는 사실에 유의할 필요가 있다. 그리고 우리가 이러한 믿음을 가지고 살아가는 한 '의미로서의 세계가 초월론적 주관에 의해 구성된 것이며 초월론적 주관에 의존적이다'라는 사실을 파악할 수 없다. 따라서 '세계가 초월론적 주관에 의해 구성된 것이며 초월론적 주관에 의존적이다'라는 사실을 이해하고 초월론적 주관의 초월론적 기능을 파악하기 위해서 우리는 "세계는 존재하는 것의 총체이다"라는 관습적인 믿음에 대해 '판단중지'

하면서 자연적 태도에서 벗어나 초월론적 주관의 초월론적 기능에 시선을 집중하는 초월론적 태도를 취해야 하는데, 바로 이처럼 자연적 태도에서 초월론적 태도로 넘어가는 것이 초월론적 현상학적 환원이다. 초월론적 현상학적 환원을 통해 초월론적 현상학적 태도로 넘어가야만 우리는 자연적 태도의 간섭으로부터 완전히 해방된 상태에서 초월론적 주관의 초월론적 기능을 온전하게 분석할 수 있다.

지금까지 우리는 의식을 대하는 세 가지 태도에 따라 의식에 관한 학문이 자연과학, 현상학적 심리학, 초월론적 현상학 등 세 가지 유형으로 전개될 수 있음을 살펴보았다. 의식에 관한 이 세 가지 학문은 서로 배척적인 관계에 있는 것이 아니다. 이 세 가지 학문은 각자의 입장에서 나름의 타당성을 지니는 것이며 그러한 한에서 그것들은 의식을 총체적으로 해명하기 위해서 서로 협동할 필요가 있다.

실제로 그동안 이들 사이의 협동 작업이 수행되어왔다. 예를 들어 현상학적 심리학과 초월론적 현상학의 협동 작업은 이미 후설과 메를로-퐁티 등의 현상학자들이 수행해왔다. 양자 사이의 협동의 필요성과 관련해 후설은 양자 사이에 평행성이 존재하며 따라서 둘 중의 어느 한 학문의 연구결과는 다른 학문의 연구결과에 직접적인 영향을 미칠 수 있으며 따라서 양자 사이의 학제적 대화가 필요하다는 입장을 취하고 있다. 그리고 현상학적 심리학/초월론적 현상학과 의식에 관한 자연과학적 연구 사이의 학제적 대화는 최근 들어 전 세계적으로 활발하게 이루어지고 있다. 이러한 대화는 특히 '현상학과 인지과학'이라는 주제 아래 진행되고 있으며 앞으로도 계속해서 활발하게 진행될 것으로 전망한다.

더 읽을거리

후설, 『순수 현상학과 현상학적 철학의 이념들: 순수 현상학의 입문 일반』, 최경호 옮김, 문학과지성사, 1997
 후설이 1913년에 출간한 작품으로 사실학과 본질학, 현상학적 환원의 문제, 지향성의 구조, 노에시스와 노에마 상관관계, 반성의 구조, 의식의 다양한 유형, 명증성, 이성과 진리 등 현상학의 다양한 주제를 다루고 있다. 그중에서도 현상학적 환원, 지향성, 반성, 의식, 이성 등은 마음의 문제와 직접적으로 관련된 주제들이다.

후설, 『현상학적 심리학 강의: 후설의 현상학적 심리학 1』, 신오현 옮김, 민음사, 1992
 근대심리학의 발전 과정을 간략하게 소개하고 그를 비판하면서 등장한 딜타이의 심리학을 비판적으로 고찰한 후, 현상학적 심리학이 다른 정신과학 및 자연과학과 어떻게 다른지 살펴가면서 현상학적 심리학이 어떤 학문인지 해명하고 있다. 이 책은 현상학적 심리학의 정체를 추적하면서 현상학적 환원, 지향성, 시간성, 모나드로서의 주관성 등 현상학의 핵심 개념들을 해명하고 있다. 이러한 개념들은 현상학적 관점에서 마음의 정체를 이해하기 위해 꼭 필요하다.

한전숙, 『현상학』, 민음사, 1996
 이 책은 후설의 현상학 전체에 대한 체계적인 연구서로서 현상학적 운동, 현상학의 이념, 기술적 심리학, 선험적 현상학, 생활세계적 현상학 등을 다루고 있다. 그중에서도 지향성의 구조를 해명하고 있는 3장 4절, 순수의식의 구조를 해명하고 있는 4장 7, 8, 9절, 신체, 키네스테제, 선 술어적 경험의 문제를 해명하고 있는 5장 4절, 생활세계에서의 명증과 의식 개념의 변혁을 다루고 있는 6장 3, 4절 등은 마음의 구조를 해명하고 있는 부분이라 할 수 있다.

이남인, 『현상학과 해석학. 후설의 초월론적 현상학과 하이데거의 해석학적
현상학』, 서울대학교출판부, 2004
　　이 책은 후설의 초월론적 현상학과 하이데거의 해석학을 비교한 연구서로서
　　그중에서 I장은 현상학의 이념을 다루고 있고 II장과 IV장은 각기 후설의
　　초중기 현상학의 근본구도와 후기 현상학의 근본구도를 다루고 있다. 또한
　　이 세 개의 장에서는 현상학적 심리학과 현상학적 심리학적 환원, 초월론적
　　현상학과 초월론적 현상학적 환원, 지향성, 초월론적 주관 등 직접적으로
　　마음과 관련된 주제들을 다루고 있다.

이남인, 『후설의 현상학과 현대철학』, 풀빛미디어, 2006
　　이 책은 한편으로는 후설의 기분의 현상학, 발생적 현상학과 상호주관성의
　　문제, 발생적 현상학과 세대간적 현상학 등의 문제를 해명하면서 후설의
　　현상학의 새로운 지평을 탐색하고 다른 한편으로는 후설의 현상학과
　　현대철학의 여러 사조들 사이의 관계를 해명하고 있다. 그런데 이 책에서는
　　기분, 상호주관성, 명증성, 구성과 초월론적 주관, 질적연구의 대상으로서의
　　체험 등 마음의 문제와 직접적으로 연결되어 있는 주제들을 다루고 있다.

하이데거

개시성으로서의 마음

박찬국

서울대학교 철학과를 졸업하고 동 대학원에서 석사학위를, 독일 뷔르츠부르크대학에서 철학박사학위를 받았다. 호서대학교 철학과 교수를 거쳐 현재 서울대학교 철학과 교수로 재직하고 있다. 니체와 하이데거의 철학을 비롯한 실존철학에 관심이 많으며, 서양철학과 불교철학을 비교하는 것도 주요한 연구의 관심 중 하나다.

실존으로서의 인간

하이데거는 인간을 '자신의 존재를 문제삼을 수 있는 존재'라고 부르고 있다. 인간이 자신의 존재를 문제삼을 수 있다는 것은 삶의 어떤 특정한 상황뿐 아니라 탄생에서 죽음에 이르는 자신의 삶 전체를 문제삼을 수 있다는 말이다. 그리고 자신의 삶 전체를 문제삼을 수 있다는 것은 삶 전체를 객관적으로 고찰할 수 있다는 것을 의미하는 것이 아니라, 자신의 삶 전체에 대해서 반성하면서 어떻게 살아야 할지를 고뇌할 수 있는 존재라는 것이다. 이때 우리가 문제 삼는 삶은 일차적으로 인간 일반의 삶이 아니라 어디까지나 자신만의 고유한 과거와 꿈, 그리고 구체적인 피와 살을 가진 우리들 각자의 삶이다.

이렇게 우리 각자가 어떻게 살 것인지를 고뇌할 수 있다는 것을 하이데거는 인간에게만 있는 고유한 특성이라고 보았으며 그러한 특성을 가리켜서 '실존Existenz'이라고 부른다. 전통 형이상학이 인간의 본질을 이성에서 찾은 반면에, 하이데거는 인간의 본질을 실존에서 찾고 있다. 인간이 인간으로서 존재하는 것은 자신의 삶에 대해서 어떻게 살 것인지를 고뇌할 수 있기 때문이라는 것이다.

하이데거는 인간에게만 고유한, 이러한 실존적인 성격이야말로 인간에 대한 모든 분석이 출발하고 돌아가야만 하는 근본적인 사실이라고 말한다. 이는 이러한 근본적인 사실을 부정하거나 그 이론의 귀결이 이러한 근본적인 사실에 배치되는 어떠한 이론도 인간을 제대로 파악하지 못하고 있다는 말이기도 하다.

따라서 하이데거는 인간을 기계나 물질로 해석하려고 하는 유물론적 해석이나 동물로 해석하려고 하는 생물학적인 해석은 인간의 진정한 면모를 드러낼 수 없다고 본다. 물질이나 동물은 자신의 삶을 다른 누구의 삶도 아닌 자기 자신만의 삶으로 생각하면서 자신이 어떻게 살 것인지를 고민하지 않기 때문이다. 하이데거는 인간은 물질이나 동식물과 본질적으로 다르다고 보며 인간의 마음뿐 아니라 신체까지도 동물과 본질적으로 다르다고 본다. 예를 들어 하이데거는 인간의 손은 원숭이의 손과 본질적으로 다르다고 보는 것이다.

이 점에서 하이데거는 자연과학이 득세하게 된 이래로 철학에서 상당히 큰 영향력을 갖고 있는 인간의 마음과 신체에 대한 유물론적인 해석이나 생물학적인 해석과 철저하게 대립적인 입장을 취하고 있다고 볼 수 있다. 하이데거는 인간에 대한 자신의 분석은 이와 같이 인간의 실존적 성격을 실마리로 삼는다는 점에서 그것을 '실존론적 분석die exitenziale Analyse'이라고 부른다.

인간을 '내가 어떻게 살 것인가'를 고뇌할 수 있는 존재라고 보면서, 하이데거는 각 개인의 삶은 삶에 대한 근본 신념에 의해서 규정된다고 말한다. 그러한 근본 신념이란 어떻게 사는 것이 최선의 삶인지에 대한 근본적인 생각이다. 우리는 자각적으로든 아니든, 항상 우리가 무엇을 추구하고 무엇을 목표하면서 살아야 할지에 대한 근본 신념에 입각하여 살고 있다. 그 경우 우리는 우리가 추구하는 목적을 자신뿐 아니라 모든 사람들이 추구하는 최선의 가치로 본다.

약간 극단적인 예를 들자면 황금만능주의자는 최대한 돈을 많이 버는 삶이야말로 최선의 삶이라는 근본 신념을 가지고 산다. 이는 돈을 가장 많이 버는 것이야말로 최선의 가치로 보면서 그것을 자신의 삶의 궁극적 목적으로 삼고 있다는 것을 의미하기도 한다. 이러한 근본 신념이 그의 모든 사고와 행동을 규정한다. 그의 생각과 행동은 돈을 버는 데 집중되어 있으며 그가 사는 세계는 이러한 근본 신념을 중심으로 구조화된다. 그는 자신이 벌이는 모든 일과 자신이 관계하는 모든 존재자를 자신이 돈을 버는 데 도움이 되느냐 되지 않느냐에 따라 평가하면서, 자신이 돈을 버는 데 도움이 되는 것은 가까이 하되 그렇지 않은 것은 가능한 한 멀리하려고 한다.

그런데 이 경우 자신이 추구하는 궁극적 목적이야말로 가장 추구할 만한 가치가 있다고 믿는 근본 신념은 우리가 단순히 의식적으로 사유하는 관념만이 아니고 우리의 온몸에 체화되어 있는 신념을 말한다. 우리가 의식적인 차원에서 자신의 삶의 신념으로 간주하는 것과 우리의 삶을 실질적으로 규정하는 근본 신념은 다를 수 있다. 예를 들어 많은 사람들이 의식적으로는 자신을 기독교 신자라고 생각하지만 사실 많은 기독교인은 신이 아니라 돈을 믿고 있다. 사람들이 신에게 부자가 되게 해 달라고 기도할 때, 그들은 사실 신을 자신이 부자가 되는 데 도움이 되는 수단 정도로 생각할 뿐이며 최고의 가치로 생각하는 것은 돈인 것이다. 그리고 그때 그들은 신이 아니라 돈이야말로 자신이 부딪히고 있는 많은 문제를 해결하는 데 가장 큰 힘이 된다고 생각하는 것이다.

세계-내-존재로서의 인간

약간 극단적인 예였지만 황금만능주의자의 삶에서 볼 수 있듯이 우리들의 일상적인 삶에서 존재자들은 우리가 추구하는 궁극적 목적에 적합하거나 그렇지 않은 것으로서 개시된다. 즉 우리의 일상적 삶에서 존재자들은 우선 도구적인 의미를 갖는 것으로서 드러나는 것이다. 이 경우 존재자들은 서로 지시하는 관계에 있다.

> **존재자**
> 대상, 실체, 속성, 관계, 사실, 사건, 현상 등 모든 범주의 존재하는 것들을 무차별하게 총칭할 때 사용되는 말.

황금만능주의자를 계속 예로 하여 살펴보자면, 황금만능주의자가 사용하는 장도리는 그것이 박아야 할 못을 지시하며, 못은 그것에 걸릴 옷을 지시하고, 옷은 옷을 구기지 않고 잘 유지하려는 황금만능주의자의 관심을 지시하며, 이러한 관심은 다시 사람들에게 잘 보이려는 그의 관심을 지시하고, 그의 관심은 사람들에게 잘 보여서 돈을 많이 벌려는 그의 궁극적인 목적을 지시한다. 이렇게 황금만능주의자에게는 자신의 모든 관심과 활동 그리고 모든 존재자는 그가 추구하는 궁극적 목적을 기점으로 하나의 전체적인 목적연관을 형성하고 있다. 하이데거는 이렇게 우리가 추구하는 궁극적 목적을 중심으로 구조화되어 있는 목적연관의 전체를 '세계Welt'라고 부른다.

이러한 목적연관 전체는 하나의 존재자는 아니지만 우리가 존재자들과 구체적으로 관계하기 이전에 이미 드러나 있다. 다시 말해서 우리는 존재자들을 하나씩 접한 것을 토대로 하여 존재자들 사이의 목적연관을 파악하는 것이 아니다. 오히려 항상 우리가 추구하는 궁극적 목적을 중심으로 구조화되어 있는 세계의 빛 안에서 개개의 존재자들과 관계한다. 이러한 세계의 빛 안에서 우리는 그러한 존재자들이 어떠한 의의를 갖는지를 이해하는 것이다.

따라서 인간은 물리적인 사물처럼 단순히 인과적인 법칙에 따라서 움직이는 것도 아니고 동물처럼 단순히 본능에 따라서 사는 것도 아니다. 또한 다윈이나 쇼펜하우어가 말하는 것처럼 단순히 자기보존이나 종족보존을 위해서 사는 것도 아니다. 인간은 그때그때 자신의 근본 신념에 따라서 산다. 아울러 우리는 물리적인 사물처럼 어떠한 목적도 의미도 없는 공간과 시간 안에 존재하는 것이 아니며, 동물처럼 자신의 본능에 의해서 규정되어 있는 환경세계에서 사는 것도 아니고, 자신이 추구하는 궁극적 목적을 중심으로 하여 구조화되어 있는 목적연관의 전체로서의 세계 안에서 산다.

이러한 목적연관의 전체로서의 세계야말로 우리가 그 안에서 태어나고 죽어가는 근원적인 세계다. 그러한 세계는 과학주의적인 세계관이 주장하는 것처럼 원래 무의미하고 무목적적인 물리적 에너지들로 구성되어 있는 객관적인 세계에 우리의 주관적인 목적과 의미를 덧붙인 세계가 아니다. 오히려 근대 자연과학이 드러내는 세계는 우리가 온몸으로 경험하면서 그 안에서 살고 있는 목적연관의 전체로서의 세계를 근원적인 지반으로 하면서 그것에서 수학적으로 계산 가능하고 인과적으로 예측 가능한 측면만을 추상한 것이다.

예를 들어서 내가 끼고 있는 결혼반지는 분명히 특정한 물질로 만들어진 것이지만, 나는 그것이 이런 물리학적 사실로만 환원될 수 없는 의미를 갖는다고 생각한다. 그리고 그 경우 우리는 그러한 의미를 객관적인 사실에 한갓 주관적인 의미를 덧붙인 것으로 생각하지 않는다. 존재의 층을 객관적인 사실과 주관적인 의미로 나누는 분류 도식 자체가, 이미 자연과학적으로 드러나는 사실만이 객관적인 것이고 나머지는 모두 주관적인 것에 불과하다는 하나의 존재론적인 선先 이해에 근거하고 있다. 우리는 결혼반지를 일차적으로 특정한 물질에 주관적인 의미가 덧붙여진 것으로 경험하는 것이 아니라 그야말로 결혼반지로서 경험한다. 즉 우리는 그것에

서로 일생을 함께할 것을 맹세하는 마음이 담겨 있는 소중한 물건으로 생각하는 것이다.

따라서 인간과 세계의 근원적인 실상을 파악하기 위해서는 과학이 제시하는 인간과 세계에 대한 이론을 토대로 하면서 고찰하기 이전에, 후설이 '생활세계Lebenswelt'라고 불렀던 구체적인 삶의 세계와 그 안에서 태어나서 일하고 슬퍼하기도 하고 기뻐하기도 하며 죽음을 생각하면서 삶의 의미에 고뇌하는 구체적인 인간을 토대로 삼아야 한다.

인간은 목적연관의 전체로서의 세계 안에서 다른 존재자들과 관계하면서 사는 존재라는 의미에서 세계-내-존재In-der-Welt-sein이다. 인간은 데카르트 이래의 근대 의식철학이 상정하듯이 순수한 의식으로서 존재하면서 그러한 의식의 섬에서 빠져나와 자기 밖의 존재자들과 관계하는 것이 아니라 항상 존재자들과 온몸으로 관계하면서 살고 있다. 인간이 존재자들과 관계하는 일차적인 방식은 존재자들을 눈앞에 놓고 지각하거나 이론적으로 고찰하는 것이 아니라 존재자들을 자신의 몸을 통해서 다루고 사용하는 것이다. 아울러 우리는 존재자들을 이렇게 사용하는 가운데 그러한 존재자들이 무엇인지를 이미 잘 알고 있다.

예를 들어 주사위가 무엇인지는 주사위를 눈앞에 놓고 관찰하는 것에 의해서가 아니라 주사위를 가지고 노는 것에 의해서 이미 드러나 있고 또한 가장 잘 드러난다. 그리고 실천적인 인식이라고 할 수 있는 이러한 인식을 토대로 해서만 존재자들에 대한 이른바 '객관적이고 과학적인' 인식도 가능하다. 따라서 세계와 인간 그리고 다른 존재자들과 인간의 관계를 고찰할 때 우리가 일차적인 토대로 삼아야 하는 것은 세계와 존재자들과의 구체적인 관계가 이

> **의식철학**
> 하이데거가 비판적으로 고찰하고 있는, 데카르트 이후 전개된 근대철학의 성격을 일컫는 말. 모든 확실성의 기초인, 인식 주체의 의식 안으로 모든 것을 환원하려는 경향을 지니고 있다.

루어지는 실천적인 삶이다. 이에 반해서 전통적인 철학은 보통 이른바 객관적인 지각이나 이론적인 인식을 그러한 관계를 고찰하는 실마리로 삼았다.

하이데거는 인간의 마음도 인간이 살아가는 구체적이고 전체적인 삶의 현장을 토대로 고찰해야 한다고 본다. 그 경우에만 인간의 마음의 전체적이고 근원적인 실상이 제대로 드러날 수 있다고 하는 것이다. 이에 반해서 전통적인 철학처럼 지각이나 인식 혹은 감정과 의지와 같은 삶의 어떤 특정한 현상만을 실마리로 하여 마음을 분석하여, 그러한 분석의 결과를 마음 전체의 실상을 반영하는 것으로 간주할 경우에는 마음의 실상은 왜곡되고 만다.

근본 신념과 개시성

서양의 전통 철학은 인간의 마음을 분석할 때 보통 마음을 지성과 감정 그리고 의지로 나누면서 그것들 각각이 어떠한 특성이 있고 그것들이 어떠한 관계를 갖는지를 분석해왔다. 그러나 하이데거는 인간의 본질을 인간이 이성이나 감정 혹은 의지를 가지고 있다는 데서 찾은 것이 아니라 실존에서 찾았다.

그런데 인간은 실존적 존재로서 자신의 존재를 자신이 추구해온 근본 신념을 중심으로 문제 삼는다. 사람들은 보통 자기 삶의 근본 신념은 인생에 대한 자신의 경험과 통찰에 의해서 자신이 독자적으로 정립한 것이라고 생각하지만 사실 대부분의 경우 그러한 근본 신념은 어릴 때부터 사회에 의해서 주입되어온 것이다. 따라서 인간이 자신의 존재를 문제 삼는다는 것은 자신이 그동안 추구해온 근본 신념이 과연 진정한 것인지, 자신은 그동안 사회가 주입해온 가치를 맹목적으로 추구해온 것은 아닌지를 문제 삼는다는 것을 의미한다.

우리의 삶 전체는 그때마다 우리가 추구하는 근본 신념에 의해서 규정되기에 근본 신념은 우리가 자신의 육체를 어떻게 다루고 정신을 어떻게 사용할 것인지도 규정한다. 사람들은 무조건적으로 조국을 지켜야 한다는 근본 신념을 위해서 자신의 육체를 아낌없이 희생할 수도 있으며, 어떤 새로운 과학적인 진리를 발견해야 한다는 자신의 근본 신념을 위해서 육체뿐 아니라 정신까지도 혹사할 수 있다. 근본 신념에 의해서 이렇게 우리의 육체와 정신이 동원되는 방식이 규정되기 때문에 하이데거는 인간의 마음이 갖는 본질적인 특성을 파악하기 위해서는 이렇게 인간의 삶을 규정하는 근본 신념이 어떻게 형성되고 그것이 어떻게 작용하는지에 초점을 맞추어야 한다고 생각한다.

하이데거는 우리가 지금까지 근본 신념이라고 부른 것을 중심으로 하여 우리가 살고 있는 세계와 그때마다의 우리의 자아가 개시開示되어 있다고 본다. 이렇게 근본 신념을 중심으로 하여 개시되어 있는 세계와 자아의 모습을 하이데거는 '개시성Erschlossenheit'이라고 부른다. 우리가 관계하는 존재자들은 이러한 개시성 안에서 발견되며 우리의 모든 구체적인 사고와 행동도 이러한 개시성 안에서 행해진다.

예를 들어 골수 황금만능주의자에게 개시되어 있는 세계는 진정한 의미의 기독교인에게 개시되어 있는 세계와 전적으로 다르며, 각자가 자신이 실현해야 할 참된 자기라고 생각하는 것도 각각 다르게 개시되어 있다. 진정한 기독교인에게 세계는 신의 피조물로서 모든 것이 그 나름의 신성을 가지고 있는 것으로 나타나겠지만, 황금만능주의자에게 세계는 자신에게 돈을 벌 수 있게 해주는 것과 그것을 방해하는 것들로 나뉘어 있다.

그리고 진정한 기독교인은 참된 자기가 참된 기독교인의 모습에서 개시되어 있다고 보는 반면에, 황금만능주의자에게는 돈에 둘러싸여 만족해 하는 자신의 모습이 참된 자기의 모습으로 개시되어 있을 것이다. 존재자들과 관계하는 우리 자신의 구체적인 모든 사고와 행위는 그것들에 앞서서 개시되어 있는 세계와 자아의 모습을 토대로 하여 행해진다.

근대 의식철학에 대한 비판

이러한 하이데거의 입장은 근대 경험론의 입장과 가장 철저하게 대립되는 것이라고 하겠다. 근대 경험론은 인간의 의식이 백지 상태에서 감각자료를 받아들인다고 본다. 하지만 하이데거는 우리는 백지 상태에서 존재자들과 관계하는 것이 아니라 항상 일정한 세계 이해와 자기 이해 안에서 존재자들과 관계하고 그것들을 받아들인다고 본다. 예를 들어서 황금만능주의자와 진정한 의미의 기독교인은 동일한 존재자들을 접해도 그것들을 다르게 받아들일 것이다. 아울러 그들은 모든 존재자에 대해서 동일한 비중으로 관심을 갖는 것이 아니라 자신의 목적에 도움이 되거나 방해가 되는 것에 특별한 관심을 쏟으면서 이것들을 사고와 행동의 주요한 대상으로 삼을 것이다.

그러나 하이데거의 입장은 경험론뿐 아니라 데카르트 이래의 근대 의식철학 전체에 대해서 비판적이다. 데카르트뿐 아니라 근대 의식철학 대부분은, 인간의 마음의 본질과 구조는 인간의 의식작용을 분석하는 것을 통해서 드러난다고 보았다. 이러한 의식철학은 의식 자체의 자기반성에 의해서 드러나는 의식의 작용이야말로 우리에게 의심할 수 없을 정도로 명확히 증명될 수 있도록 주어져 있다고 본다. 그리고 그것은 이러한 다양한 의식작용의 본질적인 구조를 드러냄으로써 우리의 마음을 해명할 수 있다고 본다. 따라서 근대 의식철학은 의식에 대한 직접적인 자기반성을 통해서 주어지는 지각이나 감정, 기억, 상상력 등의 의식작용을 분석하는 데 집중한다.

이와 함께 근대의 의식철학은 다양한 의식작용을 규정하는 개시성은 간과하며, 이와 함께 인간 삶의 근원적인 실상도 놓치게 된다. 이는 인간의 삶은 인간이 추구하는 근본 신념에 의해서 규정되기 때문이다. 인간의 삶이란 항상 어떤 근본 신념을 구현하려고 하면서도 어떤 때는 좌절하여 절망에 빠지든가, 어떤 때는 성공하여 기뻐하든가, 어떤 때는 자신이 추구해온 근본 신념에 회의를 느끼면서 새로운 근본 신념을 찾아 나서는 방식으로 이루어지기 때문이다. 인간의 지각이든 기억이든 상상이든 그 모든 것은 인간이 추구하는 근본 신념을 구현하기 위해서 동원된다. 따라서 그것들의 근본적인 특성 역시 현존재가 자신의 근본 신념을 형성하고 실현하는 방식에 입각하여 파악되어야만 한다.

그런데 하이데거는 이러한 관점이 의식작용뿐 아니라 무의식에도 타당하다고 본다. 인간의 의식뿐 아니라 무의식도 인간이 추구하는 근본 신념에 의해서 규정되고 있다. 이런 의미에서 하이데거의 철학은 의식의 이면에 존재하는 무의식을 강조하면서 의식이 무의식에 의해서 규정된다고 보는 프로이트 식의 마음 분석에 대해서도 비판적인 견해를 취하고 있다. 꿈이라는 무의식의 사건을 예로 들자면 인간이 자신이 겪는 숱한 사건 중에서 어떤 것을 무의식적인 기억 속에 남기고 어떤 꿈을 꾸는지는 인간이 그때마다 추구하는 근본 신념에 의해서 규정된다는 것이다.

하이데거는 자아라는 것도 우리가 추구하는 그때마다의 근본 신념에 따라서 달리 형성된다고 말한다. 내가 황금만능주의자로서의 근본 신념을 버리고 참된 기독교인이 되기로 근본 신념을 바꾸고 그러한 근본 신념을 철저하게 구현할 경우 나는 새로운 자아로 태어나는 셈이다. 이 경우 인간의 자아라는 것은 근대 의식철학에서 상정된 것처럼 다양한 의식작용의 통일적인 주체로서, 고정불변의 것으로 존재하기보다는 그때마다의 근본 신념에 따라서 다르게 형성되는 것이다.

그렇다고 해서 하이데거는 경험론자들처럼 통일적인 자아라는 것이 없고 우리가 자아라고 생각하는 것은 사실은 한갓 그때마다 일어났다가 사라지는 의식작용의 다발에 불과하다고 보지는 않는다. 하이데거는 다양한 근본 신념을 모색하면서 자신의 참된 모습을 찾아 헤매는 하나의 자아가 있다고 본다. 하이데거는 이러한 참된 자기는 한갓 다양한 의식작용의 분석을 통해서 발견되는 것은 아니라고 본다. 이러한 참된 자기는 대부분의 경우 은폐되어 있고 망각되어 있기 때문이다.

따라서 하이데거는 인간은 항상 '나는 이렇게 사유하고 이렇게 행위한다'라고 말하면서 자신을 모든 사유와 행위의 주체로 내세우지만, 사실은 진정한 자기 자신이 아닐 때 '자신이 모든 행위와 사고의 주체'라고 가장 큰 소리로 말하는 것은 아닐까 하는 의문을 제기한다. 하이데거는 우리는 대부분 자기를 상실하고 있으며, 우리가 자아라고 생각하는 것은 사실은 진정한 자기echte Selbstheit를 망각한 비참한 자아성die elende Ichlichkeit에 불과하다고 본다. 하이데거는 진정한 자기라는 것은 우리가 진정한 개시성을 구현할 때 실현된다고 본다.

따라서 하이데거는 인간의 마음도 이러한 개시성이 어떻게 형성되고 우리가 어떠한 개시성을 지향해야 하는지에 초점을 맞추어 분석하고 있다. 삶의 궁극적 목적에 대한 근본 신념을 중심으로 구성되어 있는 개시성에 초점을 맞추어 마음을 고찰할 경우에만, 인간의 마음이 동물의 행동을 규정하는 본능이나 물질을 움직이는 인과법칙과 어떻게 다르게 작동하는지가 가장 분명하게 드러난다. 이는 거듭 말하지만 인간의 마음은 본능에 의해서도 인과법칙에 의해서도 아니고 개시성에 의해서 규정되기 때문이다.

개시성의 형성

하이데거는 개시성은 이해Verstehen와 심정성心情性, Befindlichkeit 그리고 말言, Rede에 의해서 형성된다고 본다. 이해는 현존재가 자신의 삶의 궁극적 목적, 즉 자신이 추구해야 할 삶의 궁극적인 가능성을 구상하는 것Entwurf이며, 심정성은 인간은 항상 존재자 전체의 한가운데에 어떤 기분과 함께 처해 있다Geworfenheit는 것이며, 말은 이렇게 어떤 기분에 젖어 있는 이해를 통해서 우리에게 개시되는 세계가 언어로 구체화되어 있다는 것이다. 이렇게 그때마다의 개시성을 형성하는 이해와 심정성과 언어는 서로 별개로 움직이는 것이 아니라 항상 함께 작용한다. 즉 이해는 항상 기분에 젖어 있는 이해이고 기분은 항상 이해를 수반하는 기분이며 그렇게 기분에 젖은 이해는 항상 언어에 의해서 구체적으로 이해되고 있다.

하이데거가 이해라고 부르는 것은 전통적으로 이성이라고 불려온 것을 대응시킬 수 있다. 그러나 이 경우 하이데거는 이성을 새롭게 조명하면서 그것의 근원적인 의미를 드러내려 한다. 전통적으로 이성이란 세계를 객관적으로 인식하는 능력을 가리켰지만, 하이데거는 이성의 가장 중요한 능력은 우리가 가장 소중히 여겨야 할 가치, 즉 우리의 모든 육체적·정신적인 에너지를 다 쏟을 수 있는 궁극적 목적을 구상하는entwerfen 능력이라고 본다.

하이데거는 전통적으로 이성에 속하는 능력으로 간주되는 인식, 기억, 예측 등은 모두 이러한 근원적인 이성 능력에 종속되어 있고 이러한 이성 능력이 구상한 궁극적 목적의 실현을 위해서 동원되는 것이라고 본다. 다시 말해서 이해란 우리가 겪는 무수한 사건 중에서 어떤 것들을 인식과 기억 그리고 예측의 대상으로 삼을 것인지 그리고 그러한 인식과 기억 그리고 예측을 어떤 방향으로 행할지를 규정하는 이성적인 능력이다.

하이데거가 심정성이라 하는 것은, 인간은 항상 어떤 기분 속에 존재하며 이러한 기분 속에서 세계가 우리에게 개시되어 있다는 사태를 가리키고 있다. 하이데거가 이렇게 심정성이라고 부르는 것에는 전통적으로 감정이라고 불려온 것을 대응시킬 수 있다. 그러나 이 경우에도 하이데거는 감정이라는 현상을 새롭게 조명하면서 그것의 근원적인 의미를 드러내려고 한다.

사람들은 흔히 이성과 감정을 서로 대립되는 것으로 보면서 이성이 자신의 능력을 제대로 발휘하기 위해서는 모든 감정과 기분에서 떠나야 하는 것으로 보는 반면에, 하이데거는 우리 인간은 어떠한 상황에서도 기분을 떠날 수 없다고 본다. 예를 들어 우리가 학문에 몰두하면서 어떠한 기분에도 사로잡혀 있지 않는 것처럼 보이는 상황에서도, 사실은 그렇게 몰두하는 것을 가능하게 하는 냉철한 기분 속에 있다. 우리가 불쾌한 기분에 사로잡혀서 그러한 기분에서 벗어나려고 할 때도 우리는 오직 다른 기분으로 전환하는 방식으로만 그것에서 벗어날 수 있을 뿐이다.

우리에게 세계는 항상 어떤 기분 속에서 개시되어 있다. 우리가 처해 있는 상황이 우리가 추구하는 궁극적 목적을 구현하는 데 불리하면 초조한 기분에 사로잡히게 되고, 세계는 나를 위협하는 것으로 개시된다. 세계는 항상 이렇게 기분 속에서 개시되기 때문에 어떤 때는 우리를 위협하는 것으로서, 어떤 때는 우리를 고무하는 것으로 개시되며, 일상적인 삶이 무탈하게 평소대로 반복되면 아무런 감흥도 일으키지 않는 그저 그런 것으로서 개시된다. 우리에게 세계는 대부분 보통 무감동이란 기분 속에서 개시된다. 우리는 보통 무감동한 기분 속에서 일상적으로 반복되는 삶을 살고 있기에 세계도 보통 그저 그런 것으로 나타난다. 그러나 이렇게 세계를 무덤덤하게 경험하는 무감동한 기분 역시 하나의 기분인 것이다.

그런데 세계가 항상 이렇게 기분 속에서 나에게 개시된다는 것은 우리가 한갓 주관적인 감정에 휩싸여 세계를 보면서 항상 주관적인 세계에서 살고 있을 뿐이라는 것을 의미하지는 않는다. 기분은 근대 의식철학이 파악하고 있는 것처럼 세계와 고립되어 존재하는 주관에서 일어나는 내적인 체험에 그치는 것이 아니다. 오히려 기분은 항상 이미 세계 안에서 존재자들과 관계하면서 실존하고 있는 인간에게 세계가 개시되는 하나의 방식인 것이다. 세계가 기분 속에서 어떤 때는 우리를 위협하는 것으로, 어떤 때는 우리를 고무하는 것으로 나타나기 때문에, 우리는 자신이 처해 있는 세계와 치열하게 대결할 수도 있으며 자신이 처해 있는 세계 안에 만족해 하면서 살 수도 있다.

우리가 일차적으로 거주하는 세계는 이렇게 항상 기분 속에서 나타나는 세계이며, 기분과 무관하게 존재하는 이른바 객관적인 세계란 사실은 우리가 그 안에서 살고 있는 본래의 세계를 추상한 것에 지나지 않는다.

이상에서 말한 이해와 심정성은 서로 분리될 수 있는 것이 아니라 이해는 항상 기분에 젖어 있는 이해이다. 흔히 기분은 맹목적인 것이고 비이성적인 것으로 간주되지만 기분은 항상 일정한 이해에 수반되어 나타나며, 이해도 구체적으로 삶에서 실현될 경우에는 항상 어떤 기분 속에서 나타난다. 예를 들어 내가 이해하는 삶의 궁극적 목적이 내가 처해 있는 세계에서 제대로 구현되고 있을 경우에 기쁘고 고양된 기분에 사로잡히게 되지만, 그렇지 않을 경우에 나는 초조하고 짓누르는 기분에 사로잡히게 되는 것이다.

비본래적인 개시성과 본래적인 개시성

하이데거는 개시성을 본래적인 개시성과 비본래적인 개시성으로 나눈다. 비본래적인 개시성이란 우리가 대개 그 안에서 살고 있는 개시성이다. 비본래적인 개시성 속에서 인간은 아름다움, 부, 지위, 재능, 건강, 세상 사람들의 평판과 같은 세간적인 가치들에만 관심이 있으며 그것들을 구현하는 것을 자신의 삶의 궁극적 목적으로 이해한다.

비본래적인 개시성 속에서 살고 있는 인간에게 세계는 이러한 세간적인 가치들을 궁극적 목적으로 하여 구조화되어 있다. 그러나 우리가 이러한 세계에서 마주치는 인간들이나 존재자들이 항상 이러한 궁극적 목적의 실현에 부응하는 것은 아니다. 오히려 많은 인간과 존재자가 그러한 궁극적 목적을 실현하는 것을 방해한다. 따라서 비본래적인 개시성 속에서 사는 인간은 근본적으로 항상 어떤 두려움 속에서 살고 있다.

우리가 세간의 가치를 궁극적 목적으로 삼는 한 그리고 세계 내의 존재자들이 항상 우리 뜻대로 부응하지 않는 한, 자신이 궁극적 목적을 실현하고 있다고 생각하는 순간에도 우리에게는 항상 두려움이 존재한다. 이러한 두려움은 인간이 이 세계의 주인이 아니라는 근본적인 유한성과 그럼에도 자신이 추구하는 세간의 가치를 이 세계에서 추구할 수밖에 없다는 사실에서 비롯되는 근원적인 두려움이다. 비본래적인 개시성에서 기분은 이렇게 근원적인 두려움에 의해서 규정되어 있으면서, 자신이 접하는 존재자들이 자신이 추구하는 궁극적 목적의 실현에 부응하느냐 그렇지 않느냐에 따라서 끊임없이 요동하는 변덕스런 기분으로 나타난다. 예를 들어 존재자들이 우리가 추구하는 궁극적 목적의 실현에 부응하면 우리는 고무되고 기뻐하지만 그렇지 않으면 좌절하고 슬픔에 잠긴다.

위에서 본 이해와 심정성에 의해서 개시성이 형성되지만 이러한 이해와 심정성에 의해서 개시되는 세계는 말_{言, Rede}에 의해서 분절되어 있다. 인간은 혼자 사는 것이 아니라 타인과 함께 존재하기 때문에 인간이 사는 세계는 말에 의해서 규정되어 있다. 그런데 비본래적인 개시성 안에서 사는 인간들은 자신들이 궁극적 목적으로 추구하는 가치들의 유한성과 무상함을 근본적으로 통찰하지 못하고 그것들을 무한하고 영원한 것으로 착각한다. 그들은 그러한 궁극적 목적을 실현하면 자신이 무한한 힘을 가질 것이라고 생각하고 생성소멸에 의해서 위협받지 않는 영원한 안전성을 획득할 수 있다고 생각한다. 따라서 비본래적인 실존의 개시성을 구성하는 말은 근본적으로 실상을 왜곡하는 성격을 갖게 된다. 그것은 유한한 것을 무한한 것으로, 무상한 것을 영원한 것으로 보는 착각에 의해 오염되어 있다.

또한 비본래적인 실존은 유한한 세간적인 가치들을 최대한 많이 소유함으로써 자신의 무한성과 영원성을 구현할 수 있다고 생각하기에, 그것은 존재자들을 그러한 가치들을 자신이 소유하는 데 도움이 되는 존재자들과 그렇지 않은 존재자들로 분별하고 차별하게 된다. 따라서 비본래적인 실존을 구성하는 말은 모든 존재자를 자기중심적인 욕망에 따라서 분별하고 차별하는 말이 된다.

이렇게 비본래적인 개시성은 그것이 황금만능주의의 형태를 취하든 아니면 감각적 쾌락주의의 형태를 취하든 사실은 유한한 것에 불과한 것을 무한한 것으로 착각하고 있다는 점에서 근본적인 오류에 사로잡혀 있다. 이런 의미에서 하이데거는 비본래적인 개시성 속에서 사는 삶을 '미혹Irre'의 삶이라고 부른다.

하이데거는 이러한 비본래적 개시성 속에서의 삶은, 참된 의미의 무한하고 영원한 차원을 무시하고 유한한 것들에 전락해 있는 삶이라는 의미에서 그것을 '퇴락Verfall'이라고도 부른다. 무한하고 영원한 것으로 격상된 유한하고 무상한 것을 우리는 우상이라고 부를 수 있으니, 비본래적인 개시성 속에서의 삶은 우상숭배의 삶이라고도 말할 수 있다. 이 점에서 하이데거는 비본래적인 개시성은 사실은 개시성이라기보다는 실상을 은폐한다는 의미에서 '폐쇄성$_{\text{Verschlossenheit}}$'이라고 부른다.

이해와 심정성 그리고 말에 의해서 개시된 세계 안에서 우리는 살고 있으며 이렇게 형성된 개시성의 빛 안에서만 우리는 세계 안의 존재자들과 관계한다. 이해와 심정성 그리고 말 중에서 가장 중요한 것은 현존재가 구현해야 할 가능성 또는 궁극적 목적을 구상하는 이해이다. 즉 현존재는 사회가 주입하는 세간적인 가치들을 자신이 구현해야 할 궁극적 목적으로 이해할 수도 있는 반면, 자신의 가장 고유한 존재가능성을 자신이 구현해야 할 궁극적 목적으로 이해할 수도 있다. 하이데거는 이렇게 인간 각자가 구현해야 할 가장 고유한 존재가능성을 궁극적 목적으로 하여 개시된 세계를 본래적인 개시성이라고 한다.

그러면 본래적인 개시성은 어떠한 성격을 가지고 있는가? 본래적인 개시성에서 우리는 세간적인 가치들이 아니라 우리 자신의 고유한 가능성을 삶의 궁극적 목적으로 이해하고$_{\text{Verstehen}}$ 있으며 우리가 마주치는 존재자들의 상태에 상관없이 항상 평온하면서도 충만한 기분이 유지되며$_{\text{Befindlichkeit}}$ 우리의 언어로 세계의 실상을 드러내게 된다$_{\text{Rede}}$. 우리의 언어는 보통 비본래적인 실존이 그것에 부여한 의미에 의해서 오염되어 있기에 본래적인 개시성에서의 언어는 오히려 침묵에 가깝다.

그런데 비본래적인 개시성은 어떻게 해서 본래적인 개시성으로 변화될 수 있는가? 하이데거가 말하듯이 본래적인 개시성이 대개

> **현존재**
> 하이데거의 주요 개념. 자기 자신의 존재를 문제 삼을 수 있는 유일한 존재자인 인간을 가리킨다. 세계에 던져진 존재자로서, 자기 자신의 다양한 가능성은 물론 유한성(죽음)을 의식하면서 자신의 존재에 대한 책임을 지는 존재자다.

는 은폐되고 망각되어 있다면 그것은 어떻게 자신을 드러낼 수 있는가? 하이데거는 여기서 불안이라는 기분에 주목한다. 누구나 한 번쯤은 삶이 허무하다고 느낀 적이 있을 것이다. 이러한 허무감은 우리가 원하든 원하지 않든 어느 순간 갑자기 찾아온다. 그러한 허무감을 하이데거는 불안이라고 부른다. 물론 아래에서 보겠지만 하이데거는 불안이라는 기분은 허무감을 넘어서는 다차원적인 의미를 갖는다고 본다. 그런데 불안이라는 기분이 예측할 수 없는 순간에 아무런 특별한 계기도 없이 우리를 엄습해온다는 것은 불안이란 기분이 항상 우리 안에 잠복해 있어서 언제든지 고개를 치밀 기회만 노리고 있다는 것을 의미한다.

모든 기분이 이해와 결합되어 있는 것과 마찬가지로 이러한 불안이라는 기분 역시 세계에 대한 어떤 이해를 수반하는 기분이다. 불안이라는 기분은 무엇보다도 내가 지금 추구하는 궁극적 목적은 사실은 내가 진정으로 추구할 가치가 아닌 거짓된 가치라는 이해를 담고 있다. 그러한 이해란 내가 나에게 무한함과 영원함을 줄 것이라고 믿었던 가치가 사실은 사회가 나에게 어릴 때부터 주입한 한갓 덧없는 가치에 불과하다는 것에 대한 이해다. 불안이란 기분 속에서 그동안 추구해온 궁극적 목적이 진정한 궁극적 목적이 아니라는 사실을 이해하게 되는 것이다.

> 불안은 퇴락 속에서 자신을 세계로부터 공중적인 해석으로부터 이해하는 가능성을 현존재로부터 **빼앗아버린다**. 그것은 현존재를 그가 불안스러워 하는 근거에로, 즉 자기의 본래적인 세계 내의 존재가능으로 던져보낸다.(『존재와 시간』 187)

그런데 이러한 이해는 내가 그동안 살던 세계에 대한 냉정한 관찰을 통해서 주어지는 것도 아니고 내가 추구했던 궁극적 목적에 대한 의식적인 반성을 통해서 주어지는 것도 아니며, 불안이라는 기분이 나를 어느 순간 엄습하면서 동시에 주어지는 것이다. 이러한 불안은 죽음에 대한 생각과 함께 더욱 심화된 형태로 우리를 짓누른다. 즉 우리는 죽음을 생각하면서 우리가 지금까지 추구해온 가치들의 허망함을 더욱 절실하게 느끼게 된다.

불안이라는 근본적 기분에서 인간은 이제까지 자신이 집착했던 일상적인 존재자들과 그것들에 집착하던 자기 자신을 초월한다. 그런데 불안에서 일어나는 이러한 초월의 운동은 나 자신의 의식적 결단을 통해서 일어나는 것이 아니라 나 자신의 의식적 통제 범위를 벗어난 인간의 '근저Grund'에서 일어난다. 그것은 인간을 근저에서부터 뒤흔들면서erschüttern 변화시킴으로써 그 자신과 그가 관계하는 세계를 전혀 다른 모습으로 개시한다.

초기의 하이데거는 이렇게 불안 속에서 우리가 집착했던 일상적인 세계와 그것에 집착했던 나를 무의미한 것으로 드러내면서 나 자신과 세계를 전적으로 달리 드러내는 것을 우리 자신의 진정한 실존가능성이라고 보고 있지만, 이러한 진정한 실존가능성은 내가 눈앞에 확인할 수 있는 어떠한 존재자도 아니라는 점에서 무Nichts라고도 부른다. 이러한 무는 그동안 망각되어 있었던 나의 진정한 실존가능성이지만, 나라는 존재는 항상 세계 안에서 살아가는 세계-내-존재인 한 그것은 내가 그동안 잊고 살았던 세계의 진정한 모습이기도 하다. 따라서 무로서 자신을 드러내는 우리 자신의 진정한 실존가능성은 진정한 세계-내-존재의 가능성을 가리키며, 불안이라는 기분에서는 그동안 은폐되어 있던 나 자신의 고유한 존재와, 아울러 존재자 전체의 고유한 존재가 자신을 드러낸다.

불안이라는 기분에서는 내가 그동안 집착했던 돈도 명예도 가족도 사회도 국가도 인류도 심지어 그동안 믿었던 신도 의미를 상실하기 때문에, 나는 그 어떠한 특정한 존재자에 집착하여 안정을 구하려던 시도에서 온전히 벗어나게 된다. 이와 함께 나는 단순히 허무감에 사로잡히는 것을 넘어서 내 자신이 '있다'는 단적인 사태에 직면하게 된다. 하이데거는 이러한 사태를 우리가 그동안 집착하던 존재자들로 환원될 수 없는 우리 자신의 유일무이의 충만한 존재 앞에 직면하게 되는 사태로 해석하고 있다.

그런데 우리가 이렇게 자신의 유일무이의 충만한 존재 앞에 직면하게 되는 사건은 모든 존재자와의 연관을 상실하면서 고립된 자기 속으로 폐쇄되는 사건이 아니다. 오히려 세계-내-존재로서의 우리는 자신의 유일무이하고 충만한 존재에 직면하게 됨과 동시에 모든 존재자 역시 그 어떠한 것으로도 환원될 수 없는 자신들의 고유한 존재를 드러내는 개방된 터로서의 세계 안으로 진입하게 된다. 그리고 이와 함께 현존재는 '존재자들이 있다'는 사실에 직면하게 된다. 존재자들이 있다는 사실은 너무나 자명해서 우리는 그것에 대해서 아무런 관심도 없었지만 우리는 이제 오히려 그러한 사실을 하나의 기적Wunder과 같은 경이로운 것으로 경험하게 된다. 하이데거가 분석하고 있는 이러한 경험은 영국의 시인인 콜리지S. T. Coleridge가 다음과 같이 서술하는 경험과 유사한 것으로 볼 수 있다.

당신은 일찍이 사물이 존재하고 있다는 단순한 사실 그 자체에 마음을 빼앗긴 적이 있는가? 당신은 당신 자신에게 당신 앞의 한 인간이든 아니면 하나의 꽃이든 아니면 한 알의 모래알이든 '그것이 거기에 존재한다!'It is!'고 말해본 적이 있는가? 그것들이 어떤 방식으로 있는지 그리고 그것들이 어떤 형태를 갖는지에는 전혀 관심을 갖지 않은 채 말이다. (…) 당신이 그러한 경험을 가진 적이 있었다면 당신은 당신의 정신을 경외와 경탄으로 사로잡는 어떤 신비의 현존을 느꼈을 것이다.(강조는 콜리지)[1]

하이데거는 우리가 그동안 집착했던 세간적인 가치들과 그러한 가치들을 중심으로 한 일상적인 세계가 불안이란 기분에서 무가 자신을 개시하는 것에 의해서 의미를 상실하게 되는 사태를 "무가 무화한다Das Nichts nichtet"고 말한다. 이렇게 무가 일상적인 세계를 무화하면서 그동안 은폐되어 있던 존재자들의 고유한 존재에 우리가 직면하는 사태에 대해서 하이데거는 이렇게 말하고 있다.

근원적으로 무화시키는 무의 본질은 그것이 현-존재를 비로소 존재자 자체에 직면시킨다는 데에 있다.(『이정표』 114)

또한 하이데거는 동일한 사태를 "불안에서 일어나는 무의 백야白夜, die helle Nacht des Nichts der Angst"를 경험하지 않고서는 '존재자가 있다'는 것의 낯설음은 은닉된verborgen 채로 존재한다고도 표현한다. 이 점에서 하이데거는 인간은 '무의 자리지기Platzhalter des Nichts'라고 말하고 있으며, 인간이 이와 같이 무의 무화하는 운동을 은폐하지 않고 그것을 함께하는 것에 의해서만 인간은 일상적인 퇴락한 세계를 초월할 수 있다고 본다.

1   "The Friend", in *S. T. Coleridge: The Complete Works*, Harper, 1868, vol. ii, p.463. (Mary Warnock, *Existentialism*, Oxford University Press, 1970, p.50에서 재인용)

그런데 존재자 전체가 자신들의 고유한 존재를 드러내는 이러한 열린 터로서의 세계는 그 전의 일상적인 친숙한 세계에 몰입해 있었던 나에게만 새로운 것으로 나타날 뿐이지 사실은 그러한 세계야말로 세계의 근원적인 모습이다. 이러한 세계의 개시와 함께 존재자들로 하여금 자신들의 고유한 존재를 드러내게 하는 것sich zeigen-lassen, sein-lassen이 바로 인간에게 주어진 사명으로 개시된다. 따라서 하이데거가 불안에서 개시된다고 보는 우리의 진정한 실존가능성이란, 불안이란 기분에서 우리 자신의 진정한 존재와 함께 자신을 드러내는 존재자 전체의 고유한 존재를 그 자체로서 드러내게 하는 존재방식을 가리킨다.

이렇게 우리 자신과 존재자 전체의 고유한 존재가 전통적인 철학이 생각했던 것처럼 어떤 객관적인 인식에 의해서가 아니라 불안이라는 기분을 통한 초월의 사건에 의해서 드러난다는 의미에서 하이데거는 이렇게 말한다.

> 인식이 개시하는 것은 (…) 기분의 근원적인 개시에 비해서 보잘것없다. 기분의 근원적인 개시에서 현존재는 자신의 존재 앞에 (…) 직면하게 된다.(『존재와 시간』 134)

하이데거의 마음 분석이 갖는 철학사적 의의

지금까지 우리는 인간과 마음에 대한 하이데거의 견해를 살펴보았다. 이상의 서술이 마음에 대한 하이데거의 치밀한 분석 전체를 소개하기에는 지극히 부족하다는 것은 말할 나위도 없다. 이 글이 목표한 것은 무엇보다도 인간의 마음을 파악하는 것과 관련하여 하이데거 특유의 문제의식과 그것이 철학사에서 갖는 의의를 드러내는 것이었으며, 그것들을 드러내는 가운데 자연스럽게 마음에 대한 하이데거의 견해의 핵심이라고 할 만한 것을 소개하는 것이었다.

하이데거는 인간의 마음이야말로 우리에게 '존재적으로는 가장 가까운 것이면서도 존재론적으로는 가장 멀다'고 말한 바 있다. 인간의 마음은 우리 자신의 마음이기에 우리에게 가장 가깝게 있지만 그것을 파악하기란 가장 어렵다는 것이다.

우리는 인간의 마음을 고찰할 경우에도 항상 눈앞의 사물$_{das\ Vorhandene}$과 그러한 사물을 의식적으로 지각하고 인식하는 태도를 실마리로 하여 분석하게 된다. 그에 따라서 인간의 마음은 존재자들과 분리되어 존재하는 또 하나의 사물과 같은 것으로 나타난다. 전통적인 인식론적인 문제, 즉 마음에서 일어나는 주관적인 의식작용이 자기 밖의 존재자들을 인식할 수 있느냐 하는 문제는 마음을 위와 같이 눈앞의 사물과 같은 것으로 보는 잘못된 파악에서 비롯된다. 하이데거가 '인간의 마음이 존재론적으로 가장 멀다'고 본 것은 우리가 마음의 독자적인 성격을 통찰하지 못하고 그것을 눈앞의 사물을 실마리로 하여 파악하는 경향이 있기 때문이다.

인간의 마음에 관한 하이데거의 분석은 이미 우리에게 친숙한 내용들이다. 인간이 자신이 추구해야 할 최선의 가치라고 생각하는 것에 대한 근본 신념에 입각하여 자신의 삶을 형성한다는 사실, 그리고 그가 사는 세계도 그러한 근본 신념의 빛 안에서 개시되어 있다는 사실은 반성적인 지식의 형태로는 아니지만 우리가 일상적으로 살아가면서 이미 익히 잘 알고 있는 사실이다.

하이데거는 우리가 전혀 알지 못했던 새로운 정보를 주는 것이 아니라, 이미 우리가 살아가면서 온몸으로 익히 알고 있는 것이지만 정작 이론적으로는 항상 그릇되게 파악하는 경향이 있는 사실들을 사태 자체에 맞게 드러낼 뿐이다. 하이데거는 이러한 파악방식만이 인간의 마음을 그것이 아닌 다른 것으로 환원하지 않고 그 자체로서 드러낼 수 있다고 본다.

하이데거의 이러한 파악방식은 최근의 철학 경향과는 달리 과학의 성과에 의존하지 않고 오히려 '과학에 기초를 부여하는 것'을 목표로 한다. 최근의 철학 경향은 많건 적건 과학의 성과를 금과옥조로 생각하면서 그것들을 토대로 삼는 과학주의적인 사고방식에 물들어 있다. 이러한 과학주의적인 사고방식은 갖가지 환원주의로 나타나는데, 물리학적 환원주의나 생물학적인 환원주의 혹은 사회학적인 환원주의 등이 대표적이다.

이러한 과학주의적 환원주의는 빅뱅, 물질, 자연법칙과 유전자, 자기보존이나 종족보존에의 욕망, 돌연변이 등의 개념을 물리적인 현상과 생물학적인 현상뿐 아니라 우리가 우리 자신에게서 직접적으로 경험하는 현상들, 즉 의식, 자유, 사랑, 도덕, 종교, 예술과 같은 현상들을 설명하기 위한 토대로 삼는다. 즉 그것은 위와 같은 개념들을 통해서 우리가 우리 자신에게서 직접적으로 경험하는 현상들마저도 재구성하려고 한다. 이에 따라서 과학주의적인 환원주의는 인간에게만 고유한 현상도 물리적인 현상이나 생물학적인 현상과 궁극적으로 동일한 것으로 보거나, 아니면 이것들에 부수적으로 파생되는 현상 정도로 간주한다.

그러나 인간의 마음은 물리학적인 환원주의가 주장하는 것처럼 단순히 물리적인 법칙에 의해서 규정되는 것도 아니며, 생물학적 환원주의가 주장하는 것처럼 단순히 자기보존충동과 종족보존충동에 의해서 규정되는 것도 아니고, 사회학주의적 환원주의가 주장하는 것처럼 단순히 역사적이고 사회적인 조건들에 의해서 규정되는 수동적인 것만도 아니다. 따라서 그러한 환원주의는 인간에게만 고유한 현상들, 즉 베토벤의 음악이나 아인슈타인의 상대성이론과 같은 것들이 어떻게 해서 나타날 수 있는지를 도저히 설명할 수 없다.

앞에서 본 것처럼 인간은 자신이 삶의 궁극적 목적이라고 생각하는 최선의 가치를 지향하면서 어떻게든 세계를 그러한 가치가 실현될 수 있는 장으로 형성하려고 하는 존재이다. 인간이 갖는 이러한 실존적인 성격을 주도적인 실마리로 삼는 고찰만이 인간 존재의 고유성을 해명할 수 있으며, 이렇게 인간 존재의 고유성이 제대로 해명될 경우에만 그것에 비추어 동물이나 물질의 특유한 존재방식도 제대로 규명될 수 있다. 이 점에서 하이데거는 인간의 존재에 대한 참된 분석만이 인문과학이나 사회과학은 말할 것도 없이 생물학과 물리학에도 참된 기초를 부여할 수 있다고 본다.

더 읽을거리

이 글에서 『존재와 시간』의 인용은 튀빙겐에서 간행된 *Sein und Zeit*의 1976년판 기준으로 페이지를 표시하였다. 『이정표』의 인용은 1976년에 프랑크푸르트에서 간행된 하이데거 전집 9권 *Wegmarken*을 기준으로 하였다.

하이데거, 『존재와 시간』, 소광희 옮김, 경문사, 1995
하이데거, 『존재와 시간』, 이기상 옮김, 까치글방, 1998
    마음에 대한 하이데거의 견해를 상세히 알자면 하이데거가 인간의 존재방식을 치밀하게 분석하고 있는 그의 대표작인 『존재와 시간』을 읽어야 할 것이다.

하이데거, 『형이상학의 근본개념들: 세계-유한성-고독』, 이기상 옮김, 까치글방, 2001
    '권태'라는 기분을 세 가지 형태로 나누어 치밀하게 분석하고 있는 책이다. 이 책에서 다루고 있는 하이데거의 분석이야말로 권태라는 기분이 갖는 심층적 의미에 대한 현상학적 분석의 최고의 범형을 보여주고 있다고 할 수 있다. 아울러 이 책에서는 동물의 존재방식을 인간의 존재방식과 대조하면서 세밀하게 분석하고 있다.

하이데거, 『이정표 1, 2』, 신상희·이선일 옮김, 한길사, 2005
    이 책에 실린 논문 「형이상학이란 무엇인가」에서 하이데거는 불안이란 기분을 상세하게 분석하고 있다.

박찬국, 『들길의 사상가, 하이데거』, 동녘출판사, 2004
오토 푀겔러, 『하이데거의 사유의 길』, 이기상·이말숙 옮김, 문예출판사, 1993
    하이데거의 사유도정 전반을 소개하고 있다.

Hubert L. Dreyfus, *What computers can't do: the limits of artificial intelligence*, Harper and Row, 1979
    인간과 마음에 대한 하이데거의 견해에 입각하여 최근에 많이 논의되고 있는 인공지능의 문제와 대결하고 있다.

Hubert L. Dreyfus, *What computers still can't do: a critique of artificial reason*, MIT Press, 1992
인간과 마음에 대한 하이데거의 견해를 원용하면서 인간의 마음은 인공지능으로 환원될 수 없다는 사실을 설득력 있게 드러내고 있다.

베르그손

의식의 층위들

황수영

프랑스의 생성철학과 생명철학 전통에 대해 연구하고 있다. 서울대학교 생활과학대학 졸업후 철학과에 편입하여 학사 및 석사과정 마친 후, 프랑스 파리 4대학 철학박사를 받았다. 2016년부터 홍익대학교 세종캠퍼스 교양학과 조교수로 재직중이다. 한국프랑스철학회 회장, 한국 서양근대철학회 회장, 국제 베르그손학회 이사를 역임하였다. 역서로 베르그손의 『창조적 진화』, 저서로 『베르그손, 생성으로 생명을 사유하기 - 깡길렘, 시몽동, 들뢰즈와의 대화』(갈무리, 2014) 등이 있다.

의식, 감각에서 생명 진화의 역사까지

> 코기토
> "나는 생각한다, 고로 존재한다"는 데카르트 철학 제1원리의 약칭. 데카르트는 도저히 의심할 수 없는 이 진리로부터 다른 진리들의 기준을 세운다.

의식이라는 말을 '다른 어느 누구도 대신할 수 없는 나만의 고유한 반성적 사고', 즉 일인칭적 주관을 지칭하는 것으로 해석하면, 이에 대한 최초의 심층적 사유는 아우구스티누스에서 찾을 수 있다. 하지만 의식은 데카르트의 코기토 이래 확립된 전형적인 근대적 사고의 산물로 간주되고 있다. 실제로 아우구스티누스에서 신 앞에 홀로 선 영혼의 존재, 자아 외부의 절대성과 접하는 영혼이 문제였다면 데카르트에서는 단지 자기 자신과의 대면이 문제가 된다. 신에 의해서만 보장받던 영혼의 단일성으로부터 자아의 절대적 자율성을 획득한 이래 철학자들은 매우 다양한 방식으로 인간을 정의하게 된다. 영혼은 이제 그 불멸성보다는 자기 자신의 내면을 비추는 반성적 차원의 기능으로 의미 변화를 하게 되면서 단어의 효용성을 일부분 상실하고 의식이나 정신, 마음이라는 말로 전이된다. 비록 정신이나 마음이 물질적 기반인 신체와 동떨어져 존재할 수 있는가 하는 것이 근대 이후에도 철학자에 따라 여전히 논의의 대상이 되기는 했지만 그 독립적 존재가 영혼처럼 말의 의미 자체에서 자명한 것으로 도출되지는 않게 된 것이다. 이런 이유로 데카르트도 물질로부터 영혼의 독립성을 '비연장성'이라는 철학적 특징에 의해 증명할 수밖에 없었던 것이다.

서양 근대철학의 중요한 화두가 이미 데카르트와 로크에서부터 마음의 존재방식과 작동방식, 마음 기능의 탐구였던 것은 잘 알려진 사실이다. 이는 마음이 단지 물질계의 탐구를 물리학이 담당하게 되면서 철학에 남겨진 영역이었다는 소극적인 이유에서 그러한 것만은 아니다. 의식 또한 신의 영역에서 독립하게 되면서 자율적 탐구의 대상이 된 것이다. 따라서 주관성의 영역이라는 문제에도 불구하고 철학자들의 상상력은 정신현상의 곳곳에 미치지 않은 곳이 없었고 결국 폭발적인 논의의 장을 만들어냈다. 과학적 심리학의 발달도 이러한 논의의 연장선상에서 평가된다. 대체로 의식의 주관성, 그 실존적 의미와 존재방식에 천착하는 입장이나 의식의 객관성, 마음의 작동방식과 기능들에 천착하는 입장에 따라 의식에 대한 논의는 양분된다고 볼 수 있다. 그러나 이 두 가지는 결코 분리할 수 없으며 중요성을 판가름할 수 없는 의식의 본질적 특징들을 구성한다.

이런 문제의식은 19세기 후반의 프랑스 철학자 앙리 베르그손 Henri Bergson의 경우에도 마찬가지로 적용된다. 베르그손은 의식의 역동적 진행 과정을 시간과 지속이라는 존재론적 사고에 입각해서 매우 독특한 방식으로 개진한다. 그런데 의식은 베르그손의 세 주요 저작인 『의식에 직접 주어진 것들에 대한 시론』(1889, 이하 『시론』으로 표기), 『물질과 기억』(1896) 그리고 『창조적 진화』(1907)만이 아니라 여타의 논문집에서도 논의의 배경을 이루고 있다. 잘 알려져 있다시피 첫 저서인 『시론』이 혼합된 질적 흐름으로서의 의식 상태에 대한 내적 관찰이고, 두 번째 저서인 『물질과 기억』은 기억을 실마리로 한 심신관계에 관한 연구인 점에서 이 베르그손의 두 주저를 통해 그의 고유한 의식의 개념 규정을 살펴볼 수 있다. 그러나 생명의 문제를 주로 다루는 『창조적 진화』 및 이와 관련된 다른 글들에서도 의식에 대한 논의는 필수적으로 등장한다. 일반적인 관점에서 볼 때 베르그손의 의식 개념도 감각이라는 가장 초보적인 심적 현상에서부터 감정, 기억, 상상, 지적 추론, 언어에서 비롯하는 인간 정신의 기능과 활동을 다루며 또한 신체(혹은 뇌)와의 관계를 다루는 점에서 의식의 객관적 측면에 천착하는 철학적 심리학에서 크게 벗어나지 않는다. 그러나 베르그손의 특이성은 의식의 시간적 존재방식을 통해 주관성의 차원을 제시하고 이어 무의식 및 생명진화의 역사까지 포함하는 더 광대한 차원을 필수적인 것으로 고려하고 있다는 점이다. 이런 점은 베르그손 철학에서 의식 개념이 매우 다양한 층위를 가지고 있다는 것, 그리고 그 개념이 그의 글 전체에 걸쳐서 등장하는 이유를 짐작하게 해준다.

시간의식, 주관성의 토대

베르그손은 주관성이라는 용어로 의식을 정의하지 않는다. 하지만 마음 혹은 의식에만 고유하며 다른 어느 곳에서도 발견할 수 없는 특징인 주관성을 찾는다면 그것은 베르그손에서는 시간의식에 의해 설명된다고 할 수 있다. 의식의 일인칭 주관적 특징을 코기토라는 반성적 사고 속에서 잘 드러낸 데카르트에서는 의식의 시간적 지속은 신의 재가를 받아서만 유지되며 자아 자체를 특징짓는 본질적 속성은 아니다. 하지만 특이하게도 베르그손에서 의식은 곧 시간의식과 동의어가 될 정도로 의식은 시간과 분리되어 존재할 수 없다. 이 말은 감정이나 감각 등과 같은 이른바 의식의 요소적 사실들만이 아니라 '의식 자체'도 시간적으로 구성된다는 것으로 볼 수 있다. 전자가 의식 상태들의 흐름과 지속을 다루는 베르그손의 『시론』, 특히 1장의 주제라면, 후자는 시간과 자유의 관계를 다루는 이 책의 3장, 그리고 기억과 시간의 관계를 다루는 『물질과 기억』 3장의 주제가 된다.

주관성의 객관적 조건으로서의 시간의식

시간의식의 본성을 다루는 베르그손의 첫 저서 『시론』을 심리학사史와 연결지어본다면 의식의 존재방식을 흐름으로 보는 점에서 미국의 심리학자 윌리엄 제임스William James와 유사한 입장이라 할 수 있다. 실제로 '의식의 흐름stream of consciousness'이라는 유명한 용어는 베르그손의 절친한 동료이기도 했던 제임스의 것으로 알려져 있고 문학에서 더 자주 통용되고 있어서 베르그손의 '지속la durée'이라는 철학적 용어를 무색하게 할 정도이다. 의식의 흐름을 강조하는 입장들은 전통적인 경험론과 합리론을 동시에 거부한다. 베르그손이 자신의 입장과 대립시키는 당대의 입장들은 관념연합론과 심리물리학이다. 전자는 경험론의 후예로서 관념이든 인상이든, 서로 뒤섞이지 않고 기본적으로는 독립된 원자들과 같은 방식으로 자족적 존재를 갖는다는 전제에서 출발한다. 후자는 심리 상태를 수리물리적인 방식으로 측정할 수 있다고 본다. 구스타프 페히너Gustav Fechner 같은 이는 실제로 감각의 양은 그 감각이 일어나게 한 자극의 물리량과 로그함수적 비례관계를 지닌다고 가정하고 계산하기도 했다. 두 주장 모두 일인칭 주관과 관련된 데카르트적 의식의 특징은 도외시하고 외적 관찰의 대상으로서 의식 상태를 고정된 요소처럼 탐구하는 데서 일치한다. 그렇다고 해도 의식의 고유성을 데카르트처럼 순간 속에서 투명하게 자신을 되돌아볼 수 있는 명석

윌리엄 제임스
1842~1910.
미국의 철학자·심리학자. 교육심리학, 종교적 경험의 심리학, 신비주의, 실용주의 철학에 관해 영향력 있는 저술을 남겼다.

구스타프 페히너
1801~1887.
독일의 자연과학자·철학자이며, 심리물리학의 창시자다. 자극과 감각의 강도 관계를 수량화하여 실험심리학 연구법을 확립했다.

판명한 지각에서 발견할 수 있다는 생각도 허구이다. 순간은 시간의 원자로서 기억을 배제한 순간들의 합을 의식으로 보는 것은 의식 상태를 공간의 원자처럼 다루는 견해들과 근본적으로 다르지 않다.[1] 의식의 사실들이 시간적 본성을 갖는다는 것은 무엇보다도 현재의 심적 상태 안에 과거의 상태들이 용해되어 있는 동시에 현재는 언제나 미래를 향한 의식이라는 것을 함축한다. "내가 '나의 현재'라고 부르는 것은 나의 과거와 나의 미래를 동시에 잠식한다." (『물질과 기억』 153/237)[2] 이로 인해 의식은 매 순간 질적 변화를 겪을 수밖에 없으며 이것이 의식의 불투명성을 만들어낸다.

현재의식을 근접과거와 근접미래를 포함하는 일정한 지속으로 보는 점은 베르그손만이 아니라 제임스 그리고 후설, 메를로-퐁티와 같은 현상학자들의 관점과도 유사하다. 과거시간의 파지retention 및 미래지향성protention에 대한 후설의 분석은 이미 잘 알려져 있다. 베르그손에 따르면 의식에서 현재는 언제나 일정한 "지속의 두께" 혹은 "간격"과 관련된다(『물질과 기억』 72/122; 『사유와 운동자』 200~201/168~169; 『정신적 에너지』 6). 가령 우리가 음악의 한 소절을 듣는다고 가정하면 나의 현재지각을 구성하는 것은 유기적으로 연결된 멜로디 전체이지 이 멜로디를 구성하는 요소로서의 각각의 음이 아니다. 이처럼 현재지각은 종종 어떤 리듬에 의해 질적으로 묶여 있다. 내가 의식할 수 있는 현재지각은 가장 긴 경우에는 몇 초일 수도 있고 가

---

1   데카르트의 의식이 기억을 배제하고 있다는 사실에 대한 논의는 장 발의 다음 책을 참조할 것. J. Wahl, *Le rôle de l'idée de l'instant dans la philosophie de Descartes*, Vrin, 1953.
2   이 글에서 베르그손의 인용은 프랑스어 원전과 한국어판을 나란히 명기한다. 쪽수가 하나만 있는 것은 번역본이 없는 경우다.

장 짧은 경우에 수백 분의 일초일 수도 있지만 아무리 짧다고 가정해도 의식에서의 '현재'는 수학적 '순간'과 같은 것은 아니다. 이러한 사실은 이미 제임스나 분트W. Wundt와 같은 심리학자들이 분석한 바 있고, 오늘날 뇌신경생리학에서는 뇌신경을 이루는 뉴런들 자체가 일종의 시계처럼 리듬과 주기성을 갖는 데서 시간의식이 비롯한다고 한다.[3] 시간의식에 대한 과학적 설명이 의식의 주관성에 천착하는 철학적 설명과 모순되는 것은 아니다. 다만 그것은 의식주관성의 객관적 조건에 대한 설명에 가까우며 주관성 그 자체에 대한 것은 아니다.

베르그손의 경우 이러한 객관적 조건에 대해서 생물학적 설명을 전폭적으로 수용한다. 『물질과 기억』의 1장은 물질적 세계 속에서 신체와 신체적 행동의 의미를 분석하고 있는데 여기서 의식적 지각의 주관성을 이루는 조건으로서 기억mémoire의 역할을 제시한다. 기억의 작용은 첫째로 지각 이미지들을 하나로 연결하고 조직하는 것이다. 외적 지각에서 기억은 "무수한 순간들을 서로의 안으로 연장하는" 즉 일정한 지속 안에서 "응축시키는" 작용을 통해 지각 자체를 가능하게 한다(『물질과 기억』 31/64~65). 우리가 순간이라고 생각하는 외적 지각도 세분하면 더 많은 수의 순간들이 그 안에 응축되어 있다. 가령 영화가 1초에 24개의 이미지들을 영사기로 돌려 움직임의 효과를 주는 것은 이러한 의식의 특징을 이용한 것이다.[4]

---

3 드브뤼는 이들 의식의 흐름을 주장하는 철학자들의 견해를 오늘날 신경생리학의 관점에서 어디까지 설명할 수 있는가에 관하여, 특히 시간의식에 대한 뇌신경생리학의 설명에 관하여 흥미로운 작업을 남겼다. Claude Debru, "La conscience du temps: de la phénoménologie à la cognition", *Revue de Métaphysique et de Morale*, N° 2, 1992, pp.274~280.

4 베르그손에서 기억의 조직화 작용에 대해서는 다음 책을 참조할 것. 황수영,

이렇게 기억에 의해 조직화된 혹은 재구성된 지각은 외적 이미지들의 존재방식 그 자체라고는 할 수 없기 때문에 베르그손은 이를 주관성의 몫이라고 본다. 하지만 그것은 인간 종種에 고유한 지각방식으로서 개인적 차이는 있음에도 불구하고 생물학적인 측면에서 일정한 보편성과 객관성을 지닌다.

| 주관성 자체로서의 시간의식

이처럼 인간 종에 고유한 지각방식 외에 의식에서 진정으로 주관적인 측면은 개인적 조건과 연루된다. 그것은 각자의 삶의 역사에 기입된 사건들의 흔적, 곧 순수하게 개인적인 주관성이다. 의식이 곧 개인의 역사라는 사실 역시 두 가지 함축을 갖는다. 우선 그것은 대체될 수 없는 한 개인만의 사적 공간의 탄생을 의미하며, 다른 한편으로는 시간적으로 축적된 '단편적 기억들souvenir'이 의식의 구성에서 중요한 역할을 한다는 것을 보여준다. 대체될 수 없는 개인적 주관성이란 무엇인가? 우리는 베르그손이 『시론』의 3장에서 다루는 자유의 개념이 이와 직접적 관련을 갖는다고 생각한다. 베르그손은 의식 상태의 지속이 본질적으로 자유를 향해 있음을 주장한다. 한 개인의 자유로운 결정이야말로 누군가가 대신할 수 없는 완벽하게 주관적인 상황을 함축한다. 이것을 이해하기 위해 반대의 상황을 가정해보자. 이는 어떤 사람 A가 겉으로는 자유로운 결정을 내린 것처럼 보이지만 실제로는 자동기계처럼 내적인 기계

『물질과 기억, 시간의 지층을 탐험하는 이미지와 기억의 미학』, 그린비, pp. 101~103.

장치에 의해 필연적으로 결정을 내린 경우를 가정하면 된다. 사정이 이렇다면 우리는 적어도 원리적으로는 그 과정을 검증할 수 있다. 자동기계는 물질의 법칙을 따르기 때문에 우리는 이를 통해 A가 결정을 내리기까지 있었던 A의 모든 내적이고 외적인 삶의 과정을 완벽하게 관찰하고 분석함으로써 A의 결정을 예견할 수 있다. 그렇다면 자유는 물론 주관성의 존재마저도 부정할 수 있다.

베르그손이 의식의 자유를 주장하는 것은 바로 이러한 가정의 부조리함을 드러내는 것과 맥락을 같이한다. 그가 제시하는 사례를 보자. 가령 피에르라고 불리는 한 인물을 상상해보고 그가 중요한 순간에 자유로운 결정을 내리는 과정을 폴이 예견한다고 해 보자. 피에르가 행동하기 전에 그와 관련된 모든 조건을 폴이 알게 된다면 그의 행동을 예견할 수 있을까? 그런데 의식에서는 유사한 사실들을 추상하여 일반법칙을 만든다는 일이 불가능하다. 왜냐하면 과거가 완전히 사라지지 않고 살아남아 현재와 유기적으로 결합하고 매 순간 새로운 질적 변화가 일어남으로써 거기서는 동일한 일을 두 번 겪을 수 없기 때문이다. 동일한 일을 두 번 겪기 위해서는 의식, 또는 마음이라는 '투명한 실체'가 존재하고 동일한 외적 자극에 대해 동일한 감각이나 감정들이 매번 기억과 독립적으로 생겨난다고 생각해야 할 것이다. 하지만 기억의 작용을 배제한 의식이 가능한가? 베르그손에서 의식은 곧 시간적으로 구성되는 것이며 이것은 곧 기억을 의미한다. 기억과 독립적인 의식적 실체는 존재하지 않는다. 그러므로 폴이 피에르의 행동을 예견하기 위해서는 피에르의 내적 심리 상태의 어떠한 세부도 놓치거나 생략해서는 안 되고 그 전체의 흐름을 단축해서도 안 된다. 폴은 피에르가 겪게 되는 모든 내적·외적 과정을 동일한 두께의 지속, 동일한 순서,

동일한 강도로 함께 느끼고 함께 살아야만 한다. 이 말은 결국 그들의 두 의식이 동일한 역사를 가지게 된다는 것이고 결국 같은 사람이라는 말이 된다. "즉 피에르와 폴은 오직 하나의 동일한 사람이며, 당신은 그가 행동할 때는 피에르라 부르고, 그의 역사를 회고할 때는 폴이라 부르는 것이다."(『시론』 142/236)

    베르그손에서 의식이 대체할 수 없는 고유성을 가진다는 것은 오직 이런 의미에서이다. 한 개인의 의식에 대해 외부에서는 결코 완벽하게 알 수 없다는 사실은 관찰이나 분석방법의 한계 때문이 아니다. 의식 상태에서 일어나는 일에 대해 대략적인 확률 혹은 통계적 추정은 얼마든지 가능하다. 특히 집단의 경우에는 앞으로 일어날 일에 대한 통계적 추정은 의미가 있다. 하지만 그것을 관찰하는 방법이 아무리 발달한다고 해도 의식의 고유한 주관성이 여전히 접근할 수 없는 영역인 것은, 바로 의식의 존재방식이 '시간적'이라는 사실 때문이다. 따라서 시간의식이라는 근원적인 차원에서는 예측불가능성이 의식의 본질적 특징을 이룬다. 의식은 예측불가능성의 영역이므로 제삼자에 의한 대치가능성은 배제된다. 오직 '나'만이 겪은 사건들과 흔적들이 나의 역사를 이룬다. 자유는 바로 이런 배경에서 유래한다. 나의 심리적 상태들 전체가 분리되지 않고 융합되어 상호침투하는 의식, 나의 전체적 자아를 반영하여 심사숙고한 결정이야말로 자유로운 결정이다. 그런데 의식 상태들이 상호침투한다는 것은 의식이 언제나 전체로서 작용한다는 사실과 동시에 각각의 요소적 상태에 의식 전체가 반영되어 있다는 것을 의미하기도 한다. 그러므로 "개인을 재구성하기 위해 여러 의식의 사실들을 연합할 필요가 없다. 즉 의식 상태들 중 하나를 선택할 수만 있다면 그 개인 전체가 거기에 들어 있다. 그리고 그 내적 상태의 외적 표현을 바로 사람들이 자유로운 행위라 부르는 것이다. 오직 자아만이 그것의 저자이며 그것이 자아 전체이기 때문이다."(『시론』124~125/209)

그런데 베르그손에서 자아 전체를 반영하는 '의식 사실'은 의식의 심층에 유래를 둔 것들이다. 즉 충분히 심층으로 들어갈수록 충분히 전체적일 수 있다. 반면 의식의 표면에서 우리는 고립된 부분적 사실들에 몰두하기 십상이며 이것은 외적 자극의 영향 때문이다. 가령 최면 상태에서 누군가에게 받은 암시는 의식 심층에 통합되지 않고 그 나름의 고유한 강제에 의해 행동으로 이어진다. 외부의 자극에 직접 반응하는 경우에도 의식은 자극을 일으킨 외적 원인에 지배받는다. 일종의 결정론을 함축하는 이러한 행위들은 의식의 표면에서 전체가 아니라 부분들의 합으로 이루어진 새로운 자아를 만든다. 관념연합론이 내세우는 자아가 이와 유사하다. 이렇게 해서 베르그손은 심층자아와 표층자아를 구분한다. 외부세계에 대한 소통과 적응을 목적으로 하는 우리의 의식은 대개 표층자아에 머물러 산다. 그러므로 순수한 상태의 자유로운 행위는 매우 드물며 우리는 심층자아와 표층자아 사이를 부단히 왕복한다. 이 말은 "자유가 정도차를 받아들인다"는 말이 된다(『시론』124/210). 즉 자유는 의식의 심층을 얼마나 반영하고 있는가, 혹은 표층에 머물러 있는가에 따라 무수히 다양한 '정도'에서 실현될 수 있다. 그래서 인간이 자유로운가, 그렇지 않은가 하는 물음에는 한 마디로 대답할 수 없다. 그것은 의식의 존재방식 자체를 반영하기 때문이다. 이와 같은 자유의 '정도'들은 『물질과 기억』에서 다루는 의식의 다양한 평면들과 연결된다. 의식의 평면들은 무의식에서 명료한 의식까지 그리고 꿈꾸는 의식에서 행동하는 의식에 이르기까지 의식의 무수한 양태들을 보여준다. 자유의 정도가 개인적 주관성의 척도라고 한다면 의식의 다양한 양태에 대한 탐구는 의식의 기능을 어느 정도 객관적으로 설명할 수 있는 척도가 된다.

의식의 기능과 작동방식
―
신체의 의미와 의식의 평면들

자유는 의식의 심층을 반영하는 행위라고 할 때 베르그손은 의식의 심층은 종종 무의식적이라고 이야기한다. 그렇다고 해서 '심층=무의식, 표면=의식'이라는 등식이 바로 성립하는 것은 아니다. 베르그손에서 자유는 언제나 행위로 나타나기 때문에 심층의 상태는 주의와 명료한 의식에 의해 조명되지 않을 수 없다. 가령 언제나 꿈만 꾸며 사는 사람을 두고 자유롭다고 말할 수는 없을 것이다. 이 문제는 『물질과 기억』의 3장을 참조해야 한다. 이 장은 기억과 행동, 무의식과 명료한 의식이 역동적으로 관계맺는 심리적 과정을 보여주고 있다. 여기서 의식의 다양한 기능과 그 작동방식이 드러난다. 베르그손의 철학적 심리학을 대표하는 이 부분은 기억에 대한 경험적 연구와 의식에 대한 내적 관찰의 합작품이다. 내적 관찰이라는 것은 『시론』과의 연장선상에 있는 의식 상태들의 시간적 구성과 관련된다. 예측불가능성 혹은 시간성이라는 의식의 본성은 의식의 기능들이 고정되어 있는 것이 아니라 독특한 역동성을 가지고 수행된다는 설명으로 이어진다.

| 현재의식과 신체

의식을 무의식과 대비하여 고찰하는 대목에서 베르그손은 의식을 명료한 의식, 현재를 향한 의식으로 좁혀 사용한다. 현재의식은 표층자아와 관련된 의식이다. 앞서 본 것처럼 의식에서 현재는 언제나 근접과거와 근접미래를 포함하는 일정한 지속을 점하고 있다. 그런데 의식 표면에서 근접과거의 의식은 방금 느낀 감각이며 근접미래의 의식은 행동에 대한 정향orientation이다. 그러므로 "나의 현재는 감각인 동시에 운동이다."(『물질과 기억』 153/238) 감각과 운동은 베르그손이 당대의 생리학 전통을 따라서 신체를 정의하는 방식이기도 하다. 즉 현재에 대한 나의 의식은 "내가 나의 신체에 대해서 가지는 의식"이라는 것이다(『물질과 기억』 153/238). 신체의 일반적 기능은 외적 자극에 유용하게 대처하는 것이다. 나의 현재의식은 바로 이 목적에 봉사한다. 실제로 베르그손은 심리학의 영역에서는 "의식은 실존existence과 동의어가 아니라 단지 실제적 작용 또는 직접적 효율성과 동의어"라고까지 말한다(『물질과 기억』 156~157/243). 의식의 명료함조차 이러한 효율성에 뿌리를 둔다. 실제로 의식은 지각과 기억을 통해 외적 대상을 탐사하고 미래를 준비하는 역할에서 그 명료성을 더하게 된다.

> 신체적 기능을 수행하는 존재자에게 의식은 행동을 주재하고 선택을 조명하는 역할을 한다. 따라서 의식은 결단을 직접적으로 선행하는 것들 위에 그리고 과거 기억들 중에 이 선행자들과 유용하게 조직될 수 있는 모든 것 위에 자신의 빛을 투영한다.(『물질과 기억』 157/243)

신체는 외부의 자극에 직접 반응을 해야 하는 필연성에 노출되어 있다. 신체의 행동은 생물학적 의미에서 볼 때 유기체에 주어진 문제를 해결하는 과정이다. 그런데 자연세계에서는 유사한 현상들이 잇따라 출현하는 것을 목격할 수 있다. 비록 우리가 그 인과관계를 정확히 알 수는 없을지라도 흄이 인과성 분석에서 보여준 조건들, 즉 유사한 사실들의 항상적 동반은 말할 수 있다. 여기에서 신체는 유사한 자극들에 대해 유사한 방식으로 반응하는 체계를 만든다. "그것은 완벽하게 만들어진 일련의 운동 기제들mécanisme moteur이며 외적 자극들에 대해 점점 더 증가하면서 다양화되는 반작용들과 함께 끝없이 증가하는 많은 가능한 질문들에 이미 준비된 답변들을 동반한다."(『물질과 기억』 86/143) 이것이 습관 체계이다. 반복된 자극과 반응이 신체(더 정확히는 신경계)에 각인됨으로써 작동하는 습관 체계는 베르그손에서 신체적 기억으로 분류된다. 습관은 자극이 주어지면 거의 기계적으로 작동하기 때문에 어떤 의미에서 무의식적이라고 할 수 있다. 그러므로 신체와 관련된 의식은 '문제'가 생겨날 때는 이를 해결하기 위해 명료해지지만 습관 속에서 자동적 해결이 가능한 경우에는 굳이 깨어날 필요가 없다(『물질과 기억』 43/82). 신체에 기반을 둔 현재적 의식은 언제나 문제 해결을 향한 의식이다. 이 부분은 『창조적 진화』에서 생명의 의미와 관련하여 다시 한 번 논의하게 된다.

| 주의와 명료한 의식

명료한 의식이 신체에 제기된 문제 해결과 관련된다는 베르그손의 주장은 의식이 본래 관조적contemplatif 속성을 가지고 있다는 오

랜 철학 전통에 대한 도전이기도 하다. 이러한 전통을 대표하는 것이 데카르트이다. 그는 명석판명한 지각인 코기토를 신체와 구분되는 정신적 실재성의 토대로 삼았는데 이것은 의식이 순수 인식을 지향한다는 입장의 원형으로 종종 이야기된다. 그러나 베르그손이 비판하는 주장들은 의식이 관념들의 우연한 연합으로 이루어진다는 관념연합론과 뇌의 특정 부분이 특정 기능을 담당한다는 대뇌국재화localisation cérébrale 가설, 의식과 뇌의 작용이 각각 따로 활동한다는 심신평행론 등 주로 당대의 과학주의 주장들이고 데카르트는 정면으로 거론하지 않는다. 과학적 심리학자들, 특히 리보 T. A. Ribot의 경우 명료한 의식은 '주의attention'라는 심리 상태에 의해 배가되며 주의는 기본적으로 "신체의 적응"이라는 측면에서 설명된다(『물질과 기억』 110/176).

베르그손은 이러한 설명을 일부 받아들이면서 주의의 작용이 신체만이 아니라 정신적 본성에 연루되어 있다는 가설을 제시한다. 그의 논지는 주의가 신체적 작용에 불과하다면 직접적인 실용적 목적에 봉사하는 것일텐데 우리는 실용적 동기에서 벗어나는 대상에도 주의를 기울이고 명료하게 지각하려 하기 때문이다. 물론 우리 신체는 이미 현재만이 아니라 과거, 현재, 미래라는 시간의 세 차원을 능동적으로 종합하는 시간의식을 가지고 행동한다. 이런 의미에서 주의가 미래의 행동을 준비하는 것이기도 하다면 현재 당장의 이해관계가 없는 대상에 대해서도 행사되는 것은 당연할 수 있다. 하지만 그것은 보다 긴 규모의 시간의식을 요구하고 이것을 설명하기 위해 베르그손은 신체의 적응과는 다른 개념이 필요하다고 본다. 그것은 '삶에 대한 주의'라는 개념인데 이것은 기본적으로는 신체적 적응이라는 목적에 의해 지배받지만 과거 기억 전체를

리보
1839~1916.
프랑스의 심리학자. 실험적 방법에 따라 다양한 유전적인 심리적 특성을 종합하였으며, 정신의 물리적 요소들에 특히 주목하여, 영적靈的이거나 비-물질적 요소들을 무시하였다.

통합적으로 이용하는 점에서 신체의 직접적 요구에서 자유로운 정신적 활동을 함축한다.(『물질과 기억』193/291)

신체는 주어진 문제를 해결하고 적절한 행동을 선택하기 위해 기억의 도움이 필요하다. 습관이 아니라 우리 삶의 모든 지나간 개별적 사건의 축적인 기억은 개별적 특징을 간직한 채로 우리 정신에 저장되는데 베르그손은 이를 순수기억이라고 부른다. 순수기억은 보통은 망각되어 있고 현재 활동하지 않는다는 점에서 무의식으로 불린다. 이것이 신체의 호출을 받게 되면 이미지라는 물질성을 띠는 이미지–기억으로 되어 의식에 떠오른다. 이것을 베르그손은 상기작용rappel이라고 부른다. 이 상기작용에 의해 이미지들은 그 자체로 회상의 대상이 되기도 하고 지각에 삽입되어 현재지각을 명료하게 하기도 한다. 신체의 오감을 통해 들어온 자극으로부터 해결해야 할 문제가 생기면 주의의 노력에 의해 이미지 기억들이 지각에 삽입되면서 대상을 조명한다. 명료한 의식은 이 과정에서 생긴다. 다만 문제가 되는 대상이 신체와 관련하여 해결해야 할 긴박한 강제성을 갖게 되면 그것은 신체적 적응이라 불릴 것이고 실용적 동기와 상관없이 정신의 자발적이고 능동적인 활동에 의해 대상을 인식하는 경우에는 관조적 활동이라 불릴 것이다. 베르그손이『정신적 에너지』에서 지적인 노력의 사례로 보여주는 활동들, 즉 이해, 해석, 지적 재구성, 계산 등이 그러한 것들이다. 지적인 노력은 정신의 능동적인 주의가 필요한 과정인데『물질과 기억』에서는 그것을 다음과 같은 8자 모양의 도식으로 나타내고 있는 반면『정신적 에너지』에서는 피라미드 모양으로 나타내고 있다. 이러한 변화는 전자가 이미지 기억들의 순환회로를 형성하면서 그 회로 전체가 지각에 삽입되는 과정을 보여주고자 한 반면에, 후자에서는 주의의 작용이

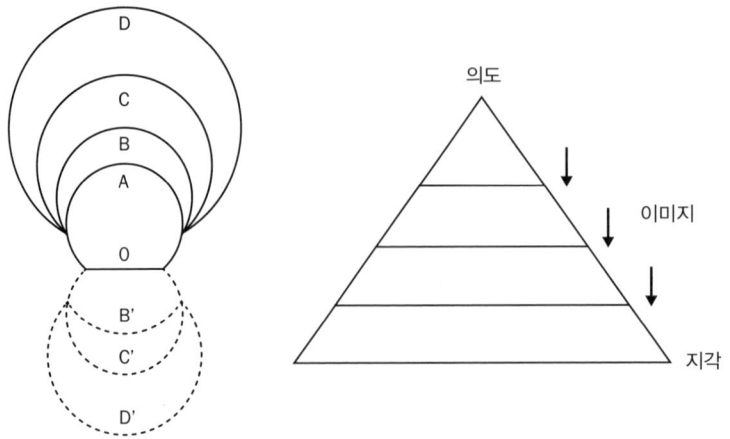

피라미드의 꼭대기에서 날카로운 의도intention를 형성하고 그로부터 아래로 내려오면서 이미지 기억들의 도움을 받아 점차로 풍부한 내용을 갖추게 되는 과정을 형상화한 것이다.(『정신적 에너지』 167~184)

| 의식의 평면들

이미 첫 저서부터 뗀느H. Taine로 대표되는 관념연합론자들의 단선적 설명을 거부한 베르그손은 『물질과 기억』에서는 리보의 생리학주의를 극복하면서 자네P. Janet의 잠재의식le subconscient이론과 그의 '역동적 심리학La psychologie dynamique'을 받아들인다. 자네는 잠재의식과 각성된 의식을 구분하고 정신이 언제나 전체적으로 작용한다는 것을 주장하면서 심리 활동의 복잡성을 잘 보여주었다. 베르그손이 형상화하는 정신의 존재는 위가 부풀고 아래가 뾰족한 역원뿔 모양에 의해 상당히 명료하게 이해될 수 있다.

여기서 윗면은 무의식 속에 존재하는 순수기억을 보여주는데

> 뗀느
> 1828~1893.
> 프랑스의 비평가·역사가. 종족, 장소, 시간이라는 세 가지 범주를 기반으로 하여 문학에 대한 과학적 설명을 시도한 점으로 주목받았다.

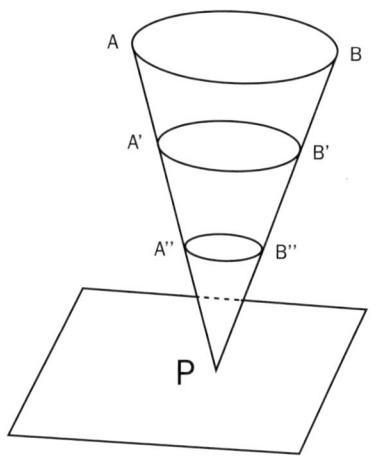

이것은 꿈의 평면으로 불린다. 아래 꼭짓점은 대상과 접하는 신체의 지각이 이루어지는 지점인데 이것은 행동의 평면이다. 의식의 활동은 순수기억에서 지각으로 혹은 지각에서 순수기억으로, 즉 꿈의 평면과 행동의 평면 사이의 무수한 평면을 끝없이 왕래하면서 이루어진다. 특이한 점은 각각의 평면이 기억 전체를 그 나름의 규모로 반영하고 있다는 것이다. 그것들은 기본적으로 신체에 의해 방향지어져 있으나 주의가 이 평면의 어느 지점에 위치하는가에 따라 기억의 심층을 더 혹은 덜 반영하게 된다. 정신은 주의가 고정되지 않을 경우 꿈의 평면으로 무한히 확대된다. 신체는 현실감각을 제공함으로써 정신을 신체에 삽입되게끔 해준다. 일반 관념의 형성 또는 관념들의 연합 그리고 언어 활동의 이해와 같은 기본적인 의식의 기능들은 이러한 의식의 역동적 운동 안에서 일어난다. 그 기능들은 지각에서 호출받아 거기에 상응하는 기억 이미지들을 불러옴으로써 활동을 하게 되는데 의식의 어느 평면에 위치하는가에 따라 그 심도와 의미가 달라질 수 있다. 가령 내 귀에 들

자네
1859~1947.
프랑스의 심리학자·철학자. 개인이 겪은 과거의 사건과 그가 현재 지닌 트라우마 사이의 연관을 주장하고, '잠재의식', '분열'과 같은 용어를 도입한 최초의 인물 중 한 사람이다.

린 한 외국어는 나에게 그 "언어 일반"을 생각하게 할 수도 있고 과거에 들은 적이 있는 "어떤 목소리"를 생각나게 할 수도 있다(『물질과 기억』188/285). 전자가 지각습관의 일반성과 관련된다면 후자는 순수기억의 개별성과 관련된다. 따라서 이러한 역동성을 이해하지 못하면 생리학적 관찰이나 분석기법이 아무리 발달한다고 해도 (무의식을 포함한) 의식의 활동을 이해하는 데는 한계가 있다.

의식의 기능들에 대한 내용을 『시론』과의 연속선상에서 본다면 한 가지 흥미로운 사실을 알 수 있다. 『시론』에서 베르그손은 자아를 표층과 심층에서 근본적으로 다른 두 본성을 갖는 것으로 제시하였다. 자유는 심층에서 유래하는 전체적 행위이며 표층자아는 부분적 자아이고 외적 적응을 목표로 하며 과학적 분석에 적합한 방식으로 재단되어 있다. 대체로 표층자아는 『물질과 기억』에서 행동의 평면에 해당하고 심층자아는 꿈의 평면에 해당하는 것처럼 보인다. 하지만 우리가 이미 말한 것처럼 자유는 의식의 능동성을 전제로 하며 주의와 명료한 의식을 수반한다. 무의식적 자유란 형용모순이 아닌가? 비록 무의식을 포함하는 전체적 의식이 행위에 반영된다고 해도 이를 능동적으로 선취하는 것이 자유이다. 심층자아는 어떻게 이러한 명료한 의식에 삽입될 수 있을까? 『시론』에서는 그 답은 나와 있지 않으며 이 문제는 『물질과 기억』에서 정신 활동의 역동성을 참조할 때 비로소 드러난다. 순수기억은 그 자체로는 행위와 관련이 없는 무의식과 망각 속에 잠재하고 있다. 이 기억을 불러내는 것은 신체적이건 정신적이건 주의작용의 역할이다. 이것이 가능한 것은 정신이 꿈의 평면과 행동의 평면을 왕복하면서 그 사이에 존재하는 무수한 심리적 단계들을 섭렵하기 때문이다.

의식의 생명적 기원

| 생명과 의식

오늘날 신경생리학에서 의식현상을 생명현상과 관련지어 설명하는 것은 기본적인 전제가 되고 있다. 하지만 철학이나 그 밖의 영역에서 의식은 대개 독자적인 방식으로 취급되고 있다. 베르그손은 누구보다도 생명과 의식의 관계를 강조한 철학자이다. 이때 의식은 주관성이라는 인간적인 의미를 훨씬 넘어서는 생명체의 활동 자체와 관련된다. 그러나 이 경우에도 양자의 관계는 단일하기보다는 역동적이다. 『창조적 진화』에는 생명과 의식의 이러한 역동적 관계가 여러 차원에서 제시되고 있다. 가장 기본적인 원리는 이러하다.

> 생명의 기원에 있는 것은 의식이다. (…) 그러나 이 의식은 창조의 요구이기 때문에 창조가 가능한 곳에서만 의식은 모습을 드러낸다. 생명이 자동성을 강요받을 때 의식은 잠들게 된다. 의식은 선택의 가능성이 나타나자마자 깨어난다.(『창조적 진화』 261~262/389)

생명의 기원에 의식이 있다는 말은 마치 생명보다 의식이 우선한다는 느낌을 준다. 하지만 곧 이어지는 묘사는 사정이 이와 반대라는 것을 보여준다. 의식이 생명의 기원이라는 것은 그것이 창조인 한에서만 그러하다. 창조는 베르그손의 세 번째 저서인 『창조적 진화』의 주제어이기도 하지만 그가 첫 저서에서부터 줄곧 강조하는 '예측불가능한 지속'을 좀 더 적극적으로 표현하는 말에 지나지 않는다. 창조는 또한 생명의 본질적인 특징이기도 하다. 그러므로 생명과 의식은 창조를 매개로 해서만 동의어일 수 있다. 그렇다면 굳이 의식을 생명의 기원으로 보는 것은 어떤 이유에서일까. 여기서 의식이라는 개념은 무엇보다도 잠듦과 깨어남이라는 이중적 특징을 통해서 소명을 다한다. 의식의 깨어남은 창조와 생명성의 충만으로, 의식의 잠듦은 그것들의 결핍으로 제시된다. 이렇게 다소 거창해 보이는 의식의 정의는 생명의 진화에 대한 설명에서 그 진가를 발휘한다.

베르그손이 식물과 동물의 진화를 비교하면서 전자가 마비와 무의식으로, 후자가 운동성과 의식의 방향으로 나아갔다고 설명하는 것을 보면 의식은 잠듦과 깨어남이라는 이중의 작용을 생각하지 않는다면 설명적 효력이 별로 없는 것을 알 수 있다. 이러한 효력은 단지 개념적인 것만은 아니고 실제적인 의미를 갖는다. 우선 운동성과 의식의 밀접한 상관성에 주목해야 한다. 동물이 운동 즉 공간이동을 하게 된 것은 물론 영양섭취 방식과 관련이 있다. 그러나 움직이면서 먹이를 탐색하고 위험한 것을 피하는 행위는 모호하게나마 의식적인 무언가를 수반하게 된다. 베르그손은 "의식은 운동과 관련하여 원인인가, 결과인가?" 하는 질문을 던지고 결과의 측면에 더 주목한다. 고등한 동물에서 의식은 운동을 주도하고 그래서 운동의 원인이 되는 경우가 많지만, 좀 더 단순한 동물에서 "그것(의식)을 유지하는 것은 운동적 활동성이며, 이 활동성이 사라지자마자 의식은 마비되거나 잠든다."(『창조적 진화』 112/177) 베르그손은 고착생활과 기생생활을 하는 일부 갑각류 중에서 신경계가 퇴화하여 거의 사라지기까지 한 사례를 든다. 신경계는 감각과 운동을 담당하는 신체의 기관인 동시에 의식 활동의 생물학적 조건이기도 하기 때문에 신경계의 퇴화는 의식의 퇴화를 가져온다. 동물의 진화에서 이런 일은 드물지 않다. 우리가 퇴화라고 설명할 수 있는 현상은 적어도 일정한 규모에서 진화의 방향을 거스를 때이다. 진화가 전체적으로 어떤 방향을 갖는가 하는 것은 매우 논쟁적인 문제지만 복잡한 구조를 가진, 이른바 고등동물의 진화가 신경계의 진보를 향하고 있는 것은 잘 알려져 있다. 이 때문에 일반적으로 의식은 고등동물에서만 나타나는 것으로 생각되기도 한다.

하지만 운동이 의식의 각성을 초래하며 마비나 부동성은 무의식을 야기한다는 베르그손의 생각이 철학적으로 일관성이 있으려면 생명의 원초적 형태들에서도 마찬가지로 적용되어야 한다. 베르그손의 추론에 따르면 존재하던 신경계가 퇴화되는 경우에 의식의 퇴화를 말하는 것은 자연스럽지만 그렇다고 해서 신경계가 아예 없는 경우에는 의식도 없다는 결론이 도출되지는 않는다. "가장 보잘 것없는 유기체도 그것이 자유롭게 움직이는 범위에서는 의식적"이라 할 수 있다(『창조적 진화』 112/177). 물론 그것은 신경계를 가진 동물의 의식과는 아주 다른 모호한 의식일 것이고 지적인 인간의 의식과는 더욱 더 판이할 것이다. 동물의 신경계는 운동과 관련하여 반사행동과 의지행동이라는 이중적 기능에 집중되어 있는데 베르그손은 신경계가 없는 원시적 형태에서는 이 기능들이 미분화되고 뒤섞인 상태에서 모호한 활동을 할 것이라고 추측한다. 그것이 의지적 행동이 아닌 것은 분명하다. 하지만 반사적이고 기계적인 행동만은 아닌 것도 마찬가지로 분명하다. 이때 나타나는 의식에 대해 우리가 말할 수 있는 바는 없다. 그것을 과연 의식이라고 불러야 할지에 대해서도 논쟁이 될 수 있다. 그것이야말로 철학적 논쟁거리일 것이다. 하지만 원시 유기체의 운동이 적어도 기계적인 것은 아니라는 소극적인 의미에서는 그것을 우리가 알고 있는 의식의 가능성 정도로는 생각할 수 있을 것이다. 진화론적 사고에 따르면 생명의 시초부터 문자 그대로의 의식의 출현까지는 일정한 연속성이 있을 것이고 진화의 어느 순간에 의식이 나타났다면 적어도 그 이전에 어떤 가능성은 존재해야 하기 때문이다.

우리는 『물질과 기억』의 1장에서 베르그손이 의식의 출현을 상당히 조심스럽게, 소극적인 방식으로 고찰하고 있는 것을 볼 수 있다. 그에 따르면 "의식을 도출한다는 것은 상당히 무모한 기획일지 모른다."(『물질과 기억』 31/66) 거기서는 진화론적 견해를 전면에 드러내지는 않지만 물질계의 운동에서 최초로 나타나는 신체의 의미에서 출발하는 점에서 생명의 원시 형태에서 출발하는 진화론과의 유사성을 볼 수 있다. 베르그손은 기계적으로 작용하고 반작용하는 물체들과 동일한 방식으로 신체(즉 유기체)를 다루면서 신체의 특이성으로 그것이 외부의 작용에 대해서 자신의 반작용을 '선택'하는 것처럼 보인다는 측면을 부각시킨다(『물질과 기억』 14/41).[5] 그러므로 신체의 의미에서부터 의식적 지각의 출현을 고찰할 경우 그것은 어떻게든 행동의 선택과 관련되지 않을 수 없다. "의식은 외적 지각의 경우에 바로 이 선택으로 이루어진다. 그러나 의식적 지각의 이 필연적인 빈약함 속에는 이미 정신을 예고하는 어떤 적극적인 것이 있

---

[5] "나의 신체는 물리적 세계의 전체 속에서 다른 이미지들처럼 운동을 받고 되돌려보내면서 작용하는 이미지이며, 단지 자신이 받은 것을 되돌려보내는 방식을 어느 정도까지는 선택할 수 있는 것처럼 보이는 것만이 다를 뿐이다." (『물질과 기억』 14/41) 이 구절에서 신체는 물론 나의 신체를 의미하지만 운동하는 물체들과 동일선상에서 고찰되고 있다.

다. 그것은 어원적 의미에서 본 분별discernement이다."(『물질과 기억』 35/71) 여기서 분별이라는 말은 행동의 선택지들을 간파해낸다는 정도로 생각하면 된다. 예를 들면 아메바와 같은 원시생명체에서 대상과의 접촉은 행동인 동시에 지각이다(『물질과 기억』 55/99). 아메바가 위족을 뻗는 행동은 외부 대상을 탐사하는 것이다. 이 경우에 아메바의 지각이 의식적이 아니라 모호하고 무의식적이라고까지 말할 수 있다고 해도 그것은 행동의 선택지 즉 가능성들을 파악하는 점에서 의식을 예고하는 어떤 능력이 있다고 말할 수 있을지 모른다. 베르그손이 지각의 본래 의미를 "가능적 행동"이라고 규정하는 것도 이 맥락에서 의식의 가능성과 연결될 수 있다(『물질과 기억』 17/45).

| 지성과 의식

동물은 운동성과 의식의 방향으로 진화했으나 잠듦과 깨어남이라는 의식의 이중적 양태에 의해 진화의 방향은 다시 한 번 분기bifurcation를 겪게 된다. 이미 식물과 동물의 분기에서 그러했던 것처럼 동물은 본능과 지능으로 분기하면서 전자는 무의식, 후자는 의식의 방향으로 가속화된다. 단순한 동물일수록 본능이 압도적이며 복잡한 동물에서는 본능과 지능이 어느 정도 혼합되어 있다. 인간으로 갈수록 지능의 활동이 지배적으로 되는데, 이는 우리가 보통 지성의 활동이라 부르는 것을 지칭한다.[6] 본능은 유기체가 이미 소유하고 있는 신체적 자원을 사용하여 자연에 적응하는 능력이라

---

6 우리는 동일한 'intelligence'를 동물의 경우에는 지능, 인간의 경우에는 지성으로 번역하기로 한다.

면 지능은 시행착오를 거치면서 과거의 경험으로부터 추론하는 데 기반을 둔다. 인간의 경우에 지성은 인공적인 도구를 제작하고 자유롭게 변형함으로써 훨씬 유연한 방식으로 적응하는 능력이다. 신체적 구조의 연장선상에서 작용하는 본능적 활동은 놀라운 정확성으로 이루어지지만 대개 무의식적이고, 숙고와 추론을 요하는 지성은 시행착오적이어서 의식적이 되지 않을 수 없다. 특히 지성적 도구 제작은 본능처럼 완벽하게 일을 수행할 수 없기 때문에 끝없이 새로운 요구를 창출하는데 베르그손은 이러한 요구의 분출이 아마 의식을 잠들지 못하게 하고 각성의 방향으로 가속화하는 데 중요한 역할을 했을 것으로 추측한다. 이러한 동력으로 인간은 오늘날의 기술문명에 이르게 된 것이다. 그렇다면 의식은 정확히 어떤 경우에 출현하는가?

생명 진화에서 무의식과 의식을 가르는 기준으로서 운동mouvement이 중요한 역할을 한 것처럼 의식적 존재자에서 무의식과 의식을 가르는 것은 행동action이다. 일반적으로 운동은 주체의 익명성을 전제로 하고 행동은 주체의 능동성을 전제로 한다. 신경계가 퇴화하여 운동하지 않는 동물이 무의식으로 떨어지는 것처럼, 인간에서도 능동적으로 행동하지 않고 단지 기계적으로 운동하는 경우에는 무의식으로 되는 것을 피할 수 없다. 우리가 습관적으로 행위를 수행할 때 그리고 몽유병자가 자동적으로 자신의 꿈을 따라 행위할 때가 그러하다. 베르그손은 이 경우의 무의식은 "존재하지 않는 의식la conscience nulle"이 아니라 "무화된 의식la conscience annulée"이라고 부른다(『창조적 진화』 144/220). 무화된 의식은 잠든 의식이다. 실제로는 의식적 행동이었으나 여러 번 반복하여 습관이 된 경우가 그러하다. 베르그손은 "우리의 자유는 그것이 확실시되는 운동에서조차 시발적始發的, naissant 습관들을 창조하는데, 만약 항구적 노력에 의해 새롭게 갱신되지 않는다면 자유는 습관들에 의해 질식될 것이다"고 말한다(『창조적 진화』 128/198). 그렇다면 여기서 운동은 일어나고 있는데 무엇이 의식을 잠들게 하는 것일까? 인간은 본능적 존재자와 달리 무수한 표상들을 통해 사고하면서 미래를 기획하는 존재자이다. 표상작용은 일정한 정도의 지적 노력을 요구한다. 행동의 가능성들은 표상을 통해 나타나는데, 습관이나 몽유병처럼 기계적 행위로 곧바로 이어지는 경우 표상이 나타날 여지는 없다. 베르그손에 따르면 무의식으로 떨어지는 것은 "행위의 표상이 행위 자체의 수행에 의해 막혀버린다는 사실에 기인한다."(『창조적 진화』 145/221) 그렇다면 반대 추론에 의해 의식은 (자동적) 행위가 불가능한 곳에서 생겨난다고 할 수 있을까? 바로 그것이 베르그손이 주장하는 내용의 요체이다. 다음의 주장을 보자.

> 의식은, 생명체가 실제로 수행하는 행동을 둘러싸는 가능적 행동 또는 잠재적 활동의 영역에 내재하는 빛임을 알게 될 것이다. 의식은 주저 또는 선택을 의미한다. 똑같이 가능한 많은 행동이 어떤 실제적 행동으로도 그려지지 않는 곳에서 (마치 결론에 이르지 못하는 숙고처럼) 의식은 강렬하다. 실제적 행동이 가능한 유일한 행동인 곳에서는 (몽유병적 활동 또는 더 일반적으로 자동적 활동에서처럼) 의식은 존재하지 않게 된다. (…) 생명체의 의식은 잠재적 활동과 실제적 활동 사이의 산술적 차이로 정의될 수 있을 것이다. 그것은 표상과 행동 간의 거리를 측정하는 것이다.(『창조적 진화』 145/222)

앞에서 신체의 의미를 규정하는 자리에서 베르그손은 지각이

"가능적 행동"이라고 말한 바 있는데, 이제 의식적 지각은 "가능적 행동의 영역에 내재하는 빛"이다. 가능적 행동은 생명의 원초적 형태들에서부터 나타나는 현상이다. 그리고 빛이라는 비유는 의식의 깨어남을 의미한다. 우리가 본 것처럼 가능적 행동의 영역이 의식의 조건이라면 어느 순간에 의식은 깨어날 수 있다. 물론 가능성의 영역은 필요조건이지 충분조건은 아니다. 그래서 모든 동물에서 의식이 깨어난 것은 아니다. 신경계가 의식의 충분조건이라고는 할 수 없겠지만 베르그손은 신경계가 고도로 복잡하게 발달한 동물에게는 의식이 강렬하다는 사실을 제시한다. 신경계는 뉴런들의 어마어마한 네트워크로 이루어져 있어서 동일한 자극에 반응할 수 있는 무한한 길을 열어주고 있다. 행동을 곧바로 결정하기보다는 주저하고 선택할 여지가 무한해진다는 것이다. 아무튼 이렇게 해서 의식은 어떤 종들에서 깨어난다. 또 깨어난 종들에서도 의식은 간헐적인intermittent 양태를 보여준다. 인간 역시 습관이나 잠, 꿈, 몽유병 같은 무의식적 상태들을 겪는다. 그래도 인간은 의식의 각성을 가장 명료한 형태로 보여주는 종이라고 할 수 있다.

의식의 탄생이 즉각적인 행동의 불가능성과 관련되는 점에서 이것은 일종의 부정적인 상황이다. 즉 베르그손은 "의식으로 되는 것은 본능의 결핍이며 행동과 관념 사이의 거리이다"라고 말한다 (『창조적 진화』 146/222). 이 생각을 우리는 결핍으로 정의되는 라캉의 욕망désir 개념과 비교해볼 수 있다. 욕망은 무한한 것을 향하고 있기에 실제적인 욕구besoin의 해결로 충족되지 않는다. 라캉에 따르면 "욕망은 순수한 결핍이 갖는 힘이다. 욕망은 요구demande가 갖는 무제한성을 절대성으로 대체한다. (…) 욕망은 만족을 위한 욕구도, 사랑에의 요구도 아닌, 요구에서 욕구를 뺀 차이에서 발생하는 것이며 동시에 양자분열의 현상 그 자체이다."[7] 요구는 베르그손이 말하는 가능성의 무한한 영역을, 욕구의 해결은 행동의 수행을 닮았다. 욕구가 해결되어도 여전히 해결되지 않은 요구의 무한한 영역이 남아 그것이 욕망이 되듯이, 가능성 중에서 한 가지가 실행되어도 결핍은 여전히 남아 의식을 구성한다. 이러한 상황에서 문제해결을 위한 원군으로 등장하는 것이 지성이다. 지성은 특수한 대상에 특수한 방식으로 적응하는 본능과 달리 '임의의 대상'에 보편적인 방식으로 대처한다. 지성이 제작하는 기계적 도구들은 일정한 범위에 속하는 모든 대상에 적용될 수 있게 만들어진다. 더 나아가 지성의 일반적 작동방식은 구체적이기보다는 형식적이다. 형식은 그 순수한 특성으로 인해 임의의 대상에 적용된다. 이것이 결핍이라는 일반적 조건을 해결하는 지성의 방식이다. 라캉의 상징계가 결핍 위에서 축조된 것처럼 "지성에서는 결핍이 정상적인 상태이다. 모순을 겪는 것이 그것의 본성 자체이다."(『창조적 진화』 146/223)

의식의 문제에서 베르그손과 라캉의 비교가 가능한 이유는 양자에서 공통적으로 의식은 합리성과 관조의 영역이 아니라 다른 어떤 필연성 위에서 축조된 허약한 구조물과 같다는 점이다. 라캉에서 의식은 욕망이라는 거대한 무의식의 영역 위에 기반을 두고 있으며 베르그손에서 그것은 살기 위해 행동해야 하는 생명의 필연성 위에서 깨어난다. 하지만 라캉의 욕망하는 인간이 결핍으로 인한 '불행한 의식' 속에서 살아갈 수밖에 없다면 베르그손에서 지성적 인간의 운명은 반전이 가능하다. 그것은 진화가 생성과 창조의 영역이기 때문이다. 그 과정은 이러하다. 지성은 비록 유용한 행

---

7   J. Lacan, *Ecrit II*, Edition du Seuil, 1971, p.169.

동을 위해 생겨났다고 하더라도 그것이 추구하는 문제해결의 방식은 보편적이고 형식적 성격을 띠고 있기 때문에 단지 유용한 대상에 제한되지 않는다. "지성적 존재는 자신 안에 자신을 넘어서는 무언가를 가지고 있다."(『창조적 진화』 152/232) 지성이 보유한 형식적 능력은 언어기호의 발달로 가속화하는데 언어는 지성의 형식적 특성을 체계화하고 무엇보다도 그 '유동성$_{mobilité}$'으로 인해 우리의 시선을 관념의 세계로 이끌 수 있다. "이와 같이 밖을 바라보는 지성의 눈에 하나의 내적 세계 전체가, 즉 자신의 고유한 작용들의 광경이 열릴 것이다."(『창조적 진화』 160/243) 언어는 인간의 내면세계를 이해할 수 있게 하는 첩경으로서 밖을 향한 의식이 아니라 자기 자신을 향한 의식, 곧 우리가 앞서 고찰한 주관성의 세계를 가능하게 한다.

생명 진화 초기의 의식은 운동의 결과로서 깨어난다면, 내면을 향한 의식은 이제 자신의 주인이 될 수 있고 따라서 운동의 원인으로 작용할 수 있다. 인간의 의지적 운동이 보여주는 자유는 유용한 행동만을 목표로 하는 동물의 운동과는 다르다. 뇌에 자동기제들로 각인된 습관들의 체계는 양자에서 복잡성의 차이를 제외하면 유사할 것이다. 그러나 인간의 특징은 새로운 습관들을 자신의 의지로 얼마든지 만들어낼 수 있다는 것인데 그러는 동안에 기존의 유사한 운동기제들은 억제된다. 이것은 자동성으로부터의 해방을 보여준다. 무엇보다도 뇌에서 가장 넓은 영역을 차지하는 언어 영역은 사물에 대한 직접적 행동을 억제하는 역할을 한다. 이 때문에 "행위의 수행에 이끌리고 그 속에 파묻혀 있던 의식은 자신을 다시 찾고 자유로워진다."(『창조적 진화』 185/277)

우리는 여기서 베르그손 철학의 근본적 전환을 목격하게 된다. 그의 첫 저서 『시론』에서 언어는 사회적 소통을 목표로 의식 표면에서 작용하는 것으로 이야기된다. 의식 심층의 상태들을 언어로 표현할 경우 공간표상에 의해 필연적으로 왜곡되며 따라서 자유 행위 역시 언어 행위와 무관하게 이야기할 수밖에 없다. (그러나 우리는 종종 우리 자신을 제대로 표현함으로써 더 자유로워지지 않는가?) 거기서 심층자아와 표층자아의 이원성은 해결되지 못한 채로 남아 있다. 그러므로 우리가 자유 행위가 명료한 의식을 수반하는 것이라고 할 때 이 모순은 『물질과 기억』에서 표면과 심층을 오가는 의식 활동의 역동성을 전제로 해서 설명할 수밖에 없었다.

하지만 거기서도 여전히 언어는 표면에서 일어나는 행동의 일반성을 전제로 한다. 이제 『창조적 진화』에서 지성과 언어는 단지 외부만이 아니라 내부를 향해 작동하기 시작하고 그럼으로써 의식의 심층을 각성시키는 역할을 하는 것으로 설명된다. 그런데 그것들은 여전히 심층의 상태를 왜곡시키게 될까? 그렇지 않다. 의식의 심층에는 직관이 잠자고 있다. 지성으로 인해 해방된 의식은 "내부로 굽어져서 그 안에 아직도 잠자고 있던 직관의 잠재성을 일깨울 수 있다."(『창조적 진화』 183/275) 직관은 지성의 형식적 인식과는 다른, 대상에 대한 충만한 인식을 말한다. 충만한 인식인 이유는 그것이 생명 진화에서 볼 때 본능에 기원을 두기 때문이다. 그러나 베르그손에 따르면 "직관은 무사심無私心, désintéressé하게 되어 자기 자신을 의식하고 대상에 대해 반성할 수 있으며 그것을 무한히 확장할 수 있게 된 본능이다."(『창조적 진화』 178/268) 즉 직관은 본능적 충만성을 가진 자기의식적인 활동이다. 직관의 존재는 지성의 일방적 행보에 보완적인 역할을 하는 것으로 제시된다. 그럼으로써 베르그손은 인간의 지성이 비록 편협하게 행사될 경우 실재를 왜곡할 위험이 있지만 올바르게 행사될 경우 실재에 도달할 수 있는 길을 열어놓은 것이다. 이렇게 의식의 잠듦과 깨어남이라는 이중적 사태는 인간 안에서조차 항구적인 역동성에 의해 창조와 생성의 여지를 남겨놓게 된다.

더 읽을거리

이 글에서는 프랑스 대학출판사(Presses Universitaire de France, PUF)에서 출간된 베르그손 비판본(première édition critique de Bergson)의 페이지와 한국어 번역본의 페이지를 함께 표기하였다. 먼저 표기된 숫자가 원전의 페이지이고, 나중에 표시된 것이 한국어 번역본의 페이지이다. 단 한국어판이 아직 출간되지 않은 경우는 원전만 표기하였다.
본문에서 한국어로 약칭한 원전의 제목은 다음과 같다.
『시론』 *Essai sur les données immédiates de la conscience*(2007)
『물질과 기억』 *Matière et mémoire*(2008)
『창조적 진화』 *L'évolution créatrice*(2007)
『정신적 에너지』 *L'énergie spirituelle*(2009)
『사유와 운동자』 *La pensée et le mouvant*(2009)

베르그손, 『의식에 직접 주어진 것들에 관한 시론』, 최화 옮김, 아카넷, 2001
베르그손의 첫 저서로, 1장에서는 감각의 의미와 주의 작용, 근육의 노력, 고통의 감각 등에 관한 상세한 관찰에서 시작하여 2장에서 공간의 관념과 공간화된 시간의 분석을 토대로 3장에서는 자유에 대한 기계론과 역동론의 주장들을 비교한 후 지속에 근거한 베르그손 자신의 고유한 견해를 제시한다. 이 책의 해제에서 베르그손에 대한 풍부한 자료, 그의 생애와 철학에 대한 요약을 참조하면 유익하다.

베르그손, 『물질과 기억』, 박종원 옮김, 아카넷, 2005
필자도 역자와 함께 교정작업과 용어 선택, 각주작업 등에 참여하였다. 이 책은 심신이론을 다루고 있으므로 의식에 대한 베르그손의 견해를 직접 접할 수 있는 장점이 있다. 그러나 이 책은 베르그손의 모든 저작 중에 가장 난해하고 전문적인 작품이어서 번역에 많은 어려움이 있었다. 그럼에도 명료한 직역으로 내용을 따라갈 수 있게끔 많은 노력을 기울인 번역이다. 해제에서는 꽁디약에서 멘 드 비랑으로 이어지는 프랑스 유심론 전통을 부각시켜 이 책의 철학사적 위치를 잘 조명하고 있으며, 짧지만 명료한 내용 요약도 저작의 이해에 많은 도움을 줄 것이다.

베르그손, 『창조적 진화』, 황수영 옮김, 아카넷, 2005
많은 설명이 필요없는 원숙기 베르그손의 대표작이다. 앞의 저작들에 비해 사유의 폭이 훨씬 넓은 범위에 걸쳐 있으며 베르그손 문체 특유의 우아함과 리듬감이 가장 두드러지는 작품이다. 이 책 1장의 초입(19~41)에서 지속에 대한 간략한 설명은 의식의 흐름과 변화 일반에 대한 베르그손의 생각을 잘 드러내고 있으며, 특히 '동물적 삶의 도식'(188~198)에 관한 내용은 신경계와 감각-운동 체계의 의미를 진화론적 견해에서 잘 보여주고 있어서 『물질과 기억』과 연결하여 읽으면 유익하다.

황수영, 『근현대 프랑스철학: 데까르뜨에서 베르그손까지』, 철학과현실사, 2005
이 책은 근대 철학의 중요한 영역인 감각과 지각에 관한 인식론 그리고 심신이론의 견지에서 프랑스 철학을 다루고 있으므로 근대 프랑스 철학의 전통에서 베르그손으로 이어지는 흐름을 이해할 수 있다.

황수영, 『물질과 기억, 시간의 지층을 탐험하는 이미지와 기억의 미학』, 그린비, 2006
이 책은 베르그손의 두 번째 저서 『물질과 기억』을 알기 쉽게 해설하고 있다. 이 책의 1장에서는 베르그손이 다루는 문제들의 철학사 및 과학사적 배경을 다루고 있으며 2, 3, 4, 5장은 차례로 『물질과 기억』의 1, 2, 3, 4장을 꼼꼼히 해설하고 있다. 특히 이미지 존재론과 생물학적 인식론이라는 두 전제를 부각하고 있다.

메를로-퐁티

육화된 의식

주성호

한국외국어대학교 불어과를 졸업하고, 서울대학교 철학과에서 석사학위를 받았다. 서울대학교 철학과 박사과정 중 프랑스 스트라스부르대학교로 유학하여 「메를로-퐁티, 베르그송주의자?: 메를로-퐁티의 철학의 형성과 '베르그송주의'」로 박사학위를 받았다. 현재 서울대학교 BK21 철학교육연구사업단의 박사후연구원으로 있다. 주된 철학적 관심사는 현상학적 입장을 버리지 않으면서 형이상학의 수준에서 죽음, 시간, 물질 자체, 진화와 같은 문제들을 탐구하는 것이다.

메를로-퐁티는 그의 첫 저서『행동의 구조』의 첫 문장을 다음과 같이 쓴다. "우리의 목적은 의식과 자연의 관계들을 이해하는 것이다."(『행동의 구조』1) 이 문장은 말년에 이르기까지 그가 가진 주된 철학적 문제의식을 간결하게 보여준다. 그의 저서들을 통해 볼 때, 그가 말하는 '의식과 자연의 관계'는 넓게 보면 서양철학사 전체와 연관될 수 있지만, 직접적으로는 데카르트 이후의 철학사와 관계한다. 즉 데카르트 이래로 지속되어온 주체와 대상 또는 내재와 외재, 정신과 물질 또는 정신과 몸의 문제와 관계한다. 메를로-퐁티의 문제의식은 이런 문제들과 연관된 실재론-관념론, 경험론-지성론, 유물론-유심론의 논쟁을 종식시키고 그 대립을 극복하는 것이다. 메를로-퐁티는 이런 대립하는 입장들에서 나타나는 이원론적·이분법적 사유를 거부하고 새롭게 주체와 대상 또는 정신과 몸을 이해하려고 한다. 그리고 메를로-퐁티는 사물은 순수한 대상 또는 순수한 물질이 아니고, 우리의 의식도 순수한 주체 또는 순수한 정신이 아니라고 말한다. 사물은 그 자체로 있는 즉자적 사물이 아니라 우리에게 나타난 사물이고, 의식은 이미 '사물화된' 의식, 즉 '육화된 의식 conscience incarnée'이라고 주장한다.

우리는 이 글에서 메를로-퐁티의 육화된 의식이 무엇인지 해명하고자 한다.[1] 메를로-퐁티가 데카르트의 철학을 주된 비판의 대상으로 삼듯이, 우리는 메를로-퐁티가 말하는 '의식의 육화된 현상'을 데카르트의 철학과 비교하면서 해명할 것이다. '의식의 육화된 현상'은 의식이 어떻게 사물에 육화되어 사물과 관계맺는지의

---

1 이 글은『철학사상』(제43호, 2012.2)에「메를로-퐁티의 '육화된 의식': 애매하고 모호한 인간존재」라는 제목으로 게재되었다.

문제와 관계하며, 또한 심신 문제와도 관계한다. 우리는 이러한 문제들을 팔과 다리가 없는데도 허상의 팔과 다리를 느끼는 환상지 phantom limb 현상을 통해 살펴볼 것이다.

메를로-퐁티 철학의 방향과 데카르트의 '투명한 사유' 비판

메를로-퐁티는 데카르트 이래로 이원론과 관련된 이론들이 공통적으로 '객관적 사유pensée objective'를 수행한다고 생각한다. 이 사유는 주어진 사실 또는 현상에 대해 '객관성', '투명성', '완성된 것'을 주장하거나 전제한다. 이 사유는 주어진 현상이 즉자적인 모습을 가진다고 주장하거나 상정한다. 데카르트 이후 실재론-관념론 논쟁에서 볼 수 있듯이, 실재론은 양적-수학적 과학의 성공에 기대면서 즉자적인 외부세계, 즉 일차성질의 물질세계를 주장한다. 이와 대립하는 관념론 역시 물질세계와 명백히 구별되는, 자기 속에 '닫혀 있는' 이차성질과 같은 주관적인 성질을 주장한다. 마찬가지로 이런 객관적 사유는 심신 문제에서도 나타난다. 데카르트가 정신과 몸의 상호작용을 말할 때, 그는 즉자적인 두 실체의 상호작용을 주장한다. 데카르트에 반대하는 유물론도 정신 실체를 부정하며 즉자적인 물질을 주장한다. 메를로-퐁티는 이와 같이 데카르트 이래로 대립하는 모든 이론은 우리에게 주어진 현상을 제대로 보지 못했다고 생각한다. 메를로-퐁티의 관점에서 우리에게 주어진 현상은, 우리가 체험한 현상으로서 본성상 불투명하고, 완성되지 않은 채 있다. 그러나 메를로-퐁티는 기존의 철학들이 그런 현상을 '투명하게' 객관화하여, 순수 주체 또는 순수 정신, 순수 대상 또는 순수 물질이라는 개념으로 파악했다고 생각한다. 그는 기존의 철학들이 순수 객관성 또는 즉자적 진리라는 명목으로 우리가 체험한 현상을 순수 반성의 차원 또는 순수 이론의 차원에서 왜곡하고 이분화하면서 끊임없이 대립했다고 생각한다. 따라서 메를로-퐁티는 순수 반성 이전의, 또는 객관적 사유 이전의 현상으로 돌아가 기존의 주객 문제와 심신 문제를 해소 또는 해결하려 한다. 그 현상은 주체와 대상 또는 정신과 물질의 경계가 불분명한, 객관성 이전의 비반성적 영역이다.

메를로-퐁티의 입장에서 데카르트의 코기토는 객관적 사유를 전형적으로 보여준다. 데카르트는 내 앞에 보이는 나무가 실제 없다 하더라도, 그렇게 나무를 보고 있다는 의식작용 자체는 확실하다고 주장한다. 그는 나무를 보는 의식작용과 지각된 나무를 구별할 수 있다고 주장하고, 이런 지각된 나무와 달리 의식작용은 그 자체로 자명하다고 말한다. 그는 이런 사유 주체로서의 코기토를 순수하고 투명한 의식으로 파악하고, 그런 의식을 모든 지식을 근거짓는 일차적인 것으로 간주한다. 그러나 그러한 순수한 코기토가 가능한가? 메를로-퐁티는 구체적인 상황 속의 '나는 나무를 지각한다'에서, 구체적 상황이 배제된 '나는 나무를 지각한다고 사유한다'를 분리할 수 없다고 본다. "내가 감각했다는 것을 확신할 때, 한 외적 사물의 확실성은 감각이 내 앞에서 분절되고(분명해지고) 펼쳐지는 방식 자체 속에 포함되어 있다."(『지각의 현상학』 431) 내가 나무를 지각하는 것을 확신하는 것은, 내가 그 사물의 지각을 순수한 '나' 속에서 '자유롭게' 인식하고, 해석하고, 판단하는 것이 아니다.

나는 어떠한 상황이나 맥락 속에 '말려 있는' 채로 또는 '물들여 있는' 채로, 그 사물을 지각하고 있음을 확신한다.[2] 나의 사물 지각은 그 자체로 있는 순수한 의식 속에서가 아니라 언제나 구체적 상황 속에서 일어난다. 그렇기 때문에 자기 속에 갇혀 있는 순수한 의식을 구체적 현상에서 따로 떼어낼 수 없고, 따라서 그런 투명한 의식은 불가능하다.

그럼에도 데카르트적 코기토 주장자들은 외부 사물이 관계하지 않은 내면적 의식 자체는 의심할 수 없고 투명하다고 주장할 것이다. 예컨대 '나는 나무를 본다'는 것과 달리 '나는 (…)을 하려고 결심한다'는 것은 그것 자체가 의심할 수 없는 내면적 사실이고, '나는 (…)하려고 결심한다고 사유한다'는 것과 완벽히 동일하다고 주장할 것이다. 그러나 메를로-퐁티의 입장에서는 이런 내면적 사실 역시 어떠한 상황 속에서 이뤄진 것이다. 한 여고생이 진정으로 수녀가 되겠다고 결심할 수 있지만, 그것은 어떠한 상황 속에서, 또는 그의 '세계 속에서' 결심한 것이다. 이 여고생은 자신의 결심이 영원히 변치 않을 것처럼 생각하지만, 그 상황이 바뀌거나 그의 세계가 변하면 그의 결심도 바뀔 수 있다. 그는 자신이 처해 있는 상황이나 자신의 세계를 완전히 벗어나 순수하게 자신의 내면 속에 있을 수 없다.

따라서 모든 지식의 토대를 짓는다는 데카르트의 코기토는 일차적(근본적)일 수 없다. 오히려 메를로-퐁티는 구체적 지각 또는 비반성적인 현상이 데카르트의 코기토와 같은 반성적 의식에 대해

---

[2] 메를로-퐁티가 말하는 '사물의 지각의 확실성'은 독단론적이거나 순수 실재론적인 의미의 확실성이 아니다. 이 문제는 긴 논의가 필요하므로 여기서 다루지 않을 것이다.

일차적이라고 생각한다. 데카르트는 의심하기 전의 나무의 지각을, 즉 비반성적인 나무의 지각을, 의심을 통해 순수한 의식으로 객관화하려고 한다. 데카르트가 '나는 나무를 본다'는 지각을 의심해서 '나는 나무를 본다고 사유한다'로 이행할 때, 데카르트는 실제 자신이 나무를 보아야만 의심으로 또는 반성으로 이행할 수 있다. 즉 "본다는 사유는 단지 관념 속의 시각이고, 우리는 실제의 시각을 어디선가 갖지 않는다면 관념 속의 시각을 갖지 못하기"(『지각의 현상학』 430) 때문에, 우리는 데카르트의 코기토와 같은 반성적 사유를 갖기 위한 조건으로 이미 구체적 상황 속에 있는 비반성적인 세계를 만나고 있다. 여기서 구체적인 비반성적 현상이 무엇인지 파악하기 위해 반성하는 것 자체는 문제가 아니다. 우리가 비반성적인 현상에 대해 반성하지 않으면, 그것이 무엇인지 모른 채 지나가 버리기 때문이다. 문제는 데카르트처럼 비반성적 현상을 투명한 것으로 반성하는 것이다. 다시 말해 상황 속에 있는 현상을, 상황과 무관한 즉자적인 것(진리)으로 사유하는 것이 문제다. 이처럼 데카르트의 코기토는 우리가 앞에서 언급한 객관적 사유를 수행하면서 우리에게 주어진 현상을 왜곡한다. 메를로-퐁티는 데카르트의 코기토에 의해, 또는 객관적 사유에 의해 왜곡되기 이전의 현상을 사유(반성)하려고 한다.[3] 그는 투명하지도, 즉자적으로 확정되어 있지도 않은 현상을 포착하려 한다.

---

3 여기서 메를로-퐁티의 반성이 어떤 반성인지 문제될 수 있지만, 우리는 이 문제를 다루지 않을 것이다. 또한 수학적 인식으로서의 순수 코기토가 가능하다는 문제가 제기될 수 있지만, 이 문제 역시 다루지 않을 것이다. 메를로-퐁티는 '모든 것이 시간 속에 있다'는 명제를 받아들이기 때문에, 자신의 반성이 시간을 초월한 것이라고 생각하지 않는다. 또한 수학적 인식으로서의 순수 코기토 역시 시간을 초월해 있다고 생각하지 않는다.

게슈탈트와 의식

전통적으로 주체 또는 의식은 외부 사물처럼 세계 속에 있는 것으로 이해되거나, 외부 사물과 구분되어 있는 것으로 이해된다. 유물론적 실재론자들은 의식을 전자의 경우처럼 이해한다. 그들은 우리의 의식을 외적 자극에 의해 단순히 생겨나는 반응으로 여긴다. 외적 자극과 반응 사이의 과정이 아무리 복잡하더라도, 외적 자극을 하나의 변항(x)으로 여기고 반응을 그 변항의 함수(f(x))로 여긴다. 따라서 변항이 정해지면 함수의 값이 결정되는 것처럼, 외적 자극을 알면 원리상 그 결과로서의 의식 상태를 알 수 있다고 주장한다. 유물론적 실재론자들에게서는 외부 사물과 의식의 관계가 변항-함수의 관계에 불과하기 때문에, 의식을 포함한 모든 것은 결국 물리세계 속에서 발생한 인과적 과정으로 파악될 수 있다. 또한 그 인과적 과정이 물리세계 속의 과정이기 때문에, 원인에서 결과로의 또는 자극에서 반응으로의 과정은 주체 없는 일방향적 관계를 나타낸다.

이에 반해 데카르트는 외부 사물의 자극과 의식의 반응 관계를 물리세계 속의 관계로 보지 않는다. 순수한 코기토를 사유하는 데카르트는 정신의 독자성을 주장하기 때문에, 외적 자극에 의해 야기된 의식의 내용은 유물론적 실재론자들이 말한 물리세계 속에 있지 않다. 그러나 유물론적 실재론자들과 마찬가지로 자극과 반응의 관계는 일방향적 관계를 나타낸다. 외부 감각, 내부 감각, 즉 몸에서 오는 감각, 정념으로 이해된 의식 내용은, 모두 정신 밖의 물질이 야기해서 수동적으로 생긴 것이다. 그렇지만 데카르트는 이 수동적인 인과과정 외에 또 다른 인과과정을 주장한다. 즉 의지와 같은 능동적인 의식이 외부 사물에 또는 우리 몸에 작용하는 과정을 주장한다. 그러나 이 인과과정 역시 원인(시작점)과 결과(끝점)가 분명히 구별되는 또 다른 일방향적 관계를 나타낸다. 결국 데카르트는 명백히 구별되는 두 영역(물질과 의식)과, 두 영역 사이의 방향이 다른 두 가지 인과과정을 주장한다.

메를로-퐁티의 입장에서 이 두 입장, 즉 유물론적 실재론과 데카르트는 외부 사물과 의식의 실제 관계를 보지 않고, '확정된 것들'의 관계로 설명하려 한다. 두 입장 모두 원인과 결과처럼 명백히 구별된 즉자적인 항들에서 출발해 문제를 파악한다. 한 입장은 물리세계 내에서 변항과 함수의 관계처럼 구별된 두 항의 관계를 파악하고, 다른 입장은 실체적으로 구별된 물질과 정신이라는 두 항 사이의 관계를 파악한다. 그러나 메를로-퐁티는 두 항이 완전히 구별될 수 없다고 생각한다. 이미 한 사물의 붉은빛은 우리를 흥분시키고 잔디의 초록빛은 우리를 안정시킨다. 사물의 붉은빛 또는 초록빛은 우리의 흥분 또는 안정이라는 '삶의$_{vital}$' 가치와 명백히 구분되지 않는다. 우리가 피부 한 지점을 여러 번 반복해서 머리카락으로 자극하면, 처음엔 분명한 위치의 한 지점에서 감각을 느끼지만, 흥분이 반복되면 위치는 불명확해지고 감각은 더 넓은 지점에서 일어난다. 우리는 접촉이라기보다는 타는 듯한 느낌을 갖게 되고, 나중엔 자극하는 것이 피부 위에 움직여 원을 그리는 것처럼 느끼며, 결국엔 어떤 것도 느끼지 못한다(『지각의 현상학』 89). 여기서 우리가 느끼는 감각질, 감각질의 공간적인 위치의 변화, 그리고 나중에 감각질을 지각하지 못하는 것은 "유기체 밖의 상황의 결과들이 아니라, 유기체가 자극작용 앞으로 나오는 방식이며 자극작용과 관계하는 방식이다. 하나의 흥분은, 그 흥분과 '일치하지$_{accordé}$' 않는 감각기관에 도달할 때 지각되지 않는다."(『지각의 현상학』 89) 우리의 사물 지각은 붉은빛 사물의 지각처럼 이미 '삶의$_{vital}$' 가치를 띠고 있으며, 머리카락에 의한 피부 자극은 유기체가 그 자극과 '맞아 떨어질' 때에만 유기체에게 자극된다. 메를로-퐁티는 외부 사물의 자극과 유기체의 반응은 전체적 상황 속에서 "함께 태어난다$_{co-naissance}$"(『행동의 구조』 213; 『지각의 현상학』 94)고 주장한다. 이것은 한 사물이 또는 그 사물의 자극이 외부에 즉자적으로 있지 않을 뿐만 아니라, 즉자적인 외부 사물의 자극이 유기체의 중추나 의식에 도달한 다음 내적인 것으로 변하는 것이 아니라는 것을 말한다. 애초에 외부 사물 자체는 유기체와의 관계 속에서 태어나기 때문에, 외부 사물은 '날' 사물이 아니라 유기체의 사물이고, 유기체는 이 사물의 유기체이다. 눈을 감고 손가락으로 책상의 한쪽 면의 가장자리를 따라가다가 모서리를 만날 때, 사물이 나로 하여금 방향을 바꾸라고 '부추기는지' 아니면 내가 방향을 바꾸어 책상의 다른 측면을 만지고 싶어하는지 알 수 없다. 따라서 어디서 외부 사물의 자극이 끝나는지 또는 어디서 유기체의 반응이 시작하는지 구분할 수 없다. 그렇기 때문에 유물론적 실재론처럼 그것들 사이의 하나의 순수한 일방향적 관계도 없고, 데카르트의 경우처럼 구별되는 두 가지의 일방향적 관계도 없다. 자극과 반응은 하나의 전체 체계를 형성하면서 서로의 꼬리에 꼬리를 문다. 자극과 반응은 하나의 전체 체계 속에서 "순환적 인과성$_{causalité\ circulaire}$"(『행동의 구조』 13)을 형성하면서, 반응은 자극이라는 원인의 원인이 되고 자극은 반응이라는 결과의 결과가 된다.

메를로-퐁티는 외부 사물과 유기체가 함께 태어나는 이 전체 체계로서의 현상을 형태forme 또는 게슈탈트Gestalt[4]라 부른다. 형태는 부분들의 외적인 합으로 이뤄지지 않는다. 사람들은 종종 우리의 시각장視覺場을 요소 감각들의 합으로 재구성하고, 이 요소 감각들 각각은 국소적 망막의 흥분들과 연결시켜서 이해한다. 그러나 우리의 망막은 균질적이지 않고 망막의 어떤 부분들은 붉은색에 반응하지 않지만, 우리가 지각한 붉은색 표면은 균질적이고 조금도 붉은색이 탈색된 부분이 없다(『의미와 무의미』 85). 우리의 지각은 요소 감각들의 단순한 모자이크가 아니라, 애초에 하나의 전체적 조직 또는 체계 속에 이뤄진다. 망막의 흥분들은 이미 전체적 조직 속에서 구조화되어 있고, 우리에게 이미 균질적인 붉은색 표면이 나타난다. 이러한 전체적 조직, 구조화된 전체, 즉 형태는 "질료들이 우리 앞에서 의미를 지니기 시작하는 우연적인 배열 상태이다."(『행동의 구조』 223) 그것은 감각 내용으로서의 사물도 아니고 지성적 개념으로서의 의미도 아니다. 사물과 지성적 개념으로 나눠지기 이전 상태에 있는, 감각 내용과 의미가 혼재된 것이다. 나는 어떤 음악 소리를 잠시 듣자마자 그 소리가 로큰롤인지 안다. 여러 악기 소리들, 소리들의 높낮이와 크기, 소리들의 빠르기 등, 이런 감각 내용들의 일정한 조직 방식 속에 로큰롤의 의미가 이미 발생한다. 어디서 로큰롤의 음악 소리가 끝나고 어디서 로큰롤의 음악의 의미가 시작하는지 알 수 없을 정도로, 의미는 소리에 육화되어 있다. 물론 로큰롤의 의미로 파악되기 전에, 잠시 동안 그것이 로큰롤인지 아직 의미가 파악되

---

4 물론 메를로-퐁티의 형태(게슈탈트) 개념은 게슈탈트이론Gestalttheorie에 빚지고 있다. 그러나 메를로-퐁티는 게슈탈트이론이 여전히 객관적 사유에 사로잡혀 있다고 생각한다.

지 않은 소리가 있다. 그러나 그 소리는 바람 소리가 아니라 음악 소리이고, 적어도 어떠한 의미를 띠고 있다. 따라서 한 사물의 붉은색이 이미 삶의 가치를 지니는 것처럼, 우리에게서 즉자적인 사물은 없다. 마찬가지로 우리의 의식 역시 즉자적일 수 없다. 앞서 본 것처럼 한 여고생이 수녀가 되겠다는 결심은 무척 투명하고 자명해 보이지만, 그의 결심은 그 결심과 관련한 어떠한 배경 속에서, 또는 어떠한 상황 속에서 이루어진다. 그의 결심은 배경 없이 일어나는, 순수한 자유로운 행위가 아니다. 그의 결심은 배경으로 물들여져 있다. 그의 의식은 이미 상황 또는 배경 속에 육화되어 있다.

환상지에 대한 생리학적 설명과 심리학적 설명의 한계

나는 푸른 하늘을 바라볼 때 그 속에 빠져 있다. 이때 나의 의식은 푸른 하늘에 육화되어 있고 푸른 하늘은 나의 의식을 물들인다. 그런데 이처럼 의식이 사물에 육화된다고 할 때, 의식은 물리적인 것과 어떠한 관계에 있는가? 즉 육화된 의식은 몸의 생리적 조건과 어떤 관계가 있는가? 메를로-퐁티가 말하는 의식의 '육화'는 물리적인 상태나 순수 생리적인 상태로 있는 것을 의미하지 않는다. 이 문제를 '환상지 현상'을 통해 살펴보자.

팔이나 다리가 절단된 사람들 중 상당수는 없는 팔과 다리가 마치 존재하는 것 같은 환상지를 느낀다. 게다가 없는 팔과 다리에서 환상통을 느끼기도 한다. 환상지를 설명하는 이론은 생리학적 입

> 송과선
> 데카르트가 정신과 몸의 인과적 상호작용을 설명하기 위해 지목한 기관. 뇌의 아래쪽에 존재하며, 물리적 자극을 받아 마음속에 감각을 일으키는 한편 정신의 작용을 조정하여 외부세계에 전달하는 역할을 한다고 여겨졌다.

장과 심리학적 입장으로 구분할 수 있고, 생리학적 입장은 말초이론théorie périphérique과 중추이론théorie centrale으로 구분할 수 있다.[5] 데카르트는 여러 저서에서 환상지를 설명하거나 해명할 수 있는 심신관계를 언급하는데,[6] 그의 환상지 설명방식은 말초이론에 해당한다. 발에 있는 신경이 자극되면, 그 신경은 정강이, 허벅지를 지나 두뇌 속에 이르러 송과선을 자극한다. 데카르트는 이런 신경 자극을 마치 밧줄 아랫부분(발 신경)을 잡아당겨 밧줄 윗부분(송과선)을 움직이게 하는 것으로 비유한다. 그리고 밧줄의 중간 부분을 당기면 아랫부분을 당길 때와 똑같이 밧줄 윗부분이 진동하는 것처럼, 정강이나 허벅지의 신경이 자극되면 송과선은 발의 신경이 자극되었을 때와 동일한 자극 상태가 된다고 말한다. 따라서 발이 절단된 사람이 허상의 발을 느끼거나 허상의 발에서 고통을 느끼는 것은, 정강이나 허벅지에서 올라온 신경 자극이 절단되기 전 발에서 올라온 신경 자극과 동일하게 송과선에 자극 상태를 주기 때문이다. 데카르트는 정신은 오직 송과선과 상호작용하기 때문에, 송과선의 자

---

5 이 구별은 메를로-퐁티가 말초이론으로서의 생리학적 입장과 중추이론으로서의 생리학적 입장 그리고 심리학적 입장을 구별하는 것(『지각의 현상학』 90~91)에 따른 것이다. 대한정형외과학회지 보고에 따르면, 환상지와 환상통의 발생기전은 크게, 말초 기전설, 교감신경계 기전설, 정신적 기전설, 중추 기전설로 나뉜다고 한다. 「외상성 사지 절단후의 환상지 현상에 대한 임상적 분석」, 『대한정형외과학회지』 제14권 제2호, 1979; 「사지절단 장애자의 환상지 및 환상통에 대한 임상적 분석」, 『대한정형외과학회지』 제26권 제4호, 1991.

6 R. Descartes, *Les méditations métaphysiques*, in *Descartes: Œuvres philosophiques*, Tome II, Textes établis, présentés et annotés par F. Alquié, Ed. Garnier Frères, 1999, pp.499~501; *Les principes de la philosophie*, in *Descartes: Œuvres philosophiques*, Tome III, 1998, pp.510~511(4부 196항); *Le traité de l'homme*, in *Descartes: Œuvres philosophiques*, Tome I, 1997, p.404.

극된 상태가 동일하다면 언제나 정신은 동일한 심리적 상태에 있게 된다고 주장한다. 신경 자극이 발에서 오든 정강이에서 오든 송과 선의 자극 상태가, 예컨대 xyz일 때마다 정신은 동일하게 아픈 발을 느끼는데, 데카르트는 'xyz'와 '아픈 발 인식' 사이의 이런 관계가 "자연에 의해 설정institué de la nature"[7]되어 있다고 말한다.

그러나 말초이론의 설명을 벗어난 것처럼 보이는 환상지 현상이 있다. 코카인 마취로 환상지를 제거하지 못하는 경우, 사지가 절단되지 않고 두뇌 손상의 결과로서 환상지가 생기는 경우, 단순한 환상지가 아니라 실제 팔이 과거에 처했던 상황을 간직한 경우, 즉 실제 팔을 찢었던 포탄 파편을 환상지 속에 여전히 가지고 있는 경우, 이런 경우들은 말초자극 외에 두뇌 상태나 두뇌 흔적에 관한 중추이론이 요구될 것이다[8](『지각의 현상학』 90). 그런데 환상지에 대한 중추이론은 말초이론을 주장하는 데카르트의 입장과 대립하지 않는다. 데카르트가 정강이나 허벅지에서 올라오는 신경자극이 환상지의 원인이라고 말하는 점에서 그의 입장은 말초이론이라 할 수 있지만, 환상지는 결국 송과선의 자극 상태에 의해서만 야기되기 때문에, 데카르트는 자신의 입장에서 두뇌 상태와 관련하여 환상지를 설명할 수 있다.[9]

7   *Les passions de l'âme*, in *Descartes: Œuvres philosophiques, Tome III*, 1998, p.982(1부 36항); *Les méditations métaphisiques, Tome III*, p.500. 이런 데카르트의 입장은 실체로서의 정신 개념을 고려하지 않는다면 유형 물리주의와 무척 닮아 있다. 따라서 데카르트에게서 환상지(정신)가 생리학적 사실로 환원되지 않지만 생리학적 원인에 의해 설명된다는 점에서, 그의 환상지 설명은 생리학적이다.

8   메를로-퐁티가 생각하는 중추이론의 '중추'는 두뇌만을 가리키는 것으로 보인다.

9   데카르트는 꿈이나 백일몽과 같은 현상을, 동물정기가 두뇌 속 인상 흔적들

그러나 메를로-퐁티는 두뇌 상태 또는 두뇌 흔적을 가지고서 생리학적 입장이 환상지를 제대로 설명할 수 없다고 본다. 어떤 감정과 상황이 부상 때의 감정과 상황을 상기시키면서 환상지를 갖지 않았던 주체에게 환상지를 나타나게 하는 경우, 팔 절단 수술 후 거대하게 보인 팔이 환자가 자신의 절단 상태를 인정한 후 줄어드는 경우, 환상지가 교양인에게 더 자주 발생한다는 경우 등은 환상지가 심리적인 요인과 관계하는 것으로 보이기 때문이다[10](『지각의 현상학』 91과 주석 2). 심리학적 입장은 부상 때의 감정이나 상황과 관련한 기억 그리고 불구의 팔을 인정하지 않으려는 심리적 욕구를 생리학적 입장보다 잘 설명할 수 있을 것이다. 환상지에 대한 심리학적 설명은 자신의 병을 망각하거나 거부하는 병리현상인 질병실인증 anosognosie의 측면에서도 이해될 수 있다. 자신의 절단 상태를 인정

을 우연히 만나 송과선이 자극되는 것으로 설명한다. *Les passions de l'âme*, in *Descartes: Œuvres philosophiques, Tome III*, pp.968~969(1부 21항). 데카르트가 말초자극 없이 두뇌 상태에 의해서만 야기된 환상지 경우나, 두뇌가 야기하는 것과 말초에서 온 자극이 결합되어 환상지가 생긴 경우를 검토한다면, 그는 두뇌와 관련된 이런 환상지를 동물정기가 두뇌 속의 인상 흔적을 만나는 것으로 설명할 수 있을 것이다.

10 『대한정형외과학회지』(제14권 제2호, 1979)는, 산업재해로 인한 외상성 사지 절단 환자 60명을 조사하여 환상통의 발현과 체형과의 관계를 다음과 같이 보고한다: 선병질형의 환자 36명 중 20명(56%)에서, 근골형의 체형 환자 20명 중 4명(20%)에서, 비만형 체형 환자 4명 중 0명(0%)에서 환상지통이 발현한다. "따라서 <u>분열성 성격</u>이 많이 나타나는 선병질형의 체형을 가진 환자에게 많이 나타남을 알 수 있다."(p.262) 또한 『대한정형외과학회지』(제26권 제4호, 1991)는, 사지절단자 106명 중 환상지나 환상통 경험자 91명을 조사하여, 91명의 절단자의 환상지 및 환상통 유발요인을 다음과 같이 보고한다: 절단단의 찬 곳 노출 48명, 부적합한 의지 착용 16명, 절단 단부 탄력붕대를 제거한 후 7명, 심한 운동이나 일을 한 후 6명, 의지 제거 후 5명, <u>심리적 우울</u>psychotic depression 3명, 핫팩 2명, 유발요인 미상 4명.(pp.1253~1254) _ 밑줄은 필자

한 후 팔이 줄어드는 경우는 불구의 팔을 거부하는 질병실인증적 심리 현상을 보여준다. 또한 불구가 된 오른팔을 망각하는 환자가 차갑고 긴 뱀 같은 그의 팔에 대해 말하면서도 오른팔을 내밀라고 할 때 왼팔을 내미는 경우가 있는데, 이것 역시 환자가 불구의 팔을 인정하지 않으려는 질병실인증 현상을 보여준다(『지각의 현상학』 91). 환상지에 대한 이런 심리학적 해명은 앞의 생리학적 입장과 마찬가지로 데카르트의 심신이론의 틀 속에서 이해될 수 있다. 데카르트의 심신이론이 이런 심리학적 입장을 그대로 수용할 수 있는지는 무척 의심스럽지만, 심리학적 입장에서 기억, 감정, 욕구 등 심리학적 원인에 의해 환상지가 나타난다는 것은 데카르트 입장에서 보면 정신이 원인이 되어 정신 내에서 결과하는 지각에 해당하기 때문이다.[11]

그러나 메를로-퐁티는 생리학적 입장과 마찬가지로 심리학적 입장 역시 환상지를 제대로 설명할 수 없다고 생각한다. "심리학적 설명은 뇌로 올라가는 신경선들의 절단이 환상지를 제거한다는 것

---

[11] 데카르트 입장에서 정신이 원인이 되어 정신 내에서 생기는 지각은, 신을 사랑하려는 의욕처럼 능동적 의지에 의한 비물질적 대상의 지각이다. 그러나 환상지의 심리학적 원인으로 제시된 감정, 기억, 욕구는 적극적 의미의 능동적인 의지에 의해 생기는 것인지 불분명할 뿐만 아니라 데카르트가 말하는, 정신 내에서 원인과 결과를 갖는 지각이 아니다. 감정, 기억, 특히 불구의 팔을 거부하려는 욕구가 적극적 의미의 능동적인 의지작용이라고 해도, 이것들은 데카르트에게서 의지에 의한 능동적 상상처럼, 의지에 의한 물질적 지각, 즉 두뇌를 필요로 하는 지각에 불과하다. 따라서 데카르트 입장에서 환상지에 대한 심리학적 설명은 생리학적 사실이 요구된다. 그러나 심리학적 설명에서 환상지 현상이 심리적 현상 내에서 일어나는 과정의 결과라는 점에서, 심리적인 원인과 환상지의 관계를 데카르트가 말한 정신과 정신이 원인이 되어 결과하는 비물질적 대상의 지각의 관계로 이해할 수 있다.

을 모른 체 할 수 없"기 때문이다(『지각의 현상학』 91). 이처럼 생리학적 입장(말초이론과 중추이론)도 심리학적 입장도 환상지 현상에 대해 충분하게 설명하지 못한다.[12] 혹자는 생리학적 입장과 심리학적 입장의 단순 종합으로 환상지를 설명해볼 수 있을 것이다. 그러나 이것 역시 환상지를 제대로 설명할 수 없다. 우리는 각 입장이 데카르트의 입장과 동일하거나 적어도 데카르트 심신이론 틀 속에서 이해될 수 있음을 보았다. 하나의 환상지 현상을 설명하기 위해 심리학적 사실과 생리학적 사실을 결합시킨다면, 어떻게 이질적인 이 두 종류의 사실이 만날 수 있는지, 또는 만날 수 있는 공통의 영역이 무엇인지 데카르트의 심신이론 틀에서 설명하기는 불가능하다. 메를로-퐁티는 이 점을 분명히 인식하고 있다. "공간 속에 있는 '생리학적 사실들'과 어느 곳에도 없는 '심리학적 사실들'의 공통의 지반이 무엇일 수 있는지, 즉자의 영역에 속하는 신경 임펄스로서의 객관적 사실들과 대자의 영역에 속하는 인정, 거부, 과거의 의식, 감정과 같은 사유들cogitaiones의 공통의 지반이 무엇일 수 있는지 알 수 없다."(『지각의 현상학』 91~92) 데카르트가 정신과 물질의 즉자적인 두 영역을 두는 것처럼, 심리학적인 것과 생리학적인 것이 명백히 구분되는 한, 환상지 문제는 해결될 수 없을 것이다.

---

12 "환상지통의 치료는 상기한 여러 가지 기전설에 입각하여 절단지단의 국소마취, 신경근절단술, 교감신경절제술, 척추부분절단술, 중뇌색절단술, 피질절제술, 정신요법 등이 시도되었으나 <u>어떤 치료법도 모든 환자의 환상지통을 전예에서 완치시킬 수 없었고</u> 다만 부분적으로 효과를 얻는 경우가 있을 뿐이다." 『대한정형외과학회지』 제14권 제2호, 1979, p.263. _ 밑줄은 필자

환상지에 대한 메를로-퐁티의 설명
애매하고 모호한 현상

앞에서 본 것처럼 메를로-퐁티는 객관적 사유가 왜곡하기 이전의 현상으로, 즉자적인 것들로 객관화되기 이전의 현상으로 되돌아가려고 한다. 그는 객관화되기 이전의, 즉 이분화되기 이전의 영역을 포착하면서 환상지 문제를 해결하려 한다. 그러나 환상지에 대한 생리학적 설명과 심리학적 설명은 이런 객관화되기 이전의 영역을 보지 못한다. 생리학적 입장에서, 환상지는 주어지지 말아야 할 온전한 팔 표상의 현존이고, 질병실인증은 주어져야 할 불구의 팔 표상의 부재이다. 왜냐하면 생리학적으로 허상인 온전한 팔이 (환상지) 주어져 있기 때문이며, 생리학적으로 불구의 팔이 주어져 있지만 그 팔을 인식 못하기(질병실인증) 때문이다(『지각의 현상학』 95). 심리학적인 입장에서, 환상지는 심리학적인 원인에 의해 팔이 현존하는 것으로 여기는 표상이고, 질병실인증은 팔이 현실적으로 부재하는 것으로 여기는 표상이다. 또한 "환상지는 기억, 긍정적 판단이거나 지각이고, 질병실인증은 망각, 부정적 판단, 비지각이 된다."(『지각의 현상학』 95) 여기서 두 입장은 "현존과 부재 사이의 중간이 없는 객관적 세계의 카테고리들"(『지각의 현상학』 95) 속에 있다. 생리학적 입장은 '표상의 현존'과 '표상의 부재', 심리학적 입장은 '현존의 표상'과 '부재의 표상'으로, 즉 확정된 것, 즉자적인 것으로 환상지와 질병실인증을 설명한다.

그러나 질병실인증 환자는 자신의 마비된 팔을 전적으로 모르고 있지 않다. 앞서 본 것처럼 환자는 기이하고 뱀 같은 자신의 팔을 말하기도 한다. 그는 자신의 불구의 몸을 알기 때문에 불구의 몸을 회피한다. 마찬가지로 환상지 경우에서도 환자는 분명한 지각을 갖고 있지 않다. 환자는 실제 다리가 있는 것처럼 자신의 허상의 다리로 걸으려고 하고, 넘어져도 상심하지 않는다. 그러나 환자는 허상의 다리의 특이성, 다리의 이상한 운동성을 잘 기술한다(『지각의 현상학』96). 메를로-퐁티는 환상지나 질병실인증을 '현존'과 '부재', '알고 있음'과 '모르고 있음'으로 나눠지기 이전 상태에서 포착한다. 이 영역에서 "허상의 팔은 팔의 표상이 아니라 팔의 양면 감정적 현전이다."(『지각의 현상학』96) 그렇기 때문에 질병실인증 현상에서 자신의 불구의 팔을 거부하는 것이나 환상지 현상에서 온전한 팔을 가졌다고 여기는 것은 "숙고된 결정도 아니고 정립적 의식의 수준에 있는 것도 아니다."(『지각의 현상학』96) 따라서 "현존하는 것으로서의 절단된 팔의 경험 혹은 부재하는 것으로서의 병든 팔의 경험은 '나는 사유한다$_{\text{Je pense que…}}$'의 영역에 속하지 않는다."(『지각의 현상학』96)

메를로-퐁티가 포착한 이 영역은 데카르트의 '나는 사유한다'의 명석하고 판명한 인식의 영역과 대립한다. 이 영역은 명석한$_{\text{clear/clair}}$ 인식의 영역이 아니라 불투명한 또는 '흐릿한$_{\text{obscur(e)}}$' 경험(체험)의 영역이다. 메를로-퐁티가 말하는 체험의 영역, 즉 객관적 사유 이전의 영역은 충전적으로 선명하게 다 주어지지 않는다. 거기에서 현존과 부재, 앎과 모름의 경계선은 불분명하다. 이런 의미에서 메를로-퐁티가 포착한 영역은 '모호하다$_{\text{vague}}$'[13]고 할 수 있다. 또한 이

---

13   여기서 우리가 메를로-퐁티가 포착하려는 현상이 모호하고 할 때, 이 '모호함'

영역은 사물들 또는 사실들이 명백히 구별되는 판명한distinct 인식의 영역이 아니라 그것들이 섞여confus(ed) 있는 체험의 영역이다. 현존과 부재 또는 앎과 모름이 단지 구별되지 않을 뿐 아니라 그것들이 섞여 있다. 이런 의미에서 이 영역은 '애매하다ambigu(ous)'¹⁴고 할 수 있다. 따라서 메를로-퐁티가 말하는 객관성 이전의 영역은 모호하고 애매하다. 앞에서 우리는 메를로-퐁티에게서 감각 내용과 의미 또는 사물과 의식이 나눠져 있지 않음을 보았다. 내가 푸른 하늘을 보고 거기에 육화되어 있다고 할 때, 메를로-퐁티 입장에서 나의 의식과 푸른 하늘 또는 하늘의 푸르름은 명백히 나눠져 있지 않다. 그러나 데카르트 입장에서 그런 푸르름의 지각은, 설사 선명하게 나의 의식에 푸르름이 다 주어져서 명석할 수는 있지만, 판명한 인식이 아니다. 그 푸르름은 연장적인 물질이 아니어서, 즉 이차성질이어서 나의 정신의 한 상태에 불과한데, 그것이 동시에 하늘에 있다고 말할 수 없기 때문이다. 정신에 있는 푸르름과 물리적인 푸르름, 즉 연장적인 것(일차성질)은 구별되어distinct야만 한다. 그러나 메를로-퐁티는, "나는 사유 속에서 하늘을 소유하지 않고, (…) 하늘 앞에서 푸르름의 관념을 펼쳐보이지 않는다. 나는 나 자신을 하늘에 맡기고, 이 신비 속에 나를 빠뜨리며, 하늘은 '내 속에서 스스

     은 사람들이 흔히 드는 대머리의 예(머리가 얼마만큼 빠져야 대머리인지 아닌지)처럼 단순히 경계가 불분명함만을 말하지 않는다. 데카르트가 말한 명석한 인식의 영역과 대비되는 '흐릿한' 경험의 영역에서 그 경계가 분명히 정해져 있지 않는, 그런 모호함이다.

14 또한 여기서 말하는 '애매함'은 하나의 현상이 단순히 가지는 이중적인 모습이 아니라, 흐릿한 영역에서 두 가지 것이 서로 섞여 있는 것을 가리킨다. 흔히 사람들이 메를로-퐁티의 철학을 'ambiguité(ambiguity)'의 철학이라고 말하고, 메를로-퐁티 자신도 환상지의 'ambiguité'(『지각의 현상학』 95~98의 제목)라는 말을 할 때, 이 'ambiguité'는 '모호함'이면서 '애매함'이다.

로 사유한다'"¹⁵(『지각의 현상학』 248)라고 말한다. 즉 나와 하늘의 푸르름은 모호하고 애매한 관계를 맺고 있어서, 어디서 하늘의 푸르름이 끝나고 어디서 내가 시작하는지 구분할 수 없다.

따라서 나는 '나는 사유한다' 이전에 이미 세계와 교섭한다. 나는 '나는 사유한다' 이전에 데카르트가 말하는 몸, 즉 나의 의식과 분리된 객관적인 몸을 통해 세계와 교섭하지 않는다. 나는 체험하는 몸을 통해 또는 체험하는 몸으로서 세계와 교섭하고 세계에 육화되어 있다. 마찬가지로 환상지 환자는 자신의 체험하는 몸을 통해 또는 그런 몸으로서 '자신의 세계'와 교섭하고 '자신의 세계'에 육화되어 있다. '나는 사유한다' 이전에, 환상지 환자의 몸은 암묵적으로 특정 과거에 고착되어 특정한 방식으로 세계와 교섭한다. 메를로-퐁티는 이런 고착된 몸을 '습관적인 몸'(『지각의 현상학』 97)이라고 한다. 습관적인 몸은 고착되어 있는 과거 속에 매몰된 채로 현재나 미래의 경험을 규정하고 억압한다. 그래서 환상지 환자는 자신의 잘려나간 팔이 여전히 거기에 있다고 여기고, 그루터기 팔로 사물을 만지려고 한다. 그렇지만 환상지 환자는 습관적인 몸으로 사물을 만질 때 또한 이 만짐을 충족시키지 못하는 몸을 느낀다. 메를로-퐁티는 사물을 만질 수 없는 환상지 환자의 몸을 '현실적인 몸'(『지각의 현상학』 97)이라 말한다. 환상지 환자는 습관적인 몸으로 사물을 만지려고 하고 실제 팔이 현존한다고 믿지만, 다른 한편으로 현실적인 몸으로 이런 믿음이 현실화되지 않음을 경험한다. 이처럼 환상지 환자가 경험하는 허상의 팔과 현실의 팔은 공존한다. 몸의 이런 두 측면은 애매하

---

15 메를로-퐁티가 따옴표 속에서 표현한, "하늘이 '내 속에서 스스로 사유한다'"에 유의해야 한다. 메를로-퐁티는 사물이 실제 사유한다고 믿는 물활론자가 아니다.

고 모호하다. 앞서 본 현존과 부재 또는 앎과 모름의 혼재는 이런 습관적인 몸과 현실적인 몸의 공존에 기인한다(『지각의 현상학』 97).

그런데 과거에 고착되어 있는 환상지 환자의 몸은 단순히 무의식과 같은 심리적 상태가 아니다. 거기에는 생리적 조건이 분리되어 있지 않다. 환상지 환자가 "허상의 팔을 가지는 것은, 단지 팔이 할 수 있는 모든 행위에 열려 있는 것이고, 절단되기 전에 가졌던 실천적 장을 보유하는 것이다."(『지각의 현상학』 97) 실천적 장을 지닌 그의 몸에는 생리적 조건이 통합되어 있다. "그루터기 사지에서 올라오는 흥분은 실존의 회로 속에서 절단된 사지를 유지하고, 절단된 사지의 자리를 표시하고 간직하며, 절단된 사지가 사라지지 않게 하고, 절단된 사지가 여전히 유기체에게 중요하게 한다."(『지각의 현상학』 102) 그 흥분은 생리학적인 원인이라고 말할 수 없을 정도로 이미 환상지로 변모되어 있어, 어디서 흥분이 끝나고 어디서 환상지가 시작하는지 알 수 없다. 또한 심리학적 원인으로 여겨지는 감정이나 기억이 환상지를 불러일으키는 것 역시 생리적 조건과 더불어 이해해야 한다. 어떠한 감정이나 기억으로 환상지가 생겼을 때, 이 환상지는 단순 표상으로서의 "회상이 아니라 하나의 준-현재"(『지각의 현상학』 101)이고 "억압된 경험처럼 과거가 되기를 스스로 결정하지 못한 하나의 옛날 현재이다."(『지각의 현상학』 101) 어떤 감정이나 기억이, 고착되어 있는 환상지 환자의 몸을 '일깨울' 때, 그 감정이나 기억은 심리학적 원인이라고 할 수 없을 정도로 고착된 몸과 구분되지 않는다. 그래서 환상지 환자는 순수 의식처럼 환상지를 표상(사유)하는 것이 아니라 잘려나간 팔이 그루터기 팔에 붙어 있는 것으로 느낀다. 그는 '사유하지 않은' 팔로 사물을 만지려고 한다. 사물을 만지려는 이 팔 '속'에는 생리적 조건이 통합되어 있다. 따라서 메를로-

퐁티에게서 환상지 현상은 생리적 조건이 통합된, 고착된 몸과 관련하여 일어나는 현상이라 할 수 있다.

혹자는 메를로-퐁티가 말하는 생리적 조건이 통합된 몸은, 순수 의식은 아니라 하더라도 심리적인 차원에서 이해된 것이라고 할 것이다. 그루터기 팔에서 온 흥분은 신경선 상태나 두뇌 상태와 같은 삼인칭적인 생리학적 사실이 아니고, 잘려나간 팔이 그루터기 팔에 붙어 있음을 느끼는 것도 그러한 생리학적인 사실이 아니라고 할 것이다. 그러나 이것은 생리적 조건이 통합된 몸을 추후적으로 또는 이차적으로 객관화하여 본 것이다. 앞서 언급했듯이 우리에게 로큰롤은 소리와 의미가 분리되어 있지 않다. 우리가 듣고 있는 로큰롤을 물리적으로 접근하여 소리의 파장 등으로 객관화할 수 있다. 그러나 그 객관화된 소리는 우리가 듣고 있는 '그' 로큰롤에 대한 일면적 규정일 수 있지만 따로 떼어낼 수가 없다. 일차적으로 주어지는(경험되는) 로큰롤 속에는 그렇게 객관화될 수 있는 소리가 이미 로큰롤의 의미와 함께 통합되어 있다. 만약 그 객관화된 소리를 순수 물리적인 것으로, 즉 즉자적인 것으로 만든다면 어떻게 그것이 로큰롤의 의미와 만날 수 있는지 알 수 없을 것이다. 마찬가지로 환상지 환자가 체험한 몸에는 이미 생리적 조건이 통합되어 있다. 이렇게 통합된 생리적 조건은 환상지 현상 속에서 이해될 수 있다.[16] 또한 감정, 기억 등 심리적인 조건 역시 환상지 현상에 통합되어 있고, 이 심리적 조건 역시 환상지 현상 속에서 이해될 수 있다. 우리가 환상지 현상에서 이차적으로 생리학적 사실을 객관

---

[16] 몸의 정신적인 것과 물리적인 것의 통합에 관해서는, 주성호, 「심신 문제를 통해 본 메를로-퐁티의 몸 이론」, 『철학사상』 제39집, 2011, 2, 4장 참고.

적으로 파악할 수 있고, 또한 심리학적 사실을 또는 의식적 사실을 주관적 관점에서 객관화해 볼 수 있지만, 그것들을 환상지 현상에서 떼어낼 수는 없다. 환상지 현상 속에는 생리적 조건과 심리적 조건 또는 의식 현상이, 로큰롤의 소리와 의미처럼 이미 미분화적으로 혼재되어 있다. 따라서 환상지 환자의 의식이 그의 팔에 '육화되어 있음'은 순수 생리학적 사실과의 만남을 의미하지 않는다. 그것은 심리학적인 사실과 생리학적인 사실로 이분화되지 않은 상태를 의식의 측면에서 바라본 것이다.

순수 의식의 세계와 체험된 세계

데카르트는 정신과 객관적인 몸을 구별하고, 객관적인 몸의 말단과 송과선을 구별하고, 정신현상을 오직 송과선과 관계해서 이해한다. 환상지의 원인을 말단으로 중추로 또는 심리학적인 사실로 보는 입장들은, 데카르트처럼 명백히 구분되는 항들을 두고 환상지 문제에 접근한다. 오늘날 두뇌 상태와 의식을 명백히 구분하여 심신관계를 설명하려는 심리철학 역시 메를로-퐁티의 입장에서 보면 여전히 데카르트의 틀 속에 있다. 우리가 본 것처럼 이런 모든 입장은 즉자적인 것을 상정하는 객관적 사유에 사로잡혀 있다. 메를로-퐁티에게서 자극과 반응이 선객관적인 영역에서 '함께 태어나고co-naissance' 순환적 관계 속에 있는 것처럼, 환상지 현상 속에서 심리적인 측면과 생리적인 측면은 분리되지 않고 함께 있다. 거기에는 구별되어 있는 생리학적 원인과 심리학적인 원인은 없고,

생리적인 측면과 심리적인 측면이 하나의 전체 현상으로서 혼재되어 있다. 거기에는, 이차적으로 생리학적 사실 또는 심리학적 사실로 이끌어갈, 그래서 생리학적 원인 또는 심리학적 원인으로 왜곡되어 파악될 수도 있는 생리적인 측면과 심리적인 측면이 미분화적으로 있다.[17] 앞서 본 '애매'와 '모호'로 표현하자면, 우리 인간은 심리적이면서 생리적인, 애매하면서도 모호한 실존(존재)이다.[18]

그런데 데카르트는 「여섯째 성찰」에서 심신이 혼합된(섞인)confus 상태를 언급한다.

> 자연은 고통, 배고픔, 목마름 등과 같은 감각을 통해, 선원이 배 안에 있는 것처럼 내가 내 몸 속에 있을 뿐만 아니라, 몸과 아주 밀접하게 결합되어conjunctum 있고 거의 혼합되어permixtum, mêlé 있어서 몸과 일체를 이루고 있음도 가르쳐주고 있다. (…) 왜냐하면 목마름, 배고픔, 고통 등과 같은 감각은 정신과 몸의 결합unione, union 및 혼합permixtione, mélange에 의해 생기는 혼동된(섞여 있는)confusi, confuses 사유 양태와 다름 아님이 확실하기 때문이다.[19] _ 강조는 필자

---

17 따라서 개별 과학이 제시한 생리학적 사실(또는 원인)이나 심리학적인 사실(또는 원인)은 이 전체 현상 속에서 의미를 갖는다.
18 메를로-퐁티는 말년에 물질도 정신도 아닌 존재를 '살'이라는 용어로 표현한다.(『보이는 것과 보이지 않는 것』 pp.170~204 참조)
19 R. Descartes, *Meditationes de prima philosophia*, in *Descartes: Œuvres philosophiques*, Tome II, 1999, p.228; *Les méditations métaphysiques*, in *Descartes: Œuvres philosophiques*, Tome II, p.492. 번역은 한국어판(이현복 옮김, p.112)을 부분적으로 수정한 것이다. 라틴어판의 "결합되고 거의 혼합되어conjunctum & quasi permixtum"를, 불어판은 "혼합되고 섞여 있어confondu et mêlé"로 표현하여 심신의 혼합된 상태를 더 강하게 나타낸다.

이처럼 데카르트는 심신의 외적 결합을 넘어, 목에서 목마름을 느끼고(감각하고) 배에서 배고픔을 느끼는(감각하는) 혼합된 상태를 포착한다. 그리고 이와 같은 심신 결합이 철학이 아니라 일상생활에서 알려진다고 말한다. "전혀 철학을 하지 않고 자신의 감각만 이용하는 사람들은, 영혼이 몸을 움직이고 몸이 영혼에 작용하는 것을 조금도 의심하지 않는다. 그들은 영혼과 몸을 하나의 것으로 간주하는데, 말하자면 그것들의 결합union을 생각한다conçoivent. 왜냐하면 두 가지 것 사이에 있는 결합을 생각하는 것은 그것들을 단지 하나의 것으로 생각하는 것이기 때문이다. (…) 단지 삶과 일상적인 대화를 사용하면서, (…) 우리는 영혼과 몸의 결합을 생각하게 된다."[20] 그러나 데카르트에게서 일상생활에서 심신이 하나가 되어 "섞여confus 있음을 경험하는(감각하는) 것은, 이성적으로 파악했을 때는, 즉 철학에 의해 탐구되었을 때는 명석·판명하지 않은 "혼동된 사유 양태façon confuse de penser"이다. 즉 일상생활에서 배고픔과 목마름은 '배'와 '목'에서 경험(감각)하지만, 철학적으로 파악했을 때 그 경험(감각)은 잘못 사유한, 몸과 분리된 정신의 한 상태에 불과하다. 따라서 데카르트는 심신 결합의 경험을 순수 정신(의식)의 영역으로 이끌고 온다. 그러나 메를로-퐁티는 데카르트와 반대 방향에서 우리의 삶에 밀착하여 우리의 삶을 포착하려 한다. 그는 일상생활에서 몸과 나눠지지 않는 의식을 포착한다. 그리고 "나는 인간의 몸을 체험하는 것 이외에, 즉 그 몸을 가로지르는 드라마를 내 것

---

20 R. Descartes, *Lettre à Elisabeth* du 28 juin 1643, in *Descartes: Œuvres philosophiques, Tome III*, 1988, pp.44~45. 여기서 데카르트가 쓴 '생각하다concevoir'는 말은 명석·판명한 사유penser를 가리키지 않는다. 그것은 독사doxa를, 즉 '단순 의견을 갖는다'를 가리킨다.

으로 취하고 내가 그 몸과 하나가 되는(섞이는)confondre 것 이외에 인간의 몸을 인식할 수단을 갖고 있지 않다. 나는 나의 몸이다."(『지각의 현상학』 231)라고 말한다. 데카르트가 순수 의식(이성)을 통해 심신 결합의 경험을 파악한다면, 메를로-퐁티는 이처럼 체험된 몸으로 그 경험을 포착한다. 데카르트가 우리의 삶(경험)을 순수 의식에 의해 객관화된 항들로 설명한다면, 메를로-퐁티는 우리의 삶(경험) 자체를 포착하기 위해 객관성 이전의 영역으로 되돌아간다. 이처럼 메를로-퐁티는 데카르트가 철학의 영역에서 배제한 일상생활을 철학의 영역으로 복원하려 한다.

더 읽을거리

이 글에서 한국어로 약칭한 메를로-퐁티의 프랑스어 원전은 다음과 같다.
『행동의 구조』 *La structure du comportement*(PUF, 1942)
『지각의 현상학』 *Phénoménologie de la perception*(Gallimard, 1945)
『의미와 무의미』 *Sens et non-sens*(Nagel, 1948)
『보이는 것과 보이지 않는 것』 *Le visible et l'invisible*(Gallimard, 1964)
관심 있는 독자들을 위해 한국어로 출간된 번역본을 아래 간단히 소개한다.

메를로-퐁티, 『행동의 구조』, 김웅권 옮김, 동문선, 2008
 메를로-퐁티의 첫번째 저서. 이 책은 주로 행동comportement이라는 현상을 다룬다. 메를로-퐁티에게서 행동은 "심리학적인 것과 생리학적인 것에 대한 고전적 구분에 대해 중립적이다."(『행동의 구조』 2) 이런 양비론적인 그의 입장은 그의 철학 저서 전체에 걸쳐 변주곡처럼 나타난다. 이 책의 마지막 제4장은 심신 문제를 다룬다. 원문으로 약 40여 쪽의 분량인데, 메를로-퐁티의 저서 중 심신 문제를 가장 분명하게 다루는 부분이다.

메를로-퐁티, 『지각의 현상학』, 류의근 옮김, 문학과지성사, 2002
 메를로-퐁티의 주저로 알려진 저서. 이 책은 지성론과 경험론을 끊임없이 대칭적으로 비판하고 지각적 주체로서의 몸과 지각적 현상이 무엇인지 다룬다. 이 책 제1부(원문 기준 약 160쪽으로, 책 전체의 약 3분의 1)인 「몸」은 몸의 현상을 다룬다. 주로 주객관계 속에서의 몸의 문제를 다룬다. 제1부 제1장 「대상으로서의 몸과 기계론적 생리학」은 『지각의 현상학』에서 가장 많이 심신 문제를 다룬다. 우리가 다룬 환상지 문제는 이 제1부의 제1장에 나온다.

메를로-퐁티, 『보이는 것과 보이지 않는 것』, 남수인·최의영 옮김, 동문선, 2004
메를로-퐁티의 유고. 이 책은 메를로-퐁티가 죽기 전 약 2년간 작성한 미완의 글을 모아, 메를로-퐁티 사후에 출간한 것이다. 메를로-퐁티는 말년에 '살의 존재론'이라는 작업을 시도했는데, 우리는 이 책에서 그의 '살의 존재론'의 스케치 또는 일부를 볼 수 있다. 그러나 이 책은 메를로-퐁티의 사유의 높은 수준의 경지를 보여주기 때문에, 상당수 메를로-퐁티 연구자들은 미완의 이 책을 메를로-퐁티의 진정한 주저라고 생각한다. 이 책 본문의 마지막 장인 「얽힘-교차」는 원문으로 약 30쪽 분량인데 이 책의 정수를 보여준다. 이 마지막 장에서 주객 문제, 심신 문제를 살펴볼 수 있다.

모니카 M. 랭어, 『메를로-퐁티의 지각의 현상학』, 서우석·임양혁 옮김, 청하
이 책은 『지각의 현상학』의 해설서이다. 이 책은 『지각의 현상학』의 각 장을 차례로 따라가면서 내용을 정리하고 있어, 독자들은 이 책을 통해서 『지각의 현상학』의 전반적 내용을 파악할 수 있을 것이다.

주성호, 「심신 문제를 통해 본 메를로-퐁티의 몸 이론」, 『철학사상』 제39집, 2011
메를로-퐁티의 심신이론을 이해하는 데 도움을 줄 것이다.

M. C. Dillon, *Merleau-Ponty's Ontology*, Indiana University Press, 1988
영어권에서 많이 읽히는 메를로-퐁티 철학에 관한 단행본이다. 저자는 이 책에서 박학한 철학사적 지식을 동원하여 메를로-퐁티 철학을 깊이 있게 해명하고 있다. 독자들은 이 책을 통해 메를로-퐁티 철학에 심층적으로 접근할 수 있을 것이다.

Stephen Priest, *Merleau-Ponty*, Routledge, 1998
심신 문제와 관련한 메를로-퐁티의 철학의 해설서는 의외로 찾기 힘들다. 이 책은 몸, 지각, 공간, 시간, 자유, 언어, 주체성, 타인 등, 주제별로 메를로-퐁티 철학을 소개하고 있고, 제4장 "The Body"는 메를로-퐁티의 심신이론을 설명하고 있다.

라캉

'프로이트로의 복귀'

김서영

이화여자대학교 과학교육과(생물 전공)를 졸업한 후 1997년 정신분석 공부를 시작하며 만난 프로이트는 신경전달과정에 대한 새로운 이론을 소개하는 과학자였다. 영국 셰필드대학 정신과 심리치료센터에서 석사학위를 받는 동안 알게 된 프로이트는 에너지의 양을 토대로 충동의 변화를 연구하며 실재의 간극을 드러내는 정동affect의 철학자였다. 그 이후 박사학위 과정에서 다시 읽은 프로이트는 인간을 기표의 효과로 설명하며 궁극적 의미에 저항하는 표상의 해석자였다. 2002년 귀국 후 분석심리학을 통해 본 프로이트는, 운명을 탓해온 사람이 운명을 책임지는 사람으로 변하도록 안내하는 대중의 치유자였다. 그 치유의 이야기를 전하기 위해 『영화로 읽는 정신분석』, 『프로이트의 환자들』, 『내 무의식의 방』, 『프로이트의〈꿈의 해석〉』, 『프로이트의 편지』, 『드림저널』, 『아주 사적인 신화 읽기』를 집필하였으며, 치유의 이론적 배경을 소개하기 위해 『라캉 읽기』, 『에크리 읽기』, 『시차적 관점』을 번역했고 이론의 실천적 활용을 위해 아홉 명의 학생들과 함께 『어린 왕자, 진짜 중요한 건 눈에 보이지 않아』를 만들었다. 현재 광운대 인제니움학부대학에서 학생들이 남에게 갇히지도, 자신 안에 묻히지도 않도록 돕기 위해 최선을 다하고 있다.

자아심리학에서 다시 프로이트로

자크 라캉Jacques Lacan(1901~1981)은 지그문트 프로이트의 정신분석학을 재해석한 프랑스의 정신분석가이다. 라캉은 프로이트 사후 정신분석학의 흐름을 주도하던 자아심리학을 프로이트에 대한 배반으로 규정하며 '프로이트로의 복귀'를 촉구했다. 자아의 균형, 조절, 통제를 강조하는 자아심리학에 반대하여 라캉은 진정한 프로이트로의 복귀란 '무의식으로의 복귀'를 뜻한다고 주장했다. 자아심리학을 비판하는 것은 프로이트의 딸이자 제자이기도 했던 안나 프로이트와 라캉 자신이 교육 분석을 받은 루돌프 뢰벤슈타인을 비판하는 것과 같은 일이었음에도, 라캉은 프로이트의 정신분석학에서는 결코 자아가 중심에 배치될 수 없다고 잘라 말한다. 정신분석의 동향을 비판하고 그 입지를 쇄신하기 위해 그는 1951년부터 1980년까지 30여 년 동안 소규모 모임이나 공개 강연(세미나)을 진행하며 프로이트의 개념과 주요 사상을 재해석했다. 라캉의 새로운 해석을 통해 프로이트의 이론과 임상에 접근할 때 우리는 비로소 언어와 같이 구조화된 무의식을 분석하는 프로이트의 방식을 배우게 되며, 허상과 가식을 넘어 불편한 무의식의 이야기를 경청할 수 있게 된다.

자아라는 중심 허물기

　프로이트가 1923년 『자아와 이드』를 출간한 후 이전의 작업들을 자아, 이드, 초자아라는 개념들로 재구성했다는 점과 초기 저작들에서부터 프로이트가 지각과 관련된 자아의 역할을 자주 언급해왔다는 점 때문에 자연스럽게 프로이트 사후 정신분석학의 중심은 '자아'라는 구조로 이동하였다. 하지만 『정신분석 강의』 제18강에서 프로이트는 자아에 대한 일반적인 해석에 반하는 주장을 펼치고 있다. 그는 코페르니쿠스와 다윈이 각각 지구와 인간의 자리를 주변으로 밀어낸 것과 마찬가지로, 자신 역시 자아를 마음의 중심으로부터 물러나게 만들었다고 설명한다. 프로이트는 이 사건들을 중심의 전복을 초래하는 3대 모욕Kränkung으로 지칭한다. 라캉은 여기서 한 걸음 더 나아가 프로이트의 업적을 코페르니쿠스의 혁명과 비교하는 것은 적절하지 못하다고 말한다. 코페르니쿠스 역시 여전히 중심이라는 것을 가정했기 때문이다. 라캉에 따르면, 코페르니쿠스의 지동설보다 프로이트의 무의식 혁명을 더욱 적절히 설명하는 것은 케플러의 타원 개념이다. 타원에는 두 개의 초점이 있을 뿐 중심이라는 것이 존재하지 않는다(『세미나 XX』). 또한 라캉은 베르너 하이젠베르크의 업적을 언급하며 입자의 위치와 운동량을 동시에 정확히 측정하는 것이 불가능한 것처럼, 전체를 아는 것은 불가능하다고 말한다. 그는 바로 이것이 언어 속에서 일어나는 일이라고 설명한다(『세미나 II』).
　라캉은 언어와 말이라는 영역을 확실성과 명료함보다는 불확실성과 모호함 속에 배치한다. 그는 "나는 생각한다, 고로 존재한다 Cogito ergo sum"라는 데카르트의 명제를 "나는 내가 존재하지 않는 곳에서 생각한다, 그러므로 나는 내가 생각하지 않는 곳에 존재한다"(『에크리』 2006, 430; 1966, 517)[1]로 바꾼다. 또한 라캉은 아우구스티누스가 의심에서 확신으로 나아가는 영적 존재의 지향성에 대해 언급할 때 그가 말의 기능을 폄하했다고 주장하며, 이와 반대로 말에는 '말하는 사람을 능가하는 힘'이 있다고 설명한다(『세미나 L』). 라캉은 이와 같이, 확신에서 의심으로 초점을 이동하고 진실이라는 개념을 모호함과 실수의 영역에 위치시킨다. 라캉에 따르면 바로 이것이 프로이트의 업적이다. 여기에서 더 나아가 라캉은 칸트의 『실천이성비판』을 사드의 『규방철학』과 비교하며 정신분석의 윤리학이 칸트 윤리학의 이면이라고 설명한다(『세미나 VII』). 정신분석은 칸트의 윤리학이 논의의 대상에서 제외하는 정념적인 동인 그 자체에 초점을 맞추고 "네 욕망에 따라 행동하라"는 정언명령을 치유의 윤리학으로 삼는다는 뜻이다.

 라캉의 정신분석학이 자아라는 중심을 무너뜨리고 그 대신 의심과 불확실성, 모호함과 불명료함을 강조하는 이유는 소원이나 욕망과 같은 가장 개인적인 경험까지도 모두 언어라는 매개를 통해 항상 타자와의 관계 속에서 생성되고 표출되기 때문이다. 이러한 이유로 라캉은 개인과 신의 은밀한 관계 속에 개인의 존재를 제한하는 종교적 개체주의는 결코 주체의 진실을 제대로 설명하지 못한다고 지적한다. 라캉은 인간의 현실이 타자의 존재 속에 있다는

---

1 이 글에서는 영역본과 불어 원문의 페이지를 동시에 표기하였다. 이 경우 2006년에 출간된 영역본 430페이지, 1966년 출간된 불어판의 517페이지라는 뜻이다.

헤겔의 통찰로부터 정신분석적 주체의 탄생을 설명한다. 주체는 오직 타자와의 상호주체적 관계 속에서 진행되는 생사를 건 인정투쟁을 통해서만 구성될 수 있다(『세미나』 II). 또한 라캉은 주인과 노예의 변증법을 통해 "주체의 욕망은 항상 타자의 욕망에 대한 욕망"이라는 명제를 구성한다. 이와 더불어, 언어가 지나치게 일반적으로 기능화될 경우 그것을 말로 표현하는 것이 어려워지며, 반대로 언어가 개인에게만 적합해질 경우 그것은 언어의 기능 자체를 상실하게 된다는 라캉의 말에서 우리는 구체적 보편이라는 헤겔의 중심 개념을 상기하게 된다. 이와 같이 라캉의 정신분석학은 주체의 가장 내밀한 경험이 항상 주체의 외부에서, 오직 타자와의 관계 속에서만 구성된다고 설명한다. 프로이트는 외부와 내부를 잇는 마음의 기술을 '동일시'라고 불렀으며 내적 현실이 외부의 인물을 통해 반복되는 방식을 '전이'라고 불렀다. 동일시나 전이는 '언어'라는 구조와 '말'이라는 실천을 토대로 분석할 수 있는 것이다. 그러므로 정신분석은 인류 보편적인 도구인 언어 속에서 다른 어떤 사람의 경험과도 공유되지 않는 구체적 경험이 드러나는 방식을 연구하는 학문이라고 할 수 있다.

이러한 이유로 라캉은 정신분석학을 발달심리학과 대립시킨다. 그는 한 사람에게 고유한 경험을 언어라는 보편적 구조를 통해 분석하는 정신분석학은 인간발달단계의 일반론에 비추어 설명될 수 없다는 점을 지적한다. 그러나 심리학 개론서 대부분에서 정신분석은 구강기, 항문기, 남근기, 잠복기, 생식기라는 리비도의 발달단계를 통해 설명되고 있는 실정이다. 그뿐만 아니라 '건전한 자아 형성', '자아의 발견', '행복감 증진'과 같은 자아중심적 개념들은 아직도 우리에게 매우 친숙한 슬로건들이다. 우리가 자아라는 중심

인정투쟁
헤겔의 개념. 두 자기의식은 생사를 건 투쟁을 통하여 상대방의 인정을 받고자 하고, 이 인정을 받음으로써 궁극적으로 자신의 존재를 확정하려 한다. 이 투쟁의 결과로 주인-노예의 관계, 지배-피지배의 관계가 생겨난다.

구체적 보편
헤겔 변증법의 주요 개념. 보편적인 것이 단지 사물들 간의 공통성과 같은 명목적·추상적인 단계에 머무르지 않고, 구체적인 존재자들과의 통일을 이루고 있는 상태를 가리킨다.

발달심리학
인간의 생애를 통하여 심신의 성장·발달 과정을 심리학 이론을 배경으로 연구하는 심리학의 한 분야. 19세기 진화론의 영향으로 발족하였다.

을 강조하고 그것을 강화하는 일에 몰두하는 이상 라캉의 "프로이트로의 복귀"는 미완의 과제로 남아있게 된다. 안타까운 것은 임상 과정에서조차 '나를 통해 이야기하는 것'이 무엇인지 분석하기보다는 내가 하는 말과 행동을 통제하는 데 더욱 공을 들이는 경우가 많다는 사실이다. 전체를 통제한다는 것은 명백히 불가능한 과제이므로 그러한 방향성 속에서는 우리의 말과 행동이 더욱 억지스러워질 수밖에 없다. 라캉은 나를 '통해' 이야기하는 것, 바로 그것이 무의식임을 강조한다. 무의식의 움직임을 관찰하고 그 이야기를 경청하는 대신, 모든 것을 자아의 거짓말과 의식의 의지로 조절하려 한다면 우리는 증상을 매개로 내 몸이 내게 들려주는 말을 이해할 수도 없으며, 그것을 상징의 우주에 등록할 수도 없게 된다. 중심, 전체, 자아, 허상을 허물 때 우리는 비로소 우리 자신의 진정한 이야기를 시작할 수 있게 된다.

범성욕주의
모든 정신적인
사건들의 원인을
성욕에서 찾으려고
하는 입장. 프로이트의
정신분석학에서 많은
비판을 받고 있는 부분.

라캉은 이와 같은 방식으로 프로이트를 재해석하며, 많은 비판을 받아온 프로이트의 범성욕주의를 극복한다. 상징계, 상상계, 실재계라는 라캉의 개념들 역시 프로이트로 돌아가기 위해 구상한 도구로 이해해야 한다. 책으로도 출간된 라캉의 세미나와 그가 남긴 한 권의 책인 『에크리』에서 우리는 성이나 오이디푸스 콤플렉스보다 언어와 기표에 대한 이야기를 더 자주 듣게 된다. 라캉은 바로 그것이 프로이트가 무의식을 설명하는 방식이며, 우리가 무의식과 언어의 관계를 이해할 때에만 비로소 프로이트의 정신분석학을 이해할 수 있게 된다고 주장한다. 이를 위해 라캉은 프로이트의 『자아와 이드』(1923) 이후의 저작들보다는 『과학적 심리학을 위한 초안』(1895), 「망각의 심리기제」(1898), 『꿈의 해석』(1900), 『일상생활의 정신병리학』(1901), 『농담과 무의식의 관계』(1905)와 같은 1923년 이전 저작들의 중요성을 강조한다. 무게중심을 이동하고 라캉의 시각으로 프로이트 전집을 다시 읽으면 우리는 그 속에서 언어와 같이 구조화된 무의식을 만나게 된다.

언어와 같이 구조화된 무의식과 기표의 구조인 문자

프로이트의 「망각의 심리기제」는 라캉이 『세미나 I』에서부터 자주 언급하는 프로이트의 자기분석 사례이다. 이 논문에서 프로이트는 자신이 시뇨렐리Signorelli라는 화가의 이름을 망각하게 된 이유를 분석하고 있다. 그는 왜 자기가 시뇨렐리 대신 보티첼리Botticelli와 볼트라피오Boltraffio라는 이름들을 떠올리게 되었는지 자문한다. 프로이트는 우선 자유연상을 통해 당시 그가 보스니아, 헤르체고비나에 사는 터키 사람들에 대해 이야기하고 있었다는 것을 기억해냈으며, 그후 연상 과정에서 떠오른 단어들을 비교분석하여 각 단어의 공통된 부분들을 구별해낸다. 즉 보티첼리Botticelli와 볼트라피오Boltraffio의 보Bo는 보스니아Bosnia의 보Bo와 같고, 보티첼리Botticelli의 엘리elli는 시뇨렐리Signorelli의 엘리elli와 같으며, 볼트라피오Boltraffio의 트라피오traffio는 자신의 환자가 자살했다는 소식을 들었을 때 프로이트가 머물고 있던 트라포이Trafoi라는 마을의 이름과 유사하다. 또한 프로이트의 기억 속 문장이 시작되는 단어인 "선생님Herr"은 헤르체고비나Herzegovina의 헤어Her와 발음이 같으며, 망각한 단어인 시뇨렐리Signorelli의 'Signor' 역시 '선생님'을 뜻한다. 이러한 분석을 종합하여 프로이트는 환자의 자살이라는 괴로운 사건을 상기하지 않기 위해 자신이 시뇨렐리라는 이름을 망각했던 것이라고 결론짓는데, 라캉은 분석의 결과보다 프로이트가 단어들을 분석하는 과정 자체에 주목한다.

꿈에 지팡이가 나타났다면 정신분석학은 그것을 으레 남근의 상징으로 분석한다고 알려져 있지만, 이것은 라캉이 조명하는 정신분석이 아니다. 또한 일반적으로 『꿈의 해석』의 핵심은 꿈의 최종 의미를 찾아내는 것이라고 설명되지만, 라캉이 초점을 맞추는 부분은 프로이트가 꿈을 분석하는 과정, 즉 꿈 작업이다. 바로 이 과정이 고유명사의 망각을 추적해가는 과정이며, 프로이트가 히스테리 환자들의 증상을 분석한 과정이다. 우리는 그 과정을 정신분석이라고 부른다. 처음으로 본격적인 정신분석적 치료를 받은 안나 O가 이 방법론을 "말하기 치료talking cure"라고 불렀듯이, 정신분석의 과정은 언어와 말로 진행된다. 위의 사례처럼 시뇨렐리라는 단어가 억압되었을 때 대신 발화된 두 이름은 매우 정교하게 직조된 마음 속 그물망으로부터 특정 규칙들을 통해 선택된 것이다.

라캉의 정신분석학에서 빈번히 등장하는 개념은 오이디푸스 콤플렉스나 성이 아닌 '기표'이다. 기표는 언어와 관련된 개념으로, 이를 이해하기 위해 우리는 표상이라는 개념부터 살펴보아야 한다. 프로이트는 「무의식」(1915)에서 무의식은 충동이 아닌 표상으로 구성된다고 말했다. 무의식은 충동이 들끓는 장소가 아니며 그보다는 충동을 대변하는 표상들이 흔적으로 남아 있는 공간이다. 우리가 어떤 감정을 해석하기 위해서는 그러한 감정 또는 충동을 대표하는 무의식 속 표상이 전前의식이나 의식의 표상과 연결되어야 한다. 일반적으로 알려져 있는 것처럼 무의식 속의 감정이 의식화되는 것이 아니라는 뜻이다. 프로이트는 무의식의 내용을 사물표상Sachvorstellung이라고 불렀고 사물표상이 전의식과 의식에서 단어표상Wortvorstellung과 결합된다고 말했다. 프로이트는 사물표상을 촉각, 청각, 시각적 복합체로 가정했고, 단어표상을 읽기 이미지, 쓰기 이미지, 운동 이미지, 청각 이미지의 복합체로 간주했으며, 이 복합체들 중 사물표상의 시각적인 요소가 단어표상의 청각 이미지와 연결된다고 설명했다.

라캉은 이를 언어학자 페르디낭 드 소쉬르의 구조주의 언어학과 관련지어 기표signifier와 기의signified라는 개념을 통해 재구성한다. 소쉬르는 언어에 대한 통시적인 접근만을 언어학의 영역으로 규정하던 당시의 관행을 전복하며 언어에는 통시적인 체계와 더불어 공시적인 체계가 존재한다는 것을 증명하였다. 그는 특정 언어의 언어체계를 랑그langue라고 불렀고 개인의 발화를 빠롤parole이라고 정의했다. 랑그는 언어라는 체계 자체를 가리키며, 빠롤은 우리 각자가 사용하는 말이라고 이해하면 된다. 랑그는 인간의 언어 습관에서 빠롤이라는 개별적 말이 제외된 상태, 즉 언어의 기본 구조 그 자체를 말한다. 그러므로 우리는 랑그에 대해서만 공시적인 체계나 통시적인 체계를 연구할 수 있다. 랑그라는 언어의 체계는 기호에 의해 구성되며 기호는 기표(청각 이미지)와 기의(개념)로 나뉜다. 개라는 개념이 있다면 그것을 표현하는 청각 이미지로서의 '개'라는 음형이 있는 것이다. 소쉬르는 결코 각 개인의 취향대로 기표가 자유롭게 선택될 수 없으며, 모든 사람은 언어의 구조 속으로 태어나고 그것에 따라 소통할 수밖에 없음을 지적했다. 개라는 개념을 가리키는 기표가 개인의 의지대로 갑자기 손이나 발, 고양이로 변할 수는 없다는 것이다.

구조주의 언어학
소쉬르에 의해 시작되어 20세기 전반 언어학계를 지배했던 언어철학 및 언어 연구 방법론. 언어는 하나의 체계로 존재하기 때문에 개별적인 문법요소보다는 요소 간의 관계를 통해 설명해야 한다는 입장.

기표
기호 표현. 기호의 물질화된, 지각 가능한 (보거나 들을 수 있는) 표현.

기의
기호 내용. 기호의 내재된, 비물질적 부분.

소쉬르는 언어 기호 중 개념, 즉 기의를 기표의 우위에 배치했지만 라캉은 기표를 기의의 우위에 배치한다. 이러한 설명은 프로이트의 정신분석학이 의미의 주체라는 중심을 허물고 무의식의 주체를 강조했다는 사실에 부합한다. 라캉에 따르면 의미라는 것은 결코 특정 기표와 지속적인 관계를 맺을 수 없으며 단지 기표 아래에서 끝없이 미끄러질 뿐이다. 『에크리』에서 라캉은 동일하게 그려진 두 개의 화장실 문 위에 각각 "신사"와 "숙녀"라는 기표를 적는데, 이 경우 기의는 오직 기표에 의해서만 나타날 수 있으며, 특정 기표에 의해 채워질 때만 의미를 가지게 된다. 소쉬르는 기표와 기의의 결합이 언어 전체로는 자의적인 것이지만 한 언어 안에서는 견고한 것이라고 말했다. 하지만 라캉은 기의를 결정하는 것은 기표이며, 기표와 기의가 일시적으로 만난다 하더라도 잠시 후 하나의 기표와 다른 기표의 관계 속에서 그 의미가 변하게 된다고 설명한다. 예를 들어 어떤 사람이 자신의 꿈에 지팡이가 나왔다고 말한다면, 지팡이라는 기표는 그 사람의 자유연상 속에 나타나는 기표들과의 관련성 속에서 남근을 뜻하는 것으로 분석될 수도 있고, 그것을 들고 다니던 꿈꾼 이의 할아버지를 의미하는 것일 수도 있으며, 추억 속에 사연으로 남아 있는 지팡이 모양 사탕과 관련되는 것일 수도 있다.

라캉은 랑그에 대해서만 언급되어온 기표와 기의를 언어의 개별적 차원인 빠롤에 적용하여 정신분석학의 체계를 설명하고 있다. 하지만 우리는 이러한 방식으로 무의식을 분석할 때 언어의 체계에 대해 언급할 수밖에 없는데, 그 이유는 비록 개별적인 자유연상은 더 이상 랑그의 차원에 한정되지 않지만, 빠롤에 대한 분석 역시 근본적으로 랑그라는 언어의 규칙과 체계에 근거하여 진행되기 때문이다. 그러므로 개별적인 말이 운용되는 방식은 일반언어학에서 체계화된 랑그의 규칙을 통해 설명될 수 있다. 라캉은 이 측면을 설명하기 위해 "무의식은 근본적으로 언어에 의해 구조화되고 직조되며 연결되고 맞물린다"(『세미나 III』 1993, 119; 1981, 135)고 말한다. 라캉이 여러 번 언급하는 더욱 일반화된 문장은 "무의식은 언어와 같이 구조화되어 있다"이다. 우리는 단어들을 선택하여 조합함으로써 의미를 가진 문장을 만들게 된다. 이러한 언어의 계열축과 통합축에 의해 무의식 속의 표상들이 움직이는 방식을 설명할 수 있는 것이다. 꿈 작업 과정에서 무의식 속의 사물표상이 의식의 단어표상과 연결될 때, 하나의 표상이 다른 표상을 밀어내어 배제시킨 후 선택되거나, 또는 인접한 다른 표상 대신 그 표상이 나타날 수도 있다. 라캉은 계열관계와 통합관계를 은유와 환유라는 수사법을 통해 설명하는 로만 야콥슨R. O. Jakobson의 이론을 차용하여, 하나의 기표를 밀어내고 다른 기표가 그 자리를 대신하는 방식을 은유로, 하나의 기표와 인접한 기표가 그 기표를 대체하는 방식을 환유로 설명한다.

라캉은 이를 프로이트가 꿈 작업의 요소로 강조한 압축과 전치에 연결시킨다. 1953년에 그는 생략법, 용어법, 반복법 등의 수사법을 통사론적 전치라고 부르고, 오용, 은유, 환유 등의 수사법을 의미론적 압축이라고 불렀다(『에크리』 2006, 221~222; 1966, 268). 그러나 4년 후 라캉은 은유가 압축에 해당한다면 환유는 전치와 관련된다고 말한다(『에크리』 2006, 425; 1966, 511). 즉 처음에는 기표들이 선택되어 의미가 생성된다는 점 때문에 은유와 환유를 모두 의미론적 압축 과정으로 보았지만 이후 기표 자체를 강조하게 되며 수사법 일반을 통사론의 영역에 배치하게 된 것이다. 다시 말해, 기표들의 움직임,

로만 야콥슨
1896~1982.
소쉬르의 구조주의 언어학을 발전시킨 러시아의 언어학자·문예비평가. 구조주의 언어학의 선구자. 소쉬르에 반대하여 언어에 대한 통시론적 연구의 중요성을 역설했다.

즉 은유(압축)와 환유(전치)만으로 무의식을 분석할 수 있다는 뜻이다. 증상이란 특정 기표가 언어에 등록되지 못할 때 몸을 통해 드러난 은유이며, 욕망이란 욕망의 대상이 하나의 기표에서 다른 기표로 끊임없이 이동하는 환유로 설명할 수 있다. 이때 문제는 분석 과정에서 계열축과 통합축의 동선으로 기표들 간의 관계뿐만 아니라 기표 내부에서 일어나는 일을 설명해야 했다는 것이다. 시뇨렐리라는 하나의 기표 속에서 'elli'와 'Signor'는 전혀 다른 방식으로 무의식 속의 다른 부분들과 관련되었다. 시뇨렐리 안의 'elli' 때문에 보티첼리라는 또 다른 기표가 발화되었으며 'Signor'는 프로이트의 머릿속에서 맴돈 문장의 첫 단어인 'Herr'와 같은 의미를 가지고 있었다. 그렇다면 하나의 기표를 구성하는 기표 내부의 미세구조를 명명할 필요가 있다. 라캉은 '근본적으로 국지화된 기표의 구조'를 '문자letter'라고 부른다.

    왜 이렇게 복잡한 변형이 필요했던 것일까? 모든 것을 '압축'과 '전치'라는 프로이트의 기존 개념들로 설명할 수는 없었을까? 프로이트가 꿈 작업을 위한 가장 중요한 두 가지 요소로 제시한 압축과 전치에서, 압축은 수많은 요소를 축약하여 하나의 표상 속에 담는 일이고, 전치는 강세와 위치를 바꾸어 표상들의 위계를 뒤바꾸는 일이다. 물론 이 설명은 꿈에 나타난 표상이 그러한 방식으로 만들어졌다는 사실을 드러내고는 있지만 압축의 과정과 전치의 과정 자체를 밝히기에는 매우 투박하다. 프로이트의 분석 방식을 설명하기 위해서는 더욱 세밀한 방법론이 필요했으며, 바로 그것이 은유와 환유라는 수사법이다. 그래서 우리는 프로이트의 압축과 전치를 라캉의 은유와 환유에 직접적으로 대응시킬 수 없다. 실제로는 은유와 환유의 메커니즘이 프로이트가 뜻했던 압축과 전치 속에서 모두 운용되고 있기 때문이다. 예를 들어『꿈의 해석』중에서「꿈 작업: 1.압축작업」의 세 번째 사례인 풍뎅이 꿈을 보면, 풍뎅이Maikäfer는 꿈을 꾼 부인의 자유연상 속에서 그녀가 결혼한 달인 5월Mai과 연관되기도 하고, 최음제와 관련되기도 한다. 기표의 환유적 연쇄에 따라 5월Mai이 풍뎅이Maikäfer와 관련된다면, 꿈에 풍뎅이가 나타나는 대신 최음제라는 기표 자체가 사라져버린 것은 은유의 과정이라고 할 수 있다. 그러므로 프로이트가 말한 압축 과정은 문자라는 기표의 세부구조 속에서 더욱 복잡한 과정들로 분석될 수 있다.

이와 같이 라캉을 통해 프로이트를 읽으면 일반적으로 알려진 정신분석에 대한 편견과 오해를 극복하게 된다. 무의식은 결코 원초적이거나 충동적이지 않으며, 그보다는 언어와 같이 구조화되어 있는 영역이다. 무의식을 분석할 수 있는 이유는 무의식 속에 문자라는 미세구조들이 사물표상을 이루고 있으며, 그것들이 단어표상, 즉 기표와 연결되기 때문이다. 기의는 기표의 효과일 뿐이며 더 나아가 주체 역시 기표에 의해 배치된다. 주체는 결코 기표의 매개 없이 스스로 자신을 표현할 수 없다.

그렇다면 라캉의 정신분석학에서 정신분석의 주체는 기표의 효과에 지나지 않는, 구조의 부산물이 아닌가? 의지와 의도를 가진 주체가 어떻게 기표에 의해 배치된다는 말인가? 라캉은「『도둑맞은 편지』에 대한 세미나」에서 이 질문들에 답한다. 이것은 1954, 1955년에 진행된 세미나에서 언급하기 시작한 주제로서,『에크리』에도 동일한 주제로 라캉이 1956년에 집필한 글이 수록되어 있다. 흥미로운 것은「『도둑맞은 편지』에 대한 세미나」가『에크리』의 첫번째 글이라는 점이다. 책의 서문에서 라캉은 비록 연대순에 어긋나지만 반드시 이 글이 책의 첫 장에 배치되어야만 했다고 말한다. 그는 이러한 방식으로 독자에게 문자letter에 대한 한 통의 편지letter를 쓴다.

「『도둑맞은 편지』에 대한 세미나」를 통해 본 라캉의 상상계, 상징계, 실재계

에드거 앨런 포의 단편인 『도둑맞은 편지』는 파리의 경찰청장이 탐정 뒤팽을 찾아와 도둑맞은 편지 한 통을 찾아달라고 요청하면서 시작된다. 사건의 전모는 다음과 같다. 어느 날, 왕이 알아서는 안 되는 위험한 편지 한 통이 왕비에게 배달된다. 미처 편지를 서랍에 숨길 틈이 없었던 왕비는 왕의 눈을 피하기 위해 개봉한 편지를 자연스럽게 탁자에 내려놓는다. 이때 D장관이 나타났고, 편지의 중요성을 인식한 그는 업무보고 후에 자신이 가지고 있던 편지를 탁자에 놓고는 대신 왕비의 편지를 집어 자리를 떠난다. 왕비는 경찰청장에게 D장관의 숙소를 수색하여 편지를 찾아오도록 은밀히 부탁했지만 석 달에 걸친 수색으로도 여전히 편지의 행방은 묘연했다. 사건을 의뢰받은 뒤팽은 예전의 악연으로 잘 알고 있던 D장관을 방문했고, 곧바로 벽난로 중앙부에 매달려 있는 선반에서 편지를 찾는다. 의도적으로 담뱃갑을 두고 나온 그는, 다시 D장관을 방문하였을 때 자신이 준비해 간 편지를 선반에 꽂아 둔 후 문제의 편지를 가지고 나온다.

라캉은 이 단편에 두 번의 반복되는 삼각형 구도가 있다고 지적한다. 우선 첫번째 삼각형이 편지를 보지 못하는 왕, 편지를 숨길 수 있다고 착각하는 왕비, 이 두 인물을 모두 보고 있는 D장관으로 구성된다면, 두 번째 삼각형은 편지를 보지 못하는 경찰(왕비), 편지를 자신만이 소유할 수 있다고 착각하는 D장관, 그리고 이 상황을 보고 있는 뒤팽으로 구성된다. 라캉은 각 인물의 인품이나 지략보다는 편지와의 관계 속에서 일어나는 상호주체적 반복을 통해 소설을 분석한다. 라캉에 따르면 두 삼각형 속에서 각 인물은 특정 자리에 배치될 뿐만 아니라 동일한 방식으로 그 자리가 이동된다. 즉 누구든 편지를 받은 인물은 곧바로 편지를 잃어버린 후 그것을 보지 못하는 위치에 배치되는 것이다. 편지를 받은 사람은 매번 자신만이 그 편지를 소유하고 있다는 착각을 하게 되지만, 편지를 손에 넣었다고 생각하는 순간 편지가 사라지며, 그 사람은 편지와의 관계 속에서 기존의 자리와 전혀 다른 위치에 배치된다. 라캉은 인물들이 편지를 '소지'할 수 있을 뿐 결코 '소유'할 수는 없다고 말한다. 모든 인물은 편지와의 관계 속에서 편지에 의해 이동되고 배치될 뿐이다. 라캉은 이와 유사한 방식으로 주체를 배치하는 무의식적 구조를 상징계라고 불렀다.

「『도둑맞은 편지』에 대한 세미나」에서 라캉은 1953년에 체계화한 상징계, 상상계, 실재계라는 개념들을 두 개의 삼각형을 통해 설명하고 있다. 가장 먼저, 반복되는 삼각형들 속에서 편지와의 관계에 의해 주체가 배치되는 방식은 상징계가 운용되는 구조를 묘사한다. 상징계는 라캉이 레비스트로스의 구조주의 인류학에서 차용한 개념이다. 레비스트로스는 『친족의 기본구조』에서 근친상간이라는 정신분석의 오랜 주제를 인류 보편적 구조로 재해석했다. 그는 부족들이 족외혼을 통해 여자를 교환하며 근친상간의 금지라는 규칙을 지키는 것은 사회관계 속에 내재된 무의식적 기본

구조주의 인류학
구조의 개념을 사용하여 사회적인 제도, 관습, 풍습 등을 분석하는 인류학. 프랑스의 인류학자이자 사상가인 클로드 레비스트로스가 창시한 인류학이다.

구조로부터 비롯된 행동이라고 설명했다. 인간은 모두 제반 사회관계의 기초를 형성하고 있는 무의식적 구조 속으로 태어나며 그 속에 배치된다는 것이다. 이러한 생각을 차용하여, 라캉은 기표에 의해 구성된 상징의 우주를 '상징계'라고 명명했다. 상징계란 기표의 연쇄로 만들어진 우주이며 개인의 의지와 의도로써 변경할 수 없는 구조이다. 즉 그것은 언어의 구조이다. 무의식은 언어와 같이 구조화되어 있으므로 우리는 무의식의 현실 역시 상징계적인 구조를 가졌다고 설명할 수 있다. 물론 무의식이란 우리가 알 수 없는 것이지만, 그것이 상징계적 구조를 가지고 있는 한 우리는 그것을 언어와 같은 방식으로 분석해낼 수 있다. 라캉에 따르면 증상과 꿈의 분석을 통해 프로이트가 알아낸 것은 주체가 기표의 효과라는 사실이다.

하지만 포의 단편에서 뒤팽의 경우는 다르지 않은가? 그는 배치당하기보다는 의미를 생산하는 주체가 아닌가? 라캉은 뒤팽 역시 스스로 편지의 소유자임을 주장함으로써 편지에 의해 배치되는 인물의 대열에 포함된다고 설명한다. 뒤팽은 D장관이, 편지를 가져간 이가 자신임을 알게 만들기 위해 가짜 편지에 크레비용의 『아트레우스』 중 "그렇게 사악한 계획은 아트레우스보다는 티에스테스에 견줄 만하다"라는 문장을 적어놓는다. 이것은 티에스테스와 아트레우스 형제의 선혈 낭자한 경쟁과 복수의 이야기로서 이를 통해 우리는 D장관과 뒤팽 역시 그러한 경쟁적 이자관계에 갇혀 있음을 알 수 있다. 그들이 갇힌 공간은 쌍방이 서로의 이미지에 포획되어 있는 착각과 허상의 영역이다. 라캉은 이와 같은 이자관계의 환영적 구조를 '상상계'라고 부른다. 상상계는 자아와 자아의 거울상 간의 관계로 정의된다. 거울상이란 개인의 마음속에 자아라는 구조를 형성시키는 외부의 이미지를 뜻한다. 자신의 몸이 아직 의지대로 통제되지 않는 아이가 자신을 온전한 하나의 개체로 인식하는 순간 자아가 구성된다. 라캉은 이 과정을 거울단계라고 불렀다. 자아란 외부의 이미지와 동일시하는 과정에서 형성되는 것이며, 신체의 통일성을 획득하지 못한 미숙한 개체가 예기豫期하는 외부의 이미지이다. 즉 자아가 가정하는 이미지는 주체가 획득해야 할 미래의 모습이다. 그러므로 자아란 근본적으로 주체를 기만하고 속이는 구조이다. 라캉은 주체와 자아 사이의 이러한 불일치를 소외라고 부른다. 그러나 본격적인 소외는 주체가 타자(소타자)와 가지는 이자관계가 제 삼자(대타자)에 의해 깨질 때 발생한다. 여기서 제 삼자란 이자관계 속에서의 게임이 받아들여지지 않는 상징의 우주를 뜻한다.

편지를 소유했다고 착각하는 순간이 상상계적이라면, 편지를 잡는 순간 편지를 보지 못하는 위치로 이동되는 구조는 상징계적인 것이다. 마지막으로, 내용을 알 수 없는 편지(letter/문자)는 '실재계'의 조각이다. 실재계는 라캉이 메이예르송E. Meyerson의 과학철학에서 차용한 개념으로, 메이예르송이 『동일성과 실재』에서 언급한 실재réalité에는 의식적으로 가늠할 수 없는 원자의 차원과 가시적인 화학적 변화, 현미경으로 본 세상과 그밖의 세상 사이의 간극에 대한 고민이 배어 있다. 라캉이 변주한 실재계는 상징계 자체를 촉발시키는 원인인 동시에 상징계의 언어로는 설명될 수 없는 것이다. 우리는 실재계의 영역을 팔루스 및 거세라는 개념에 관련지어 생각해볼 수 있다. 아버지, 어머니, 아이로 구성된 오이디푸스 삼각형과 거세 과정이 상징계, 상상계, 실재계라는 개념을 통해 라캉에서 어떤 방식으로 재해석되는지 살펴보자.

아이는 자신의 첫번째 타자인 어머니와 이자관계를 형성한다. 이와 같이 형성된 상상계적 관계는 아이가, 이자관계를 방해하는 세 번째 요소를 인식할 때 깨지며, 바로 이 순간 아이는 어머니의 욕망으로부터 분리되어 상징계로 진입하게 된다. 라캉은 세 번째 꼭짓점으로 기능하는 요소를 '아버지의 이름Nom-du-Père'이라고 불렀다. 아버지의 이름에는 어머니를 금지하는 아버지의 명령뿐만 아니라 어머니의 직장과 같이 어머니의 시선을 아이에게서 분리시키는 모든 요소가 포함된다. 출생 이후에 아이가 경험하는 소외와 분리는 한 개인이 자신의 욕망에 따라 살 수 있는 기본조건인 '젖을 떼는離乳' 과정이라고 할 수 있다. 언어의 구조 속으로 편입된다는 것은 아이가, 일련의 기표들에 의존하여 자신을 표현할 수밖에 없는 불완전하고 불편한 세상 속에 던져진다는 뜻이다. 불완전하다는 것은 완전한 전체로부터 무엇인가가 제외되었다는 뜻이며, 라캉은 박탈된 한 조각으로 가정되는 이 대상을 팔루스라고 부른다. 여기서 팔루스란 생물학적 의미의 남성생식기가 아닌 상징화된 남근을 뜻한다. 그것은 전지전능성을 상징하는 개념으로서 아버지, 어머니, 아이, 그 어느 누구도 실제로는 가지고 있지 않은 빈 기관이다. 완전한 전체에서 팔루스를 박탈하는 과정은 프로이트의 언어 속에서 '거세'로 표현된다. 그렇다면 거세는 아이의 남근을 자르겠다는 어른들의 위협이라기보다는 아이가 상상계에서 상징계로 진입할 때 필수적으로 거쳐야 하는 과정이자 어머니의 욕망으로부터 아이를 구하는 구원으로 이해해야 한다. 라캉은 남녀의 생물학적 성별에 관계없이 우리는 모두 거세되어야만 하며, 더 나아가 어느 누구도 팔루스를 소유한 사람은 없다고 말한다. 거세에 의해 상징계가 시작된다면, 팔루스란 다른 모든 기표의 연쇄를 촉발시키는 첫번째 기표인 동시에 그 자체는 존재하지 않음으로써, 즉 가려진 상태에서만 기능하는, 빈 기표인 셈이다. 그것은 상징계의 시작점이 되는 동시에 상징계에는 속하지 않는 기표이다. 내용은 존재하지 않지만, 그 물질성을 가정할 때 다른 모든 기표의 위치가 정해진다면, 팔루스는 실재계의 영역에 속하는 개념이며, 또한 문자의 다른 이름이라고도 할 수 있다. 『도둑맞은 편지』의 편지(문자)가 기표 일반의 특성을 나타낸다면 팔루스는 그중 단일한 특권적 기표를 일컫는 이름이다.

라캉은 『도둑맞은 편지』의 반복되는 구조 속에서 세 인물이 서로의 시선을 교환하며 자신들의 상황을 이해하고 특정 행동을 결정한다고 말한다. 라캉이 자주 언급하는 '정신분석에서의 논리적인 시간'이란 실제의 시간과는 전혀 다른 것으로서, 이를 가장 잘 설명하는 개념은 사후성이다. 특정 사건이 오랜 세월이 흐른 뒤에야 외상적인 사건으로 인식되는 경우와 같이 정신분석에서 인간이 자신의 마음을 이해하는 시간은 물리적인 선형적 시간과 동일하지 않다. 소설 속 인물들은 각자가 특정 자리에 배치된 후, 편지를 잃어버린 이후에만 자신의 상황을 이해하게 된다. 사건이 일어나는 순간과 이해하는 순간이 동일하지 않은 것이다. 이 소설에서 서스펜스를 생성하는 것은 편지를 도난당한 자가 편지 도둑에 대해 알고 있다는 사실을 도둑이 알고 있다는 점이다. 이러한 상호주체적 역동은 『에크리』에 수록된 논문인 「논리적 시간과 예기된 확실성에 대한 주장」에서 라캉이 심도 있게 다룬 주제이다. 이 논문을 통해 우리는 구조 속에 갇힌 주체가 어떻게 자신의 의지로 선택과 결정에 임하는가를 알 수 있다.

논리적 시간과 예기된 확실성에 대한 주장
모호함과 불확실성이라는 축복

「논리적 시간과 예기된 확실성에 대한 주장」은 가상의 문제에 대한 논리적 해결방식을 설명한 논문이다. 라캉이 소개하는 문제는 다음과 같다. 어느 날 교도관이 재소자 A, B, C에게 세 개의 흰 원반과 두 개의 검은 원반을 보여주며 그중 하나를 각자의 등에 붙이겠다고 말한다. 재소자들은 서로 말을 할 수도 없으며 거울과 같은 도구를 이용할 수도 없다. 그들은 오직 다른 두 사람의 등에 붙은 원반의 색깔만을 확인한 후 자신의 등에 어떤 원반이 붙어 있는가를 추론해야 하며, 제일 먼저 교도관에게 뛰어가 정답을 말하고 그 이유를 논리적으로 설명하는 사람이 석방된다. 문제를 설명한 후 교도관은 세 명의 재소자들의 등에 모두 흰 원반을 붙여주었다.

라캉은 한 사람이 보게 되는 원반의 종류를 세 가지 경우로 나누어 설명한다. 우선 재소자 A가 두 개의 검은 원반을 보는 경우, 그는 일말의 망설임도 없이 뛰어가 자신의 등에 흰 원반이 붙었다고 말할 것이다. 두 번째 경우는 A가 B의 등에 붙은 흰 원반과 C의 등에 붙은 검은 원반을 보는 경우인데, 이때 A는 "만약 내 등에 검은 원반이 붙었다면 B는 일말의 망설임도 없이 뛰어나갔을 것이다. 그러나 그는 망설이고 있다. 그렇다면 분명히 내 등에는 흰 원반이 붙어 있다"라고 판단할 것이다. 다른 사람에게서 관찰한 잠깐의 망설임을 토대로 A는 자신이 흰 원반을 가지고 있다는 사실을 알 수 있다. 하지만 만약 A가 두 개의 흰 원반을 보게 된다면 어떨까? A는 "만약 내 등에 검은 원반이 붙어 있다면, 자신의 등 뒤에 어떤 색의 원반이 있는지 모르는 B와 C는 각각 두 번째 경우와 같은 방식으로 사유하여 서로에게서 한 번의 망설임을 본 후 거침없이 앞으로 달려나갈 것이다. 하지만 우리 모두 두 번 망설이고 있지 않은가? 그렇다면 분명히 내 등에는 흰 원반이 붙어 있다"라고 생각할 것이다. 두 번의 망설임을 목격한 세 명의 재소자들은 모두 함께 앞으로 달려 나오게 된다.

이 논문에서 라캉이 강조하는 단어는 모호함과 불확실함이다. 위의 문제에 직면하여 주체는 오직 다른 주체들과의 관계 속에서 모호함과 불확실함을 견디며 논리적으로 사고함으로써만 진실에 도달할 수 있다. 여기서 주체가 '이해하는 시간'은 타자가 보여준 두 번의 '망설이는 순간'들로 구성되었으며, 이를 통해 주체는 '결정하는 시간'에 이르게 된다. 라캉은 '긴박함'을 주체가 결정에 도달하는 필수조건으로 간주한다.

라캉은 자주 이 주제를 언급하는데, 예를 들어 『세미나 II』에서 라캉은 처음의 원반 다섯 개가 랑그를 뜻한다면 '내 등에는 흰 원반이 달려 있다'라는 주체의 결정은 빠롤에 해당한다고 말한다. 상징계라는 언어의 구조 속에서 주체는 확실함과 완전함보다는 불확실함과 모호함이라는 필연을 토대로 발화할 수밖에 없다는 뜻이다. 우리가 어떤 말을 하거나 들을 때, 또는 어떤 사건이 생겼을 때 그것은 결코 그 순간에 생성된 하나의 의미에 고정되지 않는다. '이해하는 시간'은 악연을 인연으로, 우연을 필연으로, 불운을 행운으로 뒤바꿀 수 있다. 라캉은 "기의는 당신이 듣게 되는 것이 아니다. 당신이 듣는 것은 기표이다. 기의는 기표의 효과이다"(『세미나 XX』

1998, 33; 1975, 34)라고 말한다. 「논리적 시간과 예기된 확실성에 대한 주장」은 가장 소중한 것을 거세당한 채 편입된 기표의 세상에서 주체가 자신의 시간에 사는 방식을 보여준다.

라캉에게 시간의 문제는 언제나 중요한 주제였다. 라캉은 자신의 시간에 살지 못하는 대표적인 인물로 햄릿을 꼽는다(『세미나』 VI). 햄릿은 귀신의 시간, 어머니의 시간, 숙부의 시간에 휘둘린 채 자신의 시간에 살지 못하는 히스테리 환자이다. 이해할 수 없는 타자의 명령을 자신의 운명으로 받아들이는 과정을 겪은 이후에야 비로소 그는 자신의 시간에 설 수 있게 된다. 이때 그가 숙부의 살인이라는 과제를 자신의 방식대로 수행하게 되는 것이다. 라캉은 주체가 자신의 시간에 이르는 과정을 "그것이 있던 곳에 내가 설 수 있게 되어야 한다"(『새로운 정신분석 강의(독일어판)』, 1933(1932), 86; 『에크리』, 2006, 347; 1966, 417)라는 프로이트의 말로 표현했다.

무의식은 타자의 담화라는 라캉의 말은 우리가 필연적으로 상징계라는 구조 속에 갇힐 수밖에 없다는 뜻이다. 그러나 그럼에도 불구하고 우리가 자유로울 수 있는 이유는 상징계의 구조 자체가 닫혀 있지 않기 때문이다. 상징계는 확실할 수 없는 영역이다. 라캉은 이를 상징계의 중심에 실재계가 존재한다는 말로 설명했다. 상징계의 중심에 있으나 상징계에는 속하지 않는 이 공간에서 라캉은 욕망의 윤리학을 이야기한다: "당신 안에 있는 욕망에 따라 행동했습니까?"(『세미나』 VII, 1992, 314; 1986, 362) 우리는 오직 상징계라는 불완전한 구조 속에 편입될 때에만 비로소 욕망에 대해 이야기할 수 있게 된다.

거세라는 과정을 거치지 못하는 경우, 인간은 상징계로 편입될 수 없으며, 결국 정신병의 구조를 가지게 된다. 라캉은 아버지의 이름이 기능하지 못하는 정신병의 과정을 배척^{Verwerfung}이라고 부른다. 금지 없는 세상, 욕망의 게임이 없는 곳, 잃어버린 한 조각이 없는 완전함, 주이상스로 가득 찬 실재계와의 조우, 바로 이 상태의 다른 이름이 정신병이다. 그렇다면 상징계라는 불완전한 구조와 그 속의 불확실함은 우리가 우리의 욕망을 구성하고 추구하며 그것에 따라 살 수 있게 만드는 축복이라고 할 수 있을 것이다. 바로 이것이 행복과 전일성을 추구하는 자아심리학에 맞서 라캉이 '프로이트로의 복귀'를 촉구하며 돌아간 프로이트의 정신분석학이다.

더 읽을거리

라캉이 쓴 책은 『에크리Écrits』(Seuil, 1966)뿐이며, 딸인 주디스 밀레와, 제자이자 사위인 자크 알랭 밀레가 유고를 모아 『또 다른 에크리Autres écrits』를 펴냈다. 알랭 밀레는 라캉의 강연 녹취록을 편집해 『세미나』 시리즈를 출간하고 있는데, 녹취록들의 비교분석을 하지 않아 비판을 받기도 한다. 이 글에서는 쇠이유(Seuil) 출판사에서 발간된 『에크리』, 『세미나』 원전과 함께, 노턴(W.W. Norton&Company) 출판사에서 간행된 영역본의 페이지를 함께 표기하였다. "스타일이 그 사람 자신이다"라는 『에크리』의 첫 문장에서 보이듯, 라캉의 문체는 난해하다. 독자들이 그의 스타일을 만날 때 도움이 될 문헌들과 그 순서를 아래 추천한다.

손 호머, 『라캉 읽기』, 김서영 옮김, 은행나무, 2006
라캉의 정신분석학에 입문할 때 수월하게 읽을 수 있는 개론서이다. 지금까지 해석학적 차원을 중심으로 정신분석을 살펴보았으므로, 이제는 충동, 리비도, 대상 a, 주이상스 등 에너지론을 중심으로 라캉의 체계를 살펴보자. 손 호머는 상상계, 상징계, 오이디푸스 콤플렉스, 팔루스, 무의식, 실재계, 성차에 대해 간략히 설명한 후, 사회, 문화, 문학, 영화 등 타 학문 분과에 라캉의 이론이 어떤 방식으로 수용되었는가를 요약한다. 후반부에는 정신분석의 필독서로 꼽을 수 있는 중요한 책들이 소개되어 있다.

브루스 핑크, 『에크리 읽기』, 김서영 옮김, 도서출판 b, 2007
1966년에 출간된 라캉의 『에크리』는 2006년이 되어서야 비로소 영어로 완역되었다. 브루스 핑크는 『에크리』를 완역했으며 라캉의 『세미나 XX』을 번역한 라캉주의 분석가로서 독자가 믿고 따라갈 수 있는 학자이다. 이 책에서 핑크는 『에크리』 중 몇 편의 논문을 중심으로 라캉의 자아심리학 비판, 문자의 의미, 욕망의 그래프, 팔루스 등의 주제들에 대해 설명한다.

김석, 『에크리: 라캉으로 이끄는 마법의 문자들』, 살림, 2007
라캉의 『에크리』에 대한 브루스 핑크의 해설서가 라캉의 저작 자체에 국한된 설명을 제시한다면, 김석의 해설서는 『에크리』의 핵심내용뿐만 아니라 라캉이 프로이트의 재해석을 구축해가는 과정과 『에크리』가 탄생하게 된 시대적 배경까지 개괄하고 있다. 시적인 라캉의 문체 때문에, 라캉의 글을 직접 읽기 전에 『에크리』에 대한 다양한 해석을 먼저 접하는 것이 좋다.

라캉, 『자크 라캉 세미나 11: 정신분석의 네 가지 근본 개념』, 맹정현·이수련 옮김, 새물결, 2008

2012년 현재 라캉의 세미나 I, II, III, VII, XI, XVII, XX만이 영어로 번역되었다. 라캉의 『에크리』는 아직 한국어로 출간되지 않았으며, 세미나 중 XI권이 2008년 한국어로 번역되었다. 2차 문헌을 통해 라캉의 핵심개념들을 살펴보았다면, 이제 라캉이 어떤 문장들로 프로이트를 재해석하는지 살펴볼 차례이다. 이전에 어떤 개론서를 읽었든, 독자는 라캉의 글에서 전혀 다른 이야기를 듣게 될 것이다. 그만큼 라캉의 글에 다양한 해석의 여지가 있다는 뜻이다.

조엘 도르, 『라캉 세미나·에크리 독해 I』, 홍준기·강응섭 옮김, 아난케, 2009

라캉의 글을 직접 접해 보았다면, 다음은 조엘 도르의 라캉 해설을 만날 차례이다. 도르는 라캉이 프로이트에게 돌아가는 방식으로 라캉에게 복귀한다. 저자는 라캉의 정신분석학을 독자에게 친근한 일상의 이야기로 확장시키는 동시에 더욱 심오한 철학적 사유로 연장한다. 이 불가능해 보이는 과제를 성공적으로 수행하였다는 점에서 도르의 저서는 라캉의 저작에 대한 최고의 입문서라 할 수 있다.

J. P. Muller & W. J. Richardson, ed., *The Purloined Poe: Lacan, Derrida, and Psychoanalytic Reading*, The Johns Hopkins University Press, 1988

이 책에는 라캉의 「『도둑맞은 편지』에 대한 세미나」에 관련된 비평들이 수록되어 있다. 그중 한 편의 글에서 자크 데리다는 라캉의 "존재의 결여/그곳의 결여le manque-à-etre/le manque à sa place"를 "결여는 그것의 자리를 가지고 있다le manque a sa place"로 바꾸어 라캉의 결여라는 개념을 비판한다. 라캉이 말하는 편지가 사실은 내용으로 가득 채워져 있다는 것이다. 바바라 존슨은 데리다 역시 그러한 방식으로 라캉을 비판함으로써 편지를 거머쥐고 있으며, 자신 역시 비평문을 마치는 순간 특정 해석이라는 의미를 부여잡음으로써 왕비와 D장관과 뒤팽과 라캉과 데리다가 이동된 위치에 배치될 것이라고 말한다. 모두 독자가 라캉으로의 여정을 마치기에 손색없는 멋진 글들이다.

들뢰즈

반시대적 전쟁기계

박정태

서울대학교 철학과를 졸업하고 한국자동차보험(현 동부화재)에서 근무했다. 프랑스 랭스대학에서 석사학위(사르트르 전공)를 받았으며, 파리10대학 D.E.A(베르그손 전공)를 거쳐, 파리8대학에서 바디우의 지도 아래 들뢰즈에 관한 논문으로 박사학위를 받았다. 2008년 귀국해 대학에서 철학과 미학 강의를 하고 있다. 저서로 『철학자 들뢰즈, 화가 베이컨을 말하다』(이학사, 2012), 공동저서로 『마음과 철학』(서울대학교출판문화원, 2012), 『포스트모던의 테제들』(사월의책, 2012), 『데카르트에서 들뢰즈까지』(세창출판사, 2015)가 있고, 번역서로 『들뢰즈-존재의 함성』(이학사, 2001), 『들뢰즈가 만든 철학사』(이학사, 2007), 『지식인을 위한 변명』(이학사, 2007), 『실존주의는 휴머니즘이다』(이학사, 2008), 『세기』(이학사, 2014), 『일시적 존재론』(이학사, 2018)이 있다.

들뢰즈의 삶과 철학

질 들뢰즈Gille Deleuze(1925~1995)는 프랑스 파리에서 태어나 파리 소르본대학에서 철학을 공부한 후 소르본대학, 리옹대학, 파리8대학에서 철학을 가르치다가 1987년 은퇴했다. 그는 전반기에는 스피노자, 칸트, 니체, 베르그손 등의 철학자를 독특한 관점에서 해석한 탁월한 연구서를, 중반기에는 체계적이고 치밀하게 구축한 자기 고유의 존재론을 담은 뛰어난 저서를, 후반기에는 순수 철학의 울타리를 벗어나 현대사회와 문화 전 영역에 철학적 깊이를 더한 매우 영향력 있는 철학적 비판서를 남겼다. 이러한 뛰어난 저서들과 업적을 인정하여 사람들은 들뢰즈를 20세기의 서구 사회와 프랑스의 지성계를 대표하는 대철학자로 꼽는다. 실제로 푸코는 들뢰즈의 이런 뛰어남을 가리켜서 "언젠가 금세기는 들뢰즈의 세기가 될 것이다"라고 말한 바 있다. 말년에 그는 호흡기 질환 등의 질병으로 고통받았으며 안타깝게도 1995년 11월 4일 자신의 아파트에서 뛰어내려 삶을 마감했다. 대표적인 저서로 자신의 박사학위 논문을 책으로 펴낸 『차이와 반복』이 있다. 그 외 주요 저서로는 『니체와 철학』, 『칸트의 비판철학』, 『베르그손주의』, 『스피노자와 표현의 문제』, 『의미의 논리』, 『안티 오이디푸스』, 『천개의 고원』, 『프란시스 베이컨: 감각의 논리』, 『영화1』, 『영화2』, 『푸코』, 『주름: 라이프니츠와 바로크』, 『철학이란 무엇인가』 등이 있다.

탈근대

포스트모더니즘은 우리말로 흔히 '탈근대'라고 번역된다. 이는 포스트라는 단어의 시간적 뉘앙스(~이후)보다 차라리 공간적 뉘앙스(~바깥)를 강조한 적절한 번역어라고 본다. 왜냐하면 포스트모더니즘의 범주에 속한 철학자들 대부분(이들은 주로 프랑스 현대 철학자들이다)의 사유 속에서 우리는 근대의 틀 바깥으로 벗어나고자 하는 뚜렷한 흐름을 분명하게 목격하기 때문이다. 우리가 포스트모더니즘, 즉 탈근대적 사유의 흐름을 건드리기에 앞서 벗어나고자 하는 대상인 근대의 틀이 무엇인지를 분명히 해야 하는 것은 이 때문이다.

근대의 틀을 세운 사람은 데카르트다. 실체를 둘로 나누어 한쪽에 정신이라는 실체, 다른 한쪽에 자연이라는 실체를 설정한 데카르트는 철저하게 단순화를 추구한 철학자였다. 정신과 자연의 그 많은 속성을 다 소거하고 난 다음 정신과 자연에게 단지 사유 속성과 연장(균질한 공간) 속성만을 남겼으니 말이다. 그런데 이렇게 단순화된 정신과 자연이 근대를 그 밑에서부터 뒷받침하게 된다. 균질한 공간만으로 꽉 들어차 그 무엇도 비집고 들어갈 수 없는 자연에는 이제 그 어떤 의미를 위한 자리도, 그 어떤 영혼을 위한 자리도 있을 수 없다. 이런저런 의미로 가득 수놓아진 르네상스 이전의 신비한 자연, 신령이 깃든 아주 오래된 나무, 영험한 부적, 이런 것이 모두 사라지고 마는 것이다. 균질한 공간이라는 '양'으로 단순화된 자연, 다시 말해 양을 척도로 측정이 가능하게 된 자연은 단지 근대 자연과학에 적합한 대상이 될 뿐이다. 예를 들어 근대 물리학, 의학, 지리학 등의 눈부신 발전, 더 나아가 근대 정치학과 근대 자본주의의 눈부신 발진에 이르기까지, 모두 다 바로 이런 양으로 환원 가능케 된 근대적 자연을 바탕으로 한다. 그리고 이처럼 단순화된 자연 속에 신이 새겨넣은 자연의 질서(나중에 근대 자연과학이 밝히게 될 자연의 이런저런 법칙들)를 신이 부여한 인식 능력인 단순화된 정신이 명석하고 판명하게 직관함으로써 참되게 인식한다. 마치 켜자마자 어두운 방 구석구석을 훤히 밝히는 전등 빛처럼 정신이 자연을 구석구석 훤히 밝혀 드러내는 명석하고 판명한 자연의 빛 역할을 함으로써 마침내 자연의 질서를 참되게 인식하는 것이다. 이렇게 해서 데카르트는 근대 자연과학을 비롯한 근대 문명 전체를 그 밑에서부터 '포맷'한 철학자, 근대의 아버지가 된다.

포스트모더니즘의 범주에 속한 철학자들이 근대의 틀 자체를 벗어나려 한다는 것은 곧 이 데카르트적 포맷과 그에 따른 결과로부터 벗어나려 한다는 것을 뜻한다. 물론 포스트모더니즘 훨씬 이전부터 이미 근대로부터 벗어나고자 하는 움직임이 있었다. 근대 자본주의를 비판한 마르크스, 근대에 이르기까지의 이성 중심의 서구 가치체계와 기독교 문명 전반을 비판한 니체, 근대 이성의 신화를 무너뜨리게 될 무의식의 세계를 제기한 프로이트가 그렇고, 또 근대까지의 이성적 음악질서를 뛰어넘어 현대음악의 문을 연 쇤베르크, 근대적 재현 이성을 거부하며 절대주의 회화를 주장한 말레비치 등 수많은 예술가들 또한 그렇다. 하지만 이들은 (니체를 제외하고) 결정적으로 데카르트적 포맷을 벗어나지 못했다. 근대를 비판하되 그 비판이 여전히 데카르트적 포맷 속에서였던 것이다. 그러나 이들과 달리 포스트모더니즘의 범주에 속한 철학자들은 근대적 틀 자체를 파괴할 것을 주장한다. 그들 대부분이 데카르트적 포맷과 그에 따른 결과에서 벗어나고자 하는 탈근대성을 공유하는 것이다. 그들에게 공통된 이 탈근대성은 특히 그들의 인간관에서 두드러지게 나타난다. 그들이 말하는 인간은 이미 데카르트적 정신(코기토)으로 포맷된 인간이 아니다. 인간은 결코 코기토처럼 주인공의 자리에 앉아서 자기 앞의 자연을 대상 삼아 이성적으로 인식하고 재단하는 정신이 아니요, 자기 자신을 동일한 무엇으로 인식하면서 이렇게 해서 생긴 자기의식自己意識이라는 그릇을 바탕으로 인식하고 판단하는 인격체도 아니다. 이렇게 말할 수 있다면, 그들에게 인간은 자연이라는 대상 또는 객체와 분간이 불가능한 주체요, 비이성적인 존재이자, 비인격적인 존재다. 이 글의 관심 대상인 들뢰즈 역시 포스트모더니즘의 범주에 속하는 철학자라는 점에서 그 또한 이와 같은 탈근대적 인간관을 공유하고 있음은 물론이다. 들뢰즈에게 있어서 '인간이란 무엇인가?'라는 물음을 앞에 놓고서 그 대답의 자연스러운 출발점을 포스트모더니즘의 탈근대적 인간에서부터 찾는 것은 이런 이유에서이다.

탈근대적 인간

우선 근대적 인간은 객체와 따로 구분된 주체, 따라서 구분된 객체를 대상 삼아서 그에 대해 뭔가 특권을 행사하는 주체로 나타난다. 예를 들어 데카르트적 인간은 객체인 자연의 질서를 파악하는 특권을 누리며, 심지어 칸트적 인간은 자연의 질서를 부여하기까지 하는 막강한 특권을 누린다. 이러한 중심주체는 근대의 모든 영역에서 활동한다. 실제로 우리는 대륙의 합리주의에서 사유의 중심주체를, 영국의 경험주의에서 경험의 중심주체를, 종교개혁에서 신앙의 중심주체를, 부르주아 자본주의 문화를 뒷받침하는 실증주의에서 검증과 비판의 중심주체를 어렵지 않게 확인할 수 있다. 요컨대, 막강한 권력을 휘두르는 이성적이고 합리적 중심주체인 인간이 근대라는 무대의 전면에 등장한 것이다. 이 근대적 인간은 다음과 같은 세 가지 관점에서 그 특징을 요약·정리할 수 있다. 첫째, 근대적 인간은 자기 자신에 대한 의식을 가진 인격적 주체로서 자신의 모든 행위, 행위의 대상, 행위의 결과를 자기의식 아래 인식하고 판단한다. 실제로 데카르트적 코기토가 뜻하는 '사유하는 나에 대한 의식'이란 곧 자기 자신에 대한 의식과 다른 것이 아니다. 이런 이유에서 근대적 인간은 자기의식 아래 인식되고 판단된 현실의 차원, 따라서 이렇게 말할 수 있다면 자기 인격이라는 그릇 속에서 가공된 현실의 차원을 자신의 활동 영역으로 갖는다. 둘째, 근대적 인간은 플라톤 이래로 줄곧 서구 사회를 지배해온 이성 우위의 사유 전통을 계승하며, 따라서 자신의 활동 영역을 언제나 이성적이고 합리적인 방식으로 인식하고 재단하며 재현한다. 따라서 그의 활동 영역은 이성적 질서에 의해서 규정된다. 셋째, 근대적 인간은 이성적이고 합리적인 지식체계를 세우고 지탱하기 위하여 범주를 이용해서 다수를 하나로 묶는 보편성을 중시한다. 그리고 이 백과사전적 보편성은 일자 또는 하나 이데올로기로, 따라서 차이를 무시하는 폭력 이데올로기로 발전해간다.

    하지만 20세기의 큰 전쟁들과 수많은 정치, 경제적 실패가 증거하듯이 근대적 비전은 한계에 부딪치게 되고, 이에 따라서 이성적이고 합리적으로 사유하는 인격적 주체, 즉 근대적 인간이 의심받기에 이른다. 이뿐만이 아니다. 예를 들어 (물론 한계는 있었지만) 프로이트적 무의식의 경우에서 그 계기를 볼 수 있는 것처럼 이성적이고 합리적인 방식으로 인식되고 재단된 영역 이전의 선先영역이 발견됨에 따라서 이제 이 새로운 영역에 합당한 새로운 주체가 요구되기 시작한다. 즉 탈근대적 인간이 등장할 수 있는 무대가 마련된 것이다.

이렇게 해서 등장하기 시작하는 탈근대적 인간은 근대적 인간과 완벽하게 반대된다. 우선 근대적 인간과 반대로 탈근대적 인간은 객체와 분간이 불가능한 주체, 따라서 당연히 객체에 대한 모든 특권이 박탈된 주체다. 탈근대적 인간은 결코 주인공의 자리를 차지한 중심주체가 아닌 것이다. 이뿐만이 아니다. 탈근대적 인간은 앞에서 근대적 인간을 요약·정리한 세 가지 특징과 모두 완벽히 반대되는 대구를 형성한다. 첫째, 자기의식 아래 인식되고 판단된 현실의 차원을 자신의 활동 영역으로 갖는 근대적 인간과 반대로 탈근대적 인간은 비인격적인 선험先驗的 차원을 자신의 활동 영역으로 갖는다. 즉 자기의식 아래에서 인격이라는 빛으로 조명되기 이전의 것이라는 점에서 비인격적이며, 현실적인 것보다 논리적으로 앞서기 때문에 나중에 현실적인 것의 발생을 가능케 한다는 점에서 선험적인 차원을 탈근대적 인간은 자신의 활동 영역으로 갖는 것이다. 둘째, 근대적 인간의 활동 영역이 이성적 질서에 의해서 규정되는 것과 반대로 탈근대적 인간의 활동 영역은 이성적이고 합리적인 질서를 벗어나는 질서, 말하자면 탈주의 질서로 규정된다. 왜냐하면 자기의식 아래 인식되고 재단되기 이전의 비인격적 차원, 현실적인 것보다 논리적으로 앞서는 선험적 차원은 이성적이고 합리적인 주체의 관점에서는 당연히 비이성적·비합리적으로 보일 것이고, 따라서 굳이 질서라는 말을 쓰자면 그것은 곧 탈주의 질서를 보여줄 것이기 때문이다. 셋째, 근대적 인간이 차이를 무시하는 폭력 이데올로기로 발전해나가게 될 보편성을 중시하는 것과 반대로 탈근대적 인간은 보편성 이데올로기를 완강히 거부하며, 따라서 보편성의 폭력으로부터 해방된 차이를 주장한다.

    우리는 포스트모더니즘의 범주에 속하는 대부분의 철학자들에게서 이와 같은 탈근대적 인간의 면모을 분명하게 볼 수 있다. 롤랑 바르트는 글쓰기에 있어서 비인격적 영역이 있음을 발견한다. 그리고 이 비인격적 영역의 발견을 통해 그는 근대 자본주의 문화가 조장하는 신화의 해체와 자본주의 문화가 일률적으로 원하는 의미를 안정적으로 제공하는 저자의 죽음을 선포한다. 즉 저자(인격적 주체)를 대신하는 필사자(비인격적 주체)가 탄생하는 것이다. 꿈을 통해서 무의식의 세계에 접근한 프로이트와 달리 라캉은 언어를 통해서 무의식의 세계에 접근한다. 하지만 이때 무의식의 세계를 반영하는 언어는 결코 이성적이고 합리적인 언어가 아니다. 라캉 역시 롤랑 바르트와 마찬가지로 비이성적이고 비인격적인 영역을 이야기하는 것이다. 데리다를 비롯한 해체철학자들은 플라톤 이후의 서양철학이 언어를 넘어서는 영역을 오로지 이성적인 개념 언어만으로 묶는 과오를 범했다고 지적하면서 이성적인 개념 언어의 질서를 그 근간에서부터 해체할 것을 주장한다. 결국 해체철학자들 또한 비이성적이고 비인격적인 영역, 언어의 선험적 영역을 주장하고 있는 셈이다. 푸코는 사물과 인간 행위의 배후에 결코 본질 같은 것은 없다고 주장한다. 그가 보기에 이성적인 사유 주체란 역사 속에서 권력(지식, 언어, 담론)에 의해 생산된 상대적인 생산물에 불과하다. 따라서 푸코가 더 깊은 차원인 권력이 생성되는 선험적 영역, 비이성적이고 비인격적인 영역을 주목하는 것은 당연한 일이다. 리오타르는 숭고의 차원을 주장한다. 그런데 이 숭고의 차원은 순수 사건이 발생하는 차원을 말하며, 따라서 그것은 이성적인 언어로 표현이 불가능한 차원, 즉 비이성적이고 비인격적인 영역과 다른 것이 아니다. 벗어남의 존재론을 역설하는 바디우 또한 마찬가지다. 그에 따르면, 존재에게는 기존의 하나(다수를 묶는 하나)를 벗어나는 영역, 다시 말해 기존의 하나로는 주워 담을 수 없는 사건의 발생 영역이 언제나 있다. 즉 이성적 합리성과 기존의 지식체계로는 결코 포획할 수 없는 비이성적, 비합리적 영역, 벗어나는 영역이 언제나 존재하는 것이다. 일의적 존재론을 주장하는 들뢰즈 역시 이런 흐름에 예외가 아니다. 그가 현실의 차원에 앞서는 잠재의 차원을 거론하면서 유목적 주체로 살기를 권할 때, 이 잠재의 차원은 비이성적이고 비인격적인 영역과, 유목적 주체는 비인격적 주체, 다시 말해 탈근대적 인간과 다른 것이 아니다.

　이처럼 탈근대적 인간은 포스트모더니즘의 범주에 속하는 철학자들, 특히 프랑스의 현대 철학자들 대부분에게서 공통적으로 확인된다. 다만 이들 각자의 세분화된 전공 분야가 무엇이냐에 따라서, 또 이들 각자의 개별적인 접근방식과 취향이 무엇이냐에 따라서 차이가 있을 뿐이다. 물론 이런저런 차이가 있음에도 '탈근대적 인간'이라는 주제 아래 이들을 하나로 묶을 수 있는 공통점은 이들을 모두 가로질러서 분명히 존재한다. 그렇다면 우리는 묻게 된다. 들뢰즈에게서 이처럼 다른 철학자들과 마찬가지로 탈근대적 인간이 거론되도록 하는, 들뢰즈 철학의 '고유한' 이유는 무엇인가? 또한 다른 철학자들의 탈근대적 인간과 구분되도록 하는, 들뢰즈의 탈근대적 인간만의 '고유한' 특징은 무엇인가? 우리는 들뢰즈의 이 고유성을 그의 존재론에서 찾아야 한다. 그 이유는 다음에서 보듯이 너무나도 명료하다. 먼저 들뢰즈에게 있어서 인간은 세계와 분간이 안 된다. 탈근대적 인간이 객체와 분간이 불가능한 주체임을 고려한다면, 인간과 세계 사이의 이 같은 들뢰즈적 분간불가능성은 사실 자연스러운 일이라 할 수 있다. 따라서 들뢰즈에게 있어서 인간과 관련된 모든 물음에 대한 답변의 출발점은 언제나 세계, 즉 인간과 분간이 안 되는 세계이어야 한다. 위에서 제기한 물음이 인간에 대한 물음이라는 점에서 그 답변의 실마리를 들뢰즈가 세계를 어떻게 보느냐의 문제, 다시 말해 그의 세계관이라 할 수 있는 그의 존재론에서 찾아야 하는 것은 따라서 당연한 일이다.

들뢰즈의 일의적 존재론과 세계

존재의 일의성—意性은 존재는 이야기된다는 것, 그리고 존재는 그가 존재자들을 통해서 이야기된다고 할 때 모든 존재자의 '유일하고 같은 하나의 의미'로 이야기된다는 것을 말한다. 물론 이때 존재자들은 서로 같지 않다. 하지만 모든 존재자에게 존재는 같은 것이다. 들뢰즈의 저서에 자주 등장하는 이 존재론적 주장은 들뢰즈의 존재론 그 자체에 해당한다. 왜냐하면 그에게 있어서 철학은 곧 존재론이며, 존재론은 바로 일의적 존재론을 말하기 때문이다. 오로지 하나의 의미만이 이야기된다는 이 일의적 존재론을 몇 가지 핵심 개념의 힘을 빌려서 접근해보면 다음과 같다.

첫째, 일의적 존재론은 내재주의와 불가분의 관계에 있다. 존재는 존재자들에 내재하며 존재자들은 존재에 내재한다. 잠재적인 것은 현실적인 것들에 내재하며 현실적인 것들은 잠재적인 것에 내재한다(들뢰즈). 신은 만물에 내재하며 만물은 신에 내재한다(스피노자). 단 한 번의 주사위 투척은 주사위 투척들에 내재하며 주사위 투척들은 단 한 번의 주사위 투척에 내재한다(니체). 생명은 생명의 다양한 형식에 내재하며 생명의 다양한 형식은 생명에 내재한다(베르그손). 왜냐하면 존재와 존재자들이 상호 내재적이지 않다고 한다면 따로 분리된 존재와 존재자들이 각각의 의미에 따라 따로 이야기될 것이고, 따라서 이 경우에는 오로지 하나의 의미만이 이야기되어야 한다는 존재의 일의성의 원칙이 무너지고 말 것이기 때문이다.

둘째, 일의적 존재론은 분간(식별)불가능성의 논제와 불가분의 관계에 있다. 사실 분간불가능성은 방금 언급한 내재주의에 따른 당연한 결과라고 할 수 있다. 왜냐하면 존재와 존재자들이 서로 내재한다면, 우리가 비록 경우에 따라 이런저런 이유로 존재와 존재자들을 따로 구분해서 거론할 수 있을지 몰라도, 결코 존재와 존재자들은 서로 분리되거나 나뉠 수 없을 것이기 때문이다. 마치 이리저리 접힌 종이의 경우 비록 우리가 종이와 종이의 주름들을 따로 구분하여 이야기할 수 있을지 몰라도 종이와 종이의 주름들을 분리하거나 나눌 수 없는 것처럼 우리는 결코 존재와 존재자들을 분리하거나 나눌 수 없는 것이다. 존재와 존재자들은 이처럼 서로 분간이 불가능하며, 또 이렇게 서로 분간이 불가능하기 때문에 존재와 존재자들은 오로지 하나의 의미로만 이야기될 수 있다.

셋째, 일의적 존재론은 존재론적 등가성(동등성)의 논제와 불가분의 관계에 있다. 존재와 존재자들이 서로 내재하며 분간이 불가능하다면, 존재와 존재자들에게는 이제 서로 존재론적 가치의 우위를 따질 여지가 없게 된다. 이뿐만이 아니다. 원리적으로 놓고 보더라도 존재의 일의성은 존재론적 비등가성의 논제를 인내하지 못한다. 왜냐하면 존재가 존재자들에 대해서 존재론적으로 우위에 있는 것으로 고려될 경우, 우리는 존재론적으로 가치가 더 큰 존재와 가치가 더 작은 존재자들을 따라서 이야기하게 될 것이고, 결국 이런 식으로 이야기되는 두 의미는 오로지 하나의 의미만이 이야기되어야 한다는 존재의 일의성의 원칙을 무너뜨리고 말 것이기 때문이다.

넷째, 일의적 존재론은 존재론적 생기주의와 불가분의 관계에 있다. 들뢰즈에게 있어서 존재는 존재자들을 생산하는 생산역능生產力能(존재에게 고유한 잠재적인 생산의 힘)이다. 마치 스피노자에게 있어서 신이 만물을 생산함으로써만 실재하는 자기원인적 생산역능인 것처럼 말이다. 잠재적인 것이 현실적인 것들을 생산함으로써만 실재하는 생산역능이라면 현실적인 것들은 자신들 속에서 생산역능인 잠재적인 것을 증거한다(들뢰즈). 신이 만물을 생산함으로써만 실재하는 생산역능이라면 만물은 자신들 속에서 생산역능인 신을 증거한다(스피노자). 생명이 생명의 다양한 형식을 생산함으로써만 실재하는 생산역능이라면 생명의 다양한 형식은 자신들 한가운데서 생산역능인 생명을 증거한다(베르그손). 이런 의미에서 볼 때, 존재는 또한 그 자체가 생기적 운동이기도 하다. 즉 존재는 존재자들을 향해서 나아가며(생산운동) 존재자들은 존재를 향해서 나아간다(용해운동). 잠재적인 것은 현실적인 것들을 향해서 나아가며 현실적인 것들은 잠재적인 것을 향해서 나아간다. 신은 만물을 향해서 나아가며 만물은 신을 향해서 나아간다. 생명은 생명의 다양한 형식을 향해서 나아가며 생명의 다양한 형식은 생명을 향해서 나아간다. 이때 존재의 두 운동은 비록 따로 구분해 고려할 수 있을지 몰라도 결코 분리되거나 나누어지지 않는다. 존재의 두 운동은 서로 분간이 불가능하며, 따라서 존재의 두 운동은 서로 대립되는 양 방향을 향해 나아가는 단 하나의 이중운동을 이룬다고 할 수 있다.

다섯째, 일의적 존재론은 매개가 배제된 종합의 논제와 불가분의 관계에 있다. 존재가 모든 존재자의 유일하고 같은 하나의 의미로 이야기된다는 점에서, 또 모든 존재자가 자신들 속에서 생산역능인 존재를 증거한다는 점에서 일의적 존재론은 그 자체가 분명히 존재와 존재자들의 종합의 논제에 해당한다. 하지만 여기에서 종합은 결코 매개가 필요하지 않다. 왜냐하면 존재와 존재자들을 종합하는 과정에 매개가 개입할 경우에는 매개에 의한 고정적 구분 또는 분할이 결국에는 오로지 하나의 의미만이 이야기되어야 한다는 존재의 일의성의 원칙을 파괴시켜버리고 말 것이기 때문이다. 따라서 일의적 존재론에 합당한 종합은 서로 대립관계에 있는 두 항, 즉 존재와 존재자들, 잠재적인 것과 현실적인 것들, 신과 만물, 단 한 번의 주사위 투척과 주사위 투척들, 생명과 생명의 다양한 형식을 그 어떤 매개도 없이 전체적으로 함께 묶는 종합(반-변증법적 종합)이어야 한다. (이 매개가 배제된 종합이 존재론적으로 어떻게 성취될 수 있는지는 이미 앞에서 거론한 내재주의, 분간불가능성, 등가성, 생기주의의 논리에 의해서 설명될 수 있다.)

여섯째, 일의적 존재론은 자신 속에 두 종류의 매개가 배제된 종합을 함축한다. 왜냐하면 서로 대립관계에 있되 종합되어야 할 두 항인 존재와 존재자들은 수의 관점에서 보면 하나와 다수라고 할 수 있지만, 차원의 관점에서 보면 잠재의 차원과 현실의 차원에 속하는 것이기 때문이다. 따라서 일의적 존재론은 하나와 다수의 매개가 배제된 종합과 잠재적인 것과 현실적인 것의 매개가 배제된 종합을 동시에 함축한다.

그렇다면 이러한 일의적 존재론이 그리는 세계는 과연 어떤 세계일까? 무엇보다도 세계는 우선 잠재적인 것이라고 할 수 있다. 하지만 세계는 그냥 단순하게 잠재적인 것이 아니다. 세계는 현실의 차원에서 세계 자신이 현실화하는 것을 가능케 하는 구조와 동력, 동인을 지니고 있고 또 그것을 실제로 행사함으로써 실재하는 그런 잠재적인 것이다. 즉 세계는 그 속에서 현실적인 사건 또는 현실적인 차이가 발생토록 하는 잠재적인 것, 따라서 이렇게 말할 수 있다면 그 자체가 선험적이라 할 수 있는 잠재적인 것이다. 이렇게 본다면, 잠재적인 것으로서의 세계는 비록 그것이 아직 현실화하지 않았다고 할지라도 이 비현실화를 두고서 단순하게 없는 것이라고 말할 수 없다. 마치 아직 꽃과 열매를 맺지 않았을지라도 이미 씨앗 속에 꽃과 열매가 존재하는 것처럼 잠재적인 것으로서의 세계는 그 자체로 이미 실재하는 것이다.

다음으로 세계는 그 자체가 잠재적인 것이라는 점에서 한편으로 보면 하나라고 할 수 있지만, 다른 한편으로 보면 세계 자신 속에 현실화의 무한한 싹들을 잠재성의 형태로 지니고 있다는 점에서 그 자체로 또한 다수라고도 할 수 있다. 비록 아직 현실화하지는 않았다고 할지라도 잠재적인 것으로서의 세계는 수많은 잠재적 차이로 이미 완벽하게 결정되어 있는 것이다(미분화, 차등화). 들뢰즈가 세계는 현실적인 무한한 차이들의 발생(적분화, 차이화)을 위한 완벽한 결정체라고 말하는 것은 이런 의미에서다.

마지막으로 이러한 세계에는 우리가 앞에서 일의적 존재론을 설명하기 위하여 의존했던 핵심 개념들이 그 모습 그대로 완벽하게 적용된다. 즉 세계는 잠재적인 것과 현실적인 것들이 서로 내재하는 세계요, 잠재적인 것과 현실적인 것들이 서로 분간이 불가능한 세계이자, 잠재적인 것과 현실적인 것들의 가치가 존재론적으로 동등한 세계이고, 잠재적인 것과 현실적인 것들이 생기주의 아래 관계를 맺는 세계이면서, 또한 잠재적인 것과 현실적인 것들이 서로 매개가 배제된 채 종합되는 세계인 것이다.

 탈근대적 철학자답게 들뢰즈는 이런 세계를 어찌 보면 생소한 개념들을 통해서 기술하는데, 그 개념들 가운데 하나가 줄(또는 주름)의 개념이다. 이에 따르면, 세계는 잠재적인 사건-줄들의 총체이면서 또한 매순간 잠재적인 사건-줄들에서 발생하는 현실적인 사건-줄들의 총체이다. 아직 현실화하지는 않았지만 실재하는 사건-줄들 또는 현실화하는 것을 존재토록 하는 사건-줄들뿐만 아니라 현실의 차원에서 발생한 사건-줄들까지 모두 포함한 총체, 이것이 바로 세계인 것이다. 이렇게 본다면 세계는 이제 사건-줄들로 이루어진 평면, 무한한 수의 사건-줄들로 빽빽이 들어찼다는 점에서 그것도 아주 매끈한 유리면과도 같은 평면으로 고려할 수 있다. 들뢰즈가 자신의 존재론을 설명하면서 평면의 개념을 들여오는 것은 이런 맥락에서이다.

 한편 여기에서 우리는 '사건'이라는 개념이 무척이나 풍부한 뜻으로 쓰이고 있음 또한 주목해야 한다. 왜냐하면 세계의 모든 것이 다 사건이라는 말로 표현이 가능하기 때문이다. 말 그대로 우발적으로 일어난 일만 사건이 아니라 우리의 일상적인 행위가 모두 사건이다. 잠자기, 일어나기, 세수하기, 밥 먹기, 일하기, 귀가하기(…) 다시 잠자기도 사건이요, 사유와 감각도 사건이며, 앞집의 개가 지금 소리내어 짖는 것도 사건이다. 따라서 우리가 어떤 관심 아래 사건을 보느냐에 따라서 세계는 이제 일상적인 일-줄들, 사유-줄들, 감각-줄들, 소리-줄들, 맛-줄들(…)의 총체이자 또 이런 줄들로 이루어진 평면이 될 수 있다. 예를 들어 세계가 화가에게는 시각과 관련된 감각-줄들의 평면으로, 음악가에게는 소리-줄들의 평면으로, 요리사에게는 맛-줄들의 평면으로 나타나게 될 것이다.

인간
현실적인 사건-줄들과 분간이 안 되는 잠재적인 사건-줄들의 평면

들뢰즈에게 있어서 인간은 세계와 분간이 되지 않는다. 따라서 인간 또한 세계와 꼭 마찬가지로 사건-줄들의 총체, 사건-줄들로 이루어진 평면으로 고려될 수 있다. 자기의식 또는 인격이라는 그릇 속에 자신의 모든 행위를 모아 담는 주체, 그리고 자신의 모든 행위를 이성적이고 합리적인 방식으로 인식하고 판단하는 주체는 근대적 인간이다. 들뢰즈가 이런 인간관을 거부함은, 또는 적어도 피상적이라고 봄은 물론이다. 그에 따르면, 인간은 인격이라는 그릇과 이성적 사유를 전제하는 근대적 인간과 달리 무엇보다도 먼저 현실적으로 발생한 사건-줄들의 총체를 말한다. 왜냐하면 인간이란 그가 무엇을 하든 상관없이 결국에는 그가 실제로 한 현실적 행위 또는 사건들의 총체라고 할 수 있기 때문이다.

하지만 이때 주의해야 할 점이 있다. 그것은 적어도 사건들이 현실적으로 발생한 바로 그 순간에 있어서만큼은 사건들이 아직 인격적 사건들이지 않다는 사실이다. 즉 발생한 사건들이 아직 자기의식 또는 인격이라는 그릇 속에 담기지도 않고, 또 아직 이성적이고 합리적인 방식으로 가공되지도 않은 순간이 존재하는 것이다. 따라서 이때의 사건들은 말 그대로 선先인격적·선이성적·선합리적 사건들이요, 따라서 이렇게 말할 수 있다면 비인격적·비이성적·비합리적 사건들이라고 할 수 있는 것이다. 예를 들어 갑이라는 한 개인이 짜장면을 먹는 경우를 생각해보자. 혀에서 발생하는 미각, 입과 젓가락질하는 손에서 발생하는 촉각, 코에서 발생하는 후각, 눈에서 발생하는 시각, 그리고 귀에서 발생하는 청각까지, 이 모든 감각은 그 자체로 순수한 감각이자 순수한 사건이며, 비인격적·비이성적·비합리적 사건이다. 왜냐하면 이 모든 감각이 아직 갑의 인격이라는 그릇 속에 담기지도, 갑에 의해서 이성적으로 인식되거나 판단되지도 않았기 때문이다.

그런데 갑이 판단을 내리면서 '너무 맛있다'라고 말하는 순간 이 모든 순수감각은 이제 이성적으로 가공된 인격적 감각, 즉 한 개인 갑의 경험이 된다. 사실 순수감각은 맛에 대한 한 개인의 판단과 무관하게 그 모습 그대로 거기에 있다. 다만 예에서 보는 것처럼 갑이 자기의식 아래 자기 나름으로 이성적으로 인식하고 판단함으로써 이 순수감각을 자신의 인격적 감각으로 가공하는 것뿐이다. 심지어는 그 모습 그대로 있을 뿐인 순수감각을 가지고서 갑이 너무 맛있다고 말했다가, 금방 판단을 바꾸어서 맛이 별로 없다고 말하는 경우까지 있을 수 있다. 즉 그 모습 그대로 있는 순수감각과는 무관하게 한 개인의 경험적 판단이 이리저리 바뀌기도 하는 것이다.

이뿐만이 아니다. 갑이 짜장면을 먹으면서 "너무 맛있다"라고 말하는 순간 순수감각에 함축되어 있던 다양하고 풍부한 차이들이 모두 다 뭉개져서 사라져버리고 만다. '맛있다'라는 말은 단지 미각에만 관련된 판단이라는 점에서 시각, 후각, 청각, 촉각과 관련된 차이들을 전혀 건드리지 못할 뿐만 아니라, 또한 미각만 놓고 보더라도 이 '맛있다'는 판단 자체가 짜장면의 그 풍부한 미각적 차이들을 다 놓쳐버리고 마는, 너무나도 헐렁한 판단이기 때문이다.

어쨌든 발생한 사건들이 아직 자기의식 또는 인격이라는 그릇 속에 담기지도 않고, 아직 이성적이고 합리적인 방식으로 가공되지도 않은 순간이 존재한다. 들뢰즈가 인간은 현실적으로 발생한 사건-줄들의 총체라고 할 때의 사건들은 바로 이런 비인격적·비이성적·비합리적 사건들을 말한다.

한편 인간은 현실적으로 발생한 사건-줄들의 총체이기도 하지만 동시에 잠재적인 사건-줄들, 선험적인 사건-줄들의 총체이기도 하다. 들뢰즈에 따르면, 인간이 실제로 행한 현실적인 사건들보다 논리적으로 앞설 뿐만 아니라, 또한 사건들의 현실화를 위한 구조, 동력, 동인을 자신 속에 지니고 있기 때문에 차후에 현실적인 사건들의 발생을 가능케 하는 잠재적인 사건들, 선험적인 사건들이 존재한다. 보편적인 하나로 묶을 수 없는 이러한 잠재적이고 선험적인 사건들의 총체 또는 사건-줄들의 총체에게, 다시 말해 들뢰즈의 존재론이 그리는 인간에게 적합한 이름은 결코 근대적 자기의식도, 프로이트적 무의식도 아니다. 만약 이 사건들의 총체에 의식이라는 이름을 굳이 붙인다면, 그것은 객체라 할 수 있는 각각의 사건과 전혀 분간이 안 되는 사건들의 총체로서의 의식이라 할 수 있을 것이다. 그런데 이처럼 객체와 분간이 안 되는 의식이라면 당연히 이 의식에는 반성 행위 또한 있을 수 없게 될 것이고, 또 반성 행위가 있을 수 없는 의식이라면 이 의식은 결국 자기의식 또는 인격이 들어설 여지가 전혀 없는 의식이 되고 말 것이다. 요컨대 그것은 자기 내재적이며 절대적인 그런 비인격적 순수 의식이라고 할 수 있을 것이다. (또는 앞에서 언급한 용어를 빌려서 말하자면, 또 들뢰즈에게 있어서 인간과 세계가 분간이 안 된다는 점을 고려하여 말하자면, 그것은 비인격적 총체로서의 존재, 잠재적인 것, 신, 생명이라고 할 수 있을 것이다.) 바로 이런 비인격적 순수 의식, 비인격적 총체, 즉 잠재적이고 선험적인 사건들의 총체가 들뢰즈가 말하는 '내재성의 순수 평면'을 정의해준다. 들뢰즈에 따르면, 이 내재성의 평면은 그 자체로 있다. 그것은 어떤 것 속에 있지도 않고, 어떤 것에 대하여 있지도 않으며, 어떤 대상에 의지하지도, 어떤 주체에 속하지도 않는다. 따라서 들뢰즈가 권유하는 것처럼 만약 우리가 내재성의 평면 위에서 산다고 한다면, 우리는 각각의 사건과 우리의 존재가 정확하게 일치하는 삶, 그리하여 들뢰즈의 입장에서 말하자면 근대적 인간의 인격적 삶보다 훨씬 더 진실에 가까운 삶을 살게 될 것이다. 그리고 이때 내재성의 평면 위에서 사는 삶, 즉 각각의 사건과 우리의 존재가 정확하게 일치하는 삶은 그 자체로 비인격적 삶이면서 비이성적이고 비합리적인 삶, 말하자면 '탈주의 삶'이 될 것이다.

이러한 맥락 속에서 우리는 들뢰즈가 그리는 인간의 마음이 과연 어떤 것인지 생각할 수 있게 된다. 먼저 인간 자신이 스스로 인식하고 있는 마음, 말하자면 인간의 겉으로 드러난 마음이 있을 것이다. 인간은 자기의식 또는 인격이라는 그릇에 자신의 행위를 모아 담은 후 그것을 이성적이고 합리적인 방식으로 인식하고 판단하며 규제함으로써 자신을 인식하고 자신을 만들어간다. 또는 인간은 자신의 모든 행위로부터 '나란 이런 것이다'라는 자기동일성을 추출해내고 그것을 이성적이고 합리적인 잣대로 판단, 규제, 보정함으로써 (많은 수준에서 본래보다 왜곡될 수밖에 없는) 마음을 형성해간다. 하지만 이런 마음은 들뢰즈가 생각하는 진정한 인간의 마음이 아니다. 이런 마음은 우리가 데카르트 이래 줄곧 보아온 근대적 인간관이 그리는 마음인 것이다. 들뢰즈가 생각하는 진정한 인간의 마음은 이처럼 겉으로 드러난 마음과 달리 존재론적으로 더 깊은 마음이다. 이 마음은 다음과 같은 두 수준에서 거론될 수 있다. 첫째, 그것은 인간이 행한 현실적인 행위가 아직 자기의식 또는 인격이라는 그릇에 담기지도 않고, 아직 이성적이고 합리적인 방식으로 판단되거나 규제되지도 않은 순간에 존재하는 마음을 말한다. 둘째, 그것은 인간이 잠재적이고 선험적인 사건들의 총체 또는 내재성의 순수 평면으로서 고려될 때 이야기될 수 있는 마음을 말한다. 하지만 이 둘 가운데 어떤 경우가 되었든 마음은 결코 인식할 수 있는 대상이 아니다. 전자든 후자든 여기에서는 우리의 존재(주체)와 사건(객체)이 서로 분간이 불가능해지기 때문이다. 다시 말해 주체와 객체가 서로 일치하기 때문에, 결국 논리적으로 마음은 반성적 인식이 불가능한 상태로 남을 수밖에 없는 것이다. 이처럼 겉으로 드러난 마음과 반대로 존재론적으로 더 깊은 마음은 그에 대한 반성적 인식 자체가 불가능하다는 점에서 그것은 이제 비인격적 마음, 비이성적이고 비합리적인 마음, 전혀 종잡을 수 없는 탈주의 마음이라고 할 수 있을 것이다.

앞에서 우리는 인간은 현실적으로 발생한 사건–줄들의 총체이기도 하지만 '동시에' 잠재적인 사건–줄들, 선험적인 사건–줄들의 총체이기도 하다고 말했다. 여기에서 '동시에'라는 말은 현실적인 사건-줄들의 총체와 잠재적이고 선험적인 사건-줄들의 총체가 존재론적으로 '서로 분간이 안 된다'는 것을 뜻한다. 말하자면 '동시에'라는 말의 존재론적 표현이 곧 '분간불가능성'인 것이다. 그렇다면 우리는 인간에 대한 앞의 정의('동시에'를 이용한 정의)를 분간불가능성의 개념을 이용해서 다음과 같이 존재론적으로 더 정확하게 정의할 수 있을 것이다. 인간은 현실적인 사건-줄들과 '분간이 안 되는' 잠재적인 사건-줄들의 총체 또는 평면이다. 그런데 들뢰즈의 존재론에서 이 분간불가능성의 개념은 존재론적으로 매우 다양한 의미를 함축한 핵심적인 개념으로 꼽힌다. 따라서 우리는 방금 새롭게 제시한 인간에 대한 정의를 이 분간불가능성의 개념을 중심으로 좀 더 구체적으로 음미해볼 필요가 있다. 이 음미 작업은 인간이 다음과 같은 존재론적 속성들을 지니고 있음을 알려준다.

첫째, 이미 여러 차례 언급했듯이 인간은 주체와 객체가 분간이 안 되는 존재다. 왜냐하면 인간이 이처럼 현실적이면서 잠재적인 사건-줄들의 평면으로 정의되는 한에 있어서, 마치 종이(평면)와 종이의 주름들(사건-줄들)이 분간이 안 되는 것과 마찬가지로, 인간 또한 사건-줄들의 총체라 할 평면으로서의 자기 존재(주체)와 사건-줄들(객체)이 서로 분간이 안 되는 존재로 있을 수밖에 없기 때문이다.

둘째, 인간은 잠재의 차원과 현실의 차원을 분간이 불가능한 방식으로 가로지르는 존재다. 위의 정의를 따라서 인간을 현실적인 사건-줄들과 분간이 안 되는 잠재적인 사건-줄들의 평면이라고 한다면 인간은 이제 현실적이면서 잠재적인 존재 또는 잠재적이면서 현실적인 존재가 된다. 인간은 잠재의 차원과 현실의 차원이, 선험의 차원과 발생의 차원이 분간이 불가능한 방식으로 뒤얽힌 존재인 것이다.

셋째, 인간은 하나와 다수가 분간이 안 되는 존재다. 왜냐하면 인간이 이처럼 현실적이면서 잠재적인 사건-줄들의 평면으로 정의되는 한에 있어서, 인간은 하나로서의 평면이기도 하지만 동시에 다수로서의 사건-줄들이기도 하기 때문이다. 그리고 하나와 다수의 이 분간불가능성의 논리는 하나로서의 세계와 세계를 이루는 다수 가운데 하나인 인간 사이에도 마찬가지로 적용된다. 이 하나와 다수의 이 분간불가능성의 논리에 따르면, 다수 가운데 하나인 인간은 이제 하나로서의 세계 전체와 분간이 안 되는 존재가 된다. 따라서 인간은 예를 들어 기독교에서 말하는 것처럼 인식의 차원과 존재의 차원에서 신에 비해 결코 유한한 존재가 아니다. 즉 인간 그 자신이 세계 전체와 분간이 안 되기 때문에 인간은 이제 세계 전체를 하나도 빠짐없이 온전히 인식할 수가 있으며, 또 질적으로든 양적으로든 세계 전체와 존재의 차원에서 완벽하게 같아질 수가 있는 것이다. 인간은 이처럼 유한한 존재가 아닌 무한한 존재요, 자기 이외의 모든 것과 동등한 가치를 지닌 존재인 것이다.

넷째, 인간은 절대적으로 긍정적인 존재다. 인간을 정의하는 현실적이면서 잠재적인 사건-줄들의 평면은 내재성의 순수 평면이라는 또 다른 이름을 갖는다. 들뢰즈에 따르면, 이 내재성의 평면은 어떤 것 속에 있지도, 어떤 것에 대하여 있지도 않다. 그것은 자기 이외의 그 어떤 대상에도 의지하지 않는 것, 따라서 자기 외적인 요소를 철저하게 배제한 완벽하게 긍정적인 것이다. 그 자체로 있는 내재성의 평면, 다시 말해 인간은 이렇게 해서 그 어떤 부정성도 인내하지 못한다. 인간은 오로지 긍정들만을 지닌 긍정적인 힘인 것이다.

인간
—
반시대적 전쟁기계

　이처럼 사건-줄들의 평면으로 정의된 인간은 이런저런 행위를 통해 평면 위에 줄을 그으면서 평면을 건설해간다. '평면의 건설'이라는 논제는 들뢰즈의 존재론에서 가장 빈번히 등장하는 논제 가운데 하나다. 왜냐하면 인간의 모든 행위, 즉 인간의 삶 자체가 곧 사건-줄들의 평면 건설과 다른 것이 아니기 때문이다. 예를 들어 들뢰즈에 따르면, 인간의 사유 행위에는 철학, 과학, 예술의 세 종류가 있으며, 이때 각각의 사유 행위가 자신에게 고유한 평면의 건설에 대응한다. 즉 사유 행위로서의 철학은 개념-줄들의 평면 건설에, 사유 행위로서의 과학은 인과적 지시관계-줄들의 평면 건설에, 사유 행위로서의 예술은 감각-줄들의 평면 건설에 대응하는 것이다. 행위하는 인간은 이렇게 사건-줄들의 평면 건설과 불가분의 관계에 있다.

　하지만 여기에서 우리는 이 평면의 건설이 결코 일회적 사건이 아니라는 사실에 주의해야 한다. 즉 평면 위에 현실적 줄이 그어짐으로써 어떤 한 평면이 건설되었다면 곧바로 또 다른 현실적 줄이 그어짐으로써 이전의 평면과 다른 평면이 건설되는 것이다. 왜냐하면 존재가 오로지 존재자들을 생산함으로써만 실재적인 생산역능인 것과 꼭 마찬가지로 사건-줄들의 평면으로 정의된 인간 또한 오로지 현실적인 사건-줄들을 발생시킴으로써만 실재적인 생산역능이기 때문이다. 따라서 평면 위에 그어진 하나의 어떤 현실적 줄이 점점 더 깊게 패여서 지배적인 권력을 행사하는 일, 그리하여 깊게 패인 이 줄을 중심으로 평면이 굳어지는 일이 없도록 해야 한다. 만약 어떤 한 현실적 줄이 깊게 패여서 지배적인 권력을 행사한다면, 그것은 인격적인 주체가 이성적이고 합리적인 잣대를 가지고서 그 현실적 줄에 가치를 부여했기 때문이다. 사건-줄들의 총체인 평면은 그 위에 줄이 끊임없이 그어짐으로써만 존재하며, 따라서 평면은 언제나 건설 중인 상태로만 존재한다. 그 모습 그대로의 평면이란 바로 이런 것이다. 하지만 이 평면이 인격이라는 그릇에 담겨서 이성적이고 합리적인 잣대로 평가되고 재단될 때 지배적인 권력을 행사하는 줄이 등장하게 되고 이 줄을 따라서 평면이 이런저런 영토로 분할되는 일(영토화)이 일어난다.

결국 존재론적으로 볼 때, 사건-줄들의 총체, 사건-줄들의 평면인 인간은 이같이 이런저런 영토로 분할된 평면이 있게 될 경우 그것을 계속해서 흐트러뜨리는(탈영토화) 현실적인 사건-줄들의 발생 공간, 생성 공간이라고 할 수 있다. 또는 사건-줄의 개념 자체를 주목해서 탈영토화의 선, 탈주선이라고도 할 수 있다. 실제로 들뢰즈가 그의 존재론을 통해서 우리에게 보여주고 싶었던 것은 사건-줄들의 평면인 인간이, 다시 말해 내재성의 평면인 인간이 서로 다른 줄들을 무한히 생산하는 진정한 기계가 되도록 하는 것이었다. 그가 원한 것은 서로 다른 줄들(차이)이라기보다는 차라리 서로 다른 줄들의 생산(차이의 생산)이었던 것이다.

서로 다른 줄들을 무한히 생산하는 기계! 따라서 만약 우리가 들뢰즈의 의도에 충실하다면 이 표현은 들뢰즈적 인간을 정의하는 또 다른 표현이 될 수 있다. 앞에서 우리는 근대적 인간이 차이를 무시하는 폭력 이데올로기로 발전해나가게 될 보편성을 중시한다면, 반대로 탈근대적 인간은 보편성 이데올로기를 완강히 거부하며, 따라서 보편성의 폭력으로부터 해방된 차이를 주장한다고 말했다. 우리는 이 사실을 들뢰즈적 인간에게도 똑같이 적용할 수 있다. 들뢰즈에게 있어서 우리가 내재성의 순수 평면 위에서 산다는 말, 또는 내재적인 삶을 산다는 말은 평면을 이런저런 영토로 분할하는 깊게 패인 줄(보편성)과 전쟁을 벌여서 그 줄에 포획되었던 우리의 삶을 해방시키는 일, 그리하여 우리의 삶으로 하여금 서로 다른 줄들을 무한히 생산하는 진정한 전쟁기계가 되도록 하는 일을 말한다. 실제로 인간을 정의하는 사건-줄들의 평면 또는 내재성의 순수 평면은, 이렇게 말할 수 있다면, 단 하나의 지류만을 따라 흐르는 일이 결코 없는 분열적 흐름이라고 할 수 있다.

한편으로 이 분열적 흐름은 자신의 분열작용을 통해서 어떤 한 지류가 형성되도록 길을 내는 일을 한다. 하지만 다른 한편으로 이 분열적 흐름은 이렇게 형성된 지류를 그 바닥에서부터 무너뜨리는 하부의 분열적 흐름이기도 하다. 따라서 이 분열적 흐름은 자신이 길을 낸 하나의 지류에 결코 자기 자신을 가두는 법이 없다. 들뢰즈는 바로 이런 식의 분열적 흐름을 가리켜 특별히 '반시대적'이라고 표현한다. 한 시대가 또 다른 시대로, 한 체제가 또 다른 체제로 바뀌는 일이 계속해서 일어난다. 그것은 앞선 시대, 기존의 체제를 무너뜨리는 하부의 분열적 흐름이 언제나 존속하기 때문이다. 바로 이런 의미에서 분열적 흐름은 그 자체가 반시대적 흐름이라고 할 수 있는 것이다. 따라서 우리는 이제 이 모든 것을 고려하면서 분열적 흐름으로서의 인간, 내재성의 순수 평면인 인간을 다음과 같이 새롭게 정의할 수 있을 것이다. 즉 인간은 그 자체가 '반시대적 전쟁기계'다.

나가며
―
실천의 문제

앞에서도 간간이 언급했지만 들뢰즈의 인간관은 우리로 하여금 자연스럽게 실천의 문제를 생각하게 한다. 그것은 윤리와 관련된 실천 문제일 수도 있고, 정치와 경제 같은 체제나 제도에 관련된 실천 문제일 수도 있으며, 사회단체나 가족 같은 집단에 관련된 실천 문제일 수도 있다. 하지만 우리는 적어도 실천 문제와 관련해서는 들뢰즈로부터 그 어떤 일반화한 원칙도, 그 어떤 보편적인 해결책도 기대해서는 안 된다. 왜냐하면 개별 사건 속에서 맞닥뜨리게 되는 다양한 실천 문제를 그 어떤 일반화한 원칙에 비추어서 해결한다는 것은 차이를 무시하는 보편성 이데올로기로, 즉 보편성의 폭력이라는 근대적 폭력으로 우리가 자발적으로 되돌아가는 일이기 때문이다. 이뿐만이 아니다. 발견되고 인식된 차이를 배제하거나 뭉개버리는 보편성의 폭력도 문제지만 애초부터 차이를 보지 못하는 보편성의 인식 무능력 또한 문제다. 일반화한 원칙과 그에 따른 보편적인 해결책은 개별 사건 속에서 매 경우마다 차이가 나는 다양한 실천 문제를 결코 정확하게 인식할 수 없다. 왜냐하면 다양한 차이를 인식하기에는 일반화한 원칙이 지닌 인식의 그물망이 너무나도 헐렁하기 때문이다. 즉 차이가 인식되지 못한 채 다 빠져나가 버리는 것이다. 이처럼 실천 문제 자체를 정확하게 인식하지 못하는 일반화한 원칙이 결과적으로 실천 문제에 대하여 올바른 답변을 내놓을 수 없음은 물론이다.

따라서 우리가 들뢰즈의 존재론과 들뢰즈적 인간관에 충실할 경우 실천 문제와 관련해서 내놓을 수 있는 원칙이라는 것이 있다면 그것은 결코 일반화한 원칙이 아니다. 그것은, 이렇게 말할 수 있다면, 구체적인 실천 문제 속에서 매 경우마다 개별 차이의 실존과 발생을 보장해주는 '순수 차이' 또는 '절대적 차이'를 겨냥한 원칙일 것이다.

앞에서 우리는 이미 들뢰즈적 인간관이 그리는 삶, 즉 내재성의 순수 평면 위에서 사는 삶 또는 내재적인 삶이란 무엇인지를 보았다. 그것은 평면을 분할하는 깊게 패인 줄로부터 우리를 해방시키는 삶, 그리하여 우리로 하여금 서로 다른 줄들을 무한히 생산하는 반시대적 전쟁기계가 되도록 하는 삶이었다. 반시대적 전쟁기계로서의 삶, 그것은 구체적으로 다음과 같은 삶의 모습으로 표현할 수 있다. 즉 구체적인 실천 문제를 만날 때마다 평면을 이런저런 영토로 분할하는 깊게 패인 줄이 없는지 살펴본 다음, 만약 있다면 그 줄을 지우고 분할된 평면을 흐트러뜨리는 구체적인 방안을 강구하는 삶, 하지만 강구된 이 방안이 결코 평면을 다시 이런저런 영토로 깊게 분할하는 일이 없도록 해야 하는 삶이 그것이다. 예를 들어 신자유주의라는 지배적인 줄에 대항해서 내놓은 각각의 탈영토화 정책이 마치 신자유주의가 그랬던 것과 마찬가지로 각각의 입장에서 영역을 재영토화하는 또 다른 지배적인 줄이 되어서는 안 되는 것처럼 말이다. 따라서 이러한 삶의 모습에서 우리는 내재성의 순수 평면을 건설하는 일과 관련해서 니체가 말한 영원회귀의 원칙(무엇을 그것의 최상의 형식에로, 즉 n제곱에로 올려놓는 원칙)과도 같은, 일종의 들뢰즈식 최대치 원칙을 소묘할 수 있게 된다. 즉 내재성의 순수 평면을 '최대한으로' 건설하는 일, 또는 반시대적 전쟁기계를 '최대한으로' 작동시키는 일이 우리가 따라야 할 최우선의 원칙이자 유일한 원칙이 되어야 하는 것이다.

이렇게 해서 '너의 의지의 준칙이 동시에 보편적인 입법의 원리로서 타당할 수 있도록 행위하라'는 칸트의 도덕법칙과 마찬가지로 들뢰즈 또한 실천 문제와 관련해서는 '내재성의 순수 평면의 건설을 동시에 그 일의 영원회귀를 원하는 방식으로 하라'는 순수하게 형식적인 원칙을 제기하기에 이른다. 하지만 칸트와 들뢰즈 양자가 순수하게 형식적인 법칙과 원칙을 내놓는다고 해서 이 유사함이 양자 간의 결정적인 차이를 가려서는 안 된다. 칸트에 따르면, 모든 개별성을 뛰어넘은 순수 보편의 세계 또는 절대적 보편의 세계가 존재하며, 바로 이 절대적 보편의 세계로부터 울려오는 소리에 맞추어 실천할 때 행위의 올바름이 보장된다. 그러나 들뢰즈에게 칸트식의 순수 보편의 세계 또는 절대적 보편의 세계란 있을 수 없다. 설령 있다고 하더라도, 그것은 이미 존재하는 개별 차이들에 인격적 주체가 개입해서 이성적이고 합리적인 방식으로 빚어낸 나중의 허상에 불과한 것이다. 따라서 들뢰즈는 칸트와 정반대로 나아갈 수밖에 없다. 즉 그는 순수 차이의 세계 또는 절대적 차이의 세계에 매달리며, 바로 이 절대적 차이의 세계로부터 실천의 원칙을 찾는 것이다. 비록 그 결과가 칸트의 도덕법칙과 같은 순수하게 형식적인 원칙으로 나타난다고 할지라도 말이다. 요컨대, 칸트의 순수하게 형식적인 도덕법칙이 구체적인 모든 개별 내용을 뛰어넘은 순수 보편 또는 절대적 보편 위에 근거한다면, 들뢰즈의 순수하게 형식적인 실천원칙은 구체적인 모든 개별 내용을 다 담은 순수 차이 또는 절대적 차이 위에 근거하는 것이다.

어쨌든 순수하게 형식적이라는 점에서, 따라서 겉으로 보아 여기에는 그 어떤 구체적 내용도 있을 수 없다는 점에서 들뢰즈의 이 실천원칙이 공허해 보이고 무의미한 것처럼 보이는 것은 사실이다. 하지만 그렇다고 해서 이 원칙이 이래도 좋고 저래도 좋은 무차별한 원칙, 그냥 아무렇게나 따라도 좋은 쉽고 단순한 원칙은 결코 아니다. 오히려 정반대다. 매 순간 매 경우마다 보편적인 행위가 무엇인지, 지금의 내 행위가 과연 보편적인 행위인지를 따져야 하는 칸트의 도덕법칙과 다시 한 번 더 마찬가지로 이 원칙은 가장 엄격하면서도 가장 준엄한 삶의 원칙이라고 할 수 있다. 왜냐하면 어떻게 해야 하는지를 구체적으로 명시한 일반화한 원칙과 그에 따른 보편적인 해결책을 조건 없이 따르는 일은 차라리 쉽고 단순한 일인 데 반해서, 매 순간 매 경우마다 평면을 분할하는 깊게 패인 줄이 없는지 살피고 그 줄에 대항해서 반시대적 전쟁기계를 최대한으로 작동시키는 일은 끊임없는 숙고와 고통을 요구하는 지극히 엄격하며 준엄한 과정이기 때문이다.

더 읽을거리

들뢰즈, 『들뢰즈가 만든 철학사: 생성과 창조의 철학사』, 박정태 옮김, 이학사, 2007

들뢰즈는 단행본의 형식으로 많은 저서를 발표했지만 또한 여러 매체를 통해서도 뛰어난 소논문을 많이 발표하였다. 이 책은 들뢰즈의 대표적인 철학 소논문 22편을 '철학사'라는 테마 아래 모아 엮은 책이다. 따라서 이 책에서 우리는 무엇보다도 먼저 다른 철학자들(플라톤, 에피쿠로스학파, 스피노자, 흄, 루소, 칸트, 헤겔, 니체, 베르그손, 푸코 등)에 대한 들뢰즈 고유의 해석과 평가를 만날 수 있다. 하지만 들뢰즈의 전반기 사유가 스피노자, 칸트, 니체, 베르그손 등의 철학자를 그만의 독특한 관점으로 해석한 연구서들로 대변된다는 사실을 고려한다면, 이 책은 또한 들뢰즈의 전반기 사유를 들뢰즈 자신의 글로 요약한 들뢰즈의 또 다른 책이라고도 할 수 있다. 이런 의미에서 이 책은 독자로 하여금 들뢰즈의 글을 통해서 들뢰즈의 사유에 입문할 수 있도록 도와주는 정직한 지름길의 역할을 충실히 한다. 들뢰즈의 사유에 입문하기 위해서는, 특히 들뢰즈의 여러 개념을 이해하고 그 개념들에 익숙해지기 위해서는 이 책을 읽을 것을 권한다.

들뢰즈, 『차이와 반복』, 김상환 옮김, 민음사, 2004

들뢰즈가 자신의 박사학위 논문을 단행본으로 펴낸 것으로 들뢰즈의 중반기 사유의 정수를 담고 있는 가장 대표적인 책이다. 『차이와 반복』에서 들뢰즈의 존재론, 들뢰즈의 세계관을 체계적으로 만날 수 있다. 들뢰즈의 전반기 저서들이 수렴하는 지점을 정확하게 알기 위하여, 또 들뢰즈의 후반기 저서들을 들뢰즈의 관점에서 정확하게 이해하기 위하여 반드시 읽어야 할 책이다. 다만 개념과 내용이 너무 어려워서 들뢰즈의 개념과 문체에 익숙하지 않은 독자는 이 책을 읽기가 쉽지 않다. 따라서 이 책을 읽기 전에 들뢰즈의 전반기 사유를 접할 수 있으면서 동시에 들뢰즈의 개념과 문체에도 익숙해질 수 있는 『들뢰즈가 만든 철학사』를 먼저 읽을 것을 권한다.

들뢰즈, 『천개의 고원』, 김재인 옮김, 새물결, 2001
> 1970년대에 들어서 들뢰즈는 펠릭스 가타리와 함께 그의 후반기 사유를
> 대표하는 두 권의 책 『안티 오이디푸스』와 『천개의 고원』을 펴낸다. 우리는 이
> 두 권의 책에서 들뢰즈 자신의 세계관에 기초한 들뢰즈 고유의 실천 문제와
> 그 해결 방안을 엿볼 수 있다. 실제로 『안티 오이디푸스』와 『천개의 고원』은
> 지난 20세기 이후 지금까지 정치 경제적으로 세계를 지배해온 맑시즘과
> 자본주의에 대한 새로운 해석과 비판을 보여줌으로써 이후의 사람들이
> 현대사회를 비판하고 새로운 대안을 모색하는 일에 큰 영향을 주고 있다.
> 『안티 오이디푸스』의 한글 번역본이 있지만 번역상의 문제 때문에 여기서는
> 『천개의 고원』을 권한다.

이진경, 『노마디즘 1』, 『노마디즘 2』, 휴머니스트, 2002
> 들뢰즈의 많은 저서, 들뢰즈에 대한 해설서 대부분이 난해한 철학적
> 개념들로 각이 잡힌 날카로운 느낌을 준다면, 상대적으로 이 책은
> 일상적이고 덜 난해한 개념들로 꾸며져 훨씬 부드러운 느낌을 준다. 일반
> 독자의 입장에서 볼 때 이 점은 분명 이 책의 큰 장점으로 작용한다. 이런
> 의미에서 이 책은 들뢰즈의 사유, 그 가운데서도 특히 들뢰즈의 후반기
> 사유에 흥미를 가지고서 좀 더 쉽게 접근할 수 있도록 독자를 도와주는
> 우리말로 된 대표적인 책이라고 할 수 있다.

마이클 하트, 『들뢰즈 사상의 진화』, 김상운·양창렬 옮김, 갈무리, 2004
> 이 책은 스피노자, 니체, 베르그손에 대한 들뢰즈의 여러 단행본과 소논문을
> 기본 텍스트로 취하면서 들뢰즈의 전반기 사유가 어떻게 형성되어가는지 그
> 발전 과정을 체계적으로 기술하고 있다. 따라서 좁게는 들뢰즈의 전반기
> 사유, 더 넓게는 들뢰즈의 사유 전체를 체계적으로 이해할 수 있도록
> 도와주는 훌륭한 입문서의 역할을 한다.

알랭 바디우, 『들뢰즈: 존재의 함성』, 박정태 옮김, 이학사, 2001

들뢰즈의 파리8대학교 후배 교수이자 현대 프랑스 철학계를 대표하는 철학자 알랭 바디우가 1998년 들뢰즈의 사유를 비판한 책을 내놓았다. 바디우는 이 책에서 몇 가지 핵심적 논제들을 중심으로 들뢰즈의 사유에 대한 해설을 시도하는 한편, 바로 그 핵심적 논제들 아래에서 들뢰즈의 사유와 자신의 사유가 구체적으로 어떻게 충돌하는지 보여주고자 한다. 따라서 이 책에서 우리는 들뢰즈의 사유에 대한 비판적 해석과 모든 면에서 대립하는 두 현대 철학자의 세계관이 과연 어떻게 부딪히는지 그 극단적인 충돌 양상을 생생하게 목격할 수 있다.

비트겐슈타인

유배된 마음의 귀향

강진호

서울대학교 철학과에서 학사와 석사, 미국 하버드대학교 철학과에서 박사 학위를 받았다. 2006년 9월부터 2021년 8월까지 서울대학교 철학과 교수로 재직하였고, 연구와 공부에 전념하기 위해 2021년 9월 교수직을 사직하였다. 언어철학과 심리철학을 비롯한 이론철학 일반과 메타윤리학 및 분석철학사를 연구하고 있다. 주요 논문으로 "On the Composition of the *Prototractatus*", 「그림이론?」, 「맥락주의와 '공유된 내용'의 문제」, 「행위 유형 명제 이론과 서술 행위의 본성」 등이 있다.

『논리-철학 논고』와 『철학적 탐구』

분석철학
프레게와 러셀, 비트겐슈타인을 필두로 20세기에 발전한 철학 사조. 언어에 대한 논리적 분석을 통해 철학적 문제들을 해결 또는 해소하고자 하였다. 오늘날의 분석철학은 더는 언어분석이라는 방법론을 공유하ㅍ고 있지 않지만, 논리적 타당성과 명료함을 강조하는 정신은 그대로 이어지고 있다.

20세기 분석철학을 대표하는 철학자 루트비히 비트겐슈타인 Ludwig Wittgenstein은 1889년 오스트리아 빈에서 태어났다. 그는 원래 공학도였으나 수학의 토대에 관심을 가지게 되면서 영국 케임브리지 대학에서 버트런드 러셀의 지도로 수학철학과 논리학을 공부하였다. 당시 러셀은 수학을 논리학으로 환원시키려는 야심찬 기획을 진행하고 있었지만 정작 논리학의 본성이 무엇인지를 만족스럽게 해명하지 못하고 있었다. 비트겐슈타인이 생전에 출판한 단 하나의 저서 『논리-철학 논고』(이하 『논고』)는 바로 이 문제를 다루고 있다. 그는 대담하게도 자신이 『논고』에서 논리학의 본성뿐 아니라 철학의 모든 문제를 해결했다고 믿었고, 이에 따라 철학을 그만두었다. 그러나 비트겐슈타인은 점차 『논고』가 중대한 오류들을 범하고 있다고 생각하게 되었다. 철학적 작업의 재개를 위해 결국 1929년 케임브리지로 돌아온 그는 1951년 사망하기 직전까지 작업을 계속하였고 모두 2만여 쪽에 달하는 방대한 원고들을 남겼다. 이 원고들에서 드러나는 이른바 비트겐슈타인 후기 철학의 정수는 그의 사후에 출간된 저서 『철학적 탐구』(이하 『탐구』)에 담겨 있다.

『논고』에서 마음에 대한 철학적 문제들이 크게 다루어지지 않는 반면, 『탐구』를 비롯한 비트겐슈타인의 후기 철학 시기 원고들에서 이 문제들에 대한 고찰은 핵심적인 위치를 차지하고 있다. 특히 1945년부터 1949년 사이에 작성된 원고들에서는 심리철학적 고찰들이 그 내용의 대부분을 이루고 있다. 이 글에서는 『탐구』를 중심으로 논의를 진행하도록 하겠다. 논의를 시작하기에 앞서, 『탐구』를 어떻게 해석할 것인가는 지금까지도 학계에서 격렬한 논란의 대상이 되고 있음을 밝힌다. 아마도 서양철학의 고전 중 『탐구』만큼 그 해석이 분분한 작품도 없을 것이다. 나는 이 글에서 『탐구』의 심리철학적 고찰에 대해 내 나름대로 가장 만족스러운 해석을 제시하고자 노력했다. 그러나 연구자들에 따라서는 동의하기 힘든 부분들도 있으리라 생각한다.

철학적 언명들의 무의미성과 사용으로서의 의미

비트겐슈타인은 철학의 본성이 무엇이며 철학적 문제들을 어떻게 탐구해야 하는지에 대해 서양철학사에서 그 유례를 찾아볼 수 없는 독특한 견해를 발전시켰다. 심리철학적 고찰을 비롯한 『탐구』의 모든 철학적 고찰은 이러한 그의 철학관을 염두에 둘 때에만 비로소 올바르게 이해될 수 있다.

비트겐슈타인은 철학적 문제들이 우리의 일상에서 마주치는 문제들뿐 아니라 개별 학문들에서 다루는 문제들과도 본질적으로 다른 성격을 갖고 있다고 생각하였다. 그에 따르면 철학적 문제들은 답변을 제시함으로써 해결될 수 있는 문제들이 아니다. 오히려 철학적 문제들은 어떠한 해결책도 찾을 수 없다는 점을 그 특징으로 갖는다. 왜 해결책을 찾을 수 없는가? 비트겐슈타인에 따르면 그 이유는 철학적 언명들이 겉보기와 달리 아무런 의미도 갖고 있지 않기 때문이다. 예를 들어 수학철학의 대표적 문제인 '수(數)는 실재하는가?'라는 물음은, 그에 따르면 마치 '인간은 수보다 빠른가?'라는 물음처럼 아무런 의미도 없는 언명에 지나지 않는다. 더불어 이 물음에 대한 답변으로 의도된 '수는 실재한다'나 '수는 실재하지 않는다'는 주장 또한 '인간은 수보다 빠르다'나 '인간은 수보다 빠르지 않다'는 주장처럼 아무런 의미가 없다.

여기서 주의할 점은, 비트겐슈타인이 '수는 실재한다'와 같은 철학적 언명이 무의미하다고 할 때 그가 이 언명을 표현한 문장 자체를 무의미하다고 보는 것은 아니라는 사실이다. 비트겐슈타인은 언어 표현의 의미를 곧 그것의 사용으로 보았다. 어떤 표현이 적절하게 사용될 수 있는 맥락이 있다면 그 표현은 그 맥락 하에서 의미가 있다. 그러므로 의미의 기본 담지자는 문장 자체가 아니라 어떤 맥락 하에서 사용된 문장이다. 동일한 문장이라고 하더라도 그것이 어떤 맥락에서 어떻게 사용되는가에 따라 의미를 지닐 수도, 지니지 않을 수도 있기 때문이다. '수는 실재한다'라는 문장 또한 그것이 적절히 사용될 수 있는 맥락 하에서는 의미를 지닌다. 가령 수학 교사가 학생들에게 허수(虛數) 개념을 소개하면서 '여러분들이 이제부터 배울 허수는 실수와 마찬가지로 수이다. 수는 실재한다. 그러므로 허수는 그 이름과 달리 상상의 수가 아님을 명심하기 바란다'라고 말한다면, 이러한 맥락에서 수학 교사가 사용한 문장 '수는 실재한다'는 의미를 지닌다.

보다 일반적으로, 비트겐슈타인이 철학적 언명의 무의미성을 지적할 때 그는 그 언명을 표현한 문장이 일상 생활이나 개별 학문논의 맥락 속에서 적절하게 사용될 수도 있으며 이때 의미를 가진다는 것을 부정하지 않는다. 그가 지적하는 것은 단지 그 문장이 철학적인 언명으로 사용되었을 경우 무의미하다는 것이다. 그러나 철학적 언명들 또한 그것들이 유의미하게 사용되는 철학적 논의의 맥락이 있지 않은가? 이에 대한 비트겐슈타인의 답변은, 이른바 '철학적 논의의 맥락'은 진정한 언어 사용 맥락이 아니라는 것이다. 비트겐슈타인은 언어 사용 행위가 우리의 삶 속에서 우리가 수행하는 다른 행위들과 관련해서만 비로소 그 의의를 갖는다고 본다. 그러므로 그는 어떤 언어 표현이 유의미하게 사용될 수 있기 위해서는 그 표현의 사용이 우리의 행위에 어떤 실질적인 차이를 가져올 수 있어야 한다고 지적한다. 그러나 철학적 언명, 또는 좀 더 정확히 말해서 어떤 문장의 철학적 사용은 우리의 행위에 어떠한 실질적인 차이도 가져올 수 없고 이에 따라 무의미하다는 것이다.

가령 '수는 실재한다'고 주장하는 수학적 실재론자와 '수는 실재하지 않는다'고 주장하는 수학적 반실재론자는 겉보기에 서로 정반대되는 주장을 펼치는 것처럼 보이지만, 그럼에도 두 사람은 수학 문장들을 사용하는 일상 생활 및 학문적 활동에 있어서 아무런 실질적 차이를 보이지 않는다. 두 사람 모두 상점에서 5,000원짜리 물건을 사고 10,000원짜리 지폐를 냈을 경우 거스름돈 5,000원을 요구할 것이고, 출근하기 위해 아침 6시에 일어나야 하는데 7시에 일어났을 경우 1시간 늦게 일어났다고 생각하여 허둥댈 것이며, 1보다 크고 3보다 작은 자연수가 존재하느냐라는 물음에 그렇다고 대답할 것이다. 물론 이에 대해 수학적 실재론자와 반실재론자는, 자신들의 주장이 비록 수와 관련된 우리의 일상적·학문적 활동에 실질적 차이를 가져다주지는 못하지만 여전히 그러한 활동의 성립 근거에 대한 철학적 정당화를 제공하고 있다고 반박할 것이다. 그러나 비트겐슈타인은 바로 이러한 철학적 정당화가 필요하다는 생각 자체가 실은 환상에 불과하다고 지적한다. 수가 실재한다는 것은 우리의 일상적·학문적 활동에서 수 표현이 사용되는 방식에 의해 이미 정당화된다. 이를 넘어선 더 이상의 '철학적' 정당화는 필요하지 않을 뿐 아니라 가능하지도 않다.

'문법적 고찰'로서의 철학

그렇다면 우리는 왜 철학적 정당화가 필요하다는 것과 같은 환상에 빠지고 이로 인해 무의미한 철학적 문제들에 사로잡히게 되는가? 여기서 비트겐슈타인은 우리 언어의 실제 사용 방식과 언어 표현의 외형에서 추측될 수 있는 사용 방식 간에 존재하는 커다란 괴리에 주목한다. 그는 우리의 언어 사용 행위가 놀랄만큼 다양한 방식으로 이루어진다는 사실을 지적한다. 『탐구』에서 비트겐슈타인은 "언어 및 그 언어가 뒤얽혀 있는 활동들의 전체"를 '언어놀이Sprachspiel'라고 부르는바(『탐구』 §7. 이하 절 번호만 표기), 그에 따르면 우리 언어에는 헤아릴 수 없이 많은 종류의 언어놀이가 존재한다는 것이다. 그러나 비트겐슈타인은 언어 표현의 외형들에서 추측될 수 있는 문법적 범주들과 이에 따른 언어 사용 방식의 분류가 이러한 언어놀이들의 다양성 및 그에 따른 언어 표현들의 다양한 사용 방식을 제대로 반영하지 못하고 있다고 지적한다. 우리는 흔히 낱말의 종류를 명사, 동사, 형용사 등으로, 그리고 문장의 종류를 서술문, 의문문, 명령문 등으로 구분한다. 그러나 낱말과 문장을 이렇게 전통 문법의 범주들로 구분하는 것은 "'기호들', '낱말들', '문장들'이라고 부르는 모든 것의 무수히 많은 상이한 종류의 사용이 존재"(§23)한다는 사실을 은폐한다. 가령 우리는 서술문들이 모두 어떤 사태를 기술記述하기 위해 사용된다고 생각한다. 그러나 비트겐슈타인에 따르면 "물체의 위치를 그것의 좌표에 의해 기술하는 것, 얼굴 표정을 기술하는 것, 촉감을 기술하는 것, 기분을 기술하는 것"(§24)은 근본적으로 다른 종류의 언어놀이들이다. 또한 우리는 명사들의 사용이 모두 어떤 대상들을 명명하는 데에 있다고 생각한다. 그러나 "사람, 형태, 색깔, 고통, 기분, 수"(§26) 등을 명명하는 것은 근본적으로 다른 종류의 언어놀이들에 속하는 서로 다른 언어 사용 방식이다.

그러므로 언어 표현의 외형으로부터 추측될 수 있는 사용 방식과 그 표현의 실제 사용 방식, 즉 언어 표현의 이른바 '표층문법'과 '심층문법'(§664) 사이에는 매우 심각한 괴리가 존재한다. 비트겐슈타인은 우리 언어가 이렇게 그 실제 사용 방식을 분명히 드러내지 못할 뿐 아니라 오히려 후자를 왜곡하고 있다는 점에서 문법적인 '일목요연성Übersichtlichkeit'(§122)을 결여하고 있다고 지적한다. 그리고 비트겐슈타인에 따르면 바로 이 때문에 우리는 철학적 환상에 빠지고 이로 인해 무의미한 철학적 문제들에 사로잡히게 된다. 철학적 성찰은 바로 성찰적 작업의 본성상 언어가 사용되는 구체적인 맥락에서 벗어나 이루어질 수밖에 없는데, 이로 인해 우리는 언어 표현들의 외형이 우리에게 불러일으키는 '그림Bild'(§115)에 불가피하게 현혹되어 이 표현들의 실제 사용 방식을 망각하게 되고, 그럼으로써 우리 언어놀이들에서 어떠한 유의미한 역할도 할 수 없는 철학적 언명들을 마치 의미가 있는 것처럼 생각하게 된다는 것이다.

예를 들어 '모든 책상은 가구이다'와 '모든 자연수는 수다'라는 두 문장은 겉보기에 정확히 동일한 문법 구조를 갖고 있다. 바로 표층문법의 이러한 동일성 때문에 우리는 두 문장에 나타난 낱말 '책상'과 '자연수'가, 그리고 '가구'와 '수'가 동일한 방식으로 사용된다고 착각하게 되고, 이에 따라 수가 가구와 물론 동일한 종류는 아니지만 어떤 식으로든 유사성을 지닌 대상이라는 환상을 갖게 된다. 그러나 이어서 우리는 가구와 달리 수가 시공간 속에 존재하지 않는 대상이라는 사실을 깨닫고, 도대체 어떻게 시공간 속에 존재하지 않으면서도 가구와 어떤 식으로든 유사성을 지닌 대상 같은 것이 있을 수 있는지 당혹스러워하게 된다. 수학적 반실재론자들이 '수는 실재하지 않는다'고 주장할 때, 그들은 바로 이러한 당혹감을 야기시키는 기묘한 대상으로서의 수가 실재하지 않는다고 주장하는 것이다. 반면 수학적 실재론자들은 비록 기묘하기는 하지만 그러한 대상이 실재하지 않는다면 '2+2=4'와 같은 진술은 결코 객관적으로 참이 될 수 없을 것이라고 반박한다. 이제 비트겐슈타인이 지적하는 것은, 여기서 수학적 실재론자와 반실재론자 모두 암암리에 전제하고 있는 이 '기묘한 대상'으로서의 수라는 생각 자체가 사실은 수 표현의 표층문법에 현혹되어 우리가 갖게 된 환상이라는 것이다. 수 표현은 우리 언어놀이들에서 다른 범주의 대상을 나타내는 표현들과 근본적으로 다른 방식으로 사용되는바, 수 표현의 사용 방식에 대한 일목요연한 기술을 통해 이러한 근본적 차이를 명료하게 파악함으로써 우리는 수가 기묘한 대상이라는 환상에서 벗어날 수 있고 이에 따라 수의 실재성과 관련된 철학적 문제들의 무의미성을 깨달을 수 있다는 것이다.

보다 일반적으로, 비트겐슈타인에 따르면 철학의 임무는 우리에게 철학적 문제들을 야기시키는 언어 표현들이 우리 언어놀이들에서 실제로 어떻게 사용되는지 일목요연하게 기술하는 작업, 즉 『탐구』에서 '문법적 고찰grammatische Betrachtung'(§90)이라고 불리는 작업을 통해, 이 문제들이 사실은 언어 사용에 대한 오해 때문에 갖게 된 환상에서 나온 무의미한 문제들임을 밝힘으로써 이 문제들을 해소시키는 것이다. 서양철학의 고전적 이념과 달리, 이러한 문법적 고찰로서의 철학은 세계와 인간의 본질에 대한 어떤 새로운 이론을 수립함으로써 우리에게 새로운 지식을 제공하는 작업이 아니다. 오히려 철학은 우리가 어떤 의미에서 이미 알고 있지만 우리 언어의 외형에 미혹됨으로써 끊임없이 망각하고 있는 사실들, 즉 언어 표현들의 실제 사용 방식에 대한 사실들을 우리에게 상기시키는 작업이다. 그러므로 비트겐슈타인은 철학적 작업에서 우리가 "어떠한 이론도 세워서는 안 될 것"(§109)이라고 주장한다. 오직 필요한 것은 우리 언어의 실제 사용 방식에 대한 일목요연한 기술뿐이라는 것이다.

대상으로서의 의미라는 환상

그러나 언어 표현의 의미가 곧 그것의 사용이라는 비트겐슈타인의 견해는 그 자체가 의미에 대한 어떤 특정한 이론에 근거하고 있는 것 아닌가? 실제로 여러 연구자들이 『탐구』에서 비트겐슈타인이 이른바 '사용 의미 이론'을 제시하고 있다고 주장한 바 있다. 하지만 이러한 주장은 앞에서 본 『탐구』의 반이론적 철학관의 핵심을 놓치고 있는 것이다. 비트겐슈타인이 『탐구』에서 의미가 곧 사용이라고 지적하는 것은 의미에 대한 어떤 이론에 토대를 둔 것이 아니라 단지 낱말 '의미'가 우리 언어놀이들에서 실제로 어떻게 사용되는지에 대한 문법적 고찰에 토대를 둔 것이다. 그리고 그가 이렇게 낱말 '의미'의 사용 방식을 고찰하는 이유는 이 낱말의 표층문법이 우리에게 불러일으키는 철학적 환상으로 인해 의미의 본성과 관련하여 제기되는 철학적 문제들을 해소시키기 위해서이다. 결국 『탐구』에서 의미의 본성에 대한 비트겐슈타인의 고찰은 그의 반이론적 철학관 및 탐구 방법을 그대로 따르고 있다.

그렇다면 낱말 '의미'의 표층문법이 불러일으키는 철학적 환상은 무엇인가? 그것은 의미를 일종의 대상으로 보는 환상이다. 앞에서 우리가 본 낱말 '수'와 마찬가지로 '의미' 또한 그 표층문법만을 보면 '가구'와 같은 명사로 분류되므로, 우리는 명사 '의미'가 가리키는 어떤 대상들이 있고 그 대상들이 의미들이라고 생각하게 되는 것이다. 이러한 생각의 가장 소박한 형태는 언어 표현의 의미를 곧 그 표현이 가리키는 사물과 동일시하는 것이다. 비트겐슈타인이 『탐구』 첫머리에서 아우구스티누스의 『고백록』을 인용하며 논의하는 것이 바로 의미의 본성에 대한 이러한 소박한 견해이다(§1). 물론 의미에 대한 소박한 견해는 곧바로 여러 철학적 난점에 부딪친다. 가령 낱말 '도깨비'는 그것이 가리키는 사물이 존재하지 않지만 의미를 갖고 있다. 낱말 '어떤', '모두', '그러나' 등은 아예 사물을 가리키는 표현이 아닌 것 같지만 의미를 갖고 있다. 그러므로 철학자들은 의미에 대해 좀 더 세련된 형태의 이론을 발전시킨다. 그 한 가지 형태는 언어 표현의 의미를 플라톤이 말하는 형상처럼 어떤 추상적이고 객관적인 존재자로 보는 이론이다. 또 다른 형태는 언어 표현의 의미를 데카르트처럼 우리 마음 속에 있는 관념으로 보는 이론이다. 그러나 비트겐슈타인에 따르면 이러한 플라톤적 의미론과 데카르트적 의미론은 의미에 대한 소박한 견해와 마찬가지로 여전히 의미를 일종의 대상으로 생각하는 철학적 환상에 빠져 있으며, 이에 따라 해결할 수 없는 무의미한 철학적 문제들을 낳게 된다. '의미는 사용이다'라는 비트겐슈타인의 지적은 바로 우리를 이러한 환상에서 벗어나게 함으로써 의미에 대한 철학적 문제들에서 우리를 해방시키고자 하는 목적으로 이루어진 것이다.

의식 상태로서의 심리 상태라는 환상
―
이해의 경우

이제 철학적 문제들의 본성 및 철학의 임무와 탐구 방법에 대해 지금까지 논의한 비트겐슈타인의 견해를 염두에 두고 『탐구』의 심리철학적 고찰을 살펴보자. 비트겐슈타인은 『탐구』에서 이해 understanding, 감각, 생각, 지각, 감정, 상상, 믿음, 의도, 의지 등 다양한 심리 상태를 다루고 있지만, 이 글에서는 그가 특히 집중적으로 고찰하고 있는 이해와 고통 감각에 대해 주로 살펴보겠다. 우선 이해의 경우를 보자.[1] 비트겐슈타인에 따르면 우리는 이해와 관련한 언어 표현들의 표층문법에 현혹되어 이해의 본성에 대한 철학적 환상을 갖고 있다. 예를 들어, 다음의 두 문장을 살펴보자.

---

1   이하의 논의는 『탐구』 §138~§242의 주요 내용을 선별하여 재구성한 것이다.

(1) 영희는 수학 교사의 손을 잡았다
(2) 영희는 수학 교사의 명령을 이해했다

문장 (1)과 (2)는 겉보기에 정확히 동일한 문법 구조를 갖고 있으며, 따라서 우리는 자연스럽게 두 문장에 나타난 낱말 '잡았다'와 '이해했다'가 우리 언어에서 동일한 방식으로 사용된다고 생각하게 된다. 문장 (1)에 나타난 낱말 '잡았다'가 영희의 어떤 신체적 활동을 가리키고 이를 통해 그 의미를 갖는 것처럼 보이므로, 우리는 문장 (2)에 나타난 낱말 '이해했다' 또한 영희의 어떤 활동을 가리키고 이를 통해 그 의미를 갖는다고 생각한다. 그러나 우리는 '잡았다'의 경우와 달리 '이해했다'가 가리키는 특정한 신체적 활동을 발견할 수 없다. 그러므로 우리는 낱말 '이해했다'가 신체적 활동이 아닌 어떤 정신적 활동을 가리키고 이를 통해 그 의미를 갖는다고 생각하게 된다. 이제 이러한 정신적 활동이 무엇인가라고 질문할 때, 이에 대한 자연스러운 답변은 그것이 어떤 의식 활동이라는 것이다. 그러므로 우리는 이해라는 심리 상태의 본질이 주체의 의식 활동 또는 의식 상태에 있다고 생각하게 되고, 이 의식 상태의 본성을 탐구함으로써 이해의 본질을 해명할 수 있으리라 기대한다.

그러나 비트겐슈타인에 따르면, 거의 사소하게 들릴 정도로 자명해 보이는 이 일련의 생각들은 놀랍게도 사실은 낱말 '이해했다'의 표층문법에 현혹되어 우리가 갖게 된 철학적 환상에 지나지 않는다. 그리고 이러한 환상 때문에 우리들은 해결할 수 없는 철학적 문제들에 사로잡히게 된다.

특히 비트겐슈타인이 『탐구』에서 집중적으로 논의하고 있는 철학적 문제는, 어떤 명령을 우리가 이해했을 때 이러한 이해가 갖고 있는 것처럼 보이는 규범적 normative 힘과 관련된 것이다. 명령에 대한 이해는 주체가 그 명령에 따라 어떤 행동을 해야 하는지 결정해주는 힘을 갖고 있는 것처럼 보인다. 비트겐슈타인은 『탐구』 §185 이하에서 '2씩 더하라'라는 명령을 이해하는 사례를 들어 이 점을 논의하고 있다. 우리와 달리 아직 숫자들의 의미와 기초적인 사칙연산을 배우지 못한 어린 학생에게 있어 '2씩 더하라'는 명령은 그 의미를 이해할 수 없는 한낱 기호에 불과할 것이다. 이제 영희가 그런 학생이라고 하자. 영희가 수학 교사에게서 교육을 받아 덧셈 연산을 점차 습득해나가면 어느 시점에서 그는 이 명령을 이해하게 될 것이다. 그런데 영희가 '2씩 더하라'는 명령을 정말로 이해했다면, 이때 그가 해야 할 특정한 행동들이 있다. 가령 영희는 숫자 '1000' 다음에 '1002', '1004', '1006' 등을 써 나가야지, '1000' 다음에 '1004', '1008', '1012' 등을 써나가거나, (실제로 이런 일은 일어나지 않겠지만) '1000' 다음에 '2'를 반복해서 쓰거나, 그림을 그리거나, 춤을 추거나 하는 행동을 해서는 안 된다. 그러므로 어떤 주체가 '2씩 더하라'는 명령을 이해했을 경우 이 이해라는 심리 상태는 그 주체가 어떠한 행동을 해야 하는지 결정해주는 힘을 갖고 있는 듯하다.

그러나 명령에 대한 이해의 본질이 곧 주체가 갖게 된 어떤 의식 상태에 있다면, 그것이 어떠한 종류의 의식 상태이건 도대체 어떻게 주체가 해야 할 행동을 결정해줄 수 있는 힘을 가질 수 있는지 납득하기 어렵다. 우선 주체가 어떤 명령을 이해했을 때 주체의 의식 속에 그 명령에 따라 어떤 행동들을 해야 하는지에 대한 모든 지침이 명시적으로 떠오르는 것은 아니다. 가령 '2씩 더하라'는 명령을 내가 이해했을 때 나의 의식 속에 내가 해야 할 모든 행동, 즉 〈'2' 다음에는 '4'를 써야 한다〉, 〈'4' 다음에는 '6'을 써야 한다〉, (…) 〈'1000' 다음에는 '1002'를 써야 한다〉, 〈'1002' 다음에는 '1004'를 써야 한다〉(…) 등의 지침이 명시적으로 떠오르는 것은 아니다. 이러한 지적에 대해, 이해의 본질을 의식 상태로 보는 이들은 주체의 의식 속에 개별 수 각각과 관련된 행동 지침이 따로따로 떠오를 필요는 없다고 답변할 것이다. 이 답변에 따르면 '2씩 더하라'는 명령을 이해했을 때 주체의 의식 속에 떠오르는 것은 가령 '각 숫자 뒤에 그 숫자의 다음다음 숫자를 써라'와 같은 어떤 일반적 행동 지침이라는 것이다.

그러나 이 일반적 행동 지침은 주체가 해야 할 행동을 어떻게 결정할 수 있는가? 원래의 명령 '2씩 더하라'가 그 자체로는 한낱 기호에 불과한 것과 마찬가지로, 주체의 의식 속에 떠오른 일반적 행동 지침 또한 그 자체로는 한낱 기호에 불과하다. 그러므로 해당 주체는 자신의 의식 속에 떠오른 지침을 원칙적으로 어떠한 방식으로도 해석할 수 있다. 가령 영희가 위의 일반적 행동 지침에 나타난 '다음다음 숫자'라는 개념을 '1000 미만의 수에 대해서는 해당 수보다 2만큼 큰 수를 가리키고 1000 이상의 수에 대해서는 해당 수보다 4만큼 큰 수를 가리키는 숫자'라는 방식으로 해석한다고 하자. 그렇다면 영희는 '2씩 더하라'는 명령을 수행할 때 '1000' 이전까지는 올바르게 수열을 전개해 나가겠지만 '1000' 다음부터는 '1004', '1008', '1012', (…) 등의 숫자를 써나갈 것이다. 이제 이러한 지적에 대해, 이해의 본질을 의식 상태로 보는 이들은 영희가 '2씩 더하라'는 명령을 진정으로 이해했다면 그의 의식 속에 '각 숫자 뒤에 그 숫자의 다음다음 숫자를 써라'와 같은 일반적 행동 지침뿐 아니라 이 지침을 올바로 해석하는 방식 또한 떠올라야 한다고 답변할 것이다. 그러나 지침을 해석하는 '방식'이 의식 속에 떠오른다는 것이 정확히 무엇인지는 극히 불명료하다. 더구나, 우리의 의식 속에 떠오른 지침 해석 방식이 무엇이건 간에 그것이 일단 의식에 떠오른 것이라면 우리는 그것을 또다시 어떠한 방식으로도 해석할 수 있을 것이다. 그러므로 우리는 해석의 무한퇴행에 빠지게 된다.

지금까지 논의한 것을 다른 명령의 사례를 통해 또 다른 각도에서 살펴보도록 하자. 교사가 영희에게 가령 '빨간색 공을 갖고 와라'고 명령하고, 영희가 이 명령을 이해했다고 하자. 그리고 이때 영희의 의식 속에 어떤 언어적 지침이 아니라 빨간색 공의 심상$_{\text{mental image}}$이 떠올랐다고 하자. 얼핏 보기에 이러한 심상은 위에서 예로 든 '각 숫자 뒤에 그 숫자의 다음다음 숫자를 써라'와 같은 언어적 지침과 달리 영희로 하여금 정말로 어떤 행동을 해야 하는지 결정해줄 수 있는 듯하다. 그러나 실제로는 언어적 지침과 마찬가지로 심상 또한 그 자체로는 한낱 기호에 불과하며 따라서 어떠한 방식으로도 해석될 수 있다. 가령 이 경우 영희는 '의식 속에 떠오른 색과 보색$_{補色}$인 공을 갖고 와라'는 식으로 자신의 심상을 해석할 수도 있을 것이고, 그럴 경우 그는 빨간색 공이 아니라 청록색 공을 갖고 올 것이다. 이에 대해, 영희가 '빨간색 공을 갖고 와라'는 명령을 정말로 이해했다면 그의 의식 속에 빨간색 공의 심상과 더불어 이 심상을 해석하는 방식 또한 떠올라야 한다고 답변할지도 모르겠다. 그러나 주체의 의식 속에 떠오르는 이른바 '심상 해석 방식'이 무엇이건 간에, 그것 또한 의식에 떠오른 것이라면 또다시 어떠한 방식으로도 해석될 수 있을 것이다. 그러므로 우리는 해석의 무한퇴행에 빠지게 된다.

결국 이해의 본질이 어떤 의식 상태에 있다고 보는 이들이 이러한 해석의 무한퇴행을 막으려면, 이들은 주체가 어떤 명령을 이해했을 때 주체의 의식 속에 그 명령에 대한 '최후의 해석'이라고 부를 수 있는 것, 즉 그것에 대해 다른 방식으로 해석하는 것이 더는 가능하지 않으며 이에 따라 주체가 해야 할 행동에 대해 오직 하나의 지침만을 내려주는 어떤 것이 떠오른다고 주장할 수밖에 없다. 아마도 데카르트가 말한 이른바 '명석판명한 관념'이 바로 이러한 '최후의 해석'과 같은 것일 것이다. 그러나 주체가 의식 속에 떠올릴 수 있는 것 중 도대체 어떤 것이 더 이상의 해석을 허용하지 않음으로써 주체가 해야 할 행동이 무엇인지에 대해 유일한 지침을 내려줄 수 있는가? 어떠한 것도 그러한 역할을 할 수는 없는 것처럼 보인다.

그러므로 명령에 대한 이해의 본질이 어떤 의식 상태에 있다면, 이제 이러한 이해가 갖고 있는 듯한 규범적 힘은 대단히 신비한, 마치 마법과도 같은 힘인 것처럼 보인다. 한편으로 우리는 이 힘을 설명해내야 하지만, 다른 한편으로 우리는 어떠한 의식 상태에 호소해서도 이 힘을 설명해낼 수 없는 것 같다. 우리는 하나의 철학적 문제에 부딪히게 되었다.

행동, 능력, 공동체, 삶의 형식

그러나 비트겐슈타인에 따르면 이해가 갖고 있는 것처럼 보이는 규범적 힘에 대한 문제는 우리가 언어 표현들의 사용 방식을 오해함으로써 갖게 된 무의미한 철학적 문제이다. 앞에서 우리는 '잡았다'와 같은 낱말과 '이해했다'가 동일한 표층문법을 갖고 있다는 것을 보았다. 이로 인해 우리는 낱말 '잡았다'가 어떤 신체적 활동을 가리킴으로써 그 의미를 얻는 것처럼 술어 '이해했다'가 어떤 정신적 활동을 가리킴으로써 의미를 얻는다고 생각한다. 그러나 이러한 생각은 두 가지 점에서 잘못되었다.

첫째, 일반적으로 한 낱말의 의미가 그 낱말이 가리키는 것에 의해 결정된다는 생각은 의미를 일종의 대상으로 보는 철학적 환상에 근거하고 있다. 낱말의 의미를 결정하는 것은 그 낱말이 가리키는 것이 아니라 언어놀이들에서 그 낱말이 사용되는 방식이다.

둘째, '이해했다'와 같은 심리 술어가 우리 언어놀이들에서 사용되는 방식은 '잡았다'와 같은 술어가 사용되는 방식과 근본적으로 다르다. 3인칭에서 이 두 술어가 사용되는 방식을 살펴보면 그 차이가 분명히 드러난다. 가령 우리가 '영희는 수학 교사의 손을 잡았다'고 말할 때, 우리는 영희가 수학 교사의 손을 잡는 신체적 활동을 직접 관찰함으로써 그렇게 말할 수 있다. 그러나 우리가 '영희는 수학 교사의 명령을 이해했다'고 말할 때, 우리는 결코 영희의 의식 상태나 의식 활동을 직접 관찰함으로써 그렇게 말할 수 없다. 이 경우 우리가 영희에 대해 그렇게 말할 수 있도록 해주는 기준은 그와 관련한 객관적 상황들이며 그중에서도 특히 그의 행동들이다. 가령 영희가 '2씩 더하라'는 수학 교사의 명령을 이해했다고 우리가 말할 수 있는 기준은, 영희가 덧셈 연산을 과거에 배웠거나 지금 배우고 있다는 객관적 상황, 그리고 이 명령을 들었을 때 영희가 '2', '4', '6', '8', (…)처럼 해당 수열을 올바로 써나가는 행동을 한다는 사실이다. 영희가 이러한 행동을 지속적으로 올바르게 해나가면 어느 시점에서 우리는 그가 이 명령에 따르는 행동을 할 수 있는 능력을 갖게 되었다고 보고, 이에 따라 그가 '2씩 더하라'는 명령을 이해했다고 판정한다. 그러므로 우리가 타인에 대해 심리 술어 '이해했다'를 적용하는 기준은 그가 어떤 특정한 능력을 갖게 되었는지의 여부이고, 이때 그가 그러한 능력을 갖게 되었는지에 대한 기준은 그와 관련한 객관적 상황이 어떠하고 특히 그가 어떤 행동들을 하는가이다. 반면 그가 어떠한 의식 상태에 놓여 있는가는 우리가 그에게 '이해했다'와 같은 심리 술어를 적용하는 데에 어떠한 기준도 제공해줄 수 없다.

그러나 일인칭의 경우에는 상황이 다르지 않은가? 최소한 내 자신에 대해서는, 나에 대한 어떤 객관적 상황 또는 내 행동을 관찰하지 않고서도 나는 내가 '2씩 더하라'는 명령을 이해했는지 여부를 알고 있지 않은가? 그리고 이해 상태에 대한 나의 이러한 1인칭적 지식은 이른바 '내성內省, introspection' 능력, 즉 나의 의식 상태를 직접적으로 관찰할 수 있는 능력에 그 근거를 둔 것이 아닌가? 이러한 반론에 대해, 비트겐슈타인은 낱말 '이해했다'가 삼인칭의 경우와 일인칭의 경우 서로 다르게 사용됨을 인정한다. 그러나 그가 아울러 지적하고 있는 것처럼 일인칭의 경우에도 내가 스스로에게 '이해했다'라는 술어를 적용하는 기준이 나의 의식 상태인 것은 아니다. 무엇보다도, '2씩 더하라'는 명령을 이해했을 때 내가 반드시 어떤 단일한 의식 상태에 놓여 있는 것은 아니다. 나의 의식 속에는 해당 수열의 첫머리 부분인 '2, 4, 6, 8'만이 떠올랐을 수도, 또는 '2n'이라는 일반 공식이 떠올랐을 수도, 또는 '이건 아주 간단하잖아!'라고 묘사될 수 있을 어떤 느낌만이 떠올랐을 수도 있다. 그러나 더 중요한 점은, 내가 이러한 의식 상태 중 어느 하나에 놓여 있으면서도 '2씩 더하라'는 명령을 잘못 수행할 수도 있고, 역으로 이러한 의식 상태 중 어떠한 것에도 놓여 있지 않으면서도 '2씩 더하라'는 명령을 올바로 수행할 수도 있다는 사실이다. 그리고 만약 내가 지속적으로 명령을 잘못 수행한다면 나는 결국 내가 '2씩 더 하라'라는 명령을 이해했다는 판단을 철회할 것이다. 마치 내가 수영을 할 수 있는 능력이 있다고 내 스스로 판단했다고 하더라도 막상 물에 들어갔을 때마다 앞으로 나가지 못하고 계속 가라앉는다면 결국에는 그러한 판단을 철회할 것처럼 말이다.

그러므로 일인칭의 경우에도 명령에 대한 나의 이해 여부를 내가 판단하는 궁극적 기준은 나에 대한 객관적 상황 및 나의 행동들이다. 단, 삼인칭의 경우와 달리 일반적으로 일인칭의 경우에는 내가 어떤 명령을 이해했는지 여부를 어떠한 기준에 근거하지 않고서도 직접적으로 판단할 수 있으며, 더 나아가 이러한 일인칭적 판단은 비록 (위에서 본 수영 능력에 대한 판단의 예처럼) 오류 가능하지만 그래도 많은 경우 참인 것으로 신뢰할 만하다. 주체가 자신의 심리 상태에 대해 어떻게 이렇게 직접적이고 일반적으로 신뢰할 만한 자기지식self-knowledge을 가질 수 있는지는 심리철학의 중요한 문제 중 하나다. 전통적으로 많은 철학자들은 이러한 자기지식을 앞에서 말한 내성 능력, 즉 주체가 자신의 의식 상태를 직접적으로 관찰할 수 있는 능력에 의해 설명하였다. 그러나 지금까지 살펴본 비트겐슈타인의 논의가 옳다면, 이해 여부에 대한 주체의 자기지식은 결코 내성에 의해 획득될 수 없다. 이해의 본질은 주체가 갖게 된 의식 상태가 아니라 주체가 갖게 된 능력에 있기 때문이다.

그러나 비트겐슈타인의 지적대로 이해의 본질이 주체의 의식 상태가 아니라 주체의 능력에 있다고 하더라도, 이 점만으로는 앞에서 논의한 이해의 규범적 힘 문제가 해결되지는 않는다. 왜냐하면 주체가 갖고 있는 능력은 기껏해야 주체가 할 수 있는 행동들이 무엇인지를 결정할 수 있을 뿐, 여전히 주체가 해야 할 행동들이 무엇인지를 결정할 수는 없는 것 같기 때문이다.

　여기서 비트겐슈타인은 다시금 언어의 사용 방식에 대한 면밀한 고찰을 통해 이해의 규범적 힘 문제가 언어 사용 방식을 오해함으로써 발생한 무의미한 문제임을 보여준다. '주체가 어떤 명령을 이해하면 이러한 이해는 그 주체가 어떤 행동들을 해야 할지 결정한다'고 우리가 주장할 때, 우리는 여기서 '결정한다'는 낱말을 가령 '식생활 습관이 수명을 결정한다'는 문장에 나타난 낱말 '결정한다'처럼 인과적인 의미를 갖고 있는 것으로 생각한다. 그러나 주체의 의식 상태나 능력을 포함하여 주체와 관련된 어떠한 종류의 사실도 그가 해야 할 행동들을 이렇게 인과적인 의미에서 결정할 수는 없다. 왜냐하면 인과적으로 결정될 수 있는 것은 앞으로 일어날 사실들뿐이지 앞으로 일어나야 할 사실들은 아니기 때문이다. 어떤 명령을 이해했을 때 주체가 갖게 된 능력이 인과적으로 결정할 수 있는 것 또한 그가 앞으로 할 수 있는 행동들뿐이지 그가 앞으로 해야 할 행동들은 아니다.

　그러므로 '주체가 어떤 명령을 이해하면 이러한 이해는 그가 어떤 행동들을 해야 할지 결정한다'라고 우리가 주장할 때, 여기서 '결정한다'는 낱말은 인과적인 의미로 사용된 것이 아니다. 오히려 이 낱말은 '수학 시험의 모범 답안이 각 문제의 정답을 결정한다'와 같은 문장에 나타난 낱말 '결정한다'처럼 어떤 올바름의 기준을 제공한다는 의미로 사용되었다. 그리고 어떤 명령을 이해했을 때 주체가 갖게 된 능력은 이러한 의미에서 그가 해야 할 행동들을 결정해줄 수 있다. 즉 어떤 명령을 이해했을 때 주체가 갖게 된 능력은, 그가 해야 할 올바른 행동과 하지 말아야 할 잘못된 행동을 구분해주는 기준을 제공할 수 있다. 왜냐하면 주체가 해야 할 올바른 행동들은 바로 그가 해당 능력을 갖게 됨으로써 할 수 있게 된 행동들이기 때문이다.

결국, 이해의 규범적 힘에 관한 철학적 문제는 "이해가 행동을 결정한다"고 할 때 이 '결정한다'는 낱말이 가질 수 있는 두 가지 의미, 즉 (1) 주체가 할 수 있는 행동들을 이해가 인과적으로 결정한다는 것과, (2) 주체가 해야 할 올바른 행동과 하지 말아야 할 잘못된 행동을 구분해주는 기준을 이해가 제공한다는 것을 서로 구별하지 않고 한데 섞어서, 마치 이해라는 심리 상태가 주체가 해야 할 행동들을 인과적으로 결정할 수 있는 것처럼 오해한 데에서 비롯된 것이다.

그런데 비트겐슈타인에 따르면 주체의 이해가 그가 해야 할 올바른 행동과 그렇지 않은 행동을 구분해주는 기준을 제공할 수 있기 위해서는 반드시 해당 주체가 어떤 공동체에 속해 있어야만 한다. 앞서 말한 것처럼 이해의 본질은 주체가 갖게 된 능력에 있는 바, 비트겐슈타인은 공동체에 속해 있지 않은 주체의 경우 어떠한 능력도 가질 수 없다고 지적한다. 오직 주체가 공동체에 속해 있을 때에만 그가 어떤 능력을 가질 수 있다는 것이다.

왜 그런가? 여기서 우리가 말하는 '능력'이라는 개념은 물론 '올바른 행동을 할 수 있는 능력'이라는 개념이다. 그러나 비트겐슈타인에 따르면 '올바른 행동'이라는 개념은 개인만이 존재할 경우 결코 성립할 수 없는 개념이다. 오직 어떤 공동체가 존재하여 그 성원들이 해당 능력을 갖게 되었을 때 공통적으로 보이는 어떤 행동 방식이 존재하고, 아울러 이러한 행동 방식이 해당 공동체의 언어놀이들 속에서 어떤 유의미한 역할을 할 때에만 비로소 '올바른 행동'이란 개념이 성립될 수 있다는 것이다. 비트겐슈타인에 따르면 그 이유는, 주체가 어떤 능력을 갖게 되었을 때 해야 할 올바른 행동이란 다름 아니라 해당 능력을 갖게 된 공동체 성원들이 언어놀이들 속에서 공통적으로 보이는 행동 방식과 일치하는 행동이기 때문이다. 결국 언어놀이들 속에서 공동체 성원들이 보이는 공통된 행동 방식이 바로 행동의 올바름에 대한 궁극적 기준을 제공한다는 것이다. 『탐구』에서 비트겐슈타인은 언어놀이들 속에서 유의미한 역할을 하는 공동체 성원들의 이러한 공통된 행동 방식을 '관습', '용법', 또는 '제도'(§199)라고 부른다. 물론 이러한 관습, 용법, 또는 제도가 존재하기 위해서는, 언어놀이들 속에서 공동체 성원들의 행동 방식이 실제로 일치해야 할 것이다. 비트겐슈타인은 이를 공동체 성원들의 "삶의 형식Lebensform의 일치"(§241)라고 부른다.

그러므로 우리가 어떤 명령을 내렸을 때 주체가 그 명령에 따라 수행하는 행동들이 관련 언어놀이들 속에서 공동체 성원들이 보이는 공통된 행동 방식과 일치하지 않는다면, 우리는 그 주체에게 어떠한 능력도 부여할 수 없고 따라서 어떠한 이해도 부여할 수 없다. 이제 이러한 결론이 함축하는 바는, 이른바 '사적私的, private' 능력 또는 '사적' 이해와 같은 것은 있을 수 없다는 사실이다. 위에서 언급한 것처럼 능력과 이해 개념은 반드시 그에 수반하는 올바른 행동들이 있다는 것을 전제하는데, 어떤 능력이나 이해가 본질적으로 사적이라면 이때에는 공동체 성원들의 공통된 행동 방식이 존재할 수 없고 따라서 '올바른 행동'이라는 개념 자체가 성립할 수 없을 것이기 때문이다. 예를 들어, 우리가 어떤 학생에게 덧셈을 계속 가르치고 훈련시켰음에도 그가 '2씩 더하라'는 명령을 수행할 때마다 늘 '2', '95', '6', '7', '0', (…)과 같이 우리가 보기에 아무런 규칙성도 없는 기묘한 수열을 전개해나간다고 하자. 더 나아가 이 학생이 '2씩 더하라'는 명령을 올바로 따르는 수열은 바로 자신이 전개한 수열이라고 고집한다고 해보자. 이때 우리는 이 학생이 '2씩 더하라'는 명령을 자기 나름의 어떤 사적인 방식으로 따르는 능력을 지니게 되었고 그에 따라 이 명령을 자기 나름의 어떤 사적인 방식으로 이해했다고 말할 수 없다. 여기서 학생의 이러한 '사적' 이해에 따르는 올바른 행동과 올바르지 않은 행동이 무엇인지에 대해 아무런 기준도 제공될 수 없기 때문이다. 물론 학생 자신은 '2씩 더하라'는 명령을 자기 나름으로 '올바로' 이해했으며 이러한 사적 이해에 따르는 '올바른' 행동을 했다고 믿고 있을지도 모른다. 그러나 개인이 자신의 행동을 올바른 행동이라고 믿는 것과 그 행동이 실제로 올바른 것은 명백히 구분되어야 한다. 만약 이러한 구분이 없다면, 어떠한 행동에 대해서도 그 행동의 올바름에 대한 개인의 주관적 믿음은 곧 그 행동이 실제로 올바르다는 것을 보증할 수 있을 것이기 때문이다. 이 경우 '올바름'이라는 개념 자체가 붕괴될 것이다.

의식 상태로서의 심리 상태라는 환상
―
고통의 경우

지금까지의 논의가 옳다면, 결국 이해라는 심리 상태는 삶의 형식에 있어 일치하는 성원들로 이루어진 공동체에 속한 개인만이 가질 수 있는 것이라는 결론이 따라나온다. 이해의 본질은 주체가 갖게 된 어떤 능력에 있는바, 이 '능력'이라는 개념은 그러한 공동체가 전제되었을 때에만 비로소 성립할 수 있는 개념이기 때문이다. 낱말 '이해'의 표층문법에 현혹되어 이해의 본질을 주체의 의식 상태로 보는 철학자들은 이해 개념의 이러한 공동체적 성격을 깨닫지 못할 수밖에 없다. 『탐구』에서 비트겐슈타인은 이해뿐 아니라 더 나아가 심리 상태들 일반에 대해 이 상태들의 본질이 주체의 의식 상태에 있음을 부정한다. 주체가 어떤 심리 상태를 갖고 있다는 것의 본질은 그가 관련된 행동들을 할 수 있는 능력을 갖고 있다는 데에 있다. 주체가 이러한 능력을 가질 수 있기 위해서는 그가 그 능력을 갖게 되었을 때 해야 할 올바른 행동들과 그렇지 않은 행동들을 구분해줄 수 있는 기준이 존재해야 한다. 궁극적으로 이러한 기준을 제공하는 것은 바로 해당 능력을 갖고 있는 공동체의 성원들이 언어놀이들 속에서 삶의 형식에 있어서의 일치로 인해 보이는 공통된 행동 방식이다.

그러나 비트겐슈타인처럼 심리 상태 일반의 본질을 능력으로 간주하는 것은 지나친 결론 아닌가? 이해를 포함하여 이른바 '성향적' 심리 상태들, 가령 믿음, 욕구, 의도, 의지 등은 과연 주체의 의식 상태가 아니라 능력에 그 본질이 있을지도 모른다. 그러나 분명히 주체의 의식 상태가 그 본질을 구성하는 심리 상태들도 있지 않은가? 예를 들어 생각, 감각, 지각, 감정 등의 본질은, 분명히 주체가 놓여 있는 어떤 의식 상태에 있지 않은가?

『탐구』에서 비트겐슈타인은 이러한 반론이 특히 설득력 있어 보이는 고통 감각의 사례를 자세히 고찰한다.[2] 앞에서 본 이해의 경

---

[2] 이하의 논의는 주로 『탐구』 §243~§315와 §390~§421의 주요 내용을 선별하여 재구성한 것이다.

우와 달리, 고통 감각이라는 심리 상태의 본질은 의심할 여지없이 주체가 놓여 있는 어떤 의식 상태에 있는 듯하다. 왜냐하면 이해의 경우와 달리 고통 감각의 모든 사례에는 분명히 고통을 느낀다는 의식 상태가 존재하기 때문이다. 너무도 당연한 말이지만, 주체가 오직 자신의 고통을 의식할 수 있을 때에만 우리는 그가 고통을 느낀다고 말할 수 있다. 물론 주체가 고통을 느낄 때 전형적으로 수행하는 '고통 행동'이 있다. 가령 그는 얼굴을 찡그리거나, 신음 소리를 내거나, 울부짖거나 할 것이다. 그러나 주체가 이러한 고통 행동들을 수행할 수 있는 능력을 갖고 있다는 데에 고통의 본질이 있는가? 고통의 본질은 단순히 주체가 고통을 느낀다는 사실에 있지 않은가? 그리고 '고통'이라는 낱말은 주체가 느끼는 이러한 고통을 가리킴으로써 의미를 갖게 되는 것 아닌가? 이보다 더 명백한 사실들이 어디 있단 말인가?

그러나 놀랍게도 고통 감각에 대한 이 '명백한' 일련의 사실 또한 우리에게 다시금 해결할 수 없는 철학적 문제들을 발생시킨다. 특히 『탐구』에서 비트겐슈타인이 중요하게 논의하고 있는 것은 낱말 '고통'이 갖고 있는 의미의 공적公的, public 성격과 관련된 문제이다. 우리 언어의 표현들이 갖고 있는 의미는 해당 언어에 숙달한 사람들이 모두 공유할 수 있는 어떤 공적인 것이다. 의미의 이러한 공공성은 물론 낱말 '고통'과 관련해서도 예외가 아니다. 한국어에 숙달한 사람들이라면, 누구나 이 낱말이 무엇을 의미하는지 알고 있다. 그러나 만약 낱말 '고통'이 주체의 고통 감각을 가리킴으로써 그 의미를 얻게 된다면, 이 낱말이 도대체 어떻게 이러한 공적인 의미를 가질 수 있는지 대단히 신비스럽다. 주체가 고통을 느낄 때 그 고통을 느낄 수 있는 이는 오직 해당 주체뿐이다. 다른 이들은 그의 고통을 느낄 수 없다. 그러므로 고통 감각은 책상이나 의자처럼 모든 사람들이 접근할 수 있는 공적인 대상과 달리 오직 해당 주체만이 접근할 수 있는 어떤 사적인 대상인 것처럼 보인다. 하지만 고통 감각이 이렇게 사적인 대상이라면, 우리 언어의 '고통'이라는 낱말은 도대체 어떻게 이러한 사적인 대상을 가리킴으로써 공적인 의미를 가질 수 있단 말인가?

고통 감각과 고통 행동

그러나 비트겐슈타인에 따르면 낱말 '고통'의 공적 의미 문제 또한 실제로는 관련 언어 표현들의 표층문법에 현혹됨으로써 우리가 빠지게 된 무의미한 철학적 문제임이 드러난다. 예를 들어, 다음의 두 문장을 살펴보자.

(3) 영희는 오른쪽 다리에 커다란 보호대를 차고 있다

(4) 영희는 오른쪽 다리에 극심한 고통을 느끼고 있다

문장 (3)과 (4)는 겉보기에 정확히 동일한 문법 구조를 갖고 있으며, 따라서 우리는 낱말 '고통'이 낱말 '보호대'와 동일한 사용방식을 갖고 있다고 생각하게 된다. 낱말 '보호대'가 보호대들을 가리킴으로써 의미를 갖는 것처럼 보이므로 우리는 낱말 '고통' 또한 고통 감각들을 가리킴으로써 의미를 갖게 된다고 생각한다.

그러나 이러한 생각은 앞에서 본 낱말 '이해'의 경우와 마찬가지로 두 가지 점에서 잘못되었다. 첫째, 일반적으로 낱말은 어떤 대상을 가리킴으로써 의미를 갖는 것이 아니라 언어놀이들 속에서의

사용에 의해 의미를 갖는다. 둘째, 우리 언어놀이들에서 낱말 '고통'이 사용되는 방식은 '보호대'와 같은 낱말이 사용되는 방식과 근본적으로 다르다. 3인칭에서 이 두 낱말이 사용되는 방식을 살펴보면 그 차이가 분명히 드러난다. 우리가 '영희는 오른쪽 다리에 커다란 보호대를 차고 있다'고 말할 때, 우리는 영희가 차고 있는 보호대를 직접 관찰함으로써 그렇게 말할 수 있다. 그러나 우리가 '영희는 오른쪽 다리에 극심한 고통을 느끼고 있다'고 말할 때, 우리는 결코 영희의 고통 감각을 직접 관찰함으로써 그렇게 말할 수 없다. 이 경우 우리가 영희에 대해 그렇게 말할 수 있게 해주는 기준은 그와 관련한 객관적 상황이며 그중에서도 특히 그의 행동이다. 예를 들어, 영희가 축구를 하다가 상대편 선수에게 오른쪽 다리를 심하게 걷어차였다는 상황, 그리고 이로 인해 영희가 일그러진 얼굴로 비명을 지르면서 운동장에 쓰러져 계속 신음하고 있다는 사실 등이 우리로 하여금 '영희는 오른쪽 다리에 극심한 고통을 느끼고 있다'고 말할 수 있도록 하는 기준을 제공해준다. 반면 고통을 느끼는 영희의 의식 상태는 우리가 그에 대해 '고통을 느끼고 있다'고 말하게 해주는 어떠한 기준도 제공해줄 수 없다.

그러나 일인칭의 경우에는 상황이 다르지 않은가? 최소한 내 자신에 대해서는, 나에 대한 어떤 객관적 상황 또는 행동을 관찰하지 않고서도 나는 내가 고통을 느끼고 있는지 아닌지를 알고 있지 않은가? 그리고 고통 감각에 대한 이러한 자기지식은 내 고통 감각을 직접적으로 관찰할 수 있는 나의 내성 능력에 그 근거를 두고 있지 않은가? 앞에서 본 이해의 경우와 달리 고통 감각에 대한 지식과 관련해서는 이 '내성에 의한 자기지식'이라는 설명이 훨씬 더 설득력 있어 보인다. 오직 내가 고통을 느끼는 의식 상태에 놓여 있을 때에만 나는 내 자신에 대해 '나는 고통을 느끼고 있다'고 말할 수 있다. 더 나아가, 이 의식 상태는 내가 그렇게 말할 수 있는 모든 기준을 제공하는 것 같다. 이해의 경우와 달리, 설령 고통을 느낄 때 마땅히 해야 할 행동들을 내가 할 수 있는 능력이 없다고 하더라도 내가 고통을 느낀다는 의식 상태에 놓여 있기만 하다면 나는 내 자신에 대해 '나는 고통을 느끼고 있다'고 말할 수 있는 것 같기 때문이다. 가령 비트겐슈타인이 『탐구』의 한 단락에서 상상하는 것처럼, 내 자신이 갑자기 돌로 변하여 아무런 고통 행동도 할 수 없게 되었다고 하더라도(§283), 돌이 된 내가 나의 내면에서 고통을 느끼고 있다면 그것만으로 나는 충분히 '나는 고통을 느끼고 있다'고 (자신에게 내면적으로) 말할 수 있는 것 같다.

그러나 비트겐슈타인에 따르면 이러한 생각 또한 잘못되었다. 물론 일인칭의 경우 나는 나에 대한 객관적 상황 또는 행동을 관찰하지 않고서도 '나는 고통을 느끼고 있다'고 말할 수 있다. 그러나 이러한 말을 할 수 있으려면 나는 먼저 '고통'이란 낱말의 의미를 배워서 그 의미를 알고 있어야 한다. 우리 언어놀이들 속에서 나는 어떻게 낱말 '고통'의 의미를 배우는가? 바로 고통 행동들을 보임으로써 배운다. 내가 아직 낱말 '고통'의 의미를 모르는 어린아이일 때, 나는 고통을 느끼면 울음을 터뜨리거나 신음 소리를 내는 등 우리 모두가 본능적으로 갖고 있는 원초적인 고통 행동들을 보였다. 그러면 어른들이 달려와 나에게 말을 걸고, 처음에는 '아야!'나 '아파!'와 같은 외침들을, 그리고 나중에는 '나는 고통스럽다'와 같은 문장들을 가르쳤다(§244).[3] 그러나 만약 내가 어렸을 때부터 마치

---

3 비트겐슈타인은 그러므로 '아파!'나 '나는 고통스럽다'와 같은 말을 하는 것이

돌처럼 어떠한 고통 행동도 보일 수 없는 존재자였다면, 나는 '고통'이란 낱말의 의미를 배울 수 없었을 것이다. 그리고 이 낱말의 의미를 모른다면 나는 고통을 느낄 때 '나는 고통스럽다"고 말할 수도 없을 것이다. 사실 나는 내가 무엇을 느끼고 있는지도 알 수 없을 것이다. 왜냐하면 나는 고통 개념을 배우지 못했으므로 내가 느끼는 것을 고통으로 파악할 수 없을 것이기 때문이다.

결국, 3인칭의 경우뿐 아니라 1인칭의 경우에도 오직 고통 행동들을 보이는 능력을 가질 수 있는 주체만이 자기 자신에게 '고통'이란 낱말을 적용할 수 있다. 이는 '고통'뿐 아니라 다른 모든 감각 표현들에 대해서도 마찬가지이다. 그러므로 비트겐슈타인은 "오직 살아 있는 사람에 대해서만, 그리고 그와 닮은 (유사하게 행동하는) 것에 대해서만, 그것은 감각들을 가지고 있다, 본다, 눈이 멀었다, 듣는다, 귀먹었다, 의식이 있다, 또는 의식을 잃었다"(§281)라고 말할 수 있다고 지적한다. 실제로 우리는 돌과 식물 등에 '고통'과 같은 낱말을 적용하지 않는 반면, 개나 고양이와 같은 동물에는 그렇게 한다.[4]

이제 낱말 '고통'이 지금까지 살펴본 것처럼 우리 언어놀이들에서 오직 고통 행동들과 연계되어서만 사용될 수 있다면, 우리는 이

우리 언어놀이들에서 울음이나 신음 소리를 대체하는 새로운 고통 행동의 역할을 한다고 지적한다. 언어를 배움에 따라 우리는 본능적으로 갖고 있는 원초적 고통 행동들을 넘어서서 고통을 표명하는 새로운 행동들을 배우게 되는 것이다.

[4] 이와 관련하여, 드라마나 영화에서 등장하는 인간의 영혼이 인간의 신체와 꼭 닮은 모습을 갖고 있다는 것은 주목할 만한 사실이다. 드라마나 영화에서 기쁨, 슬픔, 분노, 고통, 믿음, 소망 등의 심리 상태들을 영혼에 부여하기 위해서는 그것을 인간의 신체와 꼭 닮게 만들지 않을 수 없는 것이다. 비트겐슈타인이 『탐구』 II부에서 말하고 있듯이, "인간 신체는 인간 영혼의 가장 좋은 그림이다." (II부 iv절)

낱말이 어떻게 공적인 의미를 지닐 수 있는지 이해할 수 있다. 고통 감각과 달리 고통 행동은 우리 모두가 공적으로 관찰할 수 있으므로 우리 언어놀이들에서 '고통'이란 낱말의 사용은 그 올바름 여부에 대한 공적인 기준을 가질 수 있을 것이기 때문이다.

그러나 그렇다면 결국 낱말 '고통'은 고통 감각이 아니라 고통 행동을 가리킴으로써 그 의미를 얻게 되는 것인가? 비트겐슈타인은 일종의 행동주의자behaviorist인가? 이러한 반론은, 『탐구』에서 비트겐슈타인이 거듭 그 철학적 위험성을 상기시키고 있음에도 다시금 언어 표현이 어떤 것을 가리킴으로써 의미를 얻게 된다는 환상을 그 바탕에 깔고 있다. 우리 언어놀이들에서 낱말 '고통'이 오직 고통 행동들과 연계되어서만 사용될 수 있는 것은 맞지만, 그렇다고 해서 낱말 '고통'이 고통 행동을 가리킴으로써 그 의미를 얻는 것은 아니다. 물론 그렇다고 해서 낱말 '고통'이 고통 감각을 가리킴으로써 그 의미를 얻는 것도 아니다. 여기서 우리가 벗어나야 하는 것은 감각 표현의 의미를 "대상과 지칭"(§293)의 틀에 따라 구성해야 한다는 생각이다. 비트겐슈타인은 고통 감각이 있다는 사실을 결코 거부한 적이 없으며, 따라서 행동주의자가 아니다. 다만 그가 거부하는 것은 낱말 '고통'이 고통 행동이든 고통 감각이든 무엇인가를 가리킴으로써 그 의미를 얻게 된다는 철학적 환상이다.

유배된 마음의 귀향

『탐구』의 한 단락에서, 비트겐슈타인은 우리의 언어를 낱말들이 거주하는 고향에 비유하고 있다.

> 철학자들이 어떤 낱말—'지식', '존재', '대상', '자아', '명제', '이름'—을 사용하며 사물의 본질을 파악하려 애쓸 때, 우리들은 언제나 이렇게 자문해보아야 한다. 즉: 대체 이 낱말은 자신의 고향인 언어에서 실제로 늘 그렇게 사용되는가?
> 우리가 하는 일은 낱말들을 그것들의 형이상학적 사용으로부터 그것들의 일상적인 사용으로 다시 돌려보내는 것이다.(§116)

철학적 성찰의 과정에서 사물들의 본질을 파악하고자 하는 형이상학적 열망으로 인해, 철학자들은 그 사물들을 나타내는 낱말들이 우리의 언어 속에서 실제로 사용되는 방식을 망각하고 그에 따라 이들을 어떤 형이상학적 방식으로 사용하게 된다. 이로 말미암아 이 낱말들은 자신의 고향인 언어로부터 유배당해 떠돌아다니는 처지에 놓이게 된다. 그럼으로써 이 낱말들이 나타내는 사물들 또한 자신의 고향인 우리의 삶으로부터 유배당해 떠돌아다니게 된다.

비트겐슈타인의 이러한 비유는 지금까지 살펴본 그의 심리철학적 고찰에도 적용된다. 철학자들은 '이해'나 '고통'과 같은 심리 표현들이 어떤 의식 상태를 가리킴으로써 그 의미를 얻는다고 생각하고, 따라서 이 의식 상태의 본질을 파악함으로써 심리 상태의 본질을 파악하고자 노력한다. 그러나 이는 심리 표현들의 표층문법에 현혹되어 이들의 실제 사용 방식을 오해함으로써 우리가 갖게 된 철학적 환상에 기인한, 가망 없는 노력이다. 우리가 철학적 성찰의 과정에서 이러한 가망 없는 노력을 계속하고 있는 동안, 심리 표현들은 자신의 고향인 언어로부터 유배당해 떠돌아다니는 처지에 놓이게 된다. 그럼으로써 이 표현들이 나타내는 심리 상태들 또한 자신의 고향인 우리의 삶으로부터 유배당해 떠돌아다니게 된다.

이 점을 단적으로 보여주는 것은, 만약 철학자들의 환상처럼 심리 상태의 본질이 주체의 의식 상태에 있다면, 나의 마음은 타인들에게, 그리고 타인들의 마음은 나에게 본질적으로 숨겨져 있을 것이라는 사실이다. 주체의 의식 상태는 오직 그 주체만이 접근할 수 있으므로, 타인들은 내가 느끼는 고통을 느낄 수 없다. 그러므로 철학적으로 엄밀히 말한다면 그들은 내가 느끼는 고통을 알 수 없으며 오직 추측할 수 있을 뿐이다. 물론 나 또한 타인들이 느끼는 고통을 느낄 수 없다. 그러므로 철학적으로 엄밀히 말한다면 나는 그들이 느끼는 고통을 알 수 없으며 오직 추측할 수 있을 뿐이다. 더 나아가, 철학적으로 엄밀히 말한다면 나는 사실 타인들이 정말 마음을 갖고 있는지 아니면 그들이 어떤 '자동기계'(§420)와 같은 존재자인지조차도 결코 알 수 없다! 이것이 바로 심리철학의 주요 문제 중 하나인 이른바 '타인의 마음 문제'이다. 철학적 성찰의 과정에서 우리는 우리 자신의 마음을 타인들로부터, 그리고 타인들의 마음을 우리 자신으로부터 유배시키게 되는 것이다.

그러나 우리 언어놀이들 속에서 심리 표현들이 실제로 사용되는 방식에 대한 비트겐슈타인의 고찰은, 이 표현들이 의식 상태를 가리킴으로써가 아니라 행동들과 연계되어 사용됨으로써 의미를 얻게 됨을 보여준다. 바로 이 때문에 우리 언어에서 심리 표현들과 행동 표현들은, 그리고 마음에 대한 표현들과 몸에 대한 표현들은, 서로 개념적인 연관을 맺게 된다. 가령 우리는 고통스러운 느낌에 대해 말할 수 있을 뿐 아니라 고통스러운 얼굴, 고통스러운 표정, 그리고 고통스러운 몸짓에 대해서도 말할 수 있다. 또한 우리는

'그가 밤새 고통스러워했다'고 말할 뿐 아니라 '그가 밤새 신음소리를 내며 몸을 뒤척였다'고 말함으로써도 맥락에 따라 동일한 의미를 전달할 수 있다. 그러므로 우리의 마음은 우리의 행동 속에서 자신을 드러낸다. 이는 마음이 신체의 단순한 물리적 운동으로 환원됨을 의미하지 않는다. 왜냐하면 심리 표현과 행동 표현의 개념적 상호 연관성은 우리가 또한 우리의 행동을 마음의 관점에서 바라볼 수밖에 없다는 것을 함축하기 때문이다. 다시 말해서, 심리 표현이 없다면 우리는 우리의 많은 행동을 우리가 파악하는 그러한 행동으로 파악할 수 없다. 가령 내가 '영희는 매우 고통스러운 표정을 지으면서 내게 다가왔다'고 말할 때, 나는 어떠한 물리적 표현을 사용해서도 영희가 이 얼굴 표정을 짓고 있는 행동을 적절히 기술할 수 없다. 오직 '고통스러운'이란 심리 표현을 사용할 때에만 나는 그렇게 할 수 있다. 나에게 다가온 영희의 고통스러워하는 얼굴을 내가 바라볼 때, 비록 내가 영희의 고통을 직접 느낄 수는 없다고 할지라도, 내가 단순히 그의 얼굴에 있는 근육들의 변화만을 보는 것은 아니다. 나는 영희의 얼굴을 고통스러운 얼굴로서 바라본다. 영희의 얼굴에서 나는 그의 고통을 본다.

그러므로 나는 또한 영희의 얼굴을 바라볼 때 그가 고통을 느끼고 있다는 것을 안다. 이른바 '타인의 마음 문제'는 언어의 사용 방식을 오해함으로써 우리가 빠지게 된 무의미한 철학적 문제라는 것이 드러난다. 심리 표현의 실제 사용 방식을 올바로 파악함으로써, 우리는 철학적 성찰의 과정에서 자신의 고향인 언어로부터 유배되어 떠돌아다니는 심리 표현들을 다시 고향으로 돌려보낸다. 유배된 우리의 마음은 그럼으로써 이제 자신의 고향인 우리의 삶으로 다시 돌아온다.

물리주의의 도전

지금까지 우리는 『탐구』에 나타난 비트겐슈타인의 심리철학적 고찰을 살펴보면서 특히 심리 상태의 본질을 의식 상태로 보는 견해에 대한 그의 비판에 논의의 초점을 맞추었다. 그러나 오늘날의 심리철학 논의에 익숙한 독자들이라면 지금까지의 논의가 다소 불만족스러울지도 모르겠다. 물론 심리 상태의 본질이 의식 상태에 있다는 견해는 철학 외부에서 많은 사람들이 받아들이는 상식일 뿐 아니라 철학 내부에서도 특히 데카르트 이래 서양 근대철학에서 마음의 본성에 대한 논의를 지배해 왔다. 그러나 오늘날의 심리철학 논의에서 이러한 견해는 더 이상 지배적 입장이 아니다. 오늘날의 심리철학을 지배하는 입장은 물리주의physicalism이며, 특히 심리 상태의 본질이 두뇌 상태에 있다는 견해이다. 그렇다면 『탐구』의 심리철학적 고찰은 이제 시대에 뒤떨어진 것이 아닐까? 오늘날 물리주의를 받아들이는 많은 철학자들이 이미 마음의 본성을 의식으로 보는 견해를 거부하면서 자신들의 논의를 전개하고 있는 이상, 『탐구』가 오늘날의 심리철학 논의에 어떤 중요한 빛을 던져줄 수 있을까?

비트겐슈타인이 『탐구』에서 심리 상태의 본질을 두뇌 상태로 보는 물리주의적 견해를 논의하지 않는 것은 아니다.[5] 그러나 다른 한편으로 그가 주로 심리 상태의 본질을 의식 상태로 보는 견해에 논

---

5 가령 『탐구』 §149와 §156, §158을 참고.

의의 초점을 맞추고 있는 것도 사실이다. 하지만 지금까지 살펴본 『탐구』의 심리철학적 고찰은 현대의 물리주의에도 중요한 비판적 함축을 갖고 있는 것처럼 보인다. 특히 심리 상태의 본질이 능력에 있다는 비트겐슈타인의 견해는 그것의 본질을 두뇌 상태로 보는 견해와 양립할 수 없는 것 같다. 왜냐하면 이미 언급한 것처럼 비트겐슈타인이 말하는 능력 개념은 본질적으로 공동체적인 성격을 지니고 있기 때문이다. 오직 삶의 형식에 있어서 일치하는 성원들의 공동체에 속한 개인만이 어떤 능력을 가질 수 있다. 반면, 개인이 어떤 두뇌 상태를 갖기 위해 물론 그가 공동체에 속해 있어야 하는 것은 아니다. 그러므로 비트겐슈타인의 지적대로 심리 상태의 본질이 공동체적 성격을 지닌 능력에 있다면, 심리 상태의 본질은 결코 두뇌 상태에 있을 수 없을 것이다.

더 나아가, 심리 표현과 행동 표현이 개념적 상호 연관성을 지니며 따라서 우리의 행동은 마음의 관점에서 파악될 수밖에 없다는 비트겐슈타인의 견해 또한 심리 상태의 본질을 두뇌 상태로 보는 견해와 양립할 수 없는 것 같다. 심리 표현과 달리 두뇌 상태를 서술하는 표현은 행동 표현과 아무런 개념적 상호 연관성을 갖고 있지 않기 때문이다. 비록 현대의 물리주의가 데카르트 식의 심신이원론과 정면으로 대립되는 입장이긴 하지만, 그럼에도 두 입장은 근본적인 전제를 공유하고 있다. 그 전제란 인간의 행동이 근본적으로 물리적인 운동과 동일하며 따라서 순수히 물리적인 표현만을 사용하여 재서술될 수 있다는 것이다. 그러나 비트겐슈타인의 지적대로 심리 표현과 행동 표현이 개념적 상호 연관성을 지니고 있다면, 인간의 행동은 결코 순수히 물리적인 표현만을 사용하여 재서술될 수 없으며 따라서 물리적인 운동과 동일시될 수도 없을 것이다.

결국, 『탐구』의 심리철학적 고찰이 옳다면 오늘날 심리철학의 지배적 입장인 물리주의는 심각한 난점을 갖고 있는 것처럼 보인다. 물리주의가 과연 이러한 난점을 극복할 수 있을까? 많은 철학자들은 그럴 수 있다고 믿을 것이다. 나는 그럴 수 없다고 믿는다. 그러나 이러한 믿음을 옹호하는 것은 앞으로의 과제로 남아 있다.

더 읽을거리

분석철학의 주요 저작 상당수가 아직 우리말로 번역되어 있지 않은 상황에서 비트겐슈타인의 저작들은 행복한 예외에 속한다. 부산대학교 철학과의 이영철 교수가 오랜 기간의 연구를 바탕으로 2006년 비트겐슈타인의 주요 저작들을 충실하게 번역한 총 일곱 권의 《비트겐슈타인 선집》(책세상)을 내놓았기 때문이다. 이 글 본문에 나오는 『탐구』로부터의 인용은 약간의 수정을 제외하고는 기본적으로 이영철 교수의 번역본을 따랐고, 괄호 안에 해당 절 번호를 표시하였다.

비트겐슈타인, 『철학적 탐구』, 이영철 옮김, 책세상, 2006
  『철학적 탐구』는 1953년 독·영 대역본으로 처음 출간되었으며 I부와 II부로 구성되어 있었다. 당시 편집을 책임진 앤스컴Anscombe과 리즈Rhees, 폰 리히트Von Wright는 비트겐슈타인 자신이 『탐구』를 출판하였을 경우 I부의 마지막 부분 상당량을 삭제하고 그 대신 II부의 내용을 발전시킨 결과물을 포함시켰을 것이라고 주장하였다. 그러나 최근 비트겐슈타인 연구자들은 이 주장을 받아들일 만한 근거가 없다는 데에 대체로 동의하고 있다. 이에 따라 2011년 해커Hacker와 슐테Schulte가 편집하여 새롭게 출간한 『탐구』의 표준 영역본에서는 기존 『탐구』의 I부만을 『탐구』로 취급하고 II부에는 『심리학의 철학: 단편』이라는 독립된 제목을 붙이고 있다.

비트겐슈타인, 『청색책·갈색책』, 이영철 옮김, 책세상, 2006
  '청색책'과 '갈색책'으로 불리는 비트겐슈타인의 두 원고는 그가 1933~1935년 사이에 강의를 위해 학생들에게 구술한 노트들을 묶은 것으로, 각 원고의 표지 색깔을 따라 그렇게 불리게 되었다. 원래 강의를 위해 준비한 원고들이므로 『탐구』보다 상대적으로 이해하기가 덜 어려운 편이다. 두 원고에는 『탐구』의 핵심 아이디어들이 이미 많이 등장하고 있으며, 특히 이 글 본문과 관련해서 『탐구』 이전에 비트겐슈타인이 심리 상태의 본질을 의식 상태로 보는 견해를 어떻게 비판하였는지 살펴볼 수 있다.

비트겐슈타인, 『쪽지』, 이영철 옮김, 책세상, 2006

이 책은 비트겐슈타인이 1929년에서 1948년 사이에 작성한 여러 원고들에서 잘라내어 별도로 보관해 놓았던 쪽지들을 편집하여 출판한 것이다. 쪽지들 대부분은 1945년에서 1948년 사이에 작성된 것으로, 비트겐슈타인이 1945년 『탐구』 I부의 최종 원고를 완성한 후 몰두하였던 심리철학적 고찰을 그 내용으로 하고 있다. 그러므로 이 책을 통해 우리는 『탐구』 이후 비트겐슈타인이 자신의 심리철학적 고찰을 어떻게 발전시켜 나갔는지 살펴볼 수 있다. 특히 『쪽지』 608절 이하의 몇 단락은 심리 상태의 본성을 두뇌 상태로 보는 환원적 물리주의에 대해 매우 흥미로운 논평을 담고 있다.

앤서니 케니, 『비트겐슈타인』, 김보현 옮김, 철학과현실사, 2001

1973년에 출판되었지만 오늘날에도 여전히 비트겐슈타인 철학 전반에 대한 가장 훌륭한 개설서 중 하나로 평가받고 있는 책이다. 저자인 케니는 특유의 명료한 문체로 『논고』와 『탐구』뿐 아니라 비트겐슈타인의 기타 주요 저작들의 내용을 소개하고 있으며 이를 통해 그의 철학이 발전해온 과정을 포괄적이고 체계적으로 설명하고 있다. 비트겐슈타인의 심리철학적 고찰이 발전해온 과정을 일별하는 데에도 도움이 된다.

솔 크립키, 『비트겐슈타인: 규칙과 사적언어』, 남기창 옮김, 철학과현실사, 2008

『탐구』에 대한 연구서 중 가장 많은 논의의 대상이 된 책이다. 저자인 크립키는 분석철학을 대표하는 철학자 중 한 사람으로 이 책에서 『탐구』의 규칙준수 및 사적언어 논의에 대한 독창적 해석을 제시하고 있다. 후기 비트겐슈타인이 일종의 의미 회의주의를 받아들이고 있으며 아울러 규칙 준수의 옳고 그름이 오직 공동체에 의해서만 결정될 수 있다는 크립키의 주장은 학계의 폭발적인 관심과 논란을 불러일으켰고 아직도 관련 논쟁이 활발하게 진행 중이다. 공동체의 역할에 대한 크립키의 논의와 이 글 본문의 논의를 비교해본다면 이 책을 좀 더 흥미롭게 읽을 수 있을 것이다. 크립키는 책의 부록에서 '타인의 마음 문제'에 대한 비트겐슈타인의 견해를 역시 독창적으로 해석하고 있다.

M.R. Bennett and P.M.S. Hacker, *Philosophical Foundations of Neuroscience*, Wiley-Blackwell, 2003

비트겐슈타인 철학 연구의 권위자 해커와 저명한 신경과학자 베넷이 공저한 책으로, 비트겐슈타인 후기 철학의 시각에서 현대 인지신경과학의 대표적인 이론들을 비판적으로 검토하고 있다. 이 책은 이 이론들 모두 뇌와 마음의 관계에 대해 치명적인 개념적 혼란을 저지르고 있다는 대담한 주장을 펼침으로써 격렬한 논란을 불러일으킨 바 있다.

데이비슨

무법칙적 일원론

백도형

서울대학교 철학과를 졸업하고 동 대학원에서 철학박사학위를 받았다. 박사학위 논문을 쓰던 1992~94년과 연구년이던 2003년에 김재권 선생께서 재직하는 브라운대학교 철학과에서 방문학자로 연구했다. 1996년 이후 숭실대학교 철학과 교수로 재직하고 있다. 석사과정에서는 역사학과 사회과학의 과학철학에 관심을 갖고 그 연장선상에서 데이비슨의 행위론으로 석사논문을 썼다. 박사과정에서 심리철학과 형이상학, 특히 심신 문제로 관심을 전환하였다. 심신 문제를 '인간과 자연의 형이상학'으로 생각하고 있다. 그래서 자연에 관한 형이상학 문제인 보편자와 인과, 자연법칙에 관한 형이상학과 과학철학의 문제로 관심을 확대하여 인간과 자연의 형이상학을 체계화하려고 모색하고 있다. 최근에는 교양교육과 인문교육의 모형으로 글쓰기 교육에도 관심을 두고 있다. 글쓰기 교육 역시 단지 교육 모형만이 아닌 문화 형이상학 탐구의 길잡이로 발전시킬 것을 구상하고 있다.

데이비슨과 최소 물리주의

> 존재자
> 대상, 실체, 속성, 관계, 사실, 사건, 현상 등 모든 범주의 존재하는 것들을 무차별하게 총칭할 때 사용하는 말.

도널드 데이비슨Donald Davidson은 1917년 미국 매사추세츠 주 스프링필드에서 태어났고 2003년 캘리포니아 주 버클리에서 무릎수술을 위한 마취 중 심장마비로 급서하였다. 1939년 하버드대학교를 졸업했고 1941년에는 같은 대학 철학과 대학원에서 석사학위를 받았다. 1942~45년에는 미 해군에서 복무하느라 학업을 잠시 중단하였다. 종전 후 다시 공부를 계속하여 1949년 하버드대학교에서 「플라톤의 『필레보스』편Plato's 'Philebus'」이라는 제목의 고전 철학 학위논문으로 박사학위를 취득하였다. 하지만 당시 하버드에 교수로 있던 콰인의 영향을 받아 학부 시절 관심을 갖고 있었던 고전과 문학으로부터 분석철학으로 관심방향을 돌렸다. 뉴욕의 퀸스 칼리지에서 처음 교편을 잡았으며 이후 스탠퍼드대학교, 프린스턴대학교, 록펠러대학교, 시카고대학교, 그리고 1981년부터 서거할 때까지 버클리대학교에서 교수로 재직하였다.[1]

데이비슨은 '마음'을 존재자라기보다는 언어 차원의 것으로 생각한다. 그러나 그가 물리적인 것의 존재만을 인정하고 마음의 존재는 부정하는 강한 물리주의의 입장을 취한 것은 아니다. 오히려 그는 개별사건(또는 사건-개별자)론을 자신의 근본적인 존재론으로 삼고, 개별사건을 어떻게 서술하느냐describe에 따라 물리 사건, 정신

---

[1] 데이비슨의 생애와 이력에 관한 많은 부분은 제프 말파스Jeff Malpas가 쓴 스탠포드 철학백과사전 웹사이트 중 'Donald Davidson' 항목을 참조하였다. http://plato.stanford.edu/entries/davidson/

사건이 정해진다고 한다. 데이비슨이 비록 "모든 사건은 물리적"이라고 말하여 물리주의자임을 드러내지만, 이런 그의 입장은 아주 약한, 최소한의 물리주의로 해석할 수 있을 뿐이다. 당연히 더 강한 물리주의의 관점에서는 물리주의 입장에 충분치 못하다고 비판받을 수 있다.

무법칙적 일원론과 개별자 동일론

데이비슨이 그의 심신이론인 무법칙적 일원론anomalous monism을 발표할 무렵에는 심리철학계에서 심신환원주의 그리고 그중에서도 가장 강한 형태의 환원주의인 심신동일론이 주류를 이루고 있었다. 심신환원주의와 동일론은 이후 데이비슨 등이 주장한 비환원적 물리주의보다 더 강한 물리주의의 입장이다. 아직 비환원적 물리주의와 같은 온건한 물리주의의 주장이 등장하기 전이기 때문에, 당시의 논의는 심신동일론 대 데카르트식 반反물리주의의 2분법 형태를 띠었다. 반면에 퍼트남, 포더 등의 복수실현가능성 논변,[2] 그리고 데이비슨의 무법칙적 일원론이 등장하면서 비로소 더 온건하고

---

2   복수실현 가능성 논변에 관해서는 H. Putnam, "The Nature of Mental States", 1967, 그리고 J. Fodor, "Special Sciences, or The Disunity of Science as a Working Hypothesis", 1974 등을 참조할 것. 두 논문 모두 N. Block, ed., *Readings in Philosophy of Psychology* v.1, Harvard University Press, 1980에 재수록되어 있다. 특히 후자의 논문은 『표상』(제리 포더, 정성호·이영옥 옮김, 민음사, 1991)의 8장에 "특수 과학 분야"라는 제목으로 번역되어 있다.

약한 물리주의 입장인 비환원적 물리주의가 싹트게 되었다.

데이비슨은 1970년 논문인 「정신 사건들Mental Events」과 1974년 논문인 「철학으로서의 심리학Psychology as Philosophy」에서 다음 세 가지 원칙을 제시했다. 그중 셋째 원칙이 정신적인 것의 무법칙성 원칙이므로 이런 원칙들을 바탕으로 한 그의 심신이론을 '무법칙적 일원론'이라 부른다.

① (적어도 어떤) 정신 사건은 물리 사건과 인과적으로 상호작용한다.
② 사건들이 원인과 결과로 관계될 때, 이러한 사건들이 적절히 서술되어서 적용되는 닫혀 있고closed 결정론적인 체계의 법칙들이 있다.
(인과성이 있으면 법칙이 반드시 있다. 즉 원인과 결과로 관계되는 사건들은 엄밀한 결정론적 법칙에 지배된다.)
③ 어떠한 엄밀한 심신법칙도 없다. (정신 사건을 예측하고 설명하는 기반이 되는 엄밀하고 결정론적인 법칙은 없다.)
(「철학으로서의 심리학」 231, 괄호 안의 표현은 「정신 사건들」 208)[3]

언뜻 보아 이상의 세 가지 원칙은 서로 모순인 것 같다. 첫째 원칙에서는 심신 간에 인과관계가 성립함을 인정하는데, 둘째 원칙에 의하면 인과관계가 성립하는 곳에는 결정론적인 법칙이 있다는 것이다. 이 두 가지 원칙이 모두 참이라면, 심신 인과관계를 만족시키는 심신 인과법칙이 있다는 것으로 귀결될 듯하다. 하지만 셋째 원칙은 이러한 '귀결'과는 상반되게 심신법칙(또는 심리법칙)의 존

---

3   본서에 수록된 김기현, 「김재권: 환원적 물리주의」 pp.323~324에도 같은 내용이 인용되고 있다.

재를 부정하고 있다는 점에서 이 세 원칙은 서로 모순되고 동시에 참일 수 없어 보인다. 하지만 데이비슨은 언뜻 서로 모순되어 보이는 이러한 세 원칙을 모두 참이 될 수 있게끔 조화시키려 한다. 그는 이러한 세 원칙을 주장함으로써 심신 간의 환원을 부정하고 그때까지 주류 견해이던 심신동일론이라는 강한 물리주의 입장을 거부하면서도 물리주의 자체는 유지하려 한다.

이러한 비환원적 물리주의 입장은 정신적인 것과 물리적인 것이 구별된다는 직관을 받아들이면서도 물리주의적 일원론을 유지함으로써 데카르트식 실체이원론의 심각한 존재론적 문제를 피할 수 있다는 장점을 지닌다. 심신동일론에 대한 또 다른 비판 논변인 퍼트남, 포더 등의 복수실현논변을 받아들이는 철학자들은 역시 비환원적 물리주의에 속할 수 있는 기능주의라는 입장을 제시했고 이러한 기능주의를 바탕으로 인지주의라는 새로운 심리학의 입장이, 그리고 더 나아가 인지과학이라는 새로운 분야가 등장하였다. 새로운 분야의 형이상학적 토대로서, 또 여러 상반되어 보이는 직관들을 조화시켜주는 매력적인 입장으로서 비환원적 물리주의가 각광받게 되었고, 1970년대 이후 지금까지도 심리철학의 새로운 주류 입장이 되었다.

그렇다면 비환원적 물리주의 입장을 성립시키는 데에 중요한 역할을 했던 데이비슨의 무법칙적 일원론의 세 가지 원칙은 어떻게 조화롭게 성립하는가? 요점을 미리 말하면 '개별자 동일론token identity theory 또는 개별자 물리주의token physicalism'라는 그의 새로운 형이상학이 위의 세 원칙을 조화시키는 바탕이 됐다. 이러한 개별자 동일론을 처음으로 제시한 것이 데이비슨으로 그의 사건-개별자론이 그 토대가 된다. (그의 이러한 사건이론에 관해서는 다시 자세하게 살펴보겠다.)

무법칙적 행위인과론

하지만 데이비슨의 비환원적 물리주의의 싹은 1970년에 발표한 그의 논문 「정신 사건들」에서 무법칙적 일원론을 본격적으로 제시하기 이전부터 존재하였다. 「정신 사건들」이 심신론 분야에 중요한 한 획을 그은 논문인 것처럼, 1963년에 발표한 「행위, 이유, 그리고 원인Actions, Reasons, and Causes」은 바로 그러한 싹을 보여주면서 심리철학의 또 다른 분야였던 행위론의 역사에 중요한 분기점을 이룬 논문이었다. 이제 이 논문의 내용을 중심으로 데이비슨의 행위론을 살펴본다.

당시에 행위론은 심리철학의 한 분야이기도 하면서 역사학과 사회과학의 방법론적 토대를 다루는 과학철학(특히 방법론을 다루는 역사철학이나 사회과학철학)의 한 분야이기도 했다. 과학적 설명의 특징을 일반법칙에 의한 설명으로 보는 헴펠Carl G. Hempel의 포괄 법칙 설명 모형covering law model of explanation이 자연과학을 전형으로 하는 과학적 설명의 유력한 모형으로 등장한 이래, 역사학을 비롯한 인문사회과학에도 헴펠의 법칙적 설명이 적용되는가, 그리고 그럼으로써 과연 인문사회과학이 자연과학과 동일한 방법론적 위상을 지니는가 하는 것이 1940~50년대까지도 방법론 분야의 중요한 쟁점이었다.[4] 이러한 쟁점을 해명하기 위해서 자연과학으로부터 인문사회

---

4 이러한 방법론의 쟁점에 관해서는 G. von Wright, *Explanation and Understanding*, Cornell University Press, 1971을 참조. 해당 문헌의 국역본으로는 『설명과 이해』(배철영 옮김, 서광사, 1995)가 있다. 또한 이명현, 『사

과학이 구별되는 근거로서 인문사회과학은 자연 현상과는 구별되는 인간 행위에 토대를 두고 있다는 것에 주목하게 되었고, 그에 따라 행위론이 심리학적·심리철학적 관심뿐만 아니라 방법론(그리고 역사철학, 사회과학철학)적인 관심의 초점이 되었다.

이러한 쟁점 내용에서 이해할 수 있듯이 당시의 유력한 입장은 논리실증주의와 헴펠의 입장을 이어받아 자연과학과 인문사회과학 간의 방법론적 통일을 꾀하려는 방법론적 일원론, 그리고 인문사회과학을 방법론적으로 자연과학으로부터 차별지우려는 방법론적 이원론[5]의 두 가지였다. 데이비슨의 논문 「행위, 이유, 그리고 원인」은 상반되어 화해하기 어려운 두 유력한 라이벌 간의 긴장을 완화하고 조화하되, 단순히 절충하는 것이 아니라 새롭고 참신한 시각에서 이 문제를 근본적으로 재조명하는 새로운 행위론을 제시하였다.

일반적으로 행위론에서는 행위의 이유$_{reason}$와 행위의 원인$_{cause}$을 서로 구별한다. 원인은 행위를 물리적인 측면에서 이해할 때, 즉 행위를 신체동작$_{bodily\ movements}$의 관점에서 볼 경우 행위를 물리적으로 야기시킨$_{caused}$ 것으로서의 원인을 말하는 것이다. 반면에 이유는 행위를 단순히 신체동작의 측면만이 아니라 정신적인 것으로 이해할 경우, 행위자가 그 행위를 하게 된 이유를 말하는 것이다. 그리고 아리스토텔레스 이래 지금까지도 대체로 행위자가 가진 바람(또는 욕구$_{desire}$)과 믿음$_{belief}$을 바로 행위의 이유라고 보는 것이 상식

회과학의 방법론』, 1981(이명현, 『신문법 서설』, 철학과현실사, 1997에 재수록) 참조.
5 이러한 방법론적 이원론은 드로이젠, 딜타이, 리케르트, 카시러 등 해석학과 신칸트학파의 전통에서 유래하였다.

으로 여겨졌다.[6] 그래서 원인에 의한 행위설명은 글자 그대로 인과적 설명이므로 헴펠 식의 법칙적 설명 모형이 적용받을 수 있는 것이지만, 이유에 의한 행위설명은 '합리적 설명rational explanation' 혹은 '합리화rationalization'라고 불리며, 특히 방법론적 이원론자들은 이러한 합리적 설명이 인과적 설명과 다르며 헴펠의 모형을 그대로 적용할 수 없다고 주장한다. 즉 이원론자들은 행위의 이유와 원인을 구별하여 서로 다른 차원의 것으로 주장하는 데 반해, 일원론자들은 원인 이외의 이유의 존재를 부인하거나 이유를 원인에 환원될 수 있는 것으로 보는 것이다. 즉 행위론의 측면에서는 방법론적 일원론을 지향하는 입장을 '행위인과론causal theory of action'으로, 그리고 비판하는 입장을 '반反인과론'으로 부르기도 한다.

그렇다면 데이비슨은 이러한 행위론의 전통적 대립을 어떻게 해소하는가? 요점부터 말하자면, 데이비슨은 인과론의 입장을 취하지만, 방법론적 일원론에 친화적이면서 헴펠 식의 법칙적 설명 모형을 옹호하는 다른 인과론자들과는 달리 법칙적인 설명은 받아들이지 않는다. 앞 절에서 살펴본 그의 심신론인 무법칙적 일원론의 싹이 이미 그의 행위론에서 나타나고 있는 것이다.

그는 인과론만이 행위를 실제 야기시킨 참 이유(즉 행위자가 그 행위를 행할 때 지녔던 바로 그 이유, 그것에 의해 행위가 행해졌다고 말할 수 있는 이유)를 설명할 수 있다고 주장한다. 반면에 이유에 의한 행위

---

[6] 심리학이나 심리철학에서 흔히 'folk psychology'('통속심리학', '민간심리학' 등으로 번역)라 불리는 전통심리학의 특징이 바로 이것이다. '통속심리학'이란 인간의 행위를 바람desires과 믿음beliefs 등 지향적 태도를 통해 설명·예측하려는 상식적 이론 체계를 말한다. 최근 논의에서는 보통 '지향적 심리학intentional psychology'이라 불리기도 하고 '상식적 심리학'이란 말도 보통 통속심리학을 의미한다.

설명은 정당화의 기능만 가질 뿐 진정한 설명의 기능은 갖지 못한다고 한다. 즉 인과론은 다음의 두 가지 행위설명을 구별해줄 수 있으며, ①과는 구별되는 ②와 같은 설명을 하려는 것이다.

① 그는 운동을 했다. 그리고and 그는 체중감량을 하길 원했고, 운동이 그렇게 되도록 해준다고 생각했다.
② 그는 운동을 했다. 왜냐하면because 그는 체중감량을 하길 원했고, 운동이 그렇게 되도록 해준다고 생각했기 때문이다.
(「행위, 이유, 원인」 11~12)

반면에 인과론을 옹호하지 않고 이유에 의한 설명만을 받아들인다면 ①과 ②를 실질적으로 구별할 수 있는 방법을 확보할 수 없다는 것이다. "어떤 사람이 어떤 행위의 이유를 가질 수 있고 그리고 그 행위를 수행한다고 해도, 그 이유는 그가 그 행위를 행한 이유가 아닐 수 있다. 이유와 이유가 설명하는 행위 간의 관계에서 중심이 되는 생각은 그가 이유를 가졌기 때문에because 그 행위를 수행했다는 것이다."(「행위, 이유, 원인」 9, 강조는 원문 그대로)

이렇게 인과론을 옹호하면서도 데이비슨은 (인과)법칙에 의한 설명 모형에 따른 행위설명은 인정하지 않는다. 즉 인간 행위에 관해서는 법칙에 의한 설명과 예측을 할 수 없다는 반인과론의 입장을 받아들이는 셈이다. 그에 따르면 두 사건 간의 인과관계에 대한 전형적 진술인 'A는 B를 야기시켰다A caused B'는 'A', 'B'라는 두 사건 서술을 포함하는 법칙의 존재를 논리적으로 수반entail하는 것으로 해석할 수도 있지만, 'A', 'B'라는 두 사건 서술이 아니더라도 사건 A와 B에 관한 어떤 다른 참인 서술을 사례화하는instantiated 인과법칙이 존재함을 논리적으로 수반하는 것으로 해석할 수 있다.[7] 데이비슨은 이러한 후자의 해석만을 자신의 인과적 행위설명에 적용한다. 이러한 후자의 해석은 'A', 'B'라는 두 사건 서술을 포함하는 법칙의 존재를 함축하지 않는다는 점에서 전자의 해석보다 '약한' 해석이다. 그리고 그러한 후자의 해석은 두 사건 A와 B 간의 개별적인 인과관계의 존재를 인정하더라도 'A', 'B'라는 두 사건 서술에 의해 이루어지는 법칙의 존재를 인정하지 않는다는 점에서 앞에서 본 그의 무법칙적 일원론의 세 원칙의 주장과 맥을 같이한다고 볼 수 있다. 지금의 논의가 인간 행위와 관련된 인과관계에 관한 것이므로 두 사건 서술 'A', 'B' 중 적어도 하나, 혹은 둘 모두 행위와 관련된 심리 서술일 것이므로 행위 인과에 관한 이러한 데이비슨의 해석은 이후 등장할 그의 무법칙적 일원론의 전조가 된다.

지금까지 심신론과 행위론에 관한 데이비슨 이론의 윤곽을 살펴보았다. 언뜻 그의 입장은 심신론이든 행위론이든 기존의 상충하는 두 가지 직관을 절반씩 수용하면서 조화를 꾀한 것으로 볼 수도 있다. 하지만 이론 차원에서의 이러한 조화나 절충은 그리 쉽게 이루어지는 것이 아니다. 실제로 데이비슨의 이론이 과연 원래의 상충하는 직관들이 갖고 있는 모순점들을 제대로 소화하고 극복하고 있는가 하는 의심은 그의 이론이 나온 이후부터 지금까지도 그것에 대한 비판적 논의와 관심의 열기를 뜨겁게 유지하는 불씨가 되고 있다. 다음 절에서는 지금까지 살펴본 그의 심신론과 행위론의 바탕이 되는 사건이론을 살펴볼 것이다. 데이비슨의 사건이론을 기초로 하여 그의 심신론과 행위론을 재조명할 때 그의 이론

---

7   이상의 두 가지 해석에 관해서는 「행위, 이유, 원인」, pp.16~17 참조.

은 단순한 절충안이 아니라 기존 관점의 토대를 근본적으로 재검토하여 새로운 시각을 제공한 것임을 볼 수 있을 것이다.

사건과 사건 서술의 구별

데이비슨의 존재론에서 가장 기본적인 존재자가 '사건event'이다. 즉 그의 경우에는 인과관계의 두 항도 사건이며, 앞 장에서 본 '행위'도 사건의 일종이다. 데이비슨의 '사건'은 구체적인 개별자concrete particulars, token이고, 시공간 내에서 자기 위치를 점하고 있으며, 반복되지 않고 일회적인 개별자이다(「정신 사건들」 209). 데이비슨은 모든 사건은 물리적이라고 주장하는 물리주의자이며 그런 점에서 존재론적 일원론 입장을 취한다(「정신 사건들」 214).

데이비슨은 사건과 사건의 서술description을 구별한다. 사건을 존재 차원으로 본다면 사건의 서술은 사건을 언어 차원으로 본 것이다. 데이비슨의 사건은 앞에서 보았듯이 일회적이고 구체적인 개별자이므로 '유일한 참인 서술'을 허용하지 않는다고 볼 수 있다. 사건의 서술은 그 서술 주체의 관점에 의존할 수밖에 없어서 유일한 하나의 서술만으로 그 사건의 전모를 완전히 서술하는 것은 불가능하기 때문이다. 그래서 하나의 사건에 대해 서술 주체의 관점에 따라 서로 다른 서술들이 적용될 수 있다. 데이비슨의 경우 어떤 사건이 물리적인가 정신적인가의 구별은 언어 차원인 서술에 의해 정해진다고 본다. 즉, "어떤 사건이 정신 사건이라는 것은 그 사건이 정신적인 서술mental description을 가질 때 그리고 오직 그때에만 그러하다"(『정신 사건들』211)고 주장한다. 이렇게 데이비슨에게는 "정신적인 것은 존재론적 범주가 아닌 개념적 범주일 뿐"[8]이다. 데이비슨은 모든 사건은 물리 사건이라는 물리주의를 옹호한다. 그에게 있어서 '정신 사건'은 정신 서술을 적용받을 수 있을 때 존재론적으로는 물리 사건이면서도 동시에 정신 사건이 될 수 있는 그런 것이다.

동일한 한 사건에 대해 상이한 여러 서술이 가능하다면, 여러 다른 사건 서술들이 있을 때 어떠한 사건을 동일한 것으로 볼 수 있을까? 데이비슨에 따르면 "사건들이 정확하게 동일한 원인들과 결과들을 갖는다면, 그리고 그때에만 그 사건들은 동일"하다(『사건의 개별화 The Individuation of Events』179). 즉 이러한 동일성 조건이 충족되면, 서로 다르게 서술되는 두 사건은 동일한 하나의 사건이라는 것이다. 그리고 데이비슨의 경우 이러한 동일성과 인과관계는 사건이 어떻게 서술되느냐에 상관없이 개별적인 사건들 간의 외연적인 관계로 존재 차원에 속하는 반면, 인과적 설명·법칙의 경우에는 내포적인 사건 서술과 관계되어 언어 차원에 속하는 것이다. 즉 데이비슨의 경우 "법칙은 언어적"(『정신 사건들』215)인 것으로 존재 차원의 인과적 필연성이 아니다.

데이비슨은 이렇게 존재 차원인 사건과 그것의 언어 차원인 사건 서술을 구별하고, 마찬가지로 인과관계는 존재 차원의 개별 사건들 간의 것으로 보는 반면, 법칙은 언어 차원에 속하는 것으로 본다. 이와 같은 그의 사건이론에 의해 앞에서 보았던 그의 심신론과 행위론이 귀결될 수 있는 것이다. 즉 무법칙적 일원론의 세 원칙에

---

8   Davidson, "Problems in the Explanation of Action", in *Metaphysics and Morality*, ed. Pettit, Sylvan & Norman, Basil Blackwell, 1987, p.46.

서 심신 간에 인과적 상호작용이 존재한다는 첫째 원칙은 존재 차원인 개별 사건들 간의 일인 데 반해, 인과관계가 있으면 법칙이 있다는 둘째 원칙에서의 '법칙'은 언어 차원의 법칙을 말하는 것이다. 또 둘째 원칙에서 "적절히 서술되어서 적용되는"이란 의미는 물리적으로 서술될 때에만 법칙에 포섭될 수 있음을 말한다. 이것은 그가 물리 영역의 인과적 폐쇄성 원칙[9]을 인정함으로써 물리주의를 표방하는 데서 기인한다. 반면 그는 정신 영역은 물리 영역에 포함된 것으로 본다. 그리고 정신 영역 내부의 인과관계는 그 외부의 물리 영역에까지 미칠 수 있는 것이기 때문에 물리 영역이 인과적으로 닫혀 있는causally closed 데 반해 정신 영역은 닫혀 있지 않다고 말한다. 물리 영역의 인과관계도 정신 영역에 이를 수 있지만 데이비슨은 정신 영역이 물리 영역에 포함되는 물리 영역이라고 보기 때문이다. 이러한 정신 영역에서 일어나는 인과가 바로 요즘 심리철학에서 많이 논의되는 정신 인과mental causation이다. 정신 영역이 인과적으로 닫혀 있지 않다는 점에서(『정신 사건들』 223~224), 그리고 항상 물리적인 것이 정신 인과에 개입할 수 있다는 점에서 데이비슨의 셋째 원칙처럼 정신 영역과 관련된 어떠한 엄밀한 인과법칙(즉 어떠한 심리법칙, 심신법칙)도 존재할 수 없는 것이다. 일견 상호모순되는 듯한 무법칙적 일원론의 세 원칙이 그의 사건이론을 토대로 이렇게 설명될 수 있다.

---

[9] 정신 인과의 문제와 관련된 물리주의의 입장은 특별히 '물리 영역의 인과적 폐쇄성 원칙the causal closure of the physical domain'으로 제시되었는데, 이 원칙에 따르면 어떤 특정한 시각에 어떤 원인을 갖는 어떠한 물리 사건도 물리적 원인을 갖는 것이다. 즉 어떠한 인과관계의 원인과 결과의 연쇄도 어떤 영역 D 밖으로 나갈 수 없을 때 그 영역 D는 '인과적으로 닫혀(폐쇄되어) 있다'고 말한다. 예컨대 물리주의에서는 물리 영역은 '인과적으로 닫혀 있다causally closed'는 입장을 취한다.

마찬가지로 그의 행위론도 사건이론을 통해 설명할 수 있다. 앞에서 본 대로 그의 행위론은 인과적 행위설명을 옹호하는 인과론이지만 법칙적 행위설명은 인정하지 않았다. 이런 생각도 무법칙적 일원론의 세 원칙을 설명하듯이 설명할 수 있다. 즉 개별 인과는 인정하지만 일반 법칙 형태의 인과법칙은 받아들이지 않는 그의 사건이론에 의해 그의 행위론도 나온다. 그가 행위론에서 인과론을 옹호하는 것은 존재 차원에서 개별인과를 인정하는 생각에서 비롯한 것이고 이것이 이후 발표한 무법칙적 일원론에서 인과관계를 말하는 첫째 원칙으로 구체화되었다. 그리고 행위에 관한 법칙적 설명을 부정하는 것은 데이비슨이 물리주의를 옹호함으로써 물리 영역의 인과적 폐쇄성을 옹호하지만 정신 영역에는 그러한 인과적 폐쇄성을 인정치 않기 때문이다. 즉 행위는 정신 사건이므로 행위와 관련된 법칙적 설명을 그는 부정하는 것이고 이런 생각은 이후 발표한 무법칙적 일원론에서 정신적인 것의 무법칙성을 말하는 셋째 원칙으로 드러나게 된다. 또한 앞에서 살펴본 'A는 B를 야기시켰다 A caused B'에 대한 데이비슨의 약한 해석도 마찬가지로 설명할 수 있다. 즉 데이비슨은 물리주의자로서 모든 사건이 물리적이라고 주장한다. 그에 따르면 행위 역시 다른 정신 사건처럼 동시에 물리 사건이 되기도 한다. 법칙에 포섭되어 법칙적 설명이 가능한 경우는 행위 등 정신 사건의 물리적 측면이 그것과 관련된 물리적 서술을 포함하는 물리법칙에 포섭될 때뿐이다. 정신 사건은 그러한 경우에만 물리 법칙에 의해 법칙적으로 설명·예측이 가능한 것이다.

무법칙적 일원론은 부수현상론인가?

 지금까지의 논의를 바탕으로 데이비슨의 물리주의를 이렇게도 설명할 수 있다. 무법칙적 일원론의 세 원칙에 따르면, 인과관계의 두 항이 되는 모든 사건은 법칙에 포섭된다. 그런데 이때의 법칙은 물리 법칙이다. 그러므로 모든 사건은 물리적이다. 앞에서도 언급했듯이 데이비슨의 견해로는 그 사건이 정신적인 서술에 의해 서술되는 경우 정신 사건이 되는 것이므로, 정신적이라는 것은 존재론적 범주가 아닌 개념적 범주에 불과하며 존재 차원이 아닌 언어 차원에 의해 정해지는 것이다. 그래서 그의 입장에서는 인과법칙도 사건이 물리적으로 서술될 때에만 물리법칙의 지배를 받을 뿐이며 심신법칙, 심리법칙은 엄밀 법칙strict laws[10]의 차원에서는 존재하지 않는 것이다.
 이러한 데이비슨의 이론은 정신적인 것에 관한 부수현상론[11]에 불과하다는 비판이 흔히 제기되었다. 즉 정신적인 것은 데이비슨의 이론에서는 아무런 인과적 힘을 갖지 못하고 인과관계에서 변화를 유발할 만한 어떠한 영향력도 갖지 못한다는 것이다. 그러한 비판

---

10 데이비슨은 과학의 일반 법칙으로 '엄밀 법칙'을 요구한다. 즉 데이비슨은 '법칙'에 관해 매우 엄격한 입장을 취한다. 그가 생각하는 법칙은 정밀해야precise 하며, 어떠한 예외도 허용해선 안 되며, '다른 조건이 같다면ceteris paribus / other things being equal' 절을 가져도 안 되며, 개연적이어서도 안 되고, 사례들에 의해 뒷받침되어야 한다.
11 부수현상론epiphenonenalism이란 어떤 것이 실재하는 것이 아니라 실재하는 것에 부수적으로 기생하는 현상에 불과하다는 입장이다.

들 중 대표적인 것으로 김재권Jaegwon Kim의 논문인 「비환원적 유물론의 신화」가 있는데, 그 요지는 다음과 같다. 인과관계는 법칙의 뒷받침을 받아야 한다. 그렇다면 정신에 관한 법칙, 즉 심신법칙이나 심리법칙을 인정치 않는 데이비슨류의 비환원적 물리주의(혹은 유물론)[12]는 정신 속성의 인과적 역할을 인정치 않는 경우이므로, 이 때의 비환원적 물리주의는 제거주의[13]가 될 수밖에 없다는 것이 「비환원적 유물론의 신화」 첫 부분의 요지이다. 이에 대해 비환원적 물리주의자들은 이러한 비판을 피하기 위해 정신 속성의 인과적 힘을 인정하여 정신(적인 것의) 실재론mental realism을 옹호할 수도 있다. 그러나 이런 식의 비환원적 물리주의는 이원론이나 환원주의로 귀결할 수밖에 없는데, 이원론은 물리주의와 양립할 수 없는 입장이며, 환원주의는 비환원주의와 양립할 수 없는 입장이기 때문에, 어느 경우도 비환원적 물리주의자에게는 봉쇄되어 있는 선택일 뿐이다. 그래서 결국 비환원적 물리주의는 그 자체의 입장을 제대로 일관되게 유지할 수 없다는 것이다.[14] 이것이 비환원적 물리주의에 대한 김재권의 비판 요지이며 그중 특히 앞부분이 데이비슨에

---

12 이 부분에 나오는 '유물론'(특히 김재권의 논문 「비환원적 유물론의 신화」에 나오는)은 '물리주의'와 같은 의미다. 실제로 김재권도 '비환원적 유물론'과 '비환원적 물리주의'를 같은 의미로 쓰고 있다.

13 심신이론에서 제거주의eliminativism란 정신적인 것의 실재를 인정치 않을 뿐 아니라, 정신적인 것에 대한 전통적인 설명 체계(앞에서 '통속심리학'이라 말했던 전통적이고 상식적인 심리학 체계)도 제거되어야 하고 신경과학neuroscience의 설명으로 대체되어야 한다는 입장이다. 제거주의는 제거적 유물론eliminative materialism의 약어다.

14 이 문단에서 제시한 김재권, 「비환원적 유물론의 신화」의 논지 요지는 백도형, 「환원, 속성, 실재론」, 『哲學』 제43집, 한국철학회, 1995, pp.77~78에서 옮겨왔다.

대한 직접적인 비판이다.[15] 데이비슨의 무법칙적 일원론과 이에 대한 김재권의 비판이 최근 심신 문제, 특히 정신 인과 문제 논의의 핵심 쟁점을 이루고 있다.

나는 그동안 여러 논문에서 이 문제의 쟁점을 해결하는 열쇠로 보편자로서의 속성이 지닌 존재론적인 지위의 문제(즉 보편자 실재론과 유명론의 문제)를 지적하였다.[16] 방금 살펴본 데이비슨과 김재권 간의 논쟁에서도 보편자 문제가 핵심이라고 생각한다. 이러한 생각은 데이비슨 자신도 김재권에 대한 답변에서 밝혔듯이(「생각하는 원인들」) 사건 개념에 관한 둘의 차이와 관련이 있다. 김재권은 사건을 '어떤 개체가 어떤 시각에 어떤 속성을 예시화함 exemplifying'으로 본다. 즉 그의 사건 개념은 '개체 object 또는 substance, 속성, 시간'의 세 요소로 이루어져 있으며, 개체, 시간과 함께 속성은 중요한 구성요소이다.[17] 속성이 김재권의 사건에 중요 요소가 됨으로써 김재권의 사건은 데이비슨의 경우와는 달리 동일한 유형의 사건이 반복됨을 허용하며, 그런 점에서 이때의 '속성'은 보편자로서의 속성이라고 할 수

---

15 비환원적 물리주의에 대한 김재권의 이러한 비판은 인과적 배제 causal exclusion 논변, 수반 논변의 형태로도 제시된다. 김재권,『물리계 안에서의 마음』, 하종호 옮김, 철학과현실사, 1999, 2장 참조.

16 백도형,「환원, 속성, 실재론」,『哲學』제43집, 한국철학회, 1995; 백도형,「기능적 환원주의와 인과적 세계관: 김재권과 암스트롱의 실재론」,『철학적 분석』9호, 한국분석철학회, 2004 여름; 백도형,「물리주의와 보편자」,『철학적 분석』10호, 한국분석철학회, 2004 겨울 등을 참조.

17 사건 개념에 관한 이러한 둘의 차이 때문에 데이비슨의 사건이론을 비구조적 구체자 사건론으로, 김재권의 사건이론을 구조적 구체자 사건론으로 설명하기도 한다. 김영정,「사건 존재론」,『현대 존재론의 향방』, 소광희 외 지음, 철학과현실사, 1995, pp.397~398 참조. (이 내용은 김영정 교수의 박사학위 논문에도 수록됐다.)

있다. 반면에 데이비슨의 사건에는 보편자로서의 속성이 어떠한 존재론적 역할도 갖지 않는다. 앞에서도 보았듯이 데이비슨의 사건에는 언어적인 서술이 그 역할을 대신할 뿐이다. 데이비슨의 경우에는 속성이란 언어적인 술어 이상으로 의미있게 실재하는 것은 아니라는 점에서 그는 속성 유명론[18]의 입장을 취한다고 볼 수 있다. 즉 둘의 사건 개념 간의 핵심적인 차이 중 하나가 속성이 존재론적으로 포함되어 있느냐의 여부이며, 이러한 둘의 사건 개념 간의 차이가 심신 문제를 보는 입장 차이에 영향을 주었다고 생각한다.

부수현상론 시비에 대한 김재권과 데이비슨 간의 논쟁의 핵심은 이렇다.[19] 김재권에 따르면 데이비슨의 무법칙적 일원론은 정신 속성을 인과적으로 무력하게 하는 부수현상론(또는 제거주의)이라는 것이다. 이에 대한 데이비슨의 반론은 자신의 사건이론이 원래 속성에 대한 존재론적 역할을 부여하지 않았으므로 특별히 정신 속성만을 부정하는 것이 아니라 속성 자체를 인정치 않는 것이고, 개별 사건 간의 인과관계를 인정하기 때문에 개별 사건으로서의 정신 사건의 인과적 힘을 인정할 수 있다는 것이다. 물론 이때의 '정신 사건'은 심리 용어로 서술된 사건으로서의 정신 사건이다.

나는 이런 해석을 통해 데이비슨의 사건이론으로 무법칙적 일원론을 일관성 있게 주장할 수 있다고 본다. 정신 사건과 물리 사건 간의 동일성과 인과적 상호작용을 인정하면서도 심신법칙 그리

---

18 속성 유명론唯名論, nominalism이란 속성이 존재범주로서 실재하는 것이 아니고 말(언어)뿐이라는 입장, 즉 술어의 서술적 표현 이상이 아니라는 입장이다.
19 김재권의 「비환원적 유물론의 신화」 등의 비판에 대한 데이비슨의 답변 「생각하는 원인들」과 이에 대한 김재권의 재반박으로 이루어진 논쟁을 말한다. 이 논쟁에 관한 분석으로는 백도형, 「환원, 속성, 실재론」 2장을 보라.

고 심리법칙의 존재는 부정할 수 있는 가능성이 생기는 것이다. 하지만 김재권의 사건·속성 개념에 토대를 둔 채 비환원적 물리주의(특히 무법칙적 일원론)를 주장한다면, 그것은 유지될 수 없을 것이다. 따라서 정신 인과의 문제를 다룰 때 데이비슨의 심신론인 무법칙적 일원론이 정신적인 것의 부수현상론으로 귀결할 수밖에 없다는 평가를 할 때에는 그의 사건 개념이 지니는 이러한 독특함을 반드시 고려해야 한다고 생각한다.

유명론과 최소 물리주의는 물리주의로 충분한가?

앞 절에서 본 대로 데이비슨의 사건이론은 부수현상론에 불과하다는 비판이 흔히 제기되어왔지만, 사건이론을 비롯한 그의 입장을 보편자로서의 속성의 실재를 부정하는 유명론으로 이해한다면 데이비슨에게 제기되는 부수현상론이라는 비판은 보편자 실재론을 당연한 것으로 여겨 의심치 않는 선입견에 의한 오해로 볼 수도 있다. 따라서 데이비슨을 비롯한 비환원적 물리주의자들에 대한 부수현상론 시비를 평가하기 위해서는 보편자로서의 속성, 그리고 사건과 같은 더 근본적인 형이상학의 문제를 함께 고려해야 한다.

하지만 이렇듯 데이비슨의 입장을 유명론으로 이해하여 부수현상론이라는 비판에서 벗어날 수 있다고 하더라도 과연 그의 입장이 그가 주장하듯 물리주의일 수 있는가 하는 의문이 생길 수 있다. 앞에서 보았듯 그의 사건 개념에는 속성의 역할이 주어지지 않는다. 언어 차원의 서술만이 있을 뿐이며, 어떻게 서술되느냐에 따라 정신 사건도 물리 사건도 될 수 있다. 그의 사건이론에서 사건들 간의 동일성과 인과관계는 사건이 어떻게 서술되느냐에 상관없이 개별적인 사건들 간의 외연적인 관계일 뿐이다. 데이비슨은 "정신적인 것은 존재론적 범주가 아닌 개념적 범주일 뿐"이라고 했음을 앞에서 이미 지적했지만 그의 사건 개념을 감안해본다면 물리적인 것도 과연 개념적 범주 이상의 것이라고 말할 수 있는지 의심스럽다. 실제로 데이비슨도 김재권 등의 부수현상론 시비에 관해 답변하면서 인과적 힘을 가진 것은 사건들이지 그 사건들을 어떻게 서술하느냐 하는 우리의 다양한 방식이 아니라고 말한다. 또한 심리 용어 등 거시 용어로 서술된 심리 사건(또는 거시 사건)이 인과적 효력을 갖기에 적절치 않다면 물리 용어로 서술될 수 있는 물리 사건들도 인과적 효력에 적절치 않다는 말을 하기도 한다(「생각하는 원인들」 12).

즉 데이비슨의 입장을 유명론으로 해석할 수 있다면, 그의 유명론은 정신 속성뿐만 아니라 물리 속성까지도 부정하는 것으로 확대될 수 있다. 그리고 그런 점에서 그의 입장은 정신 속성만 부정하는 제거주의나 부수현상론과 구별될 수 있다. 제거주의나 부수현상론은 물리 속성이 아닌 정신 속성의 인과적 힘만을 부정하는 입장이다. 속성 자체를 인정치 않고 유명론의 입장을 취함으로써 물리 속성까지도 부정할 수 있는 것이 데이비슨의 입장이라고 한다면, 그의 입장은 김재권 등의 비판과는 달리 제거주의, 부수현상론과 분명히 다르다고 할 수 있다.[20]

---

20 무법칙적 일원론과 제거주의 간의 차이에 관해서는 백도형, 「환원, 속성, 실

하지만 바로 그런 점에서도 데이비슨의 입장은 결국 물리주의까지도 부정하는 것으로 귀결될 수 있지 않을까? 그렇다면 이것은 그가 애초에 약하게나마 물리주의를 옹호한다고 알고 있었던 생각과 어울리지 않는다. 즉 데이비슨이 보편자로서의 속성을 부정함으로써 부수현상론과 차별화를 이룬다는 나의 해석이 맞다면, 바로 그런 유명론의 입장 때문에 데이비슨은 오히려 자신이 지키려는 물리주의 자체도 함께 부정하는 꼴이 되지 않는가? 부수현상론으로부터 벗어나려다 물리주의까지 놓친다면 '목욕물을 버리려다 아이까지 내버리는 꼴'이 되지 않을까? 이러한 비판 가능성에 대해 그는 어떻게 대답할 수 있을까?

우선 데이비슨이 유명론자라면 부정할 수밖에 없다는 '물리주의'는 속성 차원의 물리주의일 것이다. 즉 물리 속성만의 존재를 인정하거나 다른 속성의 경우 물리 속성에로 환원됨을 주장하는 물리주의가 해당된다. 하지만 이 경우 정신 속성의 인과적 무력함을 주장하는 부수현상론 시비에 대해 데이비슨이 개별 사건으로서의 정신 사건의 인과적 힘을 제시함으로써 부수현상론이 아니라고 주장한 것과 마찬가지의 논리로써, 속성 차원의 물리주의는 아닐지라도 개별 사건 차원의 물리주의를 옹호할 수 있다고 할 수 있다. 물리주의를 옹호하는 문제와 속성에 관한 유명론 입장을 취하는 문제는 서로 다른 문제라면, 물리주의와 유명론이 반드시 상충하여 함께 옹호하는 것이 불가능한 것은 아닐 것이다. 유명론은 속성의 실재를 부정하는 입장으로 흔히 알려져 있어서, 유명론을 옹호

재론」, pp.94~102; 백도형, 「제거주의와 실재론」, 「哲學硏究」 제36집, 철학연구회, 1995 봄 참조.

하는 데이비슨의 입장은 물리주의의 부정까지도 이어질 수 있는 것으로 오해받을 수 있다. 하지만 데이비슨이 유명론이라고 할 때의 '유명론'은 속성의 부정이라는 부정적 측면이라기보다 세계가 반복되지 않는 구체적인 개별 사건들로 이루어졌다는 개별자 존재론 particularism의 측면이 더 강하다고 할 수 있다. 세계를 이루고 있는 이러한 개별 사건들이 모두 물리적이라는 데이비슨의 주장에 어떠한 모순이나 부조리함이 들어 있을까?

또한 약간 다른 시각에서 데이비슨의 물리주의를 언어 차원의 물리주의로 볼 수도 있다. 즉 데이비슨의 "모든 사건은 물리적"(『정신 사건들』 214)이라는 그리고 "물리 이론은 포괄적인 닫힌 체계를 제공해줄 수 있다"(『정신 사건들』 223)는 주장의 의미를 '물리 언어의 전 세계에 대한 포괄적 적용 가능성'이라는 언어적 전제에 입각한 물리주의를 옹호하는 것으로 볼 수 있다는 것이다.[21] 즉 그의 물리주의는 존재하는 모든 사건은 물리 용어로 서술될 수 있다는 점에서 물리적이다. 그것들 중 일부는 물리 용어와 함께 심리 용어로도 서술될 수 있다는 점에서 정신 사건이 될 수도 있다는 주장으로 해석할 수 있다. 결국 그의 물리주의가 언어적이라고 해도 모든 존재자(그의 경우는 사건)는 물리적이며 물리계는 정신계를 포함한다는 주장을 할 수 있는 셈이다. 다만 그의 물리주의에서는 물리학의 일반성을 단지 언어 차원의 일반성으로만 생각할 뿐이다.

데이비슨의 사건이론이 개별자 존재론이라는 측면에서 그의 언어적 물리주의를 이해할 수도 있다. 데이비슨의 사건은 반복되지

---

[21] 이러한 물리주의를 옹호한 사례로는 R. Carnap, "Logical Foundations of the Unity of Science," in *The Philosophy of Science*, ed. R. Boyd, P. Gasper, and J. D. Trout, The MIT Press, 1991.

않는 구체적인 개별자이다. 그의 사건이론에서 사건은 서로 간에 어떠한 동일성도 없는 일회적인 존재자라 할 수 있다. 형이상학에서 보편자로서의 속성이란 세계에 존재하는 것으로 보이는 동일성의 존재론적 근거로서 제시된다. 그래서 유명론이 보편자로서의 속성의 존재를 인정치 않는다는 것은 세계에 존재하는 것으로 보이는 동일성 자체를 부정하는 것이고, 그에 따라 유명론은 세계는 서로 간에 전혀 동일함을 찾아볼 수 없는 개별자들로 이루어진다는 입장이 되며, 데이비슨의 사건이론도 그러한 유명론의 전형이라고 할 수 있다.[22]

그런데 이러한 개별자의 존재론적인 특성 중 하나가 바로 술어화불가능성impredicability이다. 흔히 전통 형이상학의 논의에서 개별자들의 술어화불가능성이 거론되는 것은 보편자와는 달리 개별자는 속성이 없는 존재인데 속성이 없으니 술어화될 수 없다는 생각에서 비롯되었다.[23] 그리고 그와 관련해서 개별자가 더는 분석될 수 없는 단순체라는 것도 논의된다. 하지만 지금 여기에서 말하는 '술어화불가능성'은 그런 의미가 아니다. 데이비슨의 사건과 같은 개별자가 술어화불가능한 이유는 바로 개별자 각각이 갖는 유일성, 독특함 때문이다. 그리고 그러한 유일한 독특함을 술어가 정확하게 반영할 수 없기 때문이다. 고유명사를 제외하고 술어를 비롯한 언어는 일반화를 전제로 성립한다. 예컨대 'a는 F이다'라는 문장에

---

22 물론 유명론이 우리의 세계 인식에서 모종의 유사성을 인식할 수 있다는 것조차 부정하는 것은 아니다. 단지 그 유사성에 어떤 존재론적 근거가 있다는 것을 인정치 않는 것이다.
23 박우석, 「개체화 문제: 중세인의 가슴앓이」, 『중세철학의 유혹』, 철학과현실사, 1997, p.105 참조.

서 술어 F는 특정한 개체 a만이 아닌 다른 개체들 b, c, d, (…) 중 일부에도 적용될 수 있다. 오직 한 개체에만 적용되기 위해 술어가 만들어지지는 않는다. 술어 등 언어 대부분은 이런 유일성과 독특함을 낱낱이 서술하는 것이 아니라 다른 것들과 비교하면서 모종의 유형화·일반화의 방식으로 기능한다. 그런 점에서도 개별자의 유일한 독특함은 술어에 의해 있는 그대로 포착되지 않는다. 하지만 그렇더라도 인간의 인식은 이런 술어 등 언어에 의해 이루어질 수밖에 없다.[24] 데이비슨의 사건이론에서 하나의 사건이 어떻게 서술되느냐에 따라 여러 상이한 방식으로 사건 유형이 정해지게 되는 것은 그의 사건 개념이 개별자이기 때문이다. 이렇게 본다면 데이비슨의 사건이 개별자라면 그가 옹호하는 물리주의는 언어 차원의 물리주의라는 것도 일리있는 해석일 것이다.

물론 이러한 언어적 물리주의는 물리주의를 존재론의 입장으로 당연시하는 시각에서는 불만족스러운 물리주의일지 모른다. 하지만 이런 상식의 입장은 어쩌면 보편자로서의 속성 실재론을 당연시하면서 심신 문제를 다루는 데에서 기인한 것인지도 모른다. 데이비슨 식의 유명론이나 개별자 존재론에 의하면 우리가 '속성'이라고 하는 것은 언어적인 서술과 술어에서 비롯된 것일 뿐이며, 그러한 '속성들' 간에는 어떠한 존재론적인 동일성도 없는 것이다. 다만 우리 인간의 인식 차원의 유사성(그래서 동일한 술어를 사용하게 하는)만이 가능할 뿐이다. 유명론의 입장에서 본다면 심신 문제란 어쩌면 언어 서술 간의 관계에 불과한 심신관계를 존재론적인 근거를 지닌

---

24 개별자의 술어화불가능성에 관한 더 상세한 내용은 백도형, 「4차원 개별자론」, 『철학연구』 68집, 철학연구회, 2005 봄, III장 참조.

속성들 간의 관계로 오해하는 데서 발생했는지도 모른다.

개별사건론으로
존재와 언어의 구별을 시사하다

심신 문제는 심리철학의 가장 근본적인 문제이면서 자연 속에서의 인간의 독특한 위상을 다루는 형이상학의 문제로 알려져 있다. 인간에 관한 형이상학의 핵심이면서 또한 인간과 자연 간의 관계에 대한 형이상학적 주제가 바로 심신 문제라고 할 수 있다. 실제로 심신이론가들 대부분이 이 문제를 형이상학 혹은 존재론의 문제로 다루어왔다. 그래서 반反형이상학의 이데올로기를 표방한 논리실증주의 이후 심신 문제는 현대 분석철학계에 형이상학 연구를 부활시킨 대표적인 주제로 알려져 있다.

또한 심신 문제의 내용 자체가 인간과 자연 간의 관계이다 보니 이 문제는 주관-객관 각각 그 자체와 주-객 상호 관계를 탐구하는 문제이기도 하다. 오늘날의 심신 문제를 자리매김한 것으로 흔히 알려져 있는 데카르트가, 생각하는 자아의 순수 의식을 제일원리로 제시함으로써 이 문제를 열었고, 이후 이 문제는 현대 심신 문제의 중요한 한 갈래인 의식의 문제가 보여주듯이 인간 내적인 주관과 인간 외적인 객관적 존재와의 관계를 묻는 물음이 주가 될 수밖에 없었다.

또한 심신 문제는 데카르트 이후 근대 과학 그리고 현대 과학의 급속한 발전의 영향을 가장 많이 받은 문제들 중 하나이기도 하다.

최근까지의 과학의 발전은 인간 외부의 객관적 자연 탐구의 발전이기도 하면서 최근에는 인간 내부의 마음에 영향을 보여주는 신경과학, 인지과학 등의 형태로도 전개되고 있다. 이러한 여러 이유 때문에 심신 문제는 형이상학의 대표 주제 중 하나로 알려져 있으며, 실제로 많은 형이상학 입문서들도 심신 문제를 형이상학 분야의 중요한 하나로 제시하고 있다. 그러나 전통 형이상학의 문제가 언어의 문제에 불과하다는 초기 분석철학자들의 지적은 혹시 작금의 심신 문제에도 적용되어야 하는 것은 아닐까? 즉 존재론으로서의 심신 문제를 다루는 것 같지만, 실제 전개되는 모습은 언어 분석 내지 언어 차원의 비교에 불과하지는 않을까?

이런 상황에서 데이비슨은 자신의 사건이론과 심신이론에 존재 차원과 언어 차원의 구별을 일관되게 전개함으로써 순수한 존재와 순수한 의식을 탐구하는 예전의 흐름을 재고하고 반성할 수 있게 해주는 계기를 마련해주었다. 물론 데이비슨 자신이 이러한 재고와 반성을 명시적으로 지향했는지는 확실하지 않다. 아마도 그는 영미철학 특유의 경험론 전통과 스승인 콰인의 유명론에 영향받아 자연스럽게 이런 생각을 했을지도 모른다. 경험은 항상 특정한 시간, 특정한 공간에서 일어나는, 특정한 인식 주체의 경험일 수밖에 없고 이것이 바로 경험론 특유의 경험의 개별성이다. 하지만 이것은 인식 주체의 관념에 불과했고 이러한 관념에 주목하는 경험론은 (현대판 경험론인 논리실증주의에 이르기까지) 반反형이상학적일 수밖에 없었다.

데이비슨의 사건이론은 경험론의 이러한 개별 관념을 형이상학이나 존재론의 틀을 통해 사건-개별자라는 존재자로 승화시킨 것이라고도 볼 수 있다. 경험론과 마찬가지로 그의 철학에는 보편자로서의 속성이 자리하지 않는다. 그리고 일회적이고 구체적인 그의 사건 개별자는 언어를 통해 서술됨으로써 논의될 수밖에 없다. 이러한 그의 사건 존재론은 어쩌면 '최소 존재론'[25]의 형태로 이해할 수도 있다. (그래서 어떤 시각에서 보자면 전통적인 경험론과 데이비슨의 철학이 무슨 중대한 차이가 있느냐 하는 불만을 가질 수도 있다.) 하지만 이러한 그의 철학은 존재와 의식, 주관과 객관의 배타적인 이분법이 지배하던 데카르트 이래 지금까지의 심신이론, 심리철학, 그리고 철학계 전반에 의미있는 파장의 여지를 지니고 있다.[26]

---

25 많은 존재자를 설정하지 않고 최소한의 존재자(또는 존재범주)만을 설정한다는 뜻에서 최소 존재론이라고 볼 수 있다.
26 데카르트식 구도에 대한 더 자세한 평가와 반성으로는 백도형, 「현상과 실재: 심신 문제에 대한 반성」, 『철학과 현상학 연구』, 제42집, 한국현상학회, 2009 참조.

더 읽을거리

D. Davidson, *Essays on Actions and Events*, Clarendon Press, 1980
    데이비슨의 연구논문집으로 이 글에서 설명된 심리철학과 사건 형이상학 등을 다루고 있다. 이 글에서 인용한 다음 논문들이 수록되어 있다.
    「행위, 이유, 원인」 "Action, Reason and Causes"(1963)
    「사건의 개별화」 "The Individuation of Events"(1969)
    「정신 사건들」 "Mental Events"(1970)
    「물질적 마음」 "The Material Mand"(1973)
    「철학으로서의 심리학」 "Psychology as Philosophy"(1974)

도널드 데이비슨, 『진리와 해석에 관한 탐구』, 이윤일 옮김, 나남, 2011
    데이비슨의 연구논문집으로 언어철학에 관한 문제들을 다루고 있다.

김재권, 『수반과 심리철학』, 철학과현실사, 1994
    사건, 수반, 심리철학 등을 주제로 한 재미 철학교수 김재권의 연구논문들을 번역한 책이다. 데이비슨과 유사한 주제를 다루지만 대조적이고 비판적인 입장을 취하므로 참고할 만하다. 데이비슨의 무법칙적 일원론을 비판한 「비환원적 유물론의 신화」, 「심물 법칙들」, 그리고 사건이론을 비판한 「사건과 속성 예화」 등이 수록되어 있다.

김재권, 「심신론: 그 쟁점과 전망」, 『철학』 22집, 한국철학회, 1984 가을
    심신론 전반에 관해 소개하는 글로 데이비슨에 관한 한 절이 포함되어 있다.

김영정, 「무법칙적 일원론에 대한 비판적 고찰」, 『철학』 28집, 한국철학회, 1987
    데이비슨의 무법칙적 일원론에 관해 비판적으로 검토하고 있다.

백도형, 「데이비슨의 행위론」, 『哲學論究』 제16집, 서울대철학과, 1988
    데이비슨의 행위론을 중심으로 심신론과 사건론도 설명하고 있다.

백도형, 「환원, 속성, 실재론」, 『哲學』 제43집, 한국철학회, 1995
    데이비슨과 김재권의 논쟁을 다루고 있다.

백도형, 「현상과 실재: 심신 문제에 대한 반성」, 『철학과 현상학 연구』 제42집, 한국현상학회, 2009
> 심신 문제에 내재하고 있는 데카르트식 구도에 관한 평가와 반성을 다루고 있다.

J. Heil & A. Mele, ed., *Mental Causation*, Clarendon Press, 1993
> 정신 인과 문제를 다룬 논문집으로 1부에 데이비슨(「생각하는 원인들」)과 김재권의 논쟁이 들어 있다.

김재권

환원적 물리주의

김기현

서울대학교 철학과를 졸업하고 동 대학원에서 석사학위를 받았다. 서울대에서는 주로 언어철학적인 문제에 관심을 갖다가, 미국 아리조나대학교 박사과정에 입학한 후 국내에서는 아직 연구가 되지 않던 영미분석철학 전통의 인식론에 관심을 갖게 되었다. 박사학위 취득 후 미국 오클라호마대학교에서 철학과 교수로 4년간 재직한 후 귀국하여 서울시립대학교를 거쳐 현재 서울대학교 철학과 교수로 재직중이다. 인식론을 지식에 대한 과학적 탐구와 연결시키는 자연화된 인식론을 연구하면서, 관심이 인지과학과 심리철학에까지 확장되어 이들을 서로 연결시키는 데에 지금도 관심을 갖고 있다. 요즘은 인식적 합리성과 실천적 합리성의 관계에 관심을 갖고 연구하고 있으며, 이를 합리성 일반의 본성에 대한 포괄적 연구로 확장시킬 계획을 갖고 있다.

고대 그리스의 철학자들은 인간의 마음이 심장에 있는 것으로 생각하였다. 슬픔의 감정을 가슴에 손을 대어 표현하는 것이 이와 무관하지 않을 것으로 보인다. 이제 이러한 생각은 우리에게는 비유 이상이 되지 못한다. 두뇌가 정신적 현상들의 기반이라는 것을 잘 알고 있기 때문이다. 이렇듯 두뇌에서 정신현상이 생겨난다는 사실은 정신현상을 이해하고자 하는 사람들에게는 문제의 해결이라기보다는 오히려 문제의 신호탄이다.

물질의 세포들이 일정한 방식으로 결합을 하면 복합체가 구성된다. 예를 들어, 나무 분자들이 일정한 방식으로 배열하여 목재가 구성되고, 목재들이 다시 결합하면 책상이 이루어진다. 비슷하게 뇌의 뉴런들이 모여 일정한 조직을 이루고 서로 작용을 하면 정신현상이 발생한다. 그러나 두 경우 사이에는 중요한 차이가 있는 것처럼 보인다. 나무 분자들이 결합하여 목재가 되고, 목재들이 일정하게 배치되어 책상이 만들어질 때, 책상은 목재들의 배치, 다시 말하면 나무 분자들의 일정한 배치 이상도 이하도 아니다. 반면에 우리는 정신현상을 뉴런들의 단순한 결합이 아니라 그들의 결합에서 생겨난 어떤 것으로 이해한다. 정신현상을 물질현상에서 생겨난 새로운 것으로 생각하는 이유는 여러 가지가 있다. 감각경험은 대표적인 정신현상으로 볼 수 있는데, 혹자는 감각경험에 동반하는 느낌(예를 들어, 커피향, 붉은 노을을 바라볼 때의 색감, 까칠한 표면의 촉감 등)의 측면에 주목하여 정신현상을 물질현상으로부터 구분하기도 하고, 혹자는 믿음과 같은 정신현상에서 드러나는 지향성, 즉 특정한 내용을 표상하는 특성에 주목하여 정신을 물질과 구분하기도 한다. 또는 문제해결 능력으로서의 지능을 정신만의 특성으로 생각하여 물질과 구분하기도 한다. 이들 이외에도 정신에 깃들어 있으면서 물질에서 찾아지지 않는 많은 성질을 생각해볼 수 있을 것이다.

정신에서 찾을 수 있는 이런 친숙한 성질들은 우리로 하여금 정신과 물질을 별개의 것들로 보는 이원론으로 이끌리게 만든다. 한편 이들만큼 친숙한 또 하나의 현상이 있는데, 이것은 우리로 하여금 이원론으로 가는 길을 주저하게 만든다. 바로 정신과 물질이 서로 긴밀하게 인과적으로 작용하고 있다는 사실이다. 내 피부가 바늘에 찔리면 (생리적·물리적 작용), 우리는 바로 통증(정신현상)을 느낀다. 내가 손을 올리고자 하는 의지(정신작용)가 생기면, 이로부터 손이 올라가는 행위가 따라온다. 정신과 물질 사이의 이러한 인과적 관계는 우리에게 너무도 친밀하다. 정신현상을 물질현상과 다를 바가 없는 것으로 생각하면, 정신과 물질 사이의 인과관계는 흔하디 흔한 물질들 사이의 인과관계와 같은 부류의 것이 되어 문제가 될 것이 없다. 반면에 정신을 물질과 다른 것으로 보게 될 경우에는 어떻게 서로 다른 부류의 사건이 그토록 친밀하게 상호작용을 할 수 있는지를 설명해야 하는 숙제를 떠안게 된다. 정신을 물질과 동일한 것으로 보아 이 숙제로부터 면제된 사람들은 물론 다른 숙제를 떠안게 된다. 앞에서 언급한 특성들, 즉 정신현상에 고유한 듯이 보이는 특성들이 물리적 특성들에 의하여 온전히 설명될 수 있음을 보이는 숙제가 그것이다.

정신과 물질의 문제, 즉 전통적으로 심신 문제라고 불리는 문제는 결국 서로 반대 방향으로 당기는 두 축―정신현상과 물질현상의 이질성과 정신과 신체 사이의 인과―에서 어느 축을 택하고 다른 축을 어떻게 해소할 것인가의 문제로 압축해볼 수 있다. 전통적 심리철학의 문제가 이 틀에서 움직였다고 볼 수 있고, 현대 심리철학 역시 그렇게 볼 수 있다. 최소한 김재권은 이 틀로 문제를 보고 있으며, 이는 김재권 심리철학의 핵심주제다. 김재권은 이 구도 속에서 환원주의 일원론의 축으로 향한다. 정신현상이 외관상 물리현상과 다른 측면을 갖고 있음에도 불구하고, 정신현상을 물리현상으로 볼 것을 제안하는 것이다. 정신현상은 두뇌현상으로부터 (새로이) 생겨난 것이 아니라, 두뇌현상이라는 것이다. 이 글은 김재권이 어떻게 이런 물리주의적 주장을 전개하는지를 살펴본다. 김재권이 자신의 논의를 전개한 철학적 맥락을 살펴보는 것에서 이야기를 시작하기로 하자.

이원론의 역사
─
실체이원론에서 속성 이원론으로

마음에 대한 관심은 문명의 시작부터 있었겠지만, 마음에 대한 철학적 논의의 플랫폼은 데카르트에 의하여 마련되었다. 좀더 정확하게는 마음에 대한 오늘날의 철학적 논의의 틀이 데카르트에 의하여 짜여졌다고 할 수 있다. 데카르트가 물질로서의 신체와 마음이 어떤 특성을 갖는가를 선명하게 서술하고, 이를 토대로 하여 신체와 마음의 관계에 대하여 처음으로 포괄적이며 논증적인 철학적 주장을 제시하였기 때문이다. 그에 따르면, 신체는 다른 물리적 사물들과 마찬가지로 일정한 공간을 차지하지 않고서는 존재할 수 없다. 현학적으로 표현하자면 물리적 대상은 연장성을 본질로 갖는다. 반면에 정신은 공간을 차지하지 않고 존재할 수 있으며, 생각한다는 것을 핵심적 속성으로 갖는다. 생각하지 않는, 또는 생각할 능력이 없는 정신이라는 것은 말이 안 된다고 데카르트는 생각하였다. 여기서 출발하여 데카르트는 마음과 신체는 서로 구별되는 실체라고 주장한다. 마음과 신체를 구분하는 데카르트의 주장은 다른 많은 흥미로운 주장에 토양을 제공한다. 그는 죽음은 소멸이며 해체이므로 공간을 차지하는 신체만이 죽을 수 있고, 공간을 차지하지 않는 정신, 즉 영혼은 죽을 수 없다는 결론을 끌어낸다. 또 한 사람을 바로 그 사람이게끔 하는 것은 신체가 아니라, 정신이라는 결론을 끌어내기도 한다.

　마음과 신체를 별개의 것으로 주장하는 입장을 심리철학에서는 이원론이라 부르는데, 데카르트의 이원론에서 주목할 것은 신체와 마음을 설명의 차원에서 분리한다는 점이다. 실체를 어떻게 이해할 것인가는 철학사에서 다양한 양상으로 나타나고 있지만, 데카르트 당시의 근대철학에서는 (오늘날도 대체로 이러한 실체 개념이 통용되고 있다) 실체란 속성의 상대 개념으로서, 속성을 담고 있는 그릇과 같은 것으로 이해된다. 창밖의 저 나무는 지금은 앙상하지만, 여름이 오면 무성해진다. 지금은 키가 작지만 세월이 가면 키가 커진다. 이렇듯 저 나무가 갖고 있는 속성은 변화한다. 그럼에도 불구하고 저 나무는 계속 저 나무로서 존재한다. 즉, 저 나무를 저 나무이게 하는, 변화하는 속성들을 담고서 자신의 지위를 유지해가는 속성들의 그릇이 있는데, 이를 실체라는 이름으로 부른다. 데카르트는 한 사람에게는 물리적 속성들의 그릇으로서의 신체와 정신적 속성을 담는 그릇인 영혼이 함께 깃들어 있다고 생각하였다. 우리는 모두 두 실체가 더부살이하고 있는 특이한 존재들이다.

> 송과선
> 데카르트가 정신과 육체의 인과적 상호작용을 설명하기 위해 지목한 기관. 뇌의 아래쪽에 존재하며, 물리적 자극을 받아 마음속에 감각을 일으키는 한편 정신의 작용을 조정하여 외부세계에 전달하는 역할을 한다고 여겨졌다.

신체와 마음을 실체의 차원에서 구분한 데카르트의 이론은 심각한 문제에 부딪친다. 문제의 발단은 서론에서 말한 바와 같은 마음과 신체가 긴밀히 인과적 관계를 맺고 있다는 사실이다. 정신과 신체를 실체의 차원에서 전혀 별개의 영역이라고 가정하게 되면 정신과 신체 사이의 긴밀하고 친숙한 상관관계가 설명하기 매우 어려워진다. 데카르트는 정신의 활동은 동물정기를 통하여 이루어지는데, 이것은 움직임이 활발하도록 희박한 상태에서 작동하다가 우리 두뇌의 송과선을 통과하면서 밀도가 높아지면서 신체의 움직임을 야기한다고 한다. 반대로 신체의 작용은 송과선을 통과하여 희박해지면서 정신 활동을 야기한다고 한다. 이렇듯 데카르트가 정신과 물질의 인과작용을 설명하기 위하여 거의 공상과 같은 이야기에 호소할 수밖에 없었다는 사실은 정신과 물질을 별개의 영역으로 간주할 때 이들 사이의 인과관계를 설명하기가 얼마나 어려운가를 보여준다. 더군다나 동떨어진 정신의 영역이 물질의 영역에 인과적 영향을 미친다면, 이는 물질계의 에너지의 양은 항상 일정하다는 자연과학의 기본적 가정과도 충돌한다. 이렇듯 데카르트 당시부터 정신과 물질의 인과 문제는 데카르트에게 아킬레스건이었으며, 정신인과의 문제 때문에 실체이원론은 오늘날 철학사의 한 장을 장식한 이론으로만 자취를 남긴 채 무대 뒤로 퇴장하는 인상이다.

그렇다면 실체이원론이 무대에서 퇴장한다는 것은 정신은 물질이 구분되지 않는, 동일한 것으로 간주된다는 것을 의미하는가? 이원론과 관련된 논의는 그렇게 단순하지 않다. 철학의 많은 이론은 반론에 부딪치면 그 문제에 대응하면서도 핵심 논지를 유지하는 방향으로 진화한다. 마음과 신체의 이원론의 경우도 마찬가지다. 데카르트를 괴롭힌 정신인과의 문제에 이원론의 입장에서 대응하는 방식은 실체의 차원이 아닌 속성의 차원에서 정신과 물질을 구분하는 것이다. 앞서 보았듯이 존재자는 속성 또는 성질과 실체로 구분된다. 속성을 담는 그릇과도 같은 실체를 정신적인 것과 물질적인 것으로 구분하면, 정신과 물질은 근본적인 영역에서 분리된다. 애초부터 정신과 물질은 다른 그릇에 담기는 것이고, 거기에 담기는 각각의 속성의 경우는 말할 것도 없다. 애초부터 구분되는 그릇에 담긴 것들이 어떻게 서로 영향을 미칠 수 있는가 하는 것이 데카르트가 부딪친 문제였다.

그렇다면 물질적 속성과 정신적 속성을 하나의 그릇에 담는다면 양자의 인과관계를 설명하는 문제는 데카르트의 경우보다는 쉬워지지 않을까? 이것이 바로 데카르트의 문제에 대한 속성 이원론의 대응이다. 세상에는 한 종류의 실체만이 존재한다. (아마도 이 실체는 물리적 실체일 것이다.) 그런데 이 한 종류의 실체에는 정신적 속성과 물리적 속성이라는 두 가지 다른 유형의 속성이 나타난다. 이순신이라는 실체가 있는데, 이 실체에는 기쁨, 분노 등의 정신적 속성이 나타나기도 하고, 맥박이 뜀, 땀이 남 등과 같은 물리적 속성이 나타나기도 한다. 정신적 속성과 사건은 물리적 속성, 사건과 한 실체 속에 공존하는 것이다. 때로 상호간 인과관계를 맺기도 하면서. 한 그릇에 들어오면서 정신과 신체는 인과관계를 맺기가 용이해지는 것처럼 보인다. 예를 들어, 에너지 보존의 법칙과 같은 것은 더 이상 문제가 되지 않는다. 정신적 속성과 물리적 속성이 모두 물리적 실체 내에 존재하는 것이라고 한다면, 양자 사이의 인과관계는 물리계 내의 인과관계가 되어 더는 물리계 내의 에너지 총량이 변화하는 문제를 초래하지 않기 때문이다.

현대 심리철학에서 속성 이원론의 전형적인 예는 기능주의 functionalism에서 찾을 수 있다. 기능주의는 컴퓨터의 발전에 고무되어 형성, 확산되어 20세기 후반에 마음의 본성에 대한 철학적 정론으로 대접을 받는 이론이며, 아마 지금까지도 마음의 본성에 대한 가장 영향력 있는 이론이라고 할 수 있을 것이다. 기능주의에 따르면, 심리 상태가 어떤가는 자신이 속한 체계 내에서의 기능 또는 역할에 의하여 결정된다. 예를 들어, 고통 상태는 피부조직의 손상에 의하여 야기되고, 손상 부위를 만지고자 하는 욕구를 촉발하며, 스트레스를 유발하고, 얼굴을 찡그리게 만드는 상태다. 방금 기술한 역할을 수행하면 그것은 고통 상태이며, 그러한 상태가 어떤 물질적 성분으로 만들어져 있는가는 중요하지 않다. 이해를 돕기 위하여 책상의 경우를 비유적으로 살펴보자. 한 사물이 책상인가는 그것이 하는 역할에 따라 결정된다. 내가 책을 보는 작업을 수행하는 데에 도움이 되는 역할을 하면 그것은 책상이라고 할 수 있다. 나무든, 철이든, 플라스틱이든, 유리든 어떤 소재로 이루어져 있는가는 중요하지 않다.

　　심적 상태의 본성을 기능을 통하여 정의하는 입장은 컴퓨터의 발전과 무관하지 않다. 컴퓨터 과학의 발전은 인간의 인지를 대행하는 컴퓨터를 만들 수 있게 하였다. 이러한 인공지능의 발전은 인간의 인지를 컴퓨터를 통하여 이해하는 것을 가능하게 하였으며, 급기야는 인간의 마음도 컴퓨터처럼 프로그램들의 복합체로 구성되어 있다는 생각을 가능하게 하였다. 한술 더 떠서 컴퓨터도 마음을 가질 수 있다는 주장까지 들린다. 프로그램을 마음의 요체로 보게 되면, 뇌로 이루어진 시스템과 실리콘 반도체로 이루어진 시스템이 같은 심리 상태에 있을 수 있다는 결론이 나온다. 이 경우 두 상태의 동일성은 양자가 각기 속한 프로그램 내에서 수행하는 역할의 동일성에 의하여 보장된다. 이렇게 기능주의에서 심적 상태의 본성은 기능을 통하여 정의되므로, 심적 속성은 기능적 속성이 된다. 그리고 이 기능적 속성 자체는 물리적 성질이 아니며, 다양한 물리적 성질에 의하여 실현될 수 있는 이차적 성질이다. 기능주의가 속성 이원론인 이유가 여기에 있다.

데이비슨의 무법칙주의

정신인과의 문제를 피하여 속성 이원론으로 옮겨간 현대의 이원론은 진정으로 정신인과의 문제에서 자유로울 수 있는가? 실체의 차원에서 구분되었던 것을 하나의 실체에 담음으로써 정신인과의 문제와 관련된 직관적 거부감이 다소 해소되었다고 하여 과연 문제가 근본적으로 해결되었을까? 김재권은 이것은 착시라고 생각한다. 그는 실체이원론이든 속성 이원론이든 이원론의 틀을 지니는 한, 정신인과의 문제는 해결되지 않은 괴로움으로 남는다고 생각한다. 이를 김재권은 '데카르트의 보복'이라고 부른다. 정신인과의 문제를 피해 실체이원론을 버리고 속성 이원론으로 간 배신자들이 데카르트의 악령에 의하여 결국 같은 문제로 괴롭힘을 당한다는 의미를 담고 있는 것 같다. 이러한 주장을 피력함에 있어 김재권은 속성 이원론의 다양한 형태를 세부적으로 검토하면서 각 이론이 정신인과 문제를 설명하는 데에 문제가 있으므로, 속성 이원론은 정신인과를 해결하지 못한다고 결론 내리는 방식으로 논의를 전개하지 않는다. 그는 속성 이원론은 어떤 형태든 정신인과와 관련하여 심각한 문제가 있다는 일반적이고 강력한 논증을 택한다.

김재권의 논증에 들어가기에 앞서 이원론을 정신인과의 문제와 화해시키려 한 가장 영향력 있는 이론인 데이비슨의 무법칙적 일원론을 살펴보도록 하자. 김재권이 속성 이원론을 넘어 물리주의로 가는 길에 데이비슨의 철학이 중요한 징검다리 역할을 하고 있기 때문이다. 데이비슨의 이론이 현대의 심리철학에 기여한 역할을 되돌아볼 때, 우리는 흥미로운 아이러니를 발견하게 된다. 데이비슨 자신은 무법칙적 일원론을 통하여 정신적 사건이 물리적 사건에 대한 원인이 될 수 있다는 것을 주장하고자 하였는데, 많은 심리철학자들은 무법칙적 일원론이 오히려 정신으로부터 인과적 힘을 빼앗는다고 해석하고 있다. 데이비슨의 이론은 그의 의도와는 달리 정신적 속성이 인과적 힘을 가질 수 없게 된다는 부수현상론을 현대 심리철학의 핵심 문제로 부각시키게 된 것이다. 데이비슨의 주장은 무엇이고, 그의 주장이 정신의 부수현상론을 옹호하는 것으로 해석되는 근거는 무엇인지 살펴보기로 하자.

데이비슨은 다음의 세 원리를 제시하면서 자신의 논의를 전개한다.[1]

① 인과적 상호관계의 원리: 물리적 사건과 인과적으로 관계를 맺는 정신적 사건들이 있다.
② 인과의 합법칙성의 원리: 인과가 있는 곳에 법칙이 반드시 있다. 원

---

[1] D. Davidson, "Mental Events", *Essays on Actions and Events*, Oxford University Press, 1980, p.208. 이 내용은 본서에 수록된 백도형, 「데이비슨: 무법칙적 일원론」 p.287에도 인용되고 있다.

인과 결과로 연결된 사건들은 엄밀하고 결정론적인 법칙에 포섭된다.
③ 심적 무법칙성: 정신적 사건들을 예측하고 설명하는 기반이 되는 엄밀하고 결정론적인 법칙은 없다.

이 원리들은 긴장을 조성한다. 심적 무법칙성 원리에 따르면, 정신적 사건들 사이의 관계를 규정하는 엄밀한 법칙이 없을 뿐 아니라, 물리적 사건과 정신적 사건을 이어주는 엄밀한 법칙도 있을 수 없다. 데이비슨이 이 원리를 받아들이는 이유는 정신계의 본성은 자율성 또는 규범성에 있다는 믿음 때문이다. 정신에서 정신으로 이어지는 과정이 또는 물질에서 정신으로 이어지는 과정이 엄밀한 법칙의 지배를 받는다면, 정신적 사건의 발생은 앞선 조건에 의하여 결정론적으로 예측될 수 있을 것이며, 이는 정신의 자율성과 상충한다.

한편, 인과의 합법칙성 원리는 엄밀한 법칙이 없으면 인과도 있을 수 없다는 주장을 하고 있는 것으로 보인다. 그렇다면, 이 원리가 심적 무법칙성 원리와 결합할 때, 정신현상은 인과적으로 무력하다는 결론이 나오지 않는가? 정신현상과 관련된 엄밀법칙은 없다고 하면서, 동시에 엄밀법칙의 지배를 받는 한에서만 인과관계가 있을 수 있다고 한다면, 결국 정신현상은 인과의 틀에서 벗어나 있다는 결론이 따라나오는 것처럼 보인다. 이 결론은 정신현상과 물리현상이 인과적으로 관계를 맺는다는 인과적 상호관계의 원리와 상충하는 것으로 보인다.

데이비슨은 이러한 외관상의 모순을 해결하는 방법을 모색한다. 그는 우선, 두 사건 사이의 관계를 법칙에 의하여 포착하는 시도는 기본적으로 유형화를 포함한다는 것에 주목한다. 비유적인 예를 들어, 내가 들고 있는 유리잔이 연구실 바닥에 떨어져 깨지는 것을 법칙을 통하여 설명하려 한다고 하자. 법칙을 통한 설명은 이 유리잔이 떨어지는 이 특정한 사건과 그것이 이 특정한 바닥에 떨어져 부서지는 사건 사이의 개별적인 관계를 이러저러한 조성을 가진 물질이 어떤 형식의 충격 이상을 받을 때 부서진다는 일반적 관계의 한 사례로 포섭하여 설명하는 것이다. 즉, 법칙을 통한 설명은 개별적 사건을 A 유형의 사건으로 이해하고 뒤의 사건을 B 유형의 사건으로 이해한 후에 양자 사이의 보편적 관계를 포착하는 것이다.

다음으로 데이비슨은 우리의 두뇌에서 발생하는 사건은 물리적 유형의 사례로 파악될 수도, 정신적 유형의 사례로 포착될 수 있다는 점에 주목한다. 예를 들어, 내가 바늘에 손가락을 찔린 한 사건이 나에게 일어났을 경우에, 이 사건은 두뇌와 관련된 물리적 차원에서 표현하면 C 섬유의 활성화라는 유형의 한 사례로 포착될 수도 있으며, 다른 한편 고통이라는 정신적 유형의 한 사례로 포착될 수도 있다. 이제 이를 토대로 데이비슨은 앞서 나타난 모순을 해결하는 묘안을 제시한다. 바늘에 찔림으로써 나에게 일어난 사건은 얼굴을 찡그리는 사건을 야기한다. 데이비슨에 따르면 바늘에 찔려서 촉발되고 얼굴 찡그림을 야기한 사건을 심적인 유형의 사례로 포착할 경우, 즉 고통으로 서술할 경우 이 유형의 사건과 얼굴을 찡그리는 유형의 사건 사이를 이어주는 엄밀한 법칙이 구성될 수 없다. 그러나 그 사건을 C 섬유 활성으로 유형화하면, 바늘에 찔림에 의하여 촉발되고 얼굴 찡그림으로 이어지는 과정을 엄밀한 법칙을 통하여 서술할 수 있다는 것이다.

데이비슨은 이처럼 하나의 사건이 정신적 사건으로 유형화될 수도, 물리적 사건으로 유형화될 수도 있다는 것을 받아들이고, 그에 따라 엄밀한 법칙의 적용이 달라지는 것으로 봄으로써, 앞에서 나타난 모순을 해결한다. 모든 정신적 사건은 그 개별성의 차원에서 물리적 사건과 동일하다. 예를 들어, 파란색 원의 경우를 보자. 비록 파랑이라는 성질과 둥긂이라는 성질이 다르다 할지라도, 파랑이 예화된 이 사건과 둥긂이 예화된 이 사건은 개별자의 차원에서 동일하다. 마찬가지로, 고통이라는 성질과 C 섬유 활성이라는 성질은 다른 것이라 할지라도, 고통이 예화된 이 사건과 C 섬유 활성이 예화된 이 사건은 개별성의 차원에서 동일하다. 이렇게 정신적 사건과 물리적 사건을 개별성의 차원에서 동일한 것으로 간주하면, 속성 이원론과 정신인과를 조화하는 방법이 쉽게 마련되는 듯하다. 한 사건을 고통의 사례로 기술하면 얼굴 찡그림이라는 사건과 엄밀한 법칙을 통하여 연결될 수 없다(심적 무법칙성 원리의 만족). 그러나 이 사건을 C 섬유 활성의 사례로 간주하면 이 사건과 얼굴 찡그림 사이의 관계를 엄밀한 법칙에 포섭시켜 양자 사이의 인과관계를 확보할 수 있다(인과의 합법칙성 원리의 만족), 다음에 이 사건이 사례의 차원에서 고통의 사례와 동일하므로 고통의 사건이 얼굴 찡그림의 사건을 야기하였다고 주장하는 것이다(인과적 상호관계의 원리의 만족).

데이비슨이 위와 같은 논증을 통하여 정신 인과의 가능성을 열어놓으려 하였음에도, 많은 사람들은 그의 논증이 오히려 정신적 성질이 인과적으로 무력하다는 것을 보인다고 해석한다. 다음의 예를 보면 왜 그런 의심이 생기는가를 이해할 수 있다. 소프라노 가수가 푸치니의 오페라 중의 한 아리아를 극도의 고음으로 노래하는 중에 그 노래에 의하여 창문이 깨졌다고 하자. 소프라노의 고음의 노래와 창문의 깨짐 사이에는 분명히 인과적 관계가 있다. 이때 그 고음의 노래는 일정한 정신적 내용(가사)을 가진 사건인 동시에 높은 주파수를 가진 물리적 사건이기도 하다. 이들의 해석에 따르면, 데이비슨은 앞 사건을 일정한 주파수를 가진 물리적 사건으로 기술할 경우에 이 사건과 창문의 깨짐은 엄밀한 법칙에 의하여 포섭될 수 있으며, 따라서 양자는 인과관계에 있다고 주장하는 셈이 된다. 그리고 데이비슨은 여기서 더 나아가 앞의 사건은 일정한 내용을 가진 노래이기도 하므로, 일정한 정신적 내용을 가진 사건과 창문의 깨짐 사이의 관계도 인과관계라 할 수 있다고 주장하는 것이다.

그러나 데이비슨의 논증이 정신과 물질 사이의 인과를 설명하지 못한다고 주장하는 사람들은 위와 같은 논증은 정신과 물질 사이의 인과 문제의 본질을 호도하고 있다고 비판한다. 정신과 물질 사이의 인과 문제의 본질은 정신적 속성과 물리적 속성을 동시에 예화하고 있는 한 사건이 물리적 사건을 야기하였을 경우에, 그 인과관계가 앞 사건이 갖고 있는 정신적 속성 때문에 이루어진 것인가, 아니면 그 사건이 갖고 있는 물리적 속성 때문인가 하는 것이다. 이 질문에 대하여 인과관계가 정신적 속성 때문이라고 말할 수 있는 한에서만 정신과 물질 사이의 인과관계가 구제될 수 있다는 것이다. 앞의 예에서 소프라노의 노래는 정신적 속성으로서의 가사의 내용과 물리적 속성으로서의 주파수를 동시에 예화하고 있는데, 문제는 과연 어떤 속성이 창문을 깨트리는 과정에 인과적으로 개입하고 있는가 하는 점이다. 정신과 물질의 인과관계에 의구심을 갖는 사람이 원하는 대답은 이 과정에 정신적 속성이 인과적 힘을 발휘하고 있음을 보이는 것이다. 소프라노의 노래가 바로 그러한 내용을 가졌기 때문에 창문이 깨졌다는 것을 보이기를 원하는 것이다. 이에 대하여 높은 주파수를 가진 사건이 일정한 정신적 내용을 가진 사건이고, 이 사건이 창문을 깨트리는 데에 인과적 기여를 하였으므로 정신적 내용을 가진 사건이 인과적 힘을 갖고 있다고 대답하는 것은 이들을 만족시키지 못한다. 이는 마치 파란색의 둥근 공이 굴러가는 것을 설명하면서, 이 파란 사건과 이 둥근 사건이 동일하므로 공의 파란색이 굴러감에 인과적 영향을 미치고 있다고 주장하는 것과 같다.

심신수반과 인과적 배제 논증

앞에서 살펴본 데이비슨의 경우는 정신적 속성을 물리적 속성과 구분할 때 정신적 사건과 물리적 사건 사이의 인과관계를 규명하는 것이 얼마나 어려운 것인가를 보여준다. 김재권은 여기서 더 나아가 정신적 속성을 물리적 속성과 구분할 경우에 정신은 신체 사이의 인과관계를 마련할 수 없다는 적극적인 논증을 제시한다. 김재권은 이 논증을 인과적 배제 논증이라고 부른다. 이 논증에 있어 심신 수반mind-body supervenience이라는 개념이 중심 역할을 하므로, 인과적 배제 논증을 살펴보기에 앞서 심신수반을 우선 고찰하도록 하자.

수반 개념은 이미 오래 전부터 철학계 내에서 사용되던 개념이며, 이를 오늘날의 심리철학 논의에 처음 도입한 것도 김재권이 아닌 데이비슨이다. 그러나 김재권은 여러 논문을 통하여 이 개념을 명료히 하여 이 개념이 윤리학, 형이상학, 인식론 등의 다양한 분야에서 중요한 개념적 도구로 포괄적으로 사용되는 데에 결정적으로 기여하였다. 그래서 오늘날 수반 개념하면 김재권을 떠올릴 정도이며, 그의 이름이 현대철학에 각인되는 초석을 마련한 것도 수반 개념에 대한 그의 작업이라고 할 수 있다.

심신수반은 정신적 속성은 물리적 속성에 수반한다는 견해인데, 그 요지는 어떤 물리적 대상이 정신적 속성을 갖고 있을 경우, 그 대상의 물리적 속성을 동일하게 복제하면 정신적 속성도 동일하게 복제된다는 생각이다. 이 생각을 김재권은 다음과 같이 정리한다.

> 모든 물리적 속성들이 똑 같은 두 사물(대상, 사건, 유기체, 사람 등)들이 심적 속성에서도 다를 수 없다면 심적인 것은 물리적인 것에 수반한다. 즉 물리적 식별 불가능성은 심리적 식별 불가능성을 필함entail한다.(『심리철학』 26)

심신수반은 '물리적 차이가 없이는 심적인 차이도 없다'라는 명제를 통하여 표현될 수도 있다. 예를 들어, 한 대상의 정신적 속성을 변화시키고자 한다면 그 대상의 물리적 속성을 변화시키지 않을 수 없다는 것이다.

사람들이 때로 심신수반을 정신적 속성이 물리적 속성에 닻을 내리고 있다는 비유를 통하여 표현하기도 하지만, 이 경우에 한가지 조심할 점이 있다. "닻을 내리고 있다"는 표현은 정신적 속성들이 물리적 속성들에 의존한다는 의미를 암시할 수 있는데, 심신수반은 이런 암시를 포함하지 않기 때문이다. 김재권은 수반관계는 두 유형의 속성이 상호간 공통적으로 변화하는 성격(공변covariation)

을 시사할 뿐이지 양자 사이의 존재론적 의존관계나 존재론적인 우선성에 대한 어떤 견해도 함축하지 않는다고 말한다(『물리계 안에서의 마음』 10~11). 예를 들어, 삼각형의 경우에 세 변의 길이가 같다라는 속성과 세 내각의 크기가 같다라는 속성의 경우를 보자. 이때 세변의 길이가 같음이라는 속성은 세 내각의 크기가 같음이라는 속성에 수반한다. 세 내각의 크기가 같음이라는 속성이 고정되면, 세 변의 길이가 같음이라는 속성이 고정되기 때문이다. 그러나 이 경우에 세 변의 길이에 관련된 속성이 세 내각의 크기에 관련된 속성에 의존한다고 할 수 없다. 세 내각의 크기가 같기 때문에 세 변의 길이가 같은 것은 아니기 때문이다.

수반 관계가 존재론적 의존관계를 함축하지 않는다는 사실과 아울러 주목하여야 할 또 하나는 수반이 동일론과 이원론 사이의 논쟁에 있어서 중립적이라는 점이다.[2] 동일론의 경우에 심신수반은 당연히 성립한다. 정신적 속성과 물리적 속성이 동일하다면, 당연히 물리적 속성이 고정될 경우에 정신적 속성도 고정되기 때문이다. 그러나 이원론에 있어서도 수반관계는 성립한다. 기능주의의 경우를 예로 살펴보자. 물리적 성질들이 고정되면, 그 성질들을 갖고 있는 체계의 여러 상태 사이의 인과적·기능적 성질들 역시 고정된다. 이것은 속성 이원론에 해당하는 기능주의에 아무런 위협이 되지 않는다. 심신수반은 마음이 물질에 수반한다고 말함으로써, 동일한 물질적 토대를 갖는 체계는 동일한 심적인 속성을 갖는다고 말할 뿐, 일정한 정신적 속성을 구현하는 물질적 토대가 다양할 수

---

2 김재권은 최근에 이러한 자신의 입장을 변화하여 수반관계 자체가 물리주의를 함축한다는 새로운 논증을 전개하고 있다. 여기서는 『물리계 안에서의 마음』에서 제시된 김재권의 주장을 중심으로 논증을 살펴보고자 한다.

있는 가능성은 열어놓고 있기 때문이다. 이원론의 전형적인 형태인 창발론도 마찬가지다. 창발론은 정신적 속성이 물리적 속성에서 생겨나지만, 이때 생겨나는 정신적 속성은 물리적 속성과 전혀 다른 새로운 것임을 주장한다. 이러한 창발론은 양 속성들 사이의 상이성만 주장하면 되는 것이기에 심신수반을 기꺼이 수용할 수 있다.

김재권은 속성 이원론자와 일원론자가 모두 수용할 수 있으며, 그 자체로 상당한 호소력을 가지는 심신수반 논제를 지렛대로 사용하여 속성 이원론을 비판하는 인과적 배제 논증을 전개한다. 이제 김재권이 사용하는 전제들을 하나씩 도입하면서 이 논증의 상세한 내용을 살펴보기로 하자.

> 전제 1: (수반원리) 물리적 속성의 동일성은 정신적 속성의 동일성을 필함한다.
>
> 전제 2: (물리적 인과의 폐쇄성 원리) 물리적 사건을 찾아 그 원인을 추적하면 물리적 영역 밖으로 나가지 않는다.

어떤 물리적 사건이 왜 발생하였는가에 대한 인과적 설명을 시작하면, 그 사건의 원인에 대한 필요하고도 충분한 설명이 물리계 내에서 완결적으로 주어질 수 있다는 주장이다. 예를 들어, 내 팔이 올라가는 물리적 사건의 원인을 추적하면, 근육의 수축으로 이어지고, 이는 다시 중추신경계의 작동으로 이어지고, 이는 다시 두뇌의 특정한 영역의 활동과 연결되며, 두뇌의 활동의 원인은 다시 다른 두뇌의 활동 또는 외부적 자극 등의 물리적 사건들의 연쇄로 이어진다. 이 설명을 완결하기 위하여 물리계 밖으로 나아갈 필요가 없다는 것이다.

전제 3: (정신 인과) 정신적 속성이 물리적 사건의 발생 원인이 될 수 있다.

전제 4: (속성 이원론) 정신적 속성은 물리적 속성과 다르다. 또는, 정신적 속성은 물리적 속성으로 환원되지 않는다.

김재권은 위의 네 전제를 받아들일 경우에 어떤 결과가 나타나는가를 고찰한다. 예를 들어, 가시에 찔려 통증을 느끼고, 이어서 가시를 뽑는 행동을 하는 경우를 보자. 심신수반을 받아들이게 되면, 통증이 수반하는 물리적 토대를 찾을 수 있다. 이 토대가 무엇인가는 신경과학에 의하여 밝혀질 수 있을 터인데, 어떤 이들은 이것을 C-섬유의 활성c-fiber firing이라고 하기도 하고, 추체세포의 활동 pyramidal cell activity이라고도 한다. 여기서는 편의상 통증의 수반 근거를 C-섬유 활성이라고 하자. 물리적 인과의 폐쇄성을 받아들이면, 가시에 찔린 사건에서 가시를 뽑는 행위로 이어지는 사건 사이에 무수히 많은 물리적 사건이 개입하겠지만, 핵심적으로는 가시에 찔림에서 C-섬유의 활성, 여기서 다시 가시를 뽑는 행위로의 연쇄로 요약할 수 있을 것이다. 그런데 여기에 정신적 속성의 이원론과 정신 인과를 추가하면 전체적인 인과 과정은 다음과 같은 형태를 지닌다.

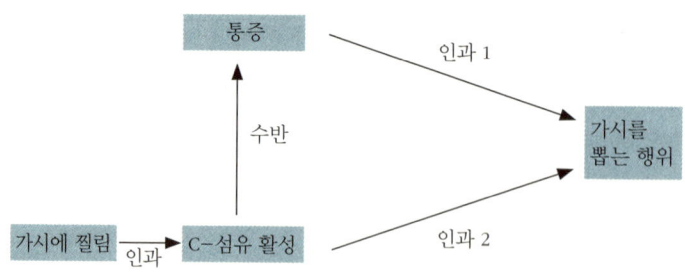

김재권은 여기서 가시를 뽑는 행위가 두 가지 상이한 원인을 갖게 됨에 주목한다. 물리적 폐쇄성의 원리를 받아들일 경우 C-섬유 활성이 원인으로 제시되고, 속성 이원론을 받아들이게 되면 그에 수반하는 통증이 또 하나의 별개의 원인으로 제시된다. 즉, 가시를 뽑는 행위는 정신적 사건과 물리적 사건 두 가지를 원인으로 갖는 것으로 나타난다. 김재권은 위 도식은 어떻게 해석하더라도 수용하기 어려운 결과를 초래한다고 주장한다.

주장의 핵심은 통증과 C-섬유 활성을 각기 가시를 뽑는 행위를 위한 충분한 원인이라고 할 경우에 정신 인과의 모든 경우가 인과적 중층결정causal over-determination이 된다는 것을 지적한다. 어떤 행위든 그것이 정신적 사건에 의하여 야기되는 것으로 간주될 때, 이 행위의 원인이 되는 물리적 사건들의 완결된 연쇄가 있을 것이며, 그중에 그 정신적 사건의 수반 토대가 되는 두뇌 상태가 있을 것이다. 이렇게 속성 이원론을 받아들이게 되면, 모든 행위의 경우에 그를 야기하는 충분한 원인으로서의 정신적 사건과 두뇌 사건이 이중으로 제시된다. 문제는 모든 행위가 인과적 중층결정의 사례가 된다는 것이다. 물론 중층결정의 경우들이 있을 수 있다. 한 사람에게 치명적인 심장마비가 발생하는 바로 그 순간에 동시에 치명적인 뇌출혈이 발생할 수 있다. 이 경우에 그 사람의 사망은 두 가지 충분 원인을 갖는 인과적 중층결정의 사례라고 할 수 있다. 그러나 이러한 인과적 중층결정은 예외적으로 발생한다. 다시 말하면 인과적 중층결정은 예외적으로 적용되는 인과의 특이한 경우로 보아야 한다. 그러나 위의 경우에는 정신적 사건에 의하여 야기된 인간의 모든 행위가 인과적 중층결정의 사례가 되는데, 이는 받아들일 수 없다는 것이 김재권의 생각이다. 그렇다면, 중층결정을 피하기 위해서는 인과 1과 인과 2 둘 중 하나를 제외하여야 하는데, 물리계의 인과적 폐쇄성을 포기할 수 없으므로 인과 1을 버려야 한다는 것이다. 결국 위의 논증에 따르면, 정신에서 행위로 이어지는 정신인과는 인과 2에 의하여 배제되어 정신인과는 불가능한 것이 된다. 위의 논증이 초래하는 이러한 결과 때문에 위 논증을 인과적 배제 논증이라고 부른다.

김재권은 더 나아가 위의 귀결을 피하는 방법이 마땅치 않음을 주장한다. 위의 결과를 피하는 한 방법은 통증과 C-섬유 활성을 행위를 위한 부분적 원인으로 간주하는 것이다. 즉, 통증과 C-섬유 활성은 각기 행위의 원인이기는 하나 각각은 행위를 유발할 만큼 충분한 효력을 갖지 못하는 원인이라는 것이다. 이들이 협력하여 함께할 때 비로소 행위를 유발할 충분한 효력을 가질 수 있다는 것이다. 김재권은 각기 충분하지 않은 상이한 두 유형의 사건이 결합하여 충분한 원인이 되는 방식을 설명하는 적절한 방도가 없다는 점을 우선 지적한다. 더 나아가 이러한 해결책은 물리적 인과의 폐쇄성을 위반한다는 점을 지적한다. 물리적 원인을 찾아가는 과정에서 찾아진 원인이 충분한 원인이 되지 못하고 별도의 정신적 사건의 협력을 필요로 한다면, 이는 물리적 사건의 원인을 찾는 과정이 결국 물리적 세계 밖으로 갈 수밖에 없다는 것을 의미하는데, 이는 받아들일 수 없다는 것이다.

인과적 배제의 문제를 피하는 또 하나의 방법은 통증을 C-섬유 활성에서 행위로 이어지는 인과관계의 매개로 보는 것이다. 즉, 인과관계를 C-섬유 활성에서 통증으로, 통증에서 행위로 이어지는 하나의 인과의 선으로 간주하는 것이다. 이러한 시도 역시 여러 문제에 봉착한다. 첫째는 여기서 C-섬유 활성에서 통증으로 이어지는 인과는 물리계에서 정신계로 향하는 것으로 물리적 인과의 폐쇄성의 원리를 위배한다. 또한, 이 입장은 수반관계를 인과관계로 해석하는 셈인데, 이 해석이 문제가 있다. 수반의 관계는 동시성의 특성을 갖는다. 즉, 통증이 C-섬유의 활성에 수반한다고 할 때, 이는 C-섬유의 활성에 의하여 통증이 구성됨, 즉 C-섬유의 활성과 동시에 통증이 발생함을 의미한다. 반면에 인과는 전형적으로 시간적 선후관계에 해당한다. 한 사건이 다른 사건을 야기한다고 할 때, 이는 필연적으로 앞의 사건이 뒤의 사건보다 앞서 발생하였음을 함축한다. 이런 이유로 김재권은 수반이 인과로 해석될 수 없음을 주장한다.

　이상의 논의에서 김재권은 앞의 네 전제를 모순 없이 수용할 수 있는 방법이 없다고 주장한다. 그렇다면 우리는 어떤 선택을 할 것인가? 무엇을 버리고 무엇을 취할 것인가? 수반과 물리적 인과의 폐쇄성은 버릴 수 없으므로, 우리에게 주어지는 선택지는 정신 인과를 버리든가, 속성 이원론을 버리든가 둘 중의 하나가 된다. 속성 이원론을 유지하면서 정신적 사건에서 물리적 사건으로 이어지는 정신 인과를 버릴 경우에 정신의 영역이 물질과 구분되는 독립적 영역으로 보존은 되지만, 이때의 정신은 물리적 세계에 아무런 인과적 영향을 미칠 수 없는 그림자와 같은 것으로 남게 된다. 반면에 속성 이원론을 버리고 정신적 속성을 물리적 속성과 동일한 것으로 간주하는 물리주의를 선택하면, 단순한 세계관과 아울러 정신이 물질에 영향을 미치는 정신 인과를 보존할 수 있게 된다. 김재권은 우리의 선택은 분명하다고 생각한다. 결국 인과적 배제 논증을 통하여 보았을 때 우리는 정신적 속성을 물리적 속성과 동일시하는 물리주의 또는 환원주의를 선택할 수밖에 없다는 것이다.

물리주의 또는 충분히 근접한 물리주의

　이쯤에서 우리는, 이 글의 서두에서 말한 바와 같이, 정신의 영역이 다양한 특질을 갖고 있다는 것을 상기할 필요가 있다. 믿음과 같은 심리 상태는 외적인 상황을 표상하는 특성, 소위 지향성이라고 부르는 특질을 갖는다. 또한 정신은 주어진 문제를 해결하는 지능의 특성도 갖고 있다. 그뿐만 아니라 심리적 현상에는 종종 느낌이 동반되기도 한다. 우리가 오감이라고 부르는 시각, 청각, 후각, 미각, 촉각을 통한 심리적 경험은 그 나름의 독특한 느낌을 동반한다. 이러한 느낌의 차원은 인간의 의식을 구성하는 중요한 요소인데, 심리현상에 동반하는 이러한 느낌을 구성하는 성질을 도려내어 철학자들은 감각질qualia이라고 부른다.

　본문에서 우리는 김재권이 어떤 역사적 배경에서 어떤 논증을 통하여 물리주의로 향하고 있는가를 살펴보았다. 그렇다면, 김재권은 인과적 배제 논증을 통하여 위에서 나타나는 모든 정신적 특성들이 온전히 빠짐없이 물질의 영역으로 환원된다고 생각하는가? 결론부터 이야기하자면 김재권은 감각질에 대하여는 유보적인 태도를 취한다. 이렇게 생각하는 근거를 이해하기 위해서는 김재권이 생각하는 환원의 모델을 살펴볼 필요가 있다.

　김재권이 생각하는 환원의 모델은 기능적 모델이다. 이 모델에 따르면, 환원은 두 단계로 이루어진다. 첫 단계는 환원하고자 하는 성질 또는 개념을 기능적·인과적으로 분석하는 것이다. 다음 단계는 이렇게 분석된 기능을 수행하는 물리적 성질이 무엇인가를 찾는 것이다. 이 두 단계를 거쳐서 원래의 성질은 제시된 기능적 역할을 수행하는 물리적 성질과 동일시되어, 결국 그러한 물리적 성질로 환원된다는 것이 이 모델의 핵심을 이룬다. 유전자의 경우를 예로 살펴보자. 개념적인 차원에서 볼 때, 유전자란 부모에게서 자손으로 유전될 수 있는 형질들을 이전하는 인과적 역할을 담당하는 메커니즘을 의미한다. 그런데 경험적 탐구를 해보니, DNA가 이러한 메커니즘을 실제로 담당하고(실현하고) 있는 것으로 나타난다. 이 결과 DNA가 유전자인 것으로, 다시 말하면, 유전자가 DNA로 환원되는 것이다. 온도의 경우도 마찬가지다. 온도란 개념적으로 볼 때 더 높은 양을 가진 것과 접촉했을 때 접촉물로 이전되는 어떤 양으로, 따듯함과 차가움을 야기하고, 그 양이 아주 많을 때는 액체로 만들고, 아주 적을 때는 깨지기 쉽게 만드는 등의 인과적 역할로 분석된다. 그리고 이러한 역할을 수행하는 것은 평균 분자운동 에너지임이 밝혀지면서, 온도는 평균 분자운동 에너지로 환원된다(『물리계 안에서의 마음』 25).

    위의 모델에 따르면, 한 성질이 물리적 성질로 환원되려면 그 성질에 해당하는 개념이 인과적·기능적 역할로 분석될 수 있어야 한다. 그 이후에야 그 역할을 수행하는 물리적 성질을 찾을 수 있으며, 이를 통하여 그 물리적 성질로 환원될 수 있기 때문이다. 그러나 감각질은 이러한 기능적·인과적 분석을 용인하지 않는다. 스펙트럼의 전도가능성이 이를 보여주는 논증으로 흔히 사용된다. 한 언어공동체에 속한 두 사람이 대상들에 대하여 '빨강'과 '초록'이라는 단어를 사용함에 있어 정확히 일치하면서도 이 두 사람은 그에 동반하는 감각이 서로 뒤바뀐 경우가 있을 수 있다. 예를 들어, 두 사람은 신호등의 정지 신호를 '붉다'라고, 직진 신호를 '초록이다'라고 동일하게 부르며, 이에 따라 행동을 하겠지만, 양자의 경우에 한 상황에 동반하는 느낌, 즉 감각질은 전혀 다를 수가 있다. 심적 상태와 관련된 모든 인과적 역할은 동일하면서도, 감각질은 전혀 다르게 분포되는 것이 가능하다는 말이다. 이렇듯 감각질은 고유한 인과적 역할을 동반하지 않으며, 따라서 기능적 환원을 위한 첫 단추가 꿰어질 수 없다.

감각질이 기능적·인과적 분석의 영역 밖에 머문다는 것은 세계에 대한 완전한 물리주의가 불가능하다는 것을 의미한다. 한편, 인과적 분석의 밖에 머문다는 것은 또한 감각질이 세계의 구성물로 존재하되 여타의 영역에 인과적 영향을 미치지 못하는 부수현상으로 남는다는 것을 의미한다. 따라서, 감각질은 물리계로 환원되지 않는 잉여로 남을 수밖에 없지만, 이들은 세계의 인과 과정에 영향을 미치지 않는 작은 섬처럼 남게 되어 포괄적 세계관으로서의 물리주의에 별 위협이 되지 않는다.

> 내 입장은 (…) 조금 결여된 물리주의, 즉 덜 된 그러나 많이 덜 되지는 않은 물리주의다. 나는 이것이 우리가 가질 수 있는 최대한의 물리주의라고 믿으며, 일반적 세계관으로서의 물리주의에 대한 신뢰할 만한 대안은 없다고 믿는다. 물리주의가 모든 진리는 아니지만, 그럼에도 충분히 근접한 진리이며, 그 정도로 근접한 것이면 충분히 훌륭한 진리다.(『물리주의』 174)

더 읽을거리

이 글에서 인용한 김재권의 원서는 1998년에 MIT프레스에서 간행된 *Mind in a Physical World*와 2005년에 프린스턴대 출판부에서 간행된 *Physicalism, or Something Near Enough*이다. 내주에서는 각각 『물리계 안에서의 마음』과 『물리주의』로 약칭하였으며, 페이지 번호는 원전을 따랐다. 『심리철학』은 아래 번역본을 사용했으며 페이지 번호는 번역본을 기준으로 표기하였다.

김재권, 『물리계 안에서의 마음』, 하종호 옮김, 철학과현실사, 1999
  정신인과와 관련된 자신의 논증을 체계적으로 제시하고, 그 의의를 다른 이론들과 대비하여 해명한다. 그리고 제기될 수 있는 반론에 대한 대응들을 포함하고 있다.

김재권, 『심리철학』, 하종호·김선희 옮김, 철학과현실사, 1996
  심리철학 일반에 대한 훌륭한 개론서이면서, 김재권 자신의 입장을 잘 전개하고 있는 책이다.

김재권, 『물리주의』, 하종호 옮김, 아카넷, 2007
  김재권의 *Physicalism, or Something Near Enough*를 번역한 책이다. 『물리계 안에서의 마음』 이후에 전개된 논의들을 상세히 발전시킨 논문들을 모으고 있다.

하종호·김선희·백도형·선우환·신상규, 『김재권과 물리주의』, 아카넷, 2008
  김재권의 인과적 배제 논증과 그 의미에 대하여 국내의 철학자들이 비판적으로 논의한 내용을 모아놓은 책으로, 김재권의 논증을 상세히 이해하고 비판적으로 접근하고자 하는 독자들에게 도움이 되는 책이다.

설

중국어 방과 의식

최훈

서울대학교 철학과와 동 대학원을 졸업했다. 서울대학교 철학사 상연구소 선임연구원과 세종대학교 초빙교수를 거쳐 현재는 강원대학교 교수로 있다. 심신 문제와 인지과학과 관련된 주제로 박사학위 논문을 썼다. 지금은 그 주제를 현실 문제에 적용하여 비판적 사고와 응용윤리학 분야를 주로 연구하고 있다. 그 결과물로 『읽기만 하면 내 것이 되는 1페이지 철학』, 『동물윤리대논쟁』, 『동물을 위한 윤리학』, 『논리는 나의 힘』, 『라플라스의 악마, 철학을 묻다』, 『위험한 철학책』, 『불편하면 따져봐』 등의 저서를 출간하였다.

언어에서 마음으로

> **일상언어학파**
> 1940년대 후반부터 1950년대 후반에 걸쳐 전개된 분석철학의 한 유파. 언어 표현들이 우리의 일상에서 어떻게 사용되는지에 대한 관찰과 분석을 통해 철학적 문제들을 해결 또는 해소하고자 하였다.

20세기 들어 주로 영미권에서 이루어진 분석적인 전통의 철학은 언어에 대한 철학적 관심에서 시작되었다. 그런 관심사는 20세기 후반에 '마음'으로 옮겨지게 되는데, 이는 당시의 분석철학자들이 우리의 정신 능력을 충분히 파악하지 않고서는 우리가 사용하는 언어의 기능을 완벽하게 이해할 수 없다고 생각했기 때문이다. 설John Searle의 철학적 관심사 역시 언어에서 시작하여 마음으로 옮겨갔다는 점에서 분석철학의 역사적 궤적의 전형을 보여준다.

> **오스틴**
> 1911~1960. 옥스퍼드대학의 철학 교수로 일상언어학파를 대표하는 철학자. 언화행위이론speech act theory으로 잘 알려져 있다.

설은 1932년 미국 콜로라도의 덴버에서 태어났다. 위스콘신 대학을 졸업한 후 로즈 장학생으로 옥스퍼드대학에서 공부하여 박사 학위를 받았다. 당시 옥스퍼드는 일상언어학파의 철학이 왕성하게 펼쳐지던 곳으로, 설은 거기서 오스틴J. L. Austin, 스트로슨P. F. Strawson, 기치P. Geach 등에게서 배웠다. 그러고 나서 1959년에 미국의 캘리포니아대학교 버클리 캠퍼스의 교수로 임용되었다. 원래 오스틴에게 제안된 자리였는데 오스틴이 설을 추천했다고 한다. 설은 버클리에서 쭉 가르쳤고 지금도 석좌교수로 있다.

설은 1960년대에 대학을 중심으로 펼쳐진 언론자유 운동에 참여하여 『캠퍼스 전쟁』이라는 책을 쓰기도 했다. 그는 두 차례 한국을 방문했는데, 1987년에는 서울대에서 특강을 하고, 2000년에는 다산기념 철학강좌의 초청을 받았다. 다산기념 철학강좌에서 한 강의는 국내에서 『합리성의 새로운 지평』이라는 제목의 책으로 출판되었다.

설의 이름을 철학 이외의 분야에까지 널리 알리고 그러면서도 철학적으로 중요한 기여를 한 것은 '중국어 방 논증'을 둘러싼 논쟁이다. 1980년에 학술지 『행동과 뇌과학』에 발표된 이 사고실험은 그 후 엄청난 논쟁을 불러일으켰는데, 설 자신도 그런 반향을 예상하지 못했다고 한다. 한편 설은 데카르트가 제기한 이후 지금까지 뜨거운 쟁점이 되고 있는 심신 문제가 해결되지 않는 이유는 개념적 혼란 때문이라고 주장한다. 그는 의식을 생물학적 현상으로 받아들여야 의식에 대한 이원론적 직관과 유물론적 과학관을 모두 아우를 수 있다고 생각한다. 설의 철학적 관심은 언어 행위, 지향성 등의 언어철학에서 시작하여 자유의지, 합리성, 사회 실재 문제까지 다양하지만, 이 글에서는 그의 마음에 대한 견해에 주목하여 중국어 방 논증과 의식에 관한 의견을 살펴보기로 하자.

튜링 테스트와 기능주의

여러 SF영화에서는 우리와 똑같이 행동하는 로봇의 모습을 보여준다. 많은 사람들은 과학 기술이 발전하면 언젠가 그런 로봇이 나올 것이라고 생각한다. 그럴 때 우리는 이런 철학적인 질문을 던진다. 과연 그 로봇이 생각한다고 볼 수 있는가? 로봇과 같은 기계는 인간처럼 생각할 수 있는가? 우리와 똑같이 행동하는 기계가 정말로 우리 인간처럼 생각하는 것일까?

기계가 생각할 수 있는지 대답하기 위해서는 먼저 '생각한다'고 말할 수 있는 것의 기준을 정해야 한다. 똑같은 것을 보고 한 사람

> **튜링**
> 1912~1954.
> 영국의 수학자·
> 논리학자. 계산가능성
> 이론computability theory
> 을 확립함으로써
> 컴퓨터 과학의 이론적
> 토대를 제공하였다.
> 튜링 기계와 튜링
> 테스트 개념을 창안한
> 것으로 유명하다.

은 생각한다고 말하고 다른 사람은 생각하지 않는다고 말하면 안 되기 때문에, '생각한다'고 간주할 수 있는 기준이 필요하다. 영국의 수학자 튜링A. Turing이 그 기준을 제시했는데, 그것을 그의 이름을 따서 튜링 테스트라고 부른다. 튜링 테스트는 모방 게임에서 시작한다. A라는 사람이 두 사람과 컴퓨터 채팅을 하고 있다. (원래 모방 게임에서는 이 사람들이 텔레타이프로 대화를 주고받는다고 가정하고 있지만, 여기서는 이해하기 쉽게 컴퓨터 채팅으로 상황을 바꾸었다.) 그중 한 명은 남자이고 다른 한 명은 여자이다. A는 채팅을 통해 어느 쪽이 남자이고 어느 쪽이 여자인지 알아맞혀야 한다. A는 어떤 질문이라도 해서 그것을 맞혀야 한다. 채팅을 하는 상대방 남자는 A가 맞힐 수 없도록 여자인 척하는 답변을 한다. 반면에 상대방 여자는 A에게 자신이 진짜 여자라고 설득한다. A는 여자만이 알 수 있는 질문을 상대방에게 던져서 그 사람이 여자인지 알아내야 하고, 상대방은 만약 남자라면 최대한 여자인 척해서 A가 맞히지 못하도록 할 것이다. 만약 A가 어느 쪽이 여자인지 알아맞히지 못한다면, 그 남자는 여자를 모방하는 게임을 통과한 것이다.

튜링 테스트는 이 모방 게임에서 여자인 척하는 사람을 사람인 척하는 기계로 바꾼 것이다. 채팅을 하는 상대방 기계는 A가 맞힐 수 없도록 혼란스러운 답변을 해야 한다. 가령 A는 사람만이 알 수 있는 질문을 해서 상대방이 사람인지 알아내야 하고, 상대방은 만약 기계라면 최대한 사람인 척해서 A가 맞히지 못하도록 해야 한다. 만약 기계가 튜링 테스트를 통과한다면, 다시 말해서 A가 상대방이 기계인지 사람인지 알아맞히지 못한다면, 그 기계는 생각할 수 있다는 결론을 내려도 된다고 튜링은 생각했다.

튜링 테스트는 마음에 대한 기능주의 이론을 전제하고 있다. 기능주의란 마음을 어떤 기능적·인과적 역할로 정의하는 이론인데, 기능주의가 어떻게 등장하게 되었는지 잠시 살펴보자. 정신적인 것과 물리적인 것의 관계가 무엇인지 묻는 심신 문제mind-body problem는 데카르트가 제기한 이래로 지금까지 철학의 중심 문제로 남아 있다. 데카르트는 정신적인 실체와 물리적인 실체가 따로 존재한다는 실체이원론을 제시했지만, 정신적인 실체의 인과적인 힘을 설명할 수 없다는 결정적인 난점 때문에 현대에 그 이론을 지지하는 사람은 찾기 어렵게 되었다. 정신현상을 설명해내는 신경과학의 발달과 함께 등장한 동일론 또는 유물론은 정신 상태는 뇌의 상태와 동일하다는 주장을 펼친다. 과학이 발전함에 따라 물이 H_2O와 동일하고, 열이 분자운동 에너지와 동일하다는 것이 밝혀진 것처럼, 고통이나 가려움과 같은 정신 상태도 뇌의 상태와 동일하다는 것이 밝혀지고 있으며 그 발견은 점점 더 진전하고 있다는 것이다. 동일론을 둘러싸고 다양한 논쟁이 진행되었지만, 그중 기능주의를 등장하게 한 비판은 정신 상태가 물리적으로 다양하게 구현될 수 있다는 지적이다.

우리는 우리와 똑같이 고통을 느끼는 외계인을 상상할 수 있다. 그 외계인의 몸을 꼬집으면 우리처럼 찡그리고 몸을 움츠린다. 그러나 외계인의 몸은 신경세포 대신에 수많은 파이프가 관통하고 있으며, 전달되는 물의 압력에 의해 어떤 밸브는 열리고 어떤 밸브는 닫히는 방식으로 고통을 느낀다. 기술이 발전하여 우리와 똑같이 고통을 느끼는 로봇이 발명되었다고 상상해보자. 그 로봇의 몸을 꼬집으면 우리처럼 찡그리고 몸을 움츠리지만, 로봇은 수많은 실리콘 칩과 전선이 몸 속에 있으면 그것들이 작동하여 고통을 느낀다. 외계인이나 로봇은 우리와 정신 상태는 똑같지만 그것을 구현하는 물질은 우리와 같은 뇌가 아니다. 그렇다면 정신 상태는 뇌의 상태와 동일하지 않다는 결론이 나오고, 이는 동일론이 옳지 않다는 반론이 된다.

그래서 기능주의는 동일론의 주장과 달리 정신 상태가 어떤 물질로 만들어졌는지는 중요하지 않다고 생각한다. 기능주의에 따르면 어떤 마음을 마음으로 만드는 것은 그것이 어떤 인과적 역할을 하느냐이다. 정신은 어떤 입력이 들어올 때 어떤 출력을 내보낸다는 인과적 역할로서 정의된다. 예를 들어서 고통은 누군가가 꼬집으면(입력) '아야!'라는 소리를 내며 몸을 움츠리는 것(출력)으로 정의할 수 있다. 그 인과적 역할은 뇌의 신경세포에서 구현될 수도 있고, 로봇의 실리콘 칩에서 구현될 수도 있다. 심신 문제를 다루는 철학자는 정신을 구현해내는 물질은 자극(입력)에 반응하여 행동(출력)을 낳는 '블랙박스'로 취급하면 되며, 블랙박스가 그 내부에서 어떤 메커니즘으로 정신을 만들어내는지는 심리학이나 신경생물학에서 다룰 문제이다.

1960년대에 발전된 기능주의는 철학의 심신 문제에 대한 해결책을 제시했다는 평가를 넘어서 인공지능 연구를 촉발시키고 인지과학이라는 학문의 정체성을 마련하는 토대가 되기까지 했다. 인공지능을 연구하는 사람들의 목표는 인간과 뇌구조가 똑같은 로봇을 만드는 것이 아니라, 인간과 구조나 재료는 다르더라도 인간과 똑같이 생각하고 느끼는 로봇을 만드는 것이기 때문이다. 그래서 기능주의자는 '어떤 마음'을 갖는다는 것은 '특정 기능의 컴퓨터 프로그램을 실행하는 것'이라고 생각한다. 이것이 설이 주장하는 '강한 인공지능'으로, 중국어 방 논증이 비판하는 대상이 된다. 날씨나 분자생물학을 연구하는 데 컴퓨터가 도움이 되는 것처럼 컴퓨터가 마음을 연구하는 데 유용한 모형이 될 수 있다는 약한 인공지능 주장과 달리, 적절한 입력과 출력을 갖춘 적절한 프로그램만 있으면 컴퓨터는 무엇으로 만들어졌는지 상관없이 글자 그대로 '마음'을 가질 수 있다고 주장하기 때문이다.

기능주의에 바탕을 둔 인지과학에서는 정신 상태는 뇌의 계산 상태와 같다는 전제에서 출발한다. 뇌는 컴퓨터이고 마음은 프로그램이다. 정신과 뇌의 관계는 컴퓨터 프로그램과 컴퓨터 하드웨어의 관계와 같다고 할 수 있다. 마음과 물질의 관계는 신비스럽고 해결 불가능한 문제처럼 보이지만, 프로그램과 하드웨어의 관계는 전혀 그렇지 않으므로 기능주의는 마음 문제에 대한 새로운 연구 프로그램이며 해결책처럼 보인다. '기계가 정말로 생각할 수 있는가'라는 질문도 이제 '기계는 전문가가 기계의 작업과 인간의 작업을 구분할 수 없을 정도로 움직일 수 있는가'라고 바꾸어 물어보면 된다. 튜링 테스트에서는 대화를 하는 상대방이 사람인지 기계인지 알 필요 없이 입력과 출력만 보고 그 상대방이 생각을 하는지 못하는지 판단하면 된다. 튜링 테스트는 기능주의를 전제하고 있는 것이다.

중국어 방 논증

튜링이 튜링 테스트를 발표한 것은 1950년인데, 그는 2000년이면 튜링 테스트를 통과하는 기계가 나올 것이라고 예측했다. 그러나 2012년 현재까지 그런 기계는 없다. 어쨌든 생각할 수 없는 기계가 이 테스트를 통과하거나 생각할 수 있는 기계가 이 테스트를 통과하지 못하는 일이 벌어지지 않는다면, 튜링 테스트는 '생각할 수 있다'는 것에 대한 정확한 기준이 될 것이다. 그러나 튜링 테스트가 '생각' 여부를 판단하는 적절한 기준인가에 대해 여러 반론이 제기되었다. 그중 대표적인 것이 설이 제기한 중국어 방 논증Chinese room argument이다. 이 사고실험은 기계가 튜링 테스트를 통과한다 해도 생각한다고 볼 수는 없다는 근거를 제시한다. 튜링 테스트가 기능주의에 기반하고 있으므로, 중국어 방 논증은 곧 기능주의에 대한 비판이기도 하다.

중국어를 전혀 모르는 사람이 어느 방 안에 앉아 있다고 하자. 설이 중국어를 예로 든 것은 서양 사람들이 아주 낯설어하는 글자가 중국 글자이기 때문이다. 설 자신도 중국어와 일본어도 구별할 줄 모른다고 말할 정도이다. 사실 우리나라 사람들은 한자를 어느 정도 알고 있으므로 중국어 대신에 아랍어 정도가 더 적절한 예가 될 것 같다. 어쨌든 그 '중국어' 방에는 중국어 글자가 가득 들어 있는 바구니들이 있다. 또 그 중국어 글자들을 다룰 수 있는 우리말로 된 매뉴얼도 있다. 그 매뉴얼의 규칙들은 가령 "1번 양동이에서 쏼라-쏼라라는 모양의 기호를 꺼내어 2번 양동이에 있는 쏼라-쏼라라는 기호 옆에 놓아라"라는 식으로 되어 있다. 중국어 방 안에 있는 사람은 중국어를 전혀 모르므로 중국어의 생긴 모양만 보고 매뉴얼이 시키는 대로 한다. 이제 그 방 밖에서 중국어를 할 줄 아는 사람이 중국어로 된 쪽지를 방 안으로 집어넣는다. 중국어 방 안의 사람은 매뉴얼을 열심히 찾아보고 그 쪽지에 대한 답변을 역시 쪽지에 적어, 정확히 말하면 중국어를 '그려서' 방 밖으로 내보낼 것이다.

그가 글자 모양을 보고 일을 하려면 시간이 엄청나게 오래 걸릴 것이다. 그러나 그가 오랫동안 이 일에 종사해서 생활의 달인이 되어 질문이 들어오면 재빨리 정확한 대답을 내보낸다고 해보자. 그러면 그가 중국어를 이해한다고 말할 수 있을까? 그렇지 않다. 글자의 모양만 보고서 대답을 내놓는 사람이 '이해한다'고 말할 수는 없기 때문이다. 중국어를 모르는데 어떻게 중국어로 된 답변을 할 수 있는지 그래도 이해가 안 되면 식자공을 생각해보라. 지금은 인쇄를 할 때 컴퓨터로 조판을 하지만, 컴퓨터가 없던 때는 식자공이 원고를 보고 활자를 하나씩 뽑아서 판을 짜서 인쇄를 했다. 만약 식자공이 어려운 물리학 책의 조판을 맡았다고 할 때 그 책을 이해하면서 식자를 할까? 그러지 못할 것이다. 중국어 방 안에 있는 사람도 그 식자공과 같은 처지다. 아인슈타인과 그의 운전기사 일화가 있다. 아인슈타인이 여러 곳에 강연을 다녔는데 그 강연을 오랫동안 따라다니며 들었던 운전기사는 그 강연을 다 외워버렸다. 어느 날 아인슈타인이 자신의 얼굴을 모르는 사람들에게 강연을 할 일이 있었는데 이번에는 운전기사가 대신 강연을 했다. 강연이 끝나고 강연 내용에 대한 질문이 있었다. 그러자 그 운전기사는 뒤에 앉아 있던 아인슈타인을 가리키면서 "그 정도의 질문은 내 운전기사가 대답해줄 겁니다"라고 말했다고 한다. 이 이야기에서 만약 아인슈타인의 운전기사가 중국어 방 안의 매뉴얼처럼 참조 가능한 매뉴얼이 충분히 있다면 어떤 질문에도 대답할 수 있을 것이다. 아인슈타인과 구분할 수 없을 정도로 강연을 하고 질문에 답변을 하는 운전기사가 물리학을 이해했다고 말할 수 있을까? 그렇게 말할 수 없다는 것이 설의 대답이다.

컴퓨터가 정보를 처리하는 방식은 이 중국어 방에서 일어나는 일과 똑같다. 매뉴얼은 프로그램에 해당되고, 중국어 글자가 가득

든 바구니들은 데이터베이스에 해당될 것이다. 그리고 컴퓨터는 데이터의 모양만 보고 처리한다. 컴퓨터는 데이터를 1과 0으로만 처리하기 때문에 정확하고 빠르게 처리한다. 설은 이런 점에서 컴퓨터는 구문론적이고 형식적이라고 말한다. 구문론이란 기호를 순전히 그 모양만 보고 식별하는 것을 말한다. 그러나 중국어 방 안에 있는 사람이 중국어를 이해한다고 말할 수 없는 것처럼 컴퓨터도 이해한다고 말할 수 없다. 설에 따르면 이와 같은 구문론은 의미를 이해하기 위한 의미론의 충분조건이 아니기 때문이다. 사람들이 이해하는 과정은 글자의 모양만 보고 이루어지는 것이 아니라 글자의 의미나 내용에 바탕을 두고 이루어진다. 컴퓨터는 그런 의미를 모를 뿐 아니라 관심도 없다. 물론 글자의 모양에도 의미가 부여되기는 하지만 그것은 파생적인 것이지 본래적인 것이 아니다. 이것은 설의 지향성intentionality 논의와 관련된다. 지향성이란 정신 상태나 사건이 세계에 존재하는 어떤 대상이나 사태에 관해 향해질 때 그 '향해진다'는 속성을 말한다. 그런데 컴퓨터는 설령 지향성을 갖는다고 하더라도 그것은 누군가에 의해 해석되어 생긴 파생적 지향성이지, 해석과 상관 없이 갖는 본래적 지향성이 아니다. 이와 같은 논의 끝에 기계는 생각할 수 없다고 말하는 것이 중국어 방 사고실험의 결론이다. 그렇다면 기계가 튜링 테스트를 통과해도 생각한다고 말할 수 없다.

앞서도 말했듯이 중국어 방 논증은 활발한 논쟁을 불러일으켰다. 어떤 학자는 중국어 방 논증에 대해 대답하려는 시도들이 곧 인지과학이라는 학문이라고 말하기까지 했다. 중국어 방 논증에 대한 여러 가지 반론이 제기되었는데, 여기서는 그중 대표적인 것 세 가지를 살펴보자. 설은 이런 반론들에 대해 이 사고실험이 처음 발표된『행동과 뇌과학』에서, 그리고 여러 지면을 통해 적극적으로 재반론을 펼치고 있다.

우선 '시스템 반론'이 있다. 중국어 방은 컴퓨터를 비유하고 있다. 컴퓨터가 무엇인가를 이해할 수 있다면 컴퓨터 안에 있는 부품 하나가 이해하는 것이 아니라 컴퓨터 전체가 이해하는 것이다. 사람으로 치자면 뉴런 하나가 이해하는 것이 아니라 뇌 전체가 이해하는 것이다. 중국어 방 안의 사람은 컴퓨터로 치자면 컴퓨터 전체가 아니라 부품 하나에 해당한다. 그러므로 그 방 안에 있는 사람은 중국어를 이해하지 못했다고 할지라도, 방 전체는 이해했다고 말할 수 있는 것 아닌가? 중국어를 이해하는 것은 사람이 아니라 전체 시스템이라는 것이 시스템 반론이다. 설은 이런 반론에 다음과 같이 대답한다. 중국어 방 안의 사람이 더는 방 안에 있지 않고 매뉴얼과 데이터베이스를 모두 외워버렸다고 해보자. 이것은 중국어 방과 본질적인 차이가 없다. 방 안에 있던 매뉴얼과 데이터베이스가 그 사람의 머릿속으로 들어온 것뿐이기 때문이다. 그렇다면 중국어 방 안의 사람이 중국어를 이해한다고 할 수 없다면 방 밖으로 나온 놀라운 기억력의 사람도 중국어를 이해한다고 할 수 없다. 위에서 말했듯이 중국어 방 안의 사람이 구문론만 가지고 있고 의미론은 가지고 있지 못하다는 것이 설의 핵심 요지인데, 시스템 전체도 역시 기호에 의미를 부여할 아무런 것도 가지고 있지 못하다. 기호의 조작과 기호의 의미는 완전히 별개의 일이다. 그러나 모든 것을 외워서 사람들과 능수능란하게 질문과 답변을 주고받는 사람이 정말로 이해를 못한다고 볼 수 있을까? 중국어를 이해하지 못하는 사람이 그렇게 할 수 있을까? 설은 그 사람이 매뉴얼과 데이터베이스대로 행동하는 한 단순히 기호를 다루는 것에 불과하다고 생각할 것이다. 우리 인간은 매뉴얼과 데이터베이스에 없는 새로운 질문이 나오더라도 우리의 '이해'에 의해서 대답을 할 수 있지만, 기계는 그것이 곤란하다는 것이다.

다음으로는 '로봇 반론'이 있다. 이 반론은 중국어 방이 적절한 답변을 내놓기 위해서는 그런 방만 있어서는 안 되고 적절한 감각과 운동 장치까지 있어야 한다는 것이다. 눈에 붙어 있는 카메라를 통해서 질문을 받고 답변을 밖으로 내보내면 거기에 따라 팔과 다리가 움직이고 스피커를 통해 소리도 낸다. 우리가 자장면이 무엇인지 이해하는 것은 '자장면'이라는 기호만 사용하기 때문이 아니라, 자장면을 보고 사람들이 말하는 것을 듣고 만들어보기도 하고 맛도 보기 때문이다. 마찬가지로 기계가 적절한 입출력 장치를 갖춘 로봇이 되어 세계와 인과적으로 접촉하게 되면, 마치 새로운 것을 배우는 어린이처럼 보고 듣고 행동함에 따라 학습을 하게 된다. 중국어 방 속에서는 기호만 다루었을지 모르지만, 세계와의 적절한 인과적 접촉을 통해서 기호에 의미를 부여하고, 그럼으로써 자연 언어를 실제로 이해할 수 있다는 것이다. 설이 보기에 이 반론도 중국어 방과 본질적으로 다른 점이 없다. 이 로봇은 입출력 장치가 있다고 하더라도 그 장치에 의해서 여전히 중국어 글자의 모양을 보고 대답을 내놓기 때문이다. 애초의 중국어 방보다 입력을 받고 출력을 내놓는 데이터의 양이 많아지는 차이만 있을 뿐이다. 그러나 그런 점에서는 우리 사람도 마찬가지 아닐까? 우리가 글자의 모양을 보거나 듣고 나서 그에 대해 적절한 반응을 몸의 동작이나 목소리를 통해 내보내는 것은 이 로봇과 똑같다. 그런데도 우리는 이해를 했다고 하고 로봇은 이해를 못했다고 하는 것은 로봇에 대한 차별, 곧 '인간 배타주의'라고 말할 수 있다.

다음으로는 '연결주의 반론'이 있다. 중국어 방 논증이 비판하는 강한 인공지능은 규칙에 따라 기호를 처리하는 컴퓨터를 모형으로 삼고 있다. 그러나 인간과 같은 이해를 할 수 있는 컴퓨터는 뇌와 비슷하게 구현된 컴퓨터를 모형으로 하므로 중국어 방 논증은 잘못되었다는 비판이 이 반론이다. 우리의 뇌는 수많은 뉴런의 발화와 그것들 사이의 시냅스들로 이루어져 있는데, 이것을 잘 보여주는 것이 연결주의 모형이다. 뇌의 뉴런들은 중국어를 이해할 수 없지만 뇌 전체는 중국어를 이해할 수 있는 것처럼, 뇌를 흉내 낸 연결주의 체계는 중국어를 이해할 수 있다. 설은 이 반론에 대해서 애초의 중국어 방 논증을 약간 수정한 '중국어 체육관 논증'으로 답변한다. 체육관같이 넓은 공간에 중국어를 할 줄 모르는 사람이 수없이 많이 모여 있고, 그들 사이에 중국어 방에서 이루어졌던 것과 같은 정보교환이 이루어진다고 생각해보자. 이것은 뇌 또는 연결주의 모형에서 일어나는 뉴런과 시냅스를 잘 보여준다. 그러나 이 중국어 체육관에도 여전히 구문론만 있을 뿐이므로 중국어를 이해한다고 말할 수 없다는 것이 설의 주장이다. 그러나 설 식으로 생각하면 뇌의 뉴런과 시냅스의 작용도 구문론적인 것에 불과하므로 뇌도 이해할 수 없다는 결론을 내려야 한다. 실제로 뇌에는 전기·화학적인 작용만 있을 뿐이다. 우리는 그런 결론을 받아들일 수 없는 것처럼, 중국어를 이해할 수 있는 연결주의 체계가 있을 수 있다고 인정해야 하지 않을까?

설은 기계와 달리 뇌의 전기·화학적인 작용에서는 의식이 생긴다고 주장한다. 그럼에도 불구하고 그 의식은 뇌에서 일어나는 물리적인 작용과 동일하지도 그곳으로 환원되지도 않는다고 말한다. 지금부터는 의식에 관한 설의 견해를 들어보자.

생물학적 자연주의

중국어 방 논증은 강한 인공지능에 대한 비판이면서 동시에 기능주의에 대한 비판이기도 하다. 심신 문제에 대한 이론 중에서 기능주의가 잘못된 이론이라면 어떤 이론이 대안이 될 수 있는가? 앞서 말한 것처럼 기능주의는 철학의 오래된 문제인 심신 문제에 대한 한 가지 이론이다. 설은 의식의 문제를 본격적으로 다루고 있는 『의식의 재발견』의 첫 페이지에서부터 자신은 심신 문제에 대한 간단한 해결책을 가지고 있다고 자신 있게 말한다. 그 해결책은 "정신현상은 뇌의 신경생리학적 과정이 원인이 되어 생기며, 그 자체가 뇌의 특성이다."(『의식의 재발견』 1)라는 것으로, 설은 이것을 '생물학적 자연주의'라고 부른다. 의식은 소화, 유사 분열, 효소 분비 작용과 같은 생물학적 현상의 하나라는 것이다. 소화가 소화기관의 생물학적 특성이듯이 의식 역시 뇌의 생물학적 특성이다. 소화나 의식 모두 자연적 과정의 하나라는 것이다. 그동안의 심신이론들은 이런 '간단한 해결책'을 왜 몰랐을까? 그는 실체이원론, 유물론, 기능주의, 그리고 속성 이원론까지 모든 이론이 잘못된 가정에서 출발했기 때문이라고 말한다. 정신적인 것과 물리적인 것이 구분된다는 데카르트의 잘못된 형이상학이 바로 그 잘못된 가정이다. 지금부터는 이런 가정이 정말로 잘못된 가정이고, 설의 간단한 해결책이 진정한 해결책이 될 수 있는지 살펴보도록 하자.

뇌의 신경생리학적 과정이 원인이 되어 정신현상이 생긴다는 설의 생물학적 자연주의는 유물론의 주장과 비슷해 보인다. 유물론은 정신 상태란 실제로 뇌의 물질적 상태와 같고 그 외의 다른 상태일 수 없으며, 뇌의 물질적 상태로 환원될 수 있다고 주장한다. 그렇다면 지금 우리가 정신현상이라고 말하는 것은 모두 뇌의 현상으로 설명이 가능하므로, 정신현상이 어떻게 해서 생기는지 설명이 가능할 것이고 이는 곧 설의 생물학적 자연주의의 주장과 다름없어 보인다. 그러나 정신현상이 물질현상으로 환원된다는 것은 정신현상에 관한 모든 것을 물질현상만으로 설명할 수 있다는 뜻이다. 물이 H_2O로 환원되고, 번개가 전기 방전 현상으로 환원됨으로써 물이나 번개에 관한 모든 것을 물리·화학적인 용어로 설명할 수 있는 것처럼 고통도 뇌에서 일어나는 신경생리학적 사건들만으로 설명이 가능해야 한다.

그러나 우리는 실제로 정신현상, 특히 의식 경험을 가지고 있으며, 그런 의식 경험은 우리 주변의 물리적 대상과 같은 종류의 것이 아니라는 통찰을 가지고 있고, 그것은 부정하기 힘들다. 의식에는 물질적인 것으로 설명이 불가능한 특징이 있다. 그것은 주관적이고 질적이고 사적인 요소를 가지고 있다는 것이다. 누군가가 나를 꼬집었을 때, 또는 신 오렌지를 먹었을 때, 또는 푸른 하늘을 보았을 때 나에게는 어떤 느낌이 있다. 그 느낌은 다른 사람들과 공유할 수 없는, 나만이 갖는 일인칭적이고 질적인 경험이다. 철학자들은 정신적인 것이 물리적인 것으로 환원된다고 주장하는 유물론이나 정신적인 것은 인과적 역할이라고 주장하는 기능주의는 이러한 특징을 갖는 의식의 존재를 제대로 설명할 수 없다는 여러 논증을 제시했다. 유물론이나 기능주의에서는 의식이 없거나 우리와 의식이 반대인 존재를 얼마든지 상상할 수 있다는 것이 그것이다. 가령 유물론에서는 우리와 고통을 느낄 때의 물리적인 구성은 똑같이 가지고 있으면서 의식은 없는 존재가 가능하고, 기능주의에서는 우리와 물리적인 구성은 다르더라도 고통을 느낄 때의 인과적인 역할이 똑같은 존재가 가능하다. 또 유물론에서든 기능주의에서든 우리와 정반대의 의식을 가지고 있는 존재도 가능하다. 다시 말해서 우리가 아프다고 느낄 때의 물리적인 구성이나 인과적인 역할은 똑같은데도 사실은 기쁠 때의 느낌을 갖는 존재를 상상하는 것이 그 이론들에서는 가능한 것이다. 따라서 유물론이나 기능주의는 우리에게 의식이 있다는 분명한 사실을 설명할 수 없기에 생물학적 자연주의와는 다르다는 것이 설의 생각이다.

　설은 의식이 있다는 것은 다음과 같은 두 가지 명백한 사실을 설명할 수 있어야 한다고 본다. 첫째, 주관적인 의식이 있다. 둘째, 뇌의 과정이 원인이 되어 의식이 생긴다. 유물론과 기능주의는 이 중 후자는 설명할 수 있어도 전자는 설명할 수 없다는 것이다. 심신이론 중에 의식의 주관성을 가장 잘 설명할 수 있는 이론은 정신적인 것이 물리적인 것과 별도로 존재한다고 주장하는 이원론이다. 그러나 앞서 보았듯이 실체이원론은 정신적인 실체와 물리적인 실체 사이의 인과적 관련을 설명할 수 없다는 점 때문에 일찌감치 철학자들의 관심에서 멀어졌다. 반면에 물질적인 실체와 독립된 실체를 전제하지 않는 속성 이원론은 정신의 물질적인 토대를 설명할 수 있으면서 정신의 독특한 특성을 유지할 수 있다는 점에서 현대에 와서 가장 많은 철학자들의 지지를 받는다. 마음이 물질과 별개의 실체는 아니지만 우리가 생각을 하고 고통과 같은 감정을 느끼고 있다는 것 역시 명백한 사실인데, 그런 생각과 감정은 아무리 생각해도 물리적인 것으로 환원될 것 같지 않기 때문이다. 속성 이원론은 우리의 이런 직관을 가장 잘 반영하는 것 같다. 그러나 설은 이 이론마저도 실체이원론과 똑같은 문제에 봉착한다고 주장한다. 속성 이원론에서 정신적 속성인 인간의 의식 상태는 비물리적인 특징에 불과하므로, 그런 의식 상태가 어떻게 세계에서 어떤 물리적 사건을 일으키는 기능을 할 수 있는지 의문이기 때문이다. 정신적인 것이 실체가 아니라 어떤 속성이라고 부른다고 하더라도 우리 몸을 구성하는 일반적인 물리적 속성과는 다른 어떤 것이라면, 물리적인 세계 안에서 인과적으로 아무런 중요한 역할도 하지 못하는 '부수현상'에 불과하다.

의식의 주관성

설은 지금까지 제시된 심신이론들이 '주관적인 의식이 있다'는 주장과 '뇌의 과정이 원인이 되어 의식이 생긴다'는 주장을 동시에 설명할 수 없기에 모두 거부하였다. 그러면 설의 생물학적 자연주의는 어떻게 해서 두 가지 주장을 모두 받아들일 수 있을까? 그 두 가지는 동시에 받아들일 수 없는 것 아닐까? 주관성subjectivity은 물질적인 것에는 없다고 생각되는 특징이다. 그러면 의식이 뇌의 과정과 같다면 그것의 주관성을 특별히 보장할 수 없어야 하거나, 의식의 주관성을 주장하려면 뇌와 다른 별도의 과정에 의해서 생겨야 하는 것 아닐까? 설은 데카르트의 실체이원론뿐만 아니라 그 이후에 데카르트를 부정하는 이론들도 모두 데카르트의 잘못된 형이상학을 받아들이고 있기 때문에 두 가지 명백한 사실을 동시에 받아들이지 못한다고 말한다. 그 잘못된 형이상학이란 "의식이 주관적인, 질적인 현상이라면 그것은 유물론적인, 물리적인 세계의 일부가 될 수 없다"라는 전제를 말한다. 널리 알려진 데카르트의 이원론적 실체 구분을 보자.

정신적인 것	물리적인 것
주관적	객관적
질적	양적
지향적	비지향적
공간적 위치를 차지하지 않는다	공간적 위치를 차지한다
물리적 과정에 의해 설명될 수 없다	물리적 과정에 의해 인과적으로 설명될 수 있다
물리적인 것에 인과적으로 작용할 수 없다	물리적인 것에 인과적으로 작용할 수 있다

데카르트 이래로 정신적인 것과 물리적인 것은 이렇게 서로 대립되는 특성을 갖는 것으로 인식되어왔다. 그래서 실체이원론이나 속성 이원론은 정신적인 것은 물리적인 것이 갖는 특성을 갖지 않음을 보여주려고 애썼고, 유물론이나 기능주의는 정신적인 것의 특성을 받아들일 수 없어서 정신적인 것을 아예 배제하려고 애썼다. 그런데 설은 정신적인 것과 물리적인 것의 이러한 구분이 심신 문제의 해결을 가로막고 있다고 주장한다. 설에 따르면 의식도 뇌의 특성이며 물리적 세계의 한 부분이다. 정신적인 것의 특성 중 처음 세 가지, 곧 주관성, 질적 특성, 지향성은 위의 표에서 보이는 물리적인 것의 마지막 세 가지 특성을 완벽하게 갖고 있다. 다시 말해서 의식이 갖고 있는 특성들은 공간에 위치하고 있으며, 물리적 과정으로부터 인과적으로 설명될 수 있고, 물리적인 것에 인과적으로 작용할 수 있다. 그렇다면 정신적인 것을 설명하는 나머지 세 가지 특성은 잘못된 것이다. 곧 공간적 위치를 차지하지 않는다거나 물리적 과정에 의해서 설명될 수 없다거나 물리적인 것에 인과적으로 작용할 수 없다는 것은 정신적인 현상이 되기 위한 조건이

아니다. 오히려 그 반대이다. 우리의 모든 정신 활동은 우리의 뇌라는 공간에서 일어나며, 뇌 안의 신경생리학적 과정에 의해 생기며, 그곳에서 나와서 인과적으로 작용한다.

그런데 이것이 어떻게 가능할까? 인간의 물리적 체계가 어떻게 일인칭적인 특성, 곧 질적이며 주관적인 특성도 가질 수 있을까? 바꾸어 말하면 질적이며 주관적인 특성을 갖는 것이 어떻게 해서 공간을 차지하고 인과적인 힘을 가질 수 있을까? 설의 해결책은 의식의 주관성이 뇌의 상위 차원의 특성이라는 것이다. 실제로 존재하는 것은 뇌의 활동뿐이다. 거기에 인과적으로 볼 때 정신현상과 뇌의 현상이라는 두 개의 독립된 현상이 있는 것은 아니다. 다시 말해서 물리적으로 실현되는 뇌를 초월하는 별개의 정신적인 속성이나 실체가 존재하는 것은 아니다. 뇌 속의 의식은 별개의 것이 아니라, 바로 뇌의 현상이다. 정신적인 것이 물리적인 것으로 환원 불가능하다고 생각하는 이원론에는 그 둘이 별개의 것이라는 가정이 깔려 있기 때문인데, 그런 가정을 버리면 이원론을 쉽게 버릴 수 있다.

그러면 물질적인 뇌에서 의식의 주관성은 어디에서 생길까? 그것은 뉴런들로 이루어진 뇌의 창발적인 특성이라고 말한다. 이것은 물의 액체성이 분자들의 집합의 상위 속성인 것과 마찬가지이다. 컵에 든 물을 보면 액체성이라는 속성을 가지고 있지만, 그 물을 이루는 개별 분자들에는 그런 속성이 없다. 액체성은 분자들의 집합에만 있는 특성이다. 마찬가지로 의식은 뇌를 이루는 뉴런들에는 없는 특성이지만 뇌의 특성이 될 수 있다. 그런데 이것은 곧 의식의 주관성이 뇌를 구성하는 물질들로 환원되지 않는다는 주장이 아닐까? 그렇다면 환원을 부정하는 속성 이원론과 다른 점이 없지 않은가? 여기에서 설의 독특한 환원 개념이 나온다. 소화를 예로 들어 보면, 효소, 레닛, 탄수화물의 분해 등에 대해 모두 이야기하면 소화에 대해서 더 이상 할 이야기가 없게 된다. 소화에는 그것 이상의 특성이 없다. 다시 말해서 소화는 효소 등이 관련된 복잡한 과정으로 환원된다. 어떤 것이 다른 것으로 환원된다는 것은 어떤 것이 다른 것들의 집합 이상의 것이 아니라는 뜻이다. 그러나 설에서 의식은 이런 의미에서 뇌의 상태로 환원되지 않는다.

그는 '인과적 환원'과 '존재론적 환원'을 구분한다. 인과적 환원이란 한 대상 또는 속성의 인과적 힘이 그것보다 더 단순한 대상 또는 속성들의 인과적 힘으로 완전히 해명 가능하다는 뜻이다. 반면에 존재론적 환원은 어떤 대상 또는 속성이 더 단순한 대상 또는 속성의 집합에 불과하다는 내용으로서, 인과적 환원보다 훨씬 강한 주장이다. 책상을 예로 들어 보면, 책상의 인과적 힘은 그것을 구성하는 분자들의 인과적 힘으로 설명이 가능할 뿐만 아니라 책상은 특정한 방식으로 배열된 분자들의 집합에 불과하므로, 책상은 분자들로 인과적으로도 환원되고 존재론적으로도 환원된다. 과학에서는 이 둘이 구분되지 않을 뿐 아니라, 인과적으로 환원된다는 것은 곧 존재론적으로 환원된다는 것을 보여준다.

그러나 설에 따르면 의식은 뇌의 신경생리학적 과정으로, 인과적으로 환원되기는 하지만 존재론적으로 환원되지는 않는다. 설은 의식의 인과적 힘은 뉴런들로 이루어진 신경생리학적 기반의 인과적 힘과 똑같음을 인정한다. 따라서 뉴런과 의식은 별개의 실체가 아니다. 그러나 의식의 인과적 환원이 존재론적 환원으로 귀결되지는 않는다. 그 까닭은 의식의 경우에는 현상과 실재가 구분되지 않기 때문이다. 책상과 같은 사물의 경우에는 겉으로 보이는 모습, 곧 현상이 그 사물의 실재는 아니다. 우리 눈에는 책상이 이러이러한 모습으로 보이지만 사실은 그 책상의 실재는 분자들의 집합이라는 것이 밝혀졌다. 그러나 의식은 우리가 경험하는 것이 곧 현상이고 실재이다. 사실 의식의 경우에는 우리가 경험한다는 표현도 정확하지 않다. 다른 사물은 경험 주체와 경험 대상이 구분되지만, 의식은 경험 주체가 곧 경험 대상이기 때문이다. 설은 이런 의식의 특성을 다른 말로 '존재론적 주관성'이라고 부른다. 의식은 언제나 누군가의 것이고 관점을 가지며 일인칭적인 것이다. 이제 설에게서 의식은 뇌의 과정으로 존재론적으로 환원 불가능하면서 뇌의 과정의 특성이 될 수 있다.

설에 따르면 심신 문제는 우리의 잘못된 정신-물질 이분법에 의해서 생기고, 그런 이분법을 버리는 순간 의식은 물리적인 체계 안에 자리를 차지한다. 설의 의식이론은 우리가 직관적으로 존재한다고 생각하는 의식을 물리적 현상으로 설명하면서도 그 존재를 인정하는 길을 열어놓았다는 점에서 의미가 있다.

의식에 관한 설의 주장을 요약해보면 의식은 환원 불가능한 주관적인 현상이며, 동시에 생물학적인 현상이다. 동시에 주장하기 힘든 두 가지 주장을 그가 내세우는 까닭은 의식은 생물학적인 과정이 원인이 되어 생기지만, 상위 차원에서 창발적으로 생기는 특성이라고 생각하기 때문이다. 일단 생물학적 과정이 의식의 원인이 된다는 설의 주장은 잘못이다. 원인이 되는 사건은 결과가 되는 사건보다 시간적으로 앞서 일어나는 것인데, 하위 차원의 생물학적 사건과 상위 차원의 의식은 동시에 일어나는 것이기 때문에 인과관계라고 부를 수는 없다. 그래서 대부분의 철학자들은 상위 차원의 의식과 하위 차원의 신경생리학적 과정 사이의 관계를 '수반', '실현', 또는 설이 거부하는 '환원'이라고 부른다. '인과관계'라고 부르는 철학자는 설을 제외하고는 찾기 어렵다.

그러나 이것은 단순히 용어의 문제라고 넘어갈 수 있다. 설의 주장에서 더 심각한 문제는 인과적으로는 환원이 되면서 존재론적으로 환원이 되지 않는 의식이다. "존재하는 것은 인과적으로 효력 있는 것이다"라는 알렉산더의 격언은 과학적인 형이상학에서 널리 받아들여지는 원칙인데, 이것에 따르면 아무런 인과적 힘도 쓰지 못하는 의식이란 없는 것이나 다름없기 때문이다. 아무런 인과적 힘도 없는 의식이라는 것은 다만 설명의 편의를 위해 도구적으로 받아들일 수 있을 뿐이다. 설이 속성 이원론을 거부했던 바로 그 이유처럼 그런 의식은 부수현상에 불과하다.

설은 의식의 인과적 힘이 하위 차원의 신경생리학적 과정으로 설명이 되지만, 상위 차원에서는 창발적으로 나타나는 것으로 생각한다. 그리고 그것과 비슷한 성질로 물의 액체성이나 책상의 고체성을 예로 든다. 그러나 화학의 발달은 그 액체성이나 고체성이 분자 차원에서 설명될 수 있음을 보여주고 있다. 가령 산소와 수소 분자 그리고 그것의 결합의 특정 성질 때문에 물이 '액체성'을 띠게 됨이 설명된다는 것이다. 그렇다면 액체성이나 고체성은 더 이상 창발적인 특성이 아니며, 하위 차원의 물리적 구조로 환원되어 설명이 가능하다. 신경생리학의 발달에서도 마찬가지 결과를 기대할 수 있지 않을까? 곧 의식의 주관성은 지금은 신비롭게 생각되지만, 언젠가 의식이 일인칭적 특성을 가지게 하는 뉴런의 특정한 성질이 설명될 수도 있다. 그렇다면 의식의 경우만 특별히 인과적 차원과 존재론적 차원을 구별할 필요가 없어질 것이다. 의식도 더는 창발적인 특성이 아니다. 이런 문제점들을 생각해볼 때, 설의 '간단한 해결책'은 그리 간단해 보이지도 않고 해결책도 아닌 것 같다.

더 읽을거리

이 글에서 인용한 설의 원서는 1992년에 MIT프레스에서 간행한
*Rediscovery of Mind*로, 본문에서는 『의식의 재발견』으로 표기하였다.
이 책은 의식에 관한 설의 견해가 본격적으로 펼쳐진 저서로, 심신 문제를
다룬 기존의 철학적 이론들이 잘못된 전제를 가지고 있음을 지적하며
물리적인 세계 안에서 의식에 자리를 잡아주려는 노력을 하고 있다.
아래에 설의 저서 중 한국어판이 출간된 책들을 간단히 소개한다.

설, 「마음, 뇌, 프로그램」, 『이런, 이게 바로 나야! 2』, 더글러스 호프스태터 외
지음, 김동광 옮김, 사이언스북스, 2001
    중국어 방 논증이 실려 있는 논문. 이 논문이 실린 『행동과 뇌과학*Behavioral
and Brain Sciences*』은 목표가 되는 논문을 정하고 여러 학자가 그 논문에 대해
코멘트를 하는 방식을 취하고 있는데, 이 논문에 대해서도 여러 코멘트가
실려 있다. 이 논문은 영어권에서 나온 심리철학 또는 인지과학 논문
선집에는 거의 빠지지 않고 실려 있다.

설, 『지향성: 심리철학 소론』, 심철호 옮김, 나남, 2009
    언어철학과 심리철학 분야를 모두 아우르는 책. 이 책에서 설은 의미 등의
언어적인 속성을 지향성이라는 심리적인 속성으로 나타낼 수 있다고
주장한다. 마지막 장인 10장에서 생물학적 자연주의 입장이 제시된다.

설, 『심리철학과 과학』, 김용관 옮김, 소나무, 1987
    심신 문제, 행위의 문제, 사회과학 방법론, 자유의지 등 여러 주제를 다루고
있는데, 2장에서 중국어 방 논증을 다루고 있다. 대중강연을 바탕으로 한
책이므로 학술논문인 「마음, 뇌, 프로그램」보다 읽기 쉽다.

설, 『마인드』, 정승현 옮김, 까치, 2007
    심리철학 개론서. 그러나 설의 개인적인 견해가 많아 심리철학 입문서로는
적당하지 않다. 중국어 방 논증과 의식에 관한 설의 견해가 자세히는
아니지만 서술되어 있다.

설, 『정신, 언어, 사회』, 심철호 옮김, 까치, 2000
> 설의 생물학적 자연주의가 자세히 개진되어 있으며, 그뿐 아니라 설의 주된 철학적 관심사인 지향성, 사회적 실재, 언어행위에 대해서도 설명하고 있다.

설, 『합리성의 새로운 지평』, 최훈 외 옮김, 철학과현실사, 2001
> 존 설이 2000년 11월에 다산철학기념강좌에 초청되어 방한 후 강연한 내용을 책으로 엮었다. 제4강연에서 자유의지와 관련하여 의식의 문제를 약간 다루고 있지만, 대체로 합리성 또는 합리적 행위를 주제로 하고 있다.

더글러스 호프스태터 외 지음, 『이런, 이게 바로 나야! 1』, 김동광 옮김, 사이언스북스, 2001
> 튜링 테스트가 제시된 튜링의 논문 「계산기계와 지능」이 번역되어 있다. 설의 중국어 방 논증이 비판 대상으로 삼고 있는 '강한 인공지능'은 바로 이 튜링 테스트를 전제하고 있다.

최훈, 「중국어 방 속의 대화: 설, 계산주의자, 연결주의자」, 『철학연구』 36호, 1995
> 중국어 방 논증에 대한 연구 논문. 중국어 방 논증과 그것에 대한 반대 논증을 설, 계산주의자, 연결주의자의 가상의 대화로 구성하고 있다. 기본적으로 설의 논증에 대한 비판적인 시각을 담고 있다.

최훈, 『라플라스의 악마, 철학을 묻다』, 뿌리와이파리, 2010
> 6장에 중국어 방 논증과 실체이원론, 속성 이원론, 유물론, 기능주의, 의식의 문제 등을 사고실험을 이용하여 소개하고 있다. 심신 문제, 의식의 문제, 인공지능 비판에 대해 빠르게 훑어볼 수 있다.

김기현, 「분석철학의 현주소: 존 설과의 대담」, 『철학과 현실』 제48호, 2001
> 존 설이 2000년 11월에 다산철학기념강좌를 위해 방한했을 때 김기현 교수와 나눈 인터뷰를 기록하였다. 강좌 주제였던 합리성뿐만 아니라 설의 철학 전반에 대한 이야기를 생생하게 들을 수 있다.

엄정식, 「존 설과 생물학적 자연주의」, 『철학과 현실』 제50호, 2001
존 설이 2000년 11월에 다산철학기념강좌를 위해 방한했을 때 엄정식 교수가 그와 만난 것을 계기로 그의 삶과 철학을 전반적으로 소개하고 있다.

데넷

지향적 마음의 진화

장대익

카이스트 기계공학과에서 학사학위를 받은 후 서울대학교 과학사 및 과학철학 협동과정에서 석사와 박사 학위를 받았다. 박사학위 중에 영국의 런던정경대학교 과학철학 센터와 일본의 교토대학교 영장류연구소에서 수학했고, 박사학위 후에는 대니얼 데닛이 소장으로 있는 터프츠대학교 인지연구소의 방문 연구원을 지냈으며, 이후에 동덕여자대학교 교양교직학부의 교수를 역임했다. 2010년부터 서울대학교 자유전공학부의 교수로 재직중이며 과학사 및 과학철학 협동과정 겸무 교수를 맡고 있다. 주요 연구 분야는 생물철학과 진화학이며, 연구 성과들로는 「일반 복제자 이론」, 「이타성의 진화와 선택의 수준 논쟁」 등의 논문과 『다윈의 식탁』, 『종교전쟁』(공저), 『과학에는 뭔가 특별한 것이 있다』 등의 저서, 그리고 『통섭』(공역) 등의 역서가 있다. 제11회 대한민국과학문화상(2010, 교육과학기술부)을 수상한 바 있으며, 현재는 최신 진화론 논쟁, 문화진화론, 신경인문학 등에 대해 연구 중이다.

다윈을 만난 인지철학자

강아지나 고양이와 한 지붕에 사는 사람들은 늘 '자식' 자랑에 침이 마른다. "그놈 참 똑똑해. 내가 뭘 원하는지 아는 눈치야. 내 마음을 읽는 것 같아." 하지만 과연 그들은 주인의 마음을 읽을 수 있을까? 오히려 이 질문은 일반인들보다 동물 인지 연구자들에 훨씬 더 어렵다. 그들은 침팬지가 과연 다른 개체의 마음을 읽을 수 있는가를 놓고 최근 수년 동안 결론 뒤엎기를 반복해왔다. "있는 것 같긴 한데 경험적으로 입증하긴 쉽지 않고 그렇다고 없다고 말하기는 꺼림칙하고" 한 것이 그들의 고민일 것이다.

그렇다면 우리 인간은 마음 읽기mind reading의 명수들인가? 독심술을 말하려는 게 아니다. 마음 읽기란, 다른 개체의 믿음과 욕구를 알고, 그리고 그 믿음과 욕구에 의해 그 개체가 행동한다는 것을 이해한다는 뜻이다. 영화〈레인 맨〉에서 더스틴 호프만은 이 마음 읽기 능력에 문제가 있는 자폐증 환자로 나온다. 그는 기억력은 비상하지만 네살배기 아이들도 대개 문제없이 해내는 마음 읽기를 매우 어려워한다. 최근에 심리학자들은 자폐증을 마음 읽기 능력의 손상 때문에 생긴 병으로 본다. 아이들이 처음으로 거짓말을 했다면 부모들이여, 기뻐하라. 타인의 마음을 제대로 읽지 못하고는 남을 속일 수 없기 때문이다.

흥미롭게도 마음 읽기 능력에 대한 이런 동물 및 인간 인지 연구를 촉발시킨 이는 동물행동학자도 발달심리학자도 아니다. 대니얼 데닛Daniel Clement Dennett(1942~)은 지난 30여 년 동안 『내용과 의식』

(1969), 『지향적 자세』(1987), 『다윈의 위험한 생각』(1995), 『마음의 종류』(1996), 『뇌자녀』(1998) 등에서 '지향성intentionality'이라는 철학적 개념을 발전시켜 마음 읽기 능력에 대한 이해의 지평을 넓힌 철학자다. 지향성은 '무언가에 관한' 것이며 마음 읽기란 '어떤 주체의 정신 상태에 관한' 믿음, 곧 2차 지향성과 동일하다. 그는 미국 터프츠대학의 인지연구소 소장이고 대학 석좌교수이며, 인지과학 분야에서 늘 혁신적인 주장을 펼쳐 논쟁의 한복판에 서온 세계적 석학이다.

인간과 동물의 지향성은 데넷에게 진화의 산물일 수밖에 없다. 『다윈의 위험한 생각』과 『마음의 종류』에서 두드러지게 나타나듯이, 데넷은 당대 철학자 중에서 진화론을 자신의 철학에 가장 진지하게 활용하고 있는 사람이다. 그는 주류 과학철학자들 사이에서는 '진화론에 대한 철학적 반성은 뒷전이고 응용에만 열을 올리는 사람'으로, 몇몇 진화론자들에게는 '초극단적 다윈주의자'라는 비난을 받으면서도 '진화 전쟁evolution war'[1]에서 자신의 독특한 목소리를 결코 낮추지 않았다.

이렇게 그가 진화론에서 자신의 지적 샘물을 길어 올리게 된 데에는 옥스퍼드대학의 동물행동학자 리처드 도킨스의 영향이 결정적이었다. 도킨스의 『이기적 유전자』, 『확장된 표현형』을 읽고 난 뒤부터 데넷은 줄곧 진화 전쟁에서 도킨스의 강력한 동맹군으로 활약해왔다. 1997년에 〈뉴욕 타임즈 북 리뷰〉를 통해 하버드대학의 고생물학자 스티븐 제이 굴드와 벌였던 설전은 어느덧 진화학도들

---

1 '진화 전쟁'은 현대 진화학계 내부에서 리처드 도킨스와 스티븐 제이 굴드를 양 진영으로 하여 벌이는 격렬한 지적 대립을 지칭한다. 현대 진화론 논쟁의 쟁점과 함의에 대해서는 다음 책이 도움이 될 수도 있다. 장대익, 『다윈의 식탁』, 김영사, 2008.

에겐 하나의 전설이다. 굴드는 데넷이 『다윈의 위험한 생각』에 쓴 자신에 대한 비판에 격분해 급기야 데넷을 '도킨스의 애완견'이라고 칭했고, 이에 질세라 데넷은 굴드를 '뻥쟁이'라 응수했다. 과학 논쟁은 때로 정치 공방보다 더 노골적이다.

일부 생물학자들로부터 인신공격을 당해도 데넷이 흔들리지 않는 이유는 매우 분명하다. 그의 철학은 진화론 없이는 전혀 힘을 못 쓰기 때문이다. 그의 주된 철학적 물음을 보라. '무가치, 무의미, 무기능에서 어떻게 가치, 의미, 기능이 나왔는가? 규칙에서 어떻게 의미가 나왔는가? 물질에 불과한 뇌에서 어떻게 의식이라는 특이한 현상이 나올 수 있는가?' 결국 그는 지금 '어떻게 물이 변하여 포도주가 되었는지'를 묻고 있는 것이다. 그런데 이 물음들은 '미물에서 어떻게 인간과 같은 종이 나왔는가?'라는 진화론의 물음과 근본적으로 닮아 있다. 실제로 그는 이 문제들에 대한 해답이 진화론으로부터 나올 수밖에 없다고 확신한다.

성서에서는 '물이 변하여 포도주가 된' 사건을 기적이요 신비라고 묘사한다. 데넷은 기존 철학계도 인공지능, 지향성, 의식, 그리고 자유의지를 논할 때 그와 유사한 태도를 보이고 있다고 비판한다. 사람들은 '로봇이 인공지능을 진짜로 가질 수 있는가, 의식을 가진 로봇이 가능한가'라는 식의 물음을 던지면서 인간의 지능과 의식 등을 암암리에 신비화 혹은 차별화하고 있다는 것이다. 그의 『설명된 의식』은 이러한 신비화된 의식 탐구에 대한 탈신비화 선언이다.

어쩌면 그는 평생을 이 신비화, 차별화 프로그램에 맞서 싸운 용감한 지식인이라 해야 할 것이다. 그는 생명의 진화 과정에서 어느 순간 지능과 의식이 출현했듯이, 그와 동일한 과정을 통해 로봇도 지능과 의식을 가지게 될 것이라고 주장한다. 그에게 침팬지, 인간, 그리고 로봇은 근본적으로 같다. 곧, 하나의 '다윈 알고리즘' 혹은 '다윈 기계'일 뿐이다. 『자유가 진화한다』(2003)에서 그는 자유의지와 결정론의 행복한 동거를 주장하며 인간을 '선택 기계'라고 부르기도 했다. 존 설을 비롯한 인공지능 반대자들과의 유명한 논쟁에서도 그는 이와 동일한 정신을 초지일관 유지했었다.

그는 2006년 초에 종교의 본성에 관한 매우 도발적인 책을 출판했다. 『주문을 깨다*Breaking the Spell: Religion as a Natural Phenomenon*』. 제목부터 범상치 않다. 이제 그가 종교에까지 마수의 손을 뻗쳤으니 종교 옹호자들의 고민이 적지 않다. 그는 철학적 난제들만을 골라 씨름하며 치열한 논쟁을 즐기는 이 시대 최고의 논객이며 사상가다. 이제 그가 인간의 마음에 대해 어떤 '위험한 생각'을 해왔는지 좀 더 자세히 살펴보기로 하자.

지향계 이론

마음에 대한 데닛의 이론을 알기 위한 첫걸음은 그의 '지향계 이론intentional system theory'을 이해하는 일이다. 지향계 이론이란 '우리가 다른 인간, 동물, 인공물(컴퓨터나 로봇 같은), 심지어 우리 자신의 행동을 해석하고, 예측하고, 설명하기 위해 사용하는 정신적 용어들—'믿는다', '원한다', '기대한다', '결정한다', '의도한다'와 같은 통속 심리학적 용어들—의 의미를 분석하는 것'이다(『지향적 자세』). 우리는 대개 우리가 해석하려는 어떤 대상들에 마음minds을 부여하곤

한다. 그렇다면 그 대상이 어떤 조건에 있어야 마음(믿음과 욕구를 포함한 정신 상태들)을 갖는다고 말할 수 있을까?

데넷에 따르면 우리가 그 대상에 '지향적 자세intentional stance'를 가져보면 된다. 만일 이 자세로 그 대상의 행동이 유용하게 잘 예측이 되면 그 대상은 지향계intentional system이다. 여기서 지향적 자세란, 어떤 존재자—동물, 인간, 인공물 등 무엇이든—에 대해 그것이 마치 믿음과 욕구를 고려하여 행동하는 합리적 행위자rational agent인양 취급하여 그것의 행동을 해석하는 전략을 뜻한다. 다시 말해, 지향적 자세는 어떤 존재자의 행동이나 움직임을 예측하기 위해 그것을 행위자agent로 간주하는 것이다.

이런 지향적 자세는 두 가지 서로 다른 종류의 예측 전략들과 구분된다. 물리적 자세physical stance와 설계적 자세design stance가 그것이다. 여기서 물리적 자세는 우리가 알고 있는 모든 물리법칙과 원리들을 총동원하여 문제가 되는 존재자의 행동을 해석하는 전략이다. 물리학의 통상적 연구방법이라 할 수 있다. 무생물이나 인공물의 경우에는 이 자세가 우리가 취할 수 있는 유일한 전략이다. 반면 설계적 자세는 어떤 대상이 특정한 구조로 설계되어 있으며 그 구조와 설계대로 작동할 것이라고 예측하는 전략이다. 보통은 잘 설계된 인공물의 움직임을 예측하기 위해 사용되는 전략이지만 때로는 자연물에도 적용된다. 예측이 틀릴 위험성 측면에서 비교하자면 설계적 자세는 물리적 자세에 비해 덜 안전하다. 예측을 위한 계산 측면에서는 설계적 자세가 상대적으로 더 효율적이다.

지향적 자세는 계산을 가장 간단하게 하는 방식이지만 그만큼 틀릴 위험성이 가장 높은 예측 전략이다. 이 자세는 설계된 존재자가 마치 합리적 행위자처럼 행동한다고 예측하는 전략이기에 설계적 자세의 하부 범주에 해당된다. 가령 바둑 컴퓨터의 다음 수는 설계적 자세보다는 지향적 자세에 의해 더 효율적으로 예측된다. 즉, 바둑 프로그램이 실제로 어떻게 '설계되었는지'를 계산하는 것보다는 최적으로 설계되었다고 믿고 지향적 자세를 취하는 것이 바둑 컴퓨터를 이기기 위한 가장 좋은 전략이 된다.

좀 더 친근한 사례들로 세 자세의 차이를 정리해보자. 박찬호가 메이저리그에서 공을 던진다고 해보자. 그가 던진 공의 움직임을 이해하기 위해 그 공이 마치 믿음과 욕구를 가진 양 생각할 이유는 전혀 없다. 물리법칙만 잘 알고 있으면 된다(물리적 자세). 또한, 매일 아침 울려대는 알람시계의 작동을 이해하기 위해 시계의 마음을 읽으려 할 필요가 없다. 어떻게 설계되었는지를 알면 그만이다(설계적 자세). 하지만 우리 집 강아지가 갑자기 껑충껑충 뛰는 행동, 옆집 아기가 자지러지게 우는 행동을 이해하기 위해서는 다른 자세가 필요해 보인다. 물리법칙 혹은 설계원리만을 들이댄다고 해서 이해되는 행동이 아니기 때문이다. 데넷은 바로 이 대목에서 '지향적 자세'가 필요하다고 주장한다(『지향적 자세』).

지향적 마음의 진화와 진짜 패턴[2]

그런데 데넷은 지향성의 존재에 대해 매우 흥미롭고 논쟁적인

---

[2] 이 주제에 대한 더 자세한 논의는 다음 논문을 참조하시오. 장대익, 「일반 복제자 이론: 유전자, 밈, 그리고 지향계」, 『과학철학』 11권 1호, 2008, pp.1~33.

주장을 펼친다. 그에 따르면, 아무리 단순한 체계라도 그것이 지향적 자세를 통해 신빙성 있게 예측된다면 그 체계는 '진정한 지향성genuine intentionality'을 가진 것으로 간주된다. 조금 과해 보이지 않는가? 인간처럼 진짜로 목표와 의도를 가지고 행동하는 체계와 온도조절 장치처럼 지향적 상태를 부여하는 것이 가끔씩만 유용해 보이는 그런 체계는 구별되어야 하지 않을까? 데넷에 대한 주요 비판 중 하나는, 유용하지만 비유적인 지향성과 진짜 지향성을 그가 구분하지 않는다는 지적이다. 가령 우리보다 훨씬 더 뛰어난 지능을 가진 화성의 과학자가 인간 행위를 관찰한다고 해보자. 그는 물리학만으로도 인간의 행동을 잘 설명할 수 있기 때문에 굳이 지향적 자세를 가질 필요가 없다. 그에게 인간은 그저 온도조절 장치처럼 단순한 시스템이다. 이런 가상적 상황을 일반화하면, 어떤 시스템이 지향적 상태를 가진다는 것은 보는 사람이 누구냐에 따라 달라질 수 있다는 결론이 나온다. 그렇다면 우리 인간이 지향적 상태를 가진다는 것은 '객관적 사실'이 아니란 말인가?

누가 어떤 목적으로 시스템을 기술하느냐에 따라 지향적 상태의 유무가 달라질 수 있다는 비판은 데넷의 지향성 이론이 일종의 '도구주의instrumentalism'라는 지적이다. 이에 대해 데넷은 '진짜 패턴real pattern'이라는 개념을 제시하며 지향성에 대한 실재론적 입장을 취한다. 그에 따르면, 지향적 상태를 귀속시키지 않고 인간의 행동을 설명하는 그 어떤 시도도 자료 속에 실제로 존재하는 진짜 패턴을 포착할 수 없다.[3]

---

3   이에 대한 데넷의 논변은 다음 논문에 본격적으로 게재되었다. D. Dennett, "Real Patterns", *Journal of Philosophy*, LXXXVIII, pp.27~51.

그렇다면 '진짜 패턴'이란 무엇인가? 가령, '1010101010'과 같은 컴퓨터의 비트열을 생각해보자. 이 열을 어딘가로 전송하기 위해서 누군가가 이것을 '10의 5번 반복'이라고 표현했다면, 그리고 이 표현이 원래 비트열보다 더 적은 수의 비트를 필요로 한다면, 이 표현은 원래 자료의 압축compression이다. 반면 '1001011010'과 같은 무작위적 비트열은 압축될 수 없다. 이런 예를 통해 데넷은 어떤 자료가 압축될 수 없다면 그 자료에는 진짜 패턴이 없다고 말한다.

데넷의 이런 개념을 지향성에 적용해보자. 그에 따르면 어떤 시스템의 행동에 대한 물리적 수준의 기술을 지향적 수준의 기술로 압축할 수 있다면 그 시스템은 진짜로 지향적 상태를 갖는다. 바둑 소프트웨어 프로그램의 경우를 생각해보자. 이 경우에 물리적 수준의 기술은, 컴퓨터 배선 장치, 소프트웨어의 작동, 키 기능, 스크린의 작동 등 다음 수를 두기 위해 작동하는 모든 물리적 변화를 전부 고려하는 것이다. 하지만 우리는 이런 엄청난 양의 복잡한 자료를 지향적 수준의 기술로 다시 표현할 수 있다.

컴퓨터의 지향적 상태가 실재한다고 한다면 유전자의 경우는 어떤가? 물론 유전자의 행동을 물리적 수준에서 기술할 수는 있을 것이다. 그렇다면 그것은 지향적 수준으로 압축이 가능할까?『이기적 유전자』에서 도킨스가 선명하게 보여주었듯이, 유전자의 행동은 지향적 용어들을 통해 재기술될 수 있다. 데넷의 방식으로 말하면, 유전자의 지향적 상태는 실재한다고 할 수 있다. 따라서 물리적 수준에서만 유전자의 행동을 설명하면 지향적 수준에서만 보이는 진짜 패턴은 놓치고 만다.『이기적 유전자』가 아직까지도 큰 영향력을 행사하고 있는 중요한 책인 이유는 남들이 주목하지 못한 이 진짜 패턴을 우리들에게 보여주었기 때문일 것이다.

물론 도킨스가 명확히 밝혔듯이 유전자는 마치 더 많은 복사본을 퍼뜨리는 것이 자신의 목표인 '양' 행동할 뿐, 실제로 어떤 의식이나 특성 심리 상태를 갖고 있지는 않다. 그렇다면 도킨스의 이런 주장은 유전자가 지향적 상태를 '실제로' 갖는다는 데넷의 주장과 서로 긴장 관계에 있는 것 아닌가?

나는 그렇지 않다고 생각한다. 오히려 정반대이다. 왜냐하면 지향적 상태, 혹은 지향성의 존재가 꼭 어떤 의식이나 심리 상태를 전제하지는 않기 때문이다. 온도조절 장치는 인간과 같은 마음이 없는데도 지향적 상태 혹은 지향성을 가질 수 있고, 극심한 자폐증 환자처럼 비록 인간이라도 지향성을 갖지 않는 경우도 존재한다. 다시 말해 지향성이 인간의 전유물은 아니라는 뜻이다. 인간에게만 지향성을 귀속시키려는 태도는 본질주의essentialism를 거부하는 다윈의 생각과 완전히 상충된다. 요약하면, 지향계를 목표나 의도 같은 것이 없는 물리 시스템으로만 다루는 사람들은 그 행동 속에 존재하는 진짜 패턴을 놓치고 말 것이라는 점이다.

그렇다면 지향적 자세를 통해 잘 예측되고 해석되는 대상, 즉 지향계는 구체적으로 어떤 목록을 갖고 있는가? 동물과 인간이 지향계인 것은 분명하다. 그렇다면 식물은 어떤가? 컴퓨터나 로봇은 어떤가? 아니 단순한 온도조절 장치는 어떤가? 식물이나 온도조절 장치는 일견 설계 시스템으로만 보일 수도 있지만 이 사례도 지향적 자세로 잘 예측되는 경우이다. 물론 지향계의 외연이 애매할 수 있다는 사실은 개체군에는 늘 변이가 존재하기 때문에 개체군의 멤버십을 결정하는 공통의 본질적 속성이 없다는 '개체군 사고population thinking'로 무장한 다윈 이후의 철학자들에게는 더는 불편한 진실이 아니다. 진화의 도상 어딘가에 말하자면 0.0001%의 지향계 같은 것이 존재했을 테니까 말이다.

의식에 관한 과학적 탐구

앞 절에서 언급한 것처럼 데넷은 심지어 기계도 지향계일 수 있다고 주장한다. 그러나 그의 마음에 대한 이론은 해결해야 할 중요한 문제를 가지고 있다. 그것은 바로 '의식consciousness'의 문제이다. 우리는 자신의 지향성을 의식적으로 경험한다. 우리는 탁자 위에 놓여 있는 컵 같은 대상을 '의식'하기도 하고, 옆자리에 앉은 사람을 '의식'하기도 한다. 심지어 우리는 자기 자신을 '의식'하기도 한다. 또한 우리는 의식을 통해서 우리 자신이 통합되어 있다고 느낀다. 대체 이 의식의 정체는 무엇인가?

데넷은 그의 대표작 『설명된 의식』에서 의식에 관한 새로운 이론을 제시했다. 그는 의식에 관한 두 가지 통념을 비판한다. 첫째는 심리 상태의 다른 모든 속성과 명확히 구분되면서 분명히 파악되는 감각질qualia(느껴진 질적 속성 같은 것)이 의식이라는 생각이다. 다른 하나는 마치 객석 한가운데에 앉아 뇌 속에서 돌아가는 모든 일을 영화 감상하듯 관찰하고 통제하는 작은 존재 같은 것이 바로 의식이라는 생각이다. 데넷은 이를 의식에 관한 '데카르트의 극장cartesian theater' 모형이라고 칭하고, 데카르트 이후의 의식에 관한 입장들이 어떻게 왜곡되었는지를 강하게 비판했다.

데넷은 데카르트의 극장 모형도 잘못된 이원론을 전제하고 있다고 비판한다. 이원론에 따르면 정신과 물질이 분리되어 있기 때문에 그 둘이 만나는 지점이 이딘가 있어야 한다. 이와 마찬가지로 데카르트의 극장에서도 물리적 과정을 거쳐서 전달된 감각적 입력 신호들이 보아지고 통합되어 상영되는 그런 내적 자아의 장소가 어딘가에 존재해야 한다. 하지만 뇌에는 그러한 지정된 공간이 어디에도 없다는 것이 데넷의 주장이다.

시각 처리 과정을 예로 들어보자. 커다란 원이 반짝이고 있는 컴퓨터 화면을 보고 있는 사람을 상상해보자. 이때 화면에서 나온 빛은 먼저 망막에 닿을 것이다. 이 순간 분명히 그 사람은 빛을 의식하고 있지 않을 것이다. 다음 순간 빛은 망막의 시신경에 도달하고 시신경은 빛을 전기 신호로 바꾼다. 이 순간에 빛은 의식되었을까? 아마도 아닐 것이다. 그 다음, 시신경이 보낸 전기 신호는 시각 처리를 담당하는 뇌의 부분에 도달한다. 그런데 이 순간에도 빛은 의식되지 않는다. 결국 여러 시각적 처리가 행해진 뒤에야 그 시각 신호가 무엇인지 의식된다고 할 수 있다. 그리고 시각 신호가 처리된 뒤에 우리 뇌는 그 신호를 기억으로 바꾸는데, 이후에도 회상을 통해 우리는 그 빛을 다시 의식할 수 있다.

물론 이 현상에 대해 데카르트의 극장 모형을 따르는 이들은 외부 시각 신호를 처리하는 과정 가운데 언제 어딘가에서 우리의 의식이 발생했다고 이야기할 것이다. 하지만 데넷은 우리 뇌가 다양한 메커니즘을 통해 동시에 분산적으로 정보 처리를 하고 있기 때문에 그런 순간과 공간을 꼭 집어서 이야기할 수 없다고 반론한다. 그리고 그는 현대 인지과학의 연구 성과들을 제시하면서 우리의 정신현상이 이런 다양한 메커니즘들의 복잡한 상호작용의 결과라고 강조한다. 결론적으로, 그는 감각질의 존재를 전제하고 의식의 주관성을 강조하는 현대 철학자들이 현대의 뇌과학적 성과들을 무시한 채 여전히 데카르트적 시각에 갇혀 있다고 비판했다.

데넷의 '다중 초안 모형multiple drafts model'은 그토록 많은 사람들이 의식에 대해 버리지 못하고 있는 데카르트의 극장 모형을 대체하기 위해 그가 꺼내든 카드다. 이 모형에 따르면 의식이 발생하는 자리 같은 것은 존재하지 않는다. 뇌의 모든 정신 활동은 감각 입력이 병렬적으로 처리되고 해석된 결과물이기 때문이다. 따라서 정보는 신경계로 들어오면서부터 연속적으로 편집되고 수정된다. 우리가 실제로 의식하고 있는 것이 무엇이고, 그것에 대한 의식이 맨 처음 생겨난 곳이 어디인지를 알기 위해 참조해야 할 표준적인 의식의 흐름 따위는 존재하지 않는다. 수많은 초안만이 존재할 뿐이다. 데넷에 따르면 그럼에도 우리 자신을 단일한 의식을 가진 행위자인 것처럼 느끼는 것은 우리 뇌에서 수많은 초안(또는 내러티브)이 병렬적으로 처리되는 과정에서 하나의 내러티브로 쏠리는 현상이 생겨나기 때문이다.

최근에 데넷은 의식을 다중 초안에 비유하는 방식에서 한발 더 나아가 '명성fame'에 비유하기 시작했다. 어떤 사람이 명성을 얻게 되는 과정을 상상해보자. 정확히 어느 시점에서 명성을 얻었다고 할 수 없는 것처럼, 뇌에서 명성이 획득되는 과정도 시일이 정확하게 추정될 수 있는 그런 전이 과정이 아니다. 또한 우리 중 많은 사람들이 명성을 얻기 위해 경쟁하여 결국 소수만이 그것을 얻듯이, 마음을 구성하는 다양한 메커니즘도 우리 몸의 지배권을 놓고 실제로 경쟁하고 있다. 이 경쟁에서 승리한 메커니즘이 '의식'이라는 권력을 차지하는 것이다. 그러나 중요한 것은, 승리를 쟁취한 메커니즘이 데카르트의 극장의 객석 중앙에 모든 것을 통제하며 앉아 있던 그 작은 사람은 아니라는 사실이다. 그 세계는 군주제가 아니라 민주주의에 가깝다. 각 메커니즘은 다른 메커니즘들과의 네트워크 속에서 작동하기 때문에 그중 하나가 의식을 차지하는 기간은 길지 않으며 각각의 메커니즘은 수시로 의식과 무의식을 넘나든다. 그리고 무의식에서 의식으로 전이될 때 그 경계선은 분명하지 않다.

그렇다면 그동안 왜 철학자들은 의식을 과학(삼인칭적 관점)이 접근할 수 없고 객관적 표현이 불가능하며 데카르트의 극장에서 생겨나는 일인칭적 대상으로 인식해온 것일까? 데넷은 한 마디로 그것은 '착각 때문'이라고 말한다. 화폭에 찍혀 있는 점들을 가까이서 들여다보면 아무리 보아도 그림의 전체 풍경은 보이지 않는다. 이와 마찬가지로 각각의 메커니즘을 아무리 자세히 들여다봐도 의식은 나타나지 않는다. 하지만 점들의 수준이 아닌 면의 수준으로 시각을 조정하면 풍경이 들어온다. 의식도 마찬가지다. 우리가 의식을 마치 일인칭적인 질적 속성인양 느끼는 것은, 지향적 수준에서는 두뇌의 메커니즘들의 협력이 상당히 일관적인 것으로 나타나기 때문이다. 그래서 우리가 주관적 의식이 실재하는 것처럼 착각하게 된 것이다. 이런 의미에서 의식은 마술사들이 부리는 마법과도 같다. 마술사들은 실제로 마법능력을 가지지 않았지만 관객들을 속여 자신들을 믿게 만들 뿐이다. 데카르트의 후예들이 생각하는 것처럼 모든 정신작용이 통합되는 그런 지점은 존재하지 않는다. 의식은 뇌 속에서 작동하고 있는 수많은 메커니즘 속에 분산되어 있다.

이처럼 데넷은 인지과학의 최신 성과들을 진지하게 받아들여 의식에 관한 기존 견해들에 덧씌워진 신비주의를 벗겨내려 한다. 게다가 인간의 의식에 대한 삼인칭적 과학 방법론을 제시하기까지

한다. '타인현상학heterophenomenology'이 그것인데, 이 방법은 한 개인의 의식 상태에 대한 그 주체의 발화에 대해 제 삼자가 지향적 자세를 취하는 것을 의미한다. 그는 이런 방법을 통해 의식 현상을 과학적으로 탐구하고 이해할 수 있다고 주장한다.

물론 의식의 주관성 문제에 대해서는 현대의 심리철학자들 사이에서 아직도 큰 논쟁이 진행 중이다. 하지만 분명한 것은 그가 지난 40여 년 동안 과학적 성과들을 진지하게 고려함으로써 이 논쟁의 장을 더욱 흥미롭고 의미있는 최전선으로 만드는 데 큰 공헌을 했다는 사실이다. 하지만 데닛의 기여는 이 영역에만 머물지 않는다. 그의 생각은 윤리학의 토대에 관한 중요한 물음에까지 확장된다. 자유의지의 본성과 진화에 대해 그는 어떤 견해를 발전시켜왔는가?

자유의지와 '선택 기계'의 진화[4]

신경과학이 발달하면 할수록 인간의 행동과 생각이 여러 복잡한 신경 메커니즘에 의해 조절된다는 사실이 밝혀지고 있다. 이러다 보니 우리 행동의 원인이 우리의 자유의지에 있는 것이 아니라 뇌의 작용에 있다는 생각이 점점 더 팽배해지고 있다. 자유의지와 결정론과의 관계는 매우 어렵고도 중요한 주제이다. 신경과학적 성과를 받아들이면서도 자유의지, 책임 등의 윤리학의 전통적 개념

---

4 이 절은 다음 논문의 일부 내용을 가져온 것이다. 장대익, 「뇌 탓이오?: 신경윤리학의 쟁점들」, 『철학과 현실』 78, 2008, pp.137~151.

들을 모두 받아들일 수 있을까?

철학사를 보면, 자유의지의 존재와 행위의 책임 귀속 문제는 결정론과의 관계 속에서 늘 논의되어왔다. 가령, 종교가 모든 삶을 지배하던 시대에는 전지전능한 신과 인간의 자유가 양립가능한가가 쟁점이었고, 그 이후에 본격적으로 과학이 등장하기 시작한 시대부터는 자연과학의 결정론적 세계관—우주는 결국 입자들의 운동이며 이는 자연법칙과 주변 조건들로 설명된다는 견해—이 전통적인 자유의지 개념과 과연 한 배를 탈 수 있는지가 고민거리였다.

자유의지와 결정론의 관계에 대해서는 그동안 크게 두 가지 상반된 입장이 전개되어왔다. 하나는 '양립불능론incompatibilism'이고 다른 하나는 '양립론compatibilism'이다. 다시, 양립불능론자는 결정론을 믿는 '강성 결정론자hard determinists'와 비결정론을 믿는 '자유의지론자libertarians'로 나뉜다. 강성 결정론자는 자유의지는 한낱 착각illusion일 뿐이라고 주장하고, 자유의지론자는 이 세계가 비결정론적이기 때문에 우리는 자유롭게 선택이 가능하다고 믿는다. 반면 양립론자들은 '연성 결정론자soft determinists'들이다(『자유는 진화한다』). 많은 철학자, 인문주의자, 종교 사상가들은 자유의지론자들이라고 볼 수 있고, 강성 결정론자의 대부분은 과학자들이다.

그렇다면, 신경과학의 성과들은 어떤 편에 선다고 할 수 있을까? 이 질문에 대답하기 위해서는 신경과학이 결정론과 어떤 관계에 있는지부터 살펴보면 좋을 것이다. 신경과학은 결정론을 지지하는가? 이에 대한 대답도 크게 두 가지로 나뉜다. 하나는 뇌도 물리법칙의 완벽한 지배를 받기 때문에 결정론적으로 행동한다는 결정론(『자유는 진화한다』), 다른 하나는 뉴런의 행동들은 미시적으로 보면 무작위적이거나 확률적으로 일어난다는 비결정론적 입장이다. 어떤 학자들은 신경과학이 결정론에 대해 어떠한 견해도 가지지 않는다는 제3의 견해를 주장하기도 한다.

비결정론적 입장은 양자역학이 말하는 미시세계 자체의 비결정론적 특성을 강조하지만, 이런 해석은 양자역학에 대한 오해에서 비롯된 경우이기 때문에 그동안 자유의지와 양자역학의 관계를 논해온 이들에게 많은 공격을 받아왔다. 이런 맥락에서 우리가 여기서 천착해야 하는 것은 '신경 결정론과 자유의지가 과연 양립가능한가?'라는 물음으로 압축될 수 있을 것이다.

데넷은 신경 결정론과 자유의지의 양립가능성을 주장하는 대표적인 양립론자이다. 그는 자신의 연성 결정론은 '피할 수 없음inevitability'과 '피할 수 있음evitability'에 대한 올바른 해석으로부터 나온다고 주장한다. 그에 따르면 어떤 것이 불가피하다는 것은 절대적 의미에서라기보다는 언제나 행위자agent에 상대적인 의미로 읽혀야 한다.

가령 바둑 프로그램을 생각해보자. 프로그래머는 컴퓨터가 어떤 수를 어떤 방식으로 둘지를 결정하고 시스템을 설계한다. 즉, 100퍼센트 결정론적 메커니즘으로 작동하는 시스템을 설계하는 것이다. 모든 수는, 이전 수들과 프로그램에 대한 지식에 기반하여, 정확하게 예측될 수 있다. 만약 철수가 이 결정론적 시스템과 대결하여 내리 세 판을 이겼다고 해보자. 그 시스템의 패배는 '피할 수 없었던' 것인가? 이 물음을 그 시스템에 하지 않고 그 시스템을 설계한 엔지니어에게 해보면 대답은 달라진다. 엔지니어는 그 프로그램의 설계design에 대해 무언가를 알고 싶어 하는 사람이다. 그는 다음에 패배하지 않도록 프로그램을 재설계하는 것에 관심이 있다. 즉, 엔지니어는 자신의 시스템을 완벽하게 예측가능하도록 설계하면서도 동시에 그 시스템의 특정 행동(실패 행동)은 피할 수 있도록 설계하고 싶어 한다.

이런 엔지니어의 관심은 결정론이 '피할 수 없음'을 함축하지 않는다는 것의 한 가지 의미이다. 이렇게 '피할 수 있는가 없는가'라는 물음은 시스템(혹은 행위자)의 수준에 따라 대답되어야 한다. 따라서 위의 사례는, 프로그램의 수준에서는 결정론적이지만 엔지니어의 수준에서는 '피할 수 있는evitable' 경우이다. 데넷에 따르면, 자유의지와 결정론의 양립가능성에 대해 부인하는 이들은 이런 맥락에서 범주 오류categorical mistake를 범하고 있다(『자유는 진화한다』). 데넷의 용어로 표현하자면, 양립불능론자들은 '설계적 자세'로 설명되어야 할 것을 '물리적 자세'로 설명하는 오류를 범하고 있는 것이다.

그렇다면 엔지니어가 자신이 설계한 시스템이 특정 행동을 피할 수 있을지를 궁금해 할 때 그의 관심사는 무엇일까? 그것은 시스템의 행동을 결정하는 물리적 인과사슬이라기보다는 그 시스템의 설계일 것이다. 가령, 시스템이 (엔지니어의 입장에서) 원치 않는 행동을 했을 때, 그 시스템이 특정 환경에서 그렇게 행동하도록 결정되어 있기 때문에 그런 행동은 불가피했다고 말한다면, 그것은 엔지니어의 관심과는 거리가 먼 얘기이다.

그러면 데넷의 이런 주장들은 자유의지와 신경과학의 관계에 대해 어떤 통찰을 줄 수 있는가? 우선, 대다수의 과학자들이 받아들이고 있듯이 신경과학의 최근 성과들이 뉴런 행동에 대한 결정론적 해석을 지지한다고 하더라도, 신경 시스템의 상위 수준들에서는 특정 행동을 '피할 수 있다evitable고 주장할 수 있다. 다시 말해, 본 주제에 관해 양립가능론을 주장할 수 있다.

사실, '피할 수 있는 능력capacity to avoid'은 수십억 년에 걸친 진화의 산물이다. 자연계에는 다양한 방식으로 이런 능력을 발휘하고 있는 수많은 동식물로 가득차 있다. 그런데 인간의 '피할 수 있는 능력'은 좀 더 대단하다. 가령, 인간의 경우에는 '상황 Z에서는 A를 하라'라는 식의 단일한 행위 규칙만을 탑재한 것이 아니라, 가능한 여러 선택지를 비교하여 행동할 수 있는 메커니즘을 진화시켰다. 인공지능학자인 드레처G. Drescher는 전자를 '상황-행위 기계situation-action machine'로, 후자를 '선택 기계choice machine'로 부르고 이 둘을 구분했다. 여기서 선택 기계가 상대적으로 더 많은 자유를 갖고 있다는 것은 자명하다. 자연계의 생명체 중에서 인간은 가장 고도로 발달한 선택 기계라고 할 수 있다.

이런 진화론적 관점은 데넷의 양립론과 결합하여 자유의지의 진화evolution of free will에 관한 새로운 통찰을 제공한다. 그것은 다음과 같이 요약될 수 있을 것이다. 신경과학을 비롯한 제반 과학의 성과들이 축적되면 될수록, 그리고 그로 인해 자연과 인간의 모든 행동들이 결정론적 세계관 속으로 더 잘 편입되면 될수록, 오히려 인간의 자유의지의 존재와 의미는 더욱 살아날 것이고 인간의 도덕 행동에 관한 책임 귀속 문제는 더욱 명확해질 것이다. 정교하게 결정된 선택 기계일수록 자율성은 커지기 때문이다.

이런 결론은 결정론과 자유의지에 관한 일반 상식을 완전히 뒤엎는 도발적인 주장일 수 있다. 왜냐하면 상식적 견해에 따르면 결정론과 자유의지는 반대되는 개념이기 때문이다. 또한 이런 결론은 결정론이 입증되면 될수록 자유의지는 착각으로 판명날 것이라는 강한 결정론자들의 결론과도 완전히 배치된다. 이런 결론은 결정론과 자유의지의 양립가능성만 아니라 그 둘의 비례적 관계까지를 주장하기 때문에 더욱 도발적이다. 이런 관점에 따르면, 뇌의 결정론적 작용을 핑계로 그 행위자의 도덕적 책임을 물을 수 없다는 주장은 성립할 수 없다. 이것은 적어도 정상적인 뇌를 가진 사람의 경우에는 참이다.

그렇다면, 손상된 뇌를 가진 어른과 미숙한 뇌를 가진 아이 등의 경우에도 이런 도덕적 책임을 똑같은 정도로 물을 수 있을까? 다음과 같은 예를 상상해보자.

상철이는 원래 다정다감하고 친구가 많은 대학생이었다. 여학생들에게도 매너 좋은 남학생으로 인기가 많았다. 하지만 어느 날 큰 교통사고로 머리를 다치고 나서는 이상하게 변했다. 친구들하고 말다툼을 자주 하기도 하고 가끔씩 폭력을 행사하기도 했다. 게다가 얼마전에는 사고 전에 친하게 지낸 여학생에게 성폭행을 시도하다 구속된 적도 있다. 이 문제로 재판을 받고 있는데 어떤 정신과 의사가 증인으로 나와 다음과 같이 주장하고 있다. "상철이에게는 죄가 없어요. 죄가 있다면 교통사고로 손상된 그의 뇌입니다."

이 예는 손상된 뇌의 경우이다. 나는 이 경우에는 도덕적 책임을 물을 수 없다고 생각한다. 그런데 그 이유는 모든 행동이 뉴런의 작동으로 결정된다는 믿음을 적용—다시 한번 강조하자면, 정상적인 인간의 경우에도 뉴런 결정론은 똑같이 적용된다.—해서가 아니라, 성민이의 사례는 뇌손상으로 인해 그의 선택 기계가 정상적으로 작동되지 않는 경우이기 때문이다. 물론 여기서 주의할 것은, 정상적인 뇌의 경우에도 그 속에 탑재된 선택 기계는 '결정론적으로' 작동하는 점이다.

이런 논리는 미숙한 뇌를 가진 아이들에게도 동일하게 적용될 수 있다. 아직 도덕 행동에 대한 입력들—정상적인 뇌로 성장하기 위해 필요한—을 채 받지 못한 어린이의 두뇌는 올바른 도덕적 선택을 할 수 없는 상태에 있다. 따라서 어린아이의 잘못된 행동에 책임을 귀속시키지 않는 우리의 현 관행(법적·제도적)은 신경과학의 발전과 충분히 양립가능하다. 오히려, 도덕 행동에 대한 신경학적 기초가 더 많이 밝혀져서 '책임을 물을 수 있는 뇌responsible brain'의 정체가 좀 더 명확해질 수 있다면, 처벌의 대상이 되는 행위자를 가리는 작업은 더 객관적이 될 수 있을 것이다.

이것은 신경과학이 미래 윤리학에 기여할 수 있는 것들 중 하나일 수 있다. 현재의 법적 관행에 따르면, 정신이상자의 비도덕적 행위는 정상인의 똑같은 행위에 비해 도덕적·법적 책임을 경감받는다. 하지만 이런 분류 작업은 현재 정신과 의사의 정신감정을 통해 이뤄지고 있다. 만일 '책임을 물을 수 있는 뇌'를 (매우 안정적으로) 가릴 수 있는 정도로 신경과학이 진보한다면, 거짓으로 비정상적 정신 상태를 흉내내는 일들은 사라질지도 모른다.

종교, 밈, 그리고 마음의 진화[5]

종교 진화론은 크게 세 진영으로 나뉜다. 첫번째는 종교를 인간 마음의 적응adaptation으로 보는 적응주의adaptationism이고, 두 번째는

---

5   이 절의 내용은 다음 논문의 일부를 수정 보완한 것이다. 장대익, 「종교는 스팬드럴인가?: 종교, 인지, 그리고 진화」, 『종교문화비평』 14, 2008, pp.13~42.

종교가 다른 인지 적응들의 부산물by-product이라는 견해이다. 그리고 세 번째는 종교 현상을 밈meme의 역학으로 보는 견해이다. 여기서 '밈'이란 『이기적 유전자』에서 저자인 도킨스가 인간의 문화 현상을 설명하기 위해 사용한 용어로서 '기억memory이나 모방imitation'의 'm'과 'gene(유전자)'에서 따온 'eme'의 합성어이며, '대물림가능한 정보의 기본 단위', 혹은 '문화와 관련된 복제의 기본 단위'라는 의미를 갖는다. 밈의 사례들로 도킨스는 '선율, 아이디어, 캐치프레이즈, 패션, 주전자 만드는 방법, 문 만드는 기술' 등을 들며, 신神 개념에 대한 밈 이론을 간단히 펼쳐보였다.

그런데 도킨스와 데넷은 밈도 유전자와 마찬가지로 복제자의 사례라고 말한다(『이기적 유전자』, 『다윈의 위험한 생각』). 그들에 따르면, 밈이 복제자인 이유는 유전자에 비유될 수 있기 때문이 아니라 유전자와 마찬가지로 복제자의 주요 특징들을 대체로 만족시키기 때문이다.[6] 예컨대 도킨스가 내건 복제자의 요건은 수명longevity, 산출력fecundity, 그리고 복제 충실성copying fidelity이다. 유전자뿐만 아니라 위에서 언급된 밈도 이 요건들을 대체로 만족시킨다는 것이 밈 이론가들의 주장이다. 하지만 유전자와 밈의 행동을 공통적으로 설명할 수 있는 더 근본적인―단지 비유가 아닌 방식으로―개념틀이 필요하다.

앞서 소개된 데넷의 지향계 이론은 유전자와 밈을 복제자의 사례들로 간주하고 그것들의 행동을 설명할 수 있는 유력한 이론이다. 그렇다면 유전자는 지향계인가? 물론 유전자의 행동을 물리적

---

6 도킨스의 『이기적 유전자』 11장 제목은 "밈, 새로운 복제자"이다. (R. Dawkins, *The Selfish Gene*, Oxford University Press, 1976, p.189)

수준에서도 기술할 수는 있을 것이다. 하지만 『이기적 유전자』에서 도킨스가 보여주었듯이, 도킨스는 유전자가 마치 자신의 복제본을 최대로 남기려는 욕구가 있는양 행동한다고 말한다. 이는 지향적 용어들을 통해 재기술될 수 있다. 따라서 유전자는 지향계이며 유전자의 지향성은 진짜이다.

또 다른 복제자인 밈도 지향계라 할 수 있다. 가령 '독신獨身'이나 '만혼晩婚'의 예를 생각해보자. 현대 사회에서 이 밈들은 유행처럼 번지고 있다. 그런데 이 밈들을 진지하게 받아들이는 사람들의 유전적 적응도genetic fitness를 생각해보자. 유전적 적응도란 후대에 자신의 복제를 얼마나 남기는가로 규정된다. 분명히 그것이 낮아짐에도 불구하고 밈들은 계속 사람들 사이에서 복제된다. 이 현상을 이해하려면 복제자의 관점이 필요하다. 이 관점에 따르면 그 밈들은 마치 자신의 복사본을 더 많이 퍼뜨리기 위해 행동하듯이 '이기적'으로 행동한다. 좀 더 큰 그림을 그려보면, 그런 밈들은 유전자와 동등한 자격에서 인간의 행동에 영향을 주는 행위자다. 그리고 이런 밈들의 행동을 제대로 포착하기 위해서는 유전자에게 취했던 것과 동일한 지향적 자세가 요구된다. '민주주의'나 '자유주의' 같은 밈들도 지향적인 복제자로 간주될 수 있다.

이런 식의 복제자 관점은 문화에 대한 새로운 이해를 가능하게 한다. 예컨대 복제자 관점은 문화에 대한 기존의 설명들에서 결여된 '행위자agent', '수혜자beneficiary' 개념을 부른다. 즉, 이는 복제자들이 무엇을 위해 어떻게 행동하는지에 대한 시선과, '결국 어떤 행위자가 이득을 얻는가'라는 질문으로 요약된다.

이 질문에 대한 복제자 이론의 대답은 두 가지다. 하나는 이타적 행동을 비롯한 인간의 많은 행동이 유전자들의 이해관계의 결과라는 생각이다. 이것은 주로 사회생물학이나 진화심리학자들의 견해이다. 하지만 다른 하나는 생명체의 산물(특히, 인공물)들이 그 창조자를 위해 봉사하지 않고 자기 자신의 이득을 위해 행동할 수 있다는 생각이다. 이 둘을 합치면 유전자와 밈이 모두 행위자이고 수혜자이며 주체라는 견해가 나온다. 이런 시각에서는 '주체와 통제자로서의 인간(또는 유기체)' 개념이 설 자리가 없는 듯하다. 이것은 이 세계(자연계와 인공계를 모두 포함)가 복제자들의 전쟁터임을 시사한다.

그렇다면 이 지향성 이론을 종교 현상을 이해하는 데 적용해보자. 이런 접근에는 크게 두 갈래가 있다. 하나는 종교를 '마음 바이러스virus of mind'로 이해하는 도킨스의 견해이고, 다른 하나는 종교를 '길들여진 밈domesticated meme'으로 해석하는 데닛의 견해이다(『주문을 깨다』).

종교를 마음 바이러스로 보는 도킨스는 바이러스가 숙주에 기생하여 자신의 핵산(DNA 또는 RNA)을 복제하는 특성에 주목한다. 바이러스는 살아있는 세포에 기생하지 않고는 대사나 증식을 할 수 없다. 그런데 잘 알려진 '트로이 목마'나 '웜' 등의 컴퓨터 바이러스는 세포가 아닌 컴퓨터 운영체계나 프로그램, 혹은 메모리 내부에 기생하여 자신을 복제한다. 마음 바이러스도 작동 원리는 동일하다. 그것은 인간의 마음을 숙주로 삼아 자신의 정보를 복제하는 기생자다. 마음 바이러스에 감염된 인간은 바이러스에 감염된 세포나 컴퓨터처럼 오작동을 하는데, 이는 마음 바이러스가 자신의 복사본을 더 많이 퍼뜨리는 방식으로 숙주의 행동을 조작하기 때문이다.

그렇다면 도킨스는 왜 종교가 일종의 마음 바이러스라는 것일까? 그는 부모에서 자식으로 전달되는 믿음에 주목한다. 아이들은 어른들이 하는 말이면 의심하지 않고 받아들인다. 언어를 배우기 위해 사회적 관습과 여러 지침을 숙지해야 하는 아이들에게 그런 태도는 진화론적으로는 다 이유가 있다. 예컨대 엄마의 잔소리, 즉 '뜨거운 데에 손을 얹지 말라'라든가, '뱀을 집어들지 말라'라든가, '이상한 냄새가 나는 음식은 먹지 말라' 등은 아이들이 생존하기 위해 지켜야 할 필수 지침들이다. 도킨스는 이런 상황에서 자연선택이 아이들의 뇌 속에 '어른들이 하는 말은 무엇이든 믿어라'와 같은 지침rules of thumbs을 장착했을 것이라고 말한다.

이 지침은 아이들의 생존에 유리한 방식으로 대체로 잘 작동한다. 하지만 부모의 믿음이 어떤 것이건 간에 그 지침은 그런 믿음들의 대물림을 손쉽게 하는 메커니즘을 제공한다. 만일 인류의 진화 역사에서 어떤 부모가 초자연적 믿음을 갖게 되었다면, 그 지침의 작동으로 그 자손들은 부모의 믿음을 대물림받기 쉽다. 도킨스는 그런 순간에 마음 바이러스의 공격이 시작된다고 본다. 이는 모든 입력을 올바른 것으로 받아들이는 컴퓨터 프로그램이 그만큼 바이러스에 치명적일 수밖에 없는 이치와 같다. 그래서 아이들의 뇌에는 '뜨거운 불이 이글거리는 지옥에 가지 않으려면 아무개 신을 믿어야 한다'라든지, '무릎을 꿇고 동쪽을 바라보며 하루에 다섯 번 절을 해야 한다' 등과 같은 코드들이 쉽게 기생할 수 있다.[7]

하지만 종교가 꼭 바이러스일 필요가 있는가? 이 세상에서 숙

---

[7] 종교적 믿음의 대물림을 주장하는 도킨스의 주장은 일견 설득력이 있어 보인다. 예컨대 이슬람교인 부모 밑에서 자란 아이들이 결국은 대개 이슬람교인이 되듯, 부모와 자식의 종교가 일치할 개연성은 실제로 상당히 높다. 하지만 성인이 된 후에 종교적 믿음을 버리거나 새로운 믿음을 받아들이는 경우 또한 비일비재하다. 이런 측면에서 아이들의 정신 메커니즘뿐만 아니라 성인의 그것이 종교밈의 확산과 어떤 관계가 있는지도 탐구되어야 할 것이다.

주에 유익이 되는 바이러스는 존재하지 않는다. 모든 바이러스는 숙주를 갈취하는 (숙주 입장에서) '나쁜' 존재자이다. 반면 종교의 경우에 모든 종교밈들이 그 밈을 믿는 이들의 유전적 적응도를 낮춘다고는 할 수 없다. 종교적 믿음들의 참/거짓을 떠나 그것을 믿는 종교인들이 그렇지 않는 이들에 비해 평균적으로 유전적 적응도가 낮다는 증거는 아직 없다. 게다가 도킨스의 마음 바이러스 이론은 초자연적인 믿음의 기원보다는 그런 믿음이 생긴 이후의 전달 과정에 대한 이론이다. 다시 말해, 도킨스의 이론에는 인류의 역사에서 초자연적 믿음이 어떻게 생겨나게 되었는지에 대한 설명이 부족하다. (이에 비해 데넷은 초자연적 믿음이 인지 적응의 부산물로 진화되었다는 논의를 진지하게 받아들인다.)(『주문을 깨다』)

반면 도킨스의 밈 이론과 맥을 같이하면서도 종교에 대한 마음 바이러스 이론에 대해서는 다소 비판적인 입장이 있다. 데넷은 도킨스가 종교밈의 무법자적 측면만을 지나치게 강조했다고 비판하고, 종교밈religious meme을 '야생밈wild-type meme'과 '길들여진 밈domesticated meme'으로 구분한 후, 현대의 고등 종교는 후자에 해당된다고 분석한다(『주문을 깨다』). 그에 따르면, 민속 종교folk religion 같은 경우는 자신의 복제에만 열을 올리는 야생밈이지만, 현대의 고등 종교는 경전, 신학교, 교리문답, 신학자 등과 같은 기구들이 없이는 존재할 수 없을 정도로 우리에게 길들여져 있는 밈이다. 즉, 우리가 우리 자신을 위해 야생의 소를 젖소로 길들였듯이, 우리는 진화의 역사에서 우리 자신을 위해 민속 종교 같은 야생밈을 고등 종교로 길들였다는 것이다. 그렇다면 종교를 이해하기 위해서는 이런 종교밈의 작동, 확산, 대물림, 진화 메커니즘을 밝혀야 한다는 뜻이 된다. 바로 이 지점이 그의 지향성 이론이 들어오는 대목이다. 복제자 관점에서 보면 종교밈은 유전자와 마찬가지로 복제자의 전달 및 진화 메커니즘에 따라 행동한다.

종교밈에 대한 데닛의 논의 중에서 가장 흥미로운 부분은 '믿음에 대한 믿음belief in belief'에 관한 대목이다. 가령, 무신론자를 향해 '쯧쯧, 너는 잘못된 길로 가고 있어'라며 상대방의 믿음에 대해 걱정하는 경우가 바로 '믿음에 대한 믿음'의 사례이다. 이것은 일종의 '메타밈meta-meme'인데, 밈의 효과적인 전파를 위한 가장 강력한 도구이기도 하다. 이런 맥락에서 밈뿐만 아니라 메타밈의 진화를 설명하는 것도 매우 흥미로운 작업일 것이다.

데닛의 종교밈 이론의 특징은 종교밈의 이런 역동성을 병리적이라고 전제하지 않는다는 것이다. 이런 생각은 유전자가 행동적 측면에서 '이기적'임에도 불구하고 상위 수준에서는 협동적이거나 이타적일 수 있는 이치와 동일하다. 특정 종교밈의 행동 자체는 '이기적'이지만 수많은 종교밈으로 구성된 상위 수준의 종교 현상은 다른 방식으로 작동할 수 있다. 이런 논의는 도킨스가 처음으로 제안한 밈 이론보다 더 발전된 형태의 논의이며, 오히려 도킨스의 이기적 유전자 이론과 더 일관성을 지니는 형태라고도 할 수 있다. 데닛은 도킨스와는 달리 종교의 병리성 문제는 경험적 질문이라고 열어놓고 있다. 이런 의미에서 데닛의 종교밈 이론은, 도킨스의 마음 바이러스 이론에 비교해서 '마음 박테리아 이론'이라고도 부를 수 있을 것이다. 박테리아는 숙주에 질병을 일으키기도 하지만, 숙주의 적응도를 높이는 경우도 많다.

하지만 종교밈 이론에도 문제는 있다. 그중 가장 심각한 것은 어떤 밈이 다른 밈들에 비해 더 선호되는 이유에 대해서는 종교밈 이론에 만족스런 설명이 없다는 점이다. 이 지적은 도킨스와 데닛 모두 해당된다. 즉, 밈의 자율성 측면을 더 잘 설명하려다 보니 밈의 제약성―다시 말해, 특정 유형의 밈을 선호하게 되는 인지적 편향 cognitive bias―은 제대로 설명하지 못하는 결과를 낳은 꼴이다.

종교에 대한 포괄적 이론으로서 밈 이론이 가지는 문제점 중 또 한 가지는 그 이론이 종교적 믿음의 기원origin에 대해서는 독립적 설명을 갖고 있지 못하다는 점이다. 종교밈 이론은 종교밈이 어떻게 전달되고 보존되는가의 문제에 해답을 주는 것일 뿐 최초의 종교밈이 어떻게 생겨났는지에 대한 설명은 포함하지 않는다. 이런 이유들 때문에 좀더 포괄적이고 완전한 종교 진화론을 위해서는 밈 이론과 다른 이론들을 동시에 포괄하는 새로운 통합 이론이 필요할 수도 있을 것이다.

나오며: 지식의 최전선에서

앞서 살펴보았듯이, 데넷은 안락의자에 가만히 앉아서 생각의 꼬리를 쫓아가는 식으로만 일을 하는 철학자가 결코 아니다. 아니 그런 철학을 혐오한다고 해야 옳을 것이다. 그는 철학자로서는 보기 드물게 과학과 공학을 넘나들고 있으며 그것도 모자라 몇몇 과학적 탐구에는 결정적 훈수를 두기도 했다. 실제로 그는 인공지능의 가능성을 탐구하기 위해 이미 1970년대에 스탠퍼드대학에 가서 컴퓨터 프로그래밍을 배운 바 있으며, 동물도 마음읽기 능력이 있는지를 탐구하기 위해 아프리카 초원에 머물기도 했었다. 영장류를 연구하는 학자들은 당시에 그에게서 얻은 영감에 대해 지금도 고

마워하고 있다. 심지어 그는 의식의 본질을 탐구하기 위해 채 식지도 않은 신경생리학 논문들을 제일 먼저 맛보는 지식의 요리사다.

이것 외에도 그의 삶과 학문적 방법은 철학자에 대한 우리의 고정관념을 여지없이 무너뜨린다. 우선 그는 최고의 전문가이면서도 전문가들만을 상대로 글을 쓰는 철학자는 아니다. 예컨대『다윈의 위험한 생각』등을 비롯한 몇 권의 저서는 동료들의 머리를 자극하는 책이긴 하지만 교양있는 대중을 지금도 매료시키고 있는 베스트셀러다. 이는 그가 매우 독특한 방식으로 철학을 하고 있다는 징표다. 그의 글에는 언제나 무릎을 치게 만드는 적절한 예제, 그럴듯한 비유, 고품격 농담 등이 넘쳐난다. 실제로 자신의 작업을 아예 '직관 펌프질'로 규정하고 있을 정도다. 그는 대중의 직관을 펌프질해서 그릇된 통념들을 날려버린다.

그는 여름이 되면 미국 메인 주에 있는 농장으로 향한다. 땅을 파고 과일을 담으면서 세상에서 가장 창조적인 철학자로서 생각의 밭을 일구고 있다. 17살에 이미 비트겐슈타인과 데카르트의 저서를 읽고 오류를 찾아낸 천재 소년이지만 그는 다른 '범생이' 천재들과는 달리 아마추어 수준을 넘어서는 온갖 재주를 갖고 있다. 조각가, 재즈 피아니스트, 테니스, 스키, 카누 선수, 심지어 항해 전문가에 이르기까지 그는 몸도 치열한 철학자다.

그런 그가 지난 40년 동안 평균적으로 한달에 한 편씩의 논문을 써댔다. 그것도 최고의 학술지들에. '원천 생각'을 가지지 않았다면 불가능한 일이며 논쟁을 두려워하는 사람이라면 결코 이룰 수 없는 일이다.

더 읽을거리

이 글에서 한글로 약칭한 데닛 저서의 서지사항은 다음과 같다.
『마음의 진화』 Kinds of Minds(Basic Books, 1996)
『자유는 진화한다』 Freedom Evolves(Allen Lane Publishers, 2003)
『주문을 깨다』 Breaking the Spell: Religion as a Natural Phenomenon (Viking Press, 2006)
『지향적 자세』 The Intentional Stance(MIT Press, 1987)
『설명된 의식』 Consciousness Explained(Back Bay Books, 1992)
『다윈의 위험한 생각』 Darwin's Dangerous Idea: Evolution and the Meanings of Life(Simon & Schuster, 1995)
관심 있는 독자들을 위해 국내에 출간된 번역본을 중심으로 데닛의 저서를 간단히 소개한다.

데닛, 『마음의 진화 : 대니얼 데닛이 들려주는 마음의 비밀』, 이희재 옮김, 사이언스북스, 2006
마음의 진화 과정에 대한 데닛의 이론을 대중을 위해 소개한 책으로서 『다윈의 위험한 생각』을 다이제스트한 책이라 할 수 있다.

데닛, 『자유는 진화한다: 자유의지의 진화를 통해 본 인간 의식의 비밀』, 이한음 옮김, 동녘사이언스, 2009
자유의지와 신경결정론 사이에서 양립론을 펼치는 데닛의 독특한 입장이 잘 드러난 책이다.

데닛, 『주문을 깨다: 우리는 어떻게 해서 종교라는 주문에 사로잡혔는가?』, 김한영 옮김, 동녘사이언스, 2010
자연현상으로서의 종교를 밈의 관점에서 바라본 문제작으로서 종교의 과거, 현재, 그리고 미래에 대해 진화론적인 분석을 시도했다. 도킨스의 『만들어진 신』과 더불어 무신론적 과학과 철학을 대표하는 저서다.

D. Dennett, The Intentional Stance, MIT Press, 1987
데닛의 독특한 심리철학이 잘 드러난 책으로서 그의 지향계 이론이 집약되어 있다.

D. Dennett, *Consciousness Explained*, Back Bay Books, 1992
   의식에 대한 데넷의 입장이 집약된 문제작. 밈 이론과 신경과학적 연구 성과들을 종합하여 그는 다중 초안 이론mulitple drafts theory을 내놓았다.

D. Dennett, *Darwin's Dangerous Idea: Evolution and the Meanings of Life*, Simon & Schuster, 1995
   의식, 지향성, 인공지능, 이타성, 가치 등에 대한 다원주의적 접근을 시도한 책으로서 전문가와 고급 대중을 대상으로 펴낸 베스트셀러다.

D. Dennett, *Sweet Dreams: Philosophical Obstacles to a Science of Consciousness*, MIT Press, 2005
   의식에 대한 과학적 연구와 전통적 철학 연구 사이에 존재하는 긴장을 부각시키고 자신만의 의식이론을 발전시킨다. 다중 초안 모형을 넘어 '명성 fame 이론'을 제시한다.

앤드루 브룩, 돈 로스 편저, 『다니엘 데넷』, 석봉래 옮김, 몸과마음, 2002
   철학자요 과학자인 데넷의 전모를 여러 분과의 전문가들이 이해하고 평가한 책이다. 진화론, 인공지능, 심리철학, 경제학 등에 미친 데넷의 영향에 대해 논의한다.

더글러스 호프스태터 외, 『이런, 이게 바로 나야!』, 김동광 옮김, 사이언스북스, 2001
   보르헤스와 도킨스를 비롯한 20세기의 위대한 사상가들의 글에 대해 데넷과 호프스태터가 논평한 책으로 문학, 인공지능, 심리학, 철학의 관점에서 자아와 의식의 의미를 재기발랄하게 다루고 있다. 공편서이긴 하지만 일반 독자들이 가장 재미있게 읽어볼 수 있는 데넷의 글이다.

차머스

의식의 신비

한우진

서울대학교 철학과를 졸업하고 동 대학원에서 석사학위를 받았다. 처음에는 현상학에 관심을 가졌으나, 의식에 대한 인지과학과 분석철학의 접근에 공감하여 심리철학 연구를 시작했고, 듀크대학교Duke University에서 의식의 물리주의에 관한 연구로 박사학위를 취득했다. 제22차 세계철학대회 한국조직위원회 사무국장과 서울대학교 BK21 철학교육연구사업단 박사 후 연구원을 지낸 후, 덕성여자대학교에 재직 중이다. 의식에 관한 다양한 형이상학적 문제와 지각과 비개념적 내용에 관한 연구를 발표해 왔다. 철학, 인지심리학, 신경과학, 인공지능이 서로 만나는 지점이 주요 관심사이다.

철학계의 록 스타[1]

1966년 호주에서 태어난 차머스David Chalmers는 애들레이드대학과 옥스퍼드대학에서 수학을 전공한 후, 인디애나대학에서 의식에 대한 연구로 박사학위(철학/인지과학전공)를 받았다. 워싱턴대학에서 박사후 연구원을 지냈으며, 캘리포니아대학(Santa Cruz)과 아리조나대학을 거쳐 현재 호주국립대학과 뉴욕대학에 재직중이다. 차머스는 의식에 대한 논의들이 막 꽃피던 시기의 여러 활동에 적극 참여했다. 1994년 아리조나대학에서 열린 투손학회 〈의식의 과학을 향하여Towards a Science of Consciousness〉에서 그는 의식의 신비를 해명하는 일이 이른바 '어려운 문제a hard problem'임을 주장하는 논문을 발표했다. 이 '어려운 문제'와 그의 저서 『의식하는 마음』은 그를 철학계의 록 스타와 같은 존재로 만들었다. 차머스 이전에 데넷의 『설명된 의식』,[2] 플러내건의 『재검토된 의식』[3] 등의 저서가 의식의 중요성을 일깨웠다면, 『의식하는 마음』은 본격적인 철학적 논쟁의 신호탄이 되었다. 이후, 의식에 관한 논쟁의 중요한 부분은 차머스에 대한 다른 철학자들의 반론과 그의 대답, 그리고 이에 대한 재반론으로 이루어진다. 이 글은 차머스의 주장에 대한 설명과 함께, 차머스 이전과 이후의 의식에 관한 논쟁사 전체를 다룰 것이다. 데이비슨, 김재권, 설

---

1 이 글의 초고를 검토하여 유익한 조언을 준 최훈 선생님과 이선아에게 감사드린다.
2 D. Dennett, *Consciousness Explained*, Little, Brown and Company, 1991.
3 O. Flanagan, *Consciousness Reconsidered*, The MIT Press, 1992.

과 같이 수십 년 동안 영향을 끼쳐온 대가가 아니라면, 현대 심리철학에서 철학적 문제가 아닌 한 철학자가 논의의 중심이 되는 일은 드물다. 따라서 차머스의 영향을 살피기 위해서는 의식 논쟁의 전체적 그림을 살피는 것이 불가피할 것이다.

무관심에서 핫 이슈로

'마음에 떠오르는 모든 것' 정도로 정의되는 의식은 매우 모호하며 신비로운 존재이다. 특히 우리가 빨간 사과를 볼 때 내적으로 느끼는 '빨간 느낌'이나 '빨강색 경험'은 악명이 높다. 의식세계에 대한 관찰과 이에 대한 보고에 의존했던 내성심리학이 20세기 초에 신뢰를 잃은 후, 의식은 과학의 대상으로 진지하게 다루어지지 않았다. 내성은 지극히 주관적이어서 제3자의 객관적 접근을 허용하지 않는다. 자신의 내면세계를 분명하게 관찰하는 것도 쉬운 일이 아니다. 또 관찰 결과를 보고하는 과정에도 여러 간섭이 개입할 여지가 많기 때문에, 의식에 대한 보고는 과학적 데이터로 신뢰받지 못했다. 내성심리학의 몰락 후에는 내면세계를 없는 것으로 간주하고 행동만을 관찰하는 행동주의가 득세했다. 내면에 대한 관심이 다시 시작된 1960~70년대에는 마음을 일종의 컴퓨터로 간주하여 입력과 출력을 매개하는 인과적 역할에 주목하는 기능주의가 큰 영향력을 가졌다. 1980년대에는 '무엇에 관한 성질 aboutness' 정도로 이해되는 지향성 intentionality이 논의의 중심에 있었다.

의식이 진지한 대접을 받게 된 것은 1990년대에 이르러서였다.

1990년 크릭F. Crick과 코흐C. Koch는 특정주파수 대의 신경 활동을 의식의 신경상관자the Neural Correlate of Consciousness, NCC로 제시하는 논문을 발표했다.[4] 신경상관자란 특정 의식 상태와 상관관계를 맺는 신경 기반을 의미한다. fMRI 등 두뇌영상기술의 비약적인 발달은 의식을 미지의 세계로 남겨두질 않았다. 다마지오A. Damasio와 코흐를 비롯한 여러 과학자가 의식의 신경 기반을 해명하여 의식의 신비를 해소하는 일에 도전했다. 과학의 성과는 철학자들을 크게 자극했다. 마침 대학과 연구소들에 인지과학 협동과정이 정식 프로그램으로 자리를 잡으면서 의식 연구의 협업이 본격화되었다. 투손학회를 비롯해 과학자와 철학자가 의견을 교환하는 자리가 수없이 마련되었다. 이제 의식이 인지과학과 심리철학의 핫 이슈임을 부인하는 사람은 찾아보기 어렵게 되었다.

고전적 논의
―
이원론과 초기 물리주의

의식에 대한 논의는 보통 데카르트까지 거슬러올라간다. 데카르트는 마음이 몸에서 분리될 수 있는지에 대한 사고실험을 하였으며, 생각하는 동안 그 생각작용의 주체로서 '나'의 존재 여부는

---

[4] F. Crick and C. Koch (1990), "Towards a Neorobiological Theory of Consciousness," reprinted in *The Nature of Consciousness*, ed. N. Block, O. Flanagan, and G. Güzeldere, The MIT Press, 1997.

결코 의심할 수 없음을 발견했다. 이로부터 마음을 몸으로부터 독립적인, 생각하는 실체라고 정의한 그의 입장은 '실체이원론'이라고 불린다. 데카르트의 사고실험은 차머스를 비롯해 현대 심리철학 곳곳에 영향을 미치고 있다.

데카르트의 실체이원론은 악명 높은 문제를 함축한다. 영혼과 몸이 각각 상호 독립적인 실체라고 하자. 그런데 우리의 마음과 몸은 서로 소통하는 듯하다. 물을 마시고 싶다는 생각은 실제로 몸을 움직인다. 그런데 서로 완전히 다른 두 실체의 상호작용은 어떻게 가능한 것인가? 영혼은 어떻게 몸에 인과작용을 하는가? 이러한 질문에 대한 답으로 라이프니츠는 신이 미리 조화롭게 상호작용을 결정해놓았다는 예정조화설을 제안했으며, 말브랑슈N. Malebranche를 비롯한 기회원인론자는 신이 그때그때 상호작용에 개입한다고 말한다. 그러나 신과 같은 거창한 존재를 끌어들이는 설명은 물리적 세계가 인과적으로 닫혀 있다는 과학의 기본 가정에 위배된다. 신이 물리계에 영향을 미친다면, 물리 현상의 설명에는 자연법칙뿐만 아니라 신이 필요할 것이다.

그래서 현대의 이원론자는 데카르트의 육체와 마음의 분리가능성에 대한 사고실험은 받아들이지만, 그 자체로 존재하는 실체로서의 영혼은 포기한다. 이들은 마음이 단지 육체에서부터 독립적인 속성의 집합일 뿐이라고 정의하므로, '속성 이원론자'라고 불린다. 실체와 대비되는 개념으로서 속성은 나의 경험, 지각, 생각 등 순간순간 마음에 떠오르는 모든 것을 포함한다. 빨간 사과를 볼 때의 빨간색 경험이 바로 속성의 일종이다. 차머스를 비롯한 속성 이원론자는 의식 속성이 특정 두뇌작용으로 환원될 수 없다고 주장하며, 자신들의 주장을 뒷받침하는 논증으로서 데카르트의 사고실험을 다양하게 변형하여 제시해왔다. 현대 이원론자들의 구체적인 사고실험은 앞으로 자세히 논의할 것이다.

　이원론은 일반인의 직관에 잘 부합한다는 장점이 있다. 그럼에도 오늘날 이원론을 고수하는 철학자는 매우 소수이다. 대다수의 심리철학자는 의식을 자연법칙과 물리 사실에 의해 설명하려고 노력하는 일종의 물리주의자이다. 현대 과학의 발달에 힘입어 그동안 비물리적인 것으로 여겨왔던 것들을 물리적으로 설명하는 것이 더 정확한 이해와 설명을 보장한다는 견해가 전문가 사이에서는 당연하게 받아들여져 왔다. 물리주의자는 의식의 모호함이 독립적 존재를 보장하지는 않는다는 생각을 널리 공유한다. 물론 의식에 대한 완전한 물리적 설명은 쉽지 않기 때문에, 현재 물리주의는 일종의 목표이자 프로젝트의 성격을 가진다.

　의식에 대한 현대적 논의의 시발점인 초기 형태의 물리주의는 스마트J. J. C. Smart의 동일론에서 찾을 수 있다.[5] 스마트는 고통 감각이 특정 두뇌 과정과 동일하다고 주장했다. 이와 유사한 주장으로 네이글E. Nagel의 환원 모형이 자주 거론된다.[6] 네이글은 열역학의 '온도'와 통계역학의 '분자의 평균운동에너지'와의 상관관계를 일종의 법칙으로 간주했다. 거시 물리 현상으로서 온도는 이 법칙에 의해 분자의 움직임으로 환원되어 설명된다. 이러한 환원 모델을 의식에 적용한다면, 우리는 고통이 두뇌 과정과 상관관계를 맺으며, 이 상관관계가 곧 법칙이라고 주장할 수 있다. 환원은 몸과 마음이 동일함을 함축하진 않지만, 상위 개념이 하위 개념에 의해 설명되고 결

---

[5] J. J. C. Smart, "Sensations and Brain Processes," *Philosophical Review* 68(2), 1959.

[6] E. Nagel, *The Structure of Science*, Harcourt, Brace & World, 1961.

국 새로울 것이 없다는 것이므로 동일론과 크게 다르지 않다.

동일론과 환원은 심신관계에 대한 명쾌하고 단순한 모형을 제공한다는 점에서 매우 매력적이다. 그러나 단순한 만큼 큰 설명의 부담을 진다. '온도'와 '분자의 평균운동에너지' 같은 물리적 환원에서는 양자의 법칙적 관계 이상의 설명이 필요하지 않다. 하지만 의식이 두뇌 과정과 상관관계를 맺는다고 하더라도 이를 어떻게 설명할 것인지는 아주 심각한 질문이 된다. 예를 들어 고통은 세포 손상의 표지만이 아니라 어떠한 질적인 느낌 그 자체로 존재하는 것 같다. 철학자들은 의식의 이러한 특질을 가리키기 위해 '감각질qualia'이라는 말을 만들기도 했다. 그렇다면, 서로 완전히 다른 범주에 속하는 의식과 두뇌 과정을 연결해주는 설명이 과연 가능할까? 실제로 의식과 물리 세계를 연결하는 법칙 같은 것이 발견될 전망은 밝지 않다. 그래서 비록 소수지만 이원론자의 영향력은 여전히 크다.

두 얼굴의 사나이, 의식

이제 의식에 관한 현대의 논의를 시작해보자. 1990년경부터 활발하게 벌어진 의식 논쟁의 초기에는 같은 대상을 두고 논의하면서도 서로 다른 것에 대해 이야기를 하는 듯한 상황이 벌어지곤 했다. 어떤 이는 내적 자각awareness을 통해 재인된再認, recognized 심적 상태를 의식이라고 불렀다. 예를 들어, 통증이 어떠한지를 설명하기 위해서는 우리는 통증을 머릿속에 떠올려 다시 관찰해야 한다. 또 어떤 사람은 마음에 떠오른 것에 주목하기 전의 '무언가 느껴지는 상태'를 의식이라고 불렀다. 우리가 '아야!' 소리를 지르며 느끼는 아픔은 그것이 무엇인지에 관한 생각이 미처 생겨나기 전에 주어진다. 전자의 의식 상태와 관련된 기억, 재인, 자각 등은 이미 심리학의 중요한 논의 대상이었다. 하지만 우리가 무엇인가 질적인 것을 느끼는 바로 그 순간에 주어지는 의식 경험은 의식하는 주체와 의식되는 대상의 구분조차 불분명하게 만든다. 나의 고통은 내가 느끼는 것인가, 아니면 나에게 주어지는 것인가?

이렇게 서로 다른 측면들에 대한 이해가 혼재된 상황에서는 엄밀한 개념적 정의를 내리려는 시도가 나오기 마련이다. 블록N. Block은 의식이 일종의 혼성 개념임을 간파했다.[7] 그는 우리의 의식에 대한 이해를 주관적·질적인 면과 기능적·물리적인 면으로 나눌 수 있다고 생각했다. 그리고 의식에 대한 이원론적 직관을 두 측면의 개념 구분을 통해 수용하고자 했다. 블록은 환원되지 않는 주관적·질적인 성격을 지시하는 '현상적 의식phenomenal consciousness' 개념을 발화·행동·고차사고와 연결되는 '접근의식access-consciousness' 개념에서 독립시켰다. 블록은 당시의 혼란이 바로 이러한 개념상의 차이를 간과하기 때문이라고 지적했다. 의식에 대한 초기 논의들은 두뇌의 특정 부위의 손상 때문에 특정 의식 상태가 결여되어 기능 손실을 보이는 사례들에 주목하여, 의식이 바로 그 기능을 담당한다고 자연스레 추론하곤 했다. 그러나 블록은 이러한 추론이 접근의식에는 유용하지만, 현상적 의식에는 적용될 수 없다고 주장했다.

7   N. Block (1995), "On a Confusion about a Function of Consciousness," reprinted in *The Nature of Consciousness*, ed. N. Block, O. Flanagan, and G. Güzeldere, The MIT Press, 1997.

현상적 의식 개념은 순수하게 질적인 영역을 지시하며, 인지적·기능적 측면에 의해 정의되지 않기 때문이다. 그러나 블록이 이원론자인 것은 아니다. 그는 물리주의를 고수하면서 단지 개념적 차원에서만 이원론적 직관을 받아들인다. 원래 하나의 물리적 상태만이 존재하는데, 두 가지의 서로 다른 성격을 가진다는 것이다.

차머스는 블록의 개념적 분류를 존재론적으로 해석하여 인과적인 설명이 가능한 속성을 지시하는 '심리적 개념psychological concepts'과 질적인 속성을 지시하는 '현상적 개념phenomenal concepts'을 구분했다. 차머스는 두 개념이 서로 다른 성격을 넘어서 아예 다른 존재를 지시한다고 주장한다. 심리적 개념에 대응하는 속성은 심리적 의식이고, 심리적 설명이 불가능한 현상적 개념에 대응하는 속성이 현상적 의식이다. 차머스와 블록의 가장 큰 차이점은 현상적 개념이 독립적 속성을 함축하느냐에 있다. 이는 의식 논쟁의 핵심 쟁점이기도 하다.

'어려운 문제'와 의식의 신비

차머스는 의식에 관한 '쉬운 문제an easy problem'와 '어려운 문제'를 구분한다. 쉬운 문제란 의식의 인지적·기능적 영역을 신경과학에 의해 설명하는 문제이다. 물론 인지적·기능적 영역을 신경 수준에서 완전히 설명하는 일은 결코 쉬운 작업이 아니다. 그러나 결국 설명이 가능하다는 점에서 상대적으로 쉬운 문제이다. 반면에 현상적 측면에 대한 설명은 결코 풀리지 않는 어려운 문제이다. 의식의 신경 기반을 해명할지라도, 단순한 상관관계가 과학의 설명에서 흔히 등장하는 인과관계와 동일하다는 주장은 성급하다. 특정 신경 상태가 어떻게 특성 의식 상태를 가능하게 하는지를 설명할 메커니즘은 제시되지 않았다. 더 나아가 현상적 의식과 인지적·기능적 설명은 서로 완전히 다른 범주에 속하는 것 같다. 그래서 맥긴 C. McGinn은 아르마딜로가 수학 문제를 풀 수 없듯이, 우리도 심신법칙에 결코 인지적으로 접근할 수 없을 것이라고 주장한다.[8] 이러한 관점을 따른다면, 심신 문제는 영원히 해결될 수 없는 신비이다.

의식의 신비는 종종 '어떻게 젖은 회색의 물체(뇌)에서 우리의 의식세계가 생겨났는가?'라는 질문으로 표현된다. 레빈 J. Levine은 우리가 이 질문에 적절한 설명을 줄 수 없다고 전망하며, 이 문제를 '설명적 간극 the explanatory gap'이라고 부른다.[9] 설명적 간극은 그 자체로 이원론을 증명하지 못한다. 심신관계에 대한 접근과 설명의 문제는 인식론적인 문제일 뿐이며, 의식과 신경상관자 간의 모종의 존재론적 관계를 직접 부인하는 것은 아니다. 그래서 맥긴과 레빈은 자신들을 '이원론자'가 아닌 '신비주의자 mysterians'라고 부른다. 그러나 설명적 간극에 대한 물리주의자의 대답이 마땅치 않기 때문에, 차머스 같은 이원론자도 이를 즐겨 활용한다. 이들은 모두 설명적 간극으로 인해 환원을 거부하므로 '반환원주의자'라고 칭할 수 있다.

---

8 C. McGinn (1989), "Can We Solve the Mind-Body Problem?" reprinted in *The Nature of Consciousness*, ed. N. Block, O. Flanagan, and G. Güzeldere, The MIT Press, 1997.

9 J. Levine, "Materialism and Qualia: The Explanatory Gap," *Pacific Philosophical Quarterly* 64, 1983.

좀비, 매리, 박쥐

차머스는 설명적 간극에 대한 직관을 좀비zombie에 관한 사고실험을 통해 논증으로 발전시켰다. 데카르트는 몸이 없는 마음이 가능한지에 대한 사고실험을 이용하여 마음이 몸으로부터 독립적으로 존재할 수 있다고 추론했다. 차머스는 반대로 마음이 없는 몸이 가능한지에 대한 사고실험을 통해 마음이 몸으로 환원되지 않는다는 결론을 내린다. 나와 똑같은 두뇌를 가졌으며 똑같이 말하고 행동하지만 내면적으로는 현상적 의식을 갖지 못하는 '철학적 좀비'를 가정해보자. 나의 복제인간인 철학적 좀비는 기능적·신경생물학적·행동적·인지적 측면에서 나와 완전히 동일하다. 내가 빨간꽃을 보며, '빨갛다!'고 말할 때, 그도 '빨갛다!'고 말한다. 그러나 그는 어떠한 '빨간색의 경험'도 하지 않는다. 좀비는 직관적으로 매우 그럴 법하며, 개념상의 모순도 없는 것 같다. 차머스는 좀비의 가능성이 물리주의가 거짓임을 드러내길 기대한다.

좀비 논증을 본격적으로 시작하기에 앞서, 차머스는 자신이 생각하는 최선의 물리주의를 제안한다. 물이 어떻게 H_2O로 환원되는가를 설명하기 위해서는 우선 물이 무엇인지를 정의해야 한다. 일반적으로 물은 '무색·무취·무향 등의 표면적 속성을 가지며 강·호수·바다를 채우는 생명에 필수적인 액체' 정도로 정의된다. 철학자들은 이러한 정의를 축약해 물을 '물 같은 물질watery stuff'이라고 부른다. 그 다음 단계는 물 같은 물질이 실제로 H_2O라는 것을 확인하는 것이다. 이 두 단계를 거쳐 우리는 물을 H_2O로 환원할 수 있다. 같은 추론을 고통에 적용해보자. 고통을 신경 상태로 환원하기 위해서 우리는 고통의 정의를 찾아야 한다. 고통의 표면적 기능에 의한 정의는 '세포 손상을 알리는 표지'이다. '세포 손상을 알리는 표지'는 다시 특정 신경 상태와 동일시된다. 이제 고통은 신경상관자로 환원된다.

 이와 같은 물리주의의 장점은 고통이 왜 특정 신경 상태와 반드시 연결되는지에 대한 대답을 준다는 것이다. '모든 물은 물 같은 물질이다'는 문장은 반드시 참이다. 이는 '모든 총각은 미혼이다'라는 문장이 반드시 참인 것과 같다. '총각'의 정의가 바로 '미혼 남성'이듯, '물'의 정의는 '물 같은 물질'이며, 고통은 정의상 반드시 세포 손상을 알리는 표지이다. 만일 고통의 정의와 신경 기반이 언제나 함께한다면, 이제 고통은 필연적으로 신경상관자와 함께할 것이다. 즉, '고통=세포 손상을 알리는 표지'와 '세포 손상을 알리는 표지=신경상관자'가 합해지면, 고통은 반드시 신경상관자와 동일하다. 이와 같은 추론은 고통이 어떻게 신경 기반에서 발생하는지에 대한 기능적 설명을 준다. 고통의 기능적 정의가 없으면, 물리주의는 설명적 간극의 벽에 부딪힐 것이다. 왜 B가 아닌 A라는 신경 상태에서 고통이 생기는가? 그러나 고통의 정의는 신경 기반과 쉽게 동일시될 수 있다. 기능적 측면에 의한 고통의 정의에는 이미 현상적 측면이 탈색되었기 때문이다. 따라서 고통은 고통의 정의에 의해 어떠한 경우에도 B가 아니라 A라는 신경 상태로부터 나와야 한다. 물이 반드시 H_2O라는 것을 설명하기 위해 다소 뻔한 사실을 포함하는 물의 기능적 정의가 중간에 꼭 필요할 것 같지는 않다. 그러나 고통의 경우는 다르다. 고통의 기능적 정의가 주어지지 않는다면, 설명적 간극으로 인해 고통은 곧장 신경상관자로 환원될 수 없다.

이제 차머스는 좀비의 가능성이 고통과 신경상관자의 동일성을 부정한다고 주장한다. 좀비는 내가 고통을 느낄 때의 모든 기능적 반응과 신경 상태를 가지지만 고통의 느낌만을 결여하므로, 고통과 신경상관자의 일대일 대응관계는 부인된다. 고통은 어떠한 경우에도 A라는 신경 상태로부터 나와야 한다. 그러나 좀비는 A를 가졌으나 고통이 없으므로, 좀비가 가능하다면 고통은 신경상관자와 언제나 같은 것은 아니다. 이와 같은 추론을 좀 더 자세히 살펴보자. 좀비는 나와 모든 물리적·기능적인 면에서 동일하기 때문에, 내가 고통을 느끼면 좀비도 나와 동일한 신경 상태와 함께 '세포 손상을 알리는 표지'를 가진다. 그래서 내가 치석을 제거한 후 "정말 아프지 않았어?"라고 물으면, 그도 맞장구를 치며 자신이 경험했다고 주장하는 고통의 증거로서 '어금니 뿌리에 느껴진 시린 느낌의 강도가 0~10까지 중에 9였어'라고 대답할지 모른다. 그러나 그는 실제로 그 시린 느낌을 가지지 않는다. 이렇게 좀비는 고통과 고통의 기능적 정의가 일치하지 않을 수 있음을, 즉 고통이 기능적으로 완전히 설명될 수 없음을 암시한다. 만일 좀비의 가능성으로 인해 물리주의가 첫 단계부터 어려움을 만난다면, 신경 기반을 확인하는 그 다음 단계는 물어볼 필요가 없다.

좀비 논증과 유사한 잭슨F. Jackson의 지식 논증the knowledge argument은 현상적 지식과 물리적 지식이 분리됨을 암시하는 사고실험에 의존한다.[10] 지식 논증은 색 과학자인 매리에 대한 이야기에서 시작한다. 매리는 태어날 때 눈에 흑백 렌즈를 이식받았으며, 흑백 방에

---

10 F. Jackson (1986), "What Mary Didn't Know," reprinted in *The Nature of Consciousness*, ed. N. Block, O. Flanagan, and G. Güzeldere, The MIT Press, 1997.

서만 자랐기 때문에 오직 흑백 경험만을 해왔다. 그러나 메리는 색 과학자로 키워져서 색에 관한 모든 과학에 통달했고 색 경험에 관한 모든 물리적·기능적 지식을 소유하고 있다. 그런데 평소 메리를 사랑하던 동료 과학자가 그녀가 잠든 사이에 흑백 렌즈를 제거한 후, 깨어날 때 빨간 장미를 들고서 사랑을 고백한다고 하자. 빨간 장미를 처음 보는 메리는 '빨간색의 경험'에 대한 새로운 지식을 얻을까? 잭슨의 대답은 "그렇다!"이다. 만일 색과 색 경험에 관한 물리적·기능적 정보가 모든 것을 설명했다면, 메리는 결코 새로운 지식을 얻지 못했을 것이다. 잭슨은 메리가 새 지식을 얻는다는 것에서 그녀가 미처 경험하지 못했던 속성이 존재한다고 결론짓는다. 물리적 지식이 결국 색 경험 자체를 설명할 수는 없다는 것이다.

네이글T. Nagel은 의식 경험의 주관성에 대한 논증을 제시했다.[11] 돌고래와 박쥐는 초음파로 주변을 파악한다. 우리가 박쥐의 초음파 경험이 어떠한지 직접 체험할 수 있을까? 초음파 측정 장치는 박쥐가 먹이나 장애물을 어떻게 인식하는지, 그 대강을 알려준다. 그러나 박쥐가 되지 않는 한, 박쥐와 동일한 경험을 할 수는 없다. 이와 같은 직관은 의식 경험의 주관성을 잘 반영한다. 네이글이 "박쥐가 된다는 것은 무엇과 같은가?What is it like to be a bat?"라는 표현을 통해 의식의 특수성을 강조한 이래로, 주관적인 의식 경험은 흔히 '무엇과 같은 것what it is like'이라고 말해지곤 한다. 나의 경험의 기준은 바로 '나'이므로, 나의 경험에 대한 어떠한 오류도 불가능한 것 같다. 그러나 다른 이들이 나의 경험에 공감하는 것 같아도, 핵심이

---

11   T. Nagel (1974), "What Is It Like to Be a Bat?" reprinted in *The Nature of Consciousness*, ed. N. Block, O. Flanagan, and G. Güzeldere, The MIT Press, 1997.

빠진 듯한 잔여감이 남는다. 그러므로 남들이 제3자적 관점에서 나의 고통에 객관적으로 접근하는 것과 비교할 때, 나는 나의 의식에 대한 특권을 가진다. 네이글은 주관적인 의식 경험은 다른 이에 의해 체험될 수 없으므로 결코 환원될 수 없다고 말한다.

이상의 이원론적 논증의 배후에는 고통에 대한 크립키S. Kripke의 견해에서 잘 드러나는 직관이 자리하고 있다.[12] 신이 고통을 창조하기 위해 오직 고통의 신경상관자만을 창조하면 충분했을까? 크립키는 신경 상태만으로는 고통이 나올 것 같지 않다고 주장한다. 왜냐하면 고통은 느낌 그 자체이기 때문이다. 이원론적 논증은 보통 이러한 직관에서 출발해 데카르트와 유사한 사고실험을 통해 물리주의를 부정한다. 좀비 논증은 고통이 기능적으로 환원될 수 없기 때문에 의식의 기능적·물리적 측면과 현상적 측면이 분리될 수 있다는 사고실험에 의존한다. 지식 논증도 독립적인 현상적 속성을 이미 전제하고서 매리의 새 지식에 관한 사고실험을 전개한다. 네이글도 의식의 비환원성을 전제하고서 박쥐의 초음파 경험이 무엇과 같은지를 묻는다. 그런데 이러한 논증에는 무언가 미심쩍은 구석이 있지 않은가? 이원론적 논증들은 물리주의가 거짓임을 보여 의식이 독립적 속성임을 증명하고자 한다. 그런데 결국 고통이 비환원적인 감각질이라는 것에 호소하고 있지 않은가? 이는 순환 논리이다. 선순환인지 악순환인지를 따지기 전에 논리적 순환은 바람직하지 않다.

---

12 S. Kripke, *Naming and Necessity*, Harvard University Press, 1970.

좀비 논증 그 이후

차머스가 제시한 좀비 논증의 영향은 심대했다. 그의 이원론은 근래 보기 드문 주장이며, 흥미로운 좀비 이야기는 많은 이들의 관심을 사로잡았다. 좀비 논증은 의식에 대한 논의의 흐름도 바꾸었다. 이원론을 말하는 것이 곧 데카르트로의 퇴보라고 여기던 분위기가 변했다. 대다수의 전문 철학자는 이원론이 세련되지 않은 이론이며 일반인 사이에서 막연하게 공유되는 직관이라고 여겼다. 차머스는 이들에게 이원론이 진지한 검토의 대상임을 일깨웠다. 이로 인해 한동안 잊혀졌던 부수현상론이나 창발론emergentism과 같은 속성 이원론이 부활했다. 차머스 등에 의해 의식이 신경 상태에 의존하지만 환원되지 않는 일종의 부수현상일 수 있을지에 대한 가능성이 활발하게 논의되었다. 부수현상론은 의식이 그림자나 맹장과 같이 그 자체로 다른 것에 인과적 작용을 하지는 않지만 독립적으로 존재하는 부수현상이라고 주장한다. 반면에 부분의 합으로 설명이나 예측이 안 되는 현상을 말하는 창발현상은 인과력을 가진다. 의식이 창발현상이라면, 특정 의식 상태는 다른 의식 상태에 인과적 영향을 미칠 수 있다. 김재권 등은 창발론을 심각하게 고려할 가치가 있다고 설득해왔다. 이제 의식의 신비가 결국에 풀릴 것이라는 낙관적인 전망을 하던 물리주의자도 여러 이원론을 심각하게 다룬다.

물리주의자는 차머스에 맞서 자신의 이론을 더욱 정교하게 발전시켜왔다. 최근의 물리주의에 관한 가장 큰 쟁점은 부수현상이나 창발 속성과 같은 물리적 사실 이상의 무언가something over and above를 어떻게 제거하느냐는 것이다. 물리주의가 옳다면, 물리적 사실은 의식을 포함하여 모든 사실을 결정해야만 한다. 물리적 사실 이상의 어떠한 것도 허용하지 않기 위해 물리주의는 의식과 신경 기반 간의 상관관계를 필연적인 것으로 간주한다. 의식이 모든 가능한 경우에서 특정 신경 상태로부터 나와야 한다는 것이다. 그러므로 물리주의자는 의식과 신경상관자 사이의 필연성을 끊는 좀비의 가능성을 거부한다. 좀비의 가능성은 물리 사실만으로 충분하지 않은, 의식에 대한 사실이 있음을 의미하기 때문이다.

여기서 핵심 쟁점은 좀비의 '가능성'이다. 좀비 논증에서 가능성은 보통 논리적 가능성logical possibility과 형이상학적 가능성metaphysical possibility으로 구분된다. (마찬가지로 필연성도 논리적 필연성과 형이상학적 필연성으로 분류가능하다.) 상상가능성conceivability이라고도 하는 논리적 가능성은 논리적 무모순성을 의미한다. 어떠한 모순도 함축하지 않는 개념이라면, 논리적으로 가능하다. 예를 들어 수퍼맨이나 스파이더맨 등 잘 짜인 허구 속 존재는, 물리학과 생물학적으로는 불가능하지만 개념상의 모순이 없으므로 상상가능하다. 반면에 형이상학적 가능 세계는 우리 세계의 인과적·역사적 사실과 모순을 이루지 않는 세계이다. 수퍼맨은 상상가능하지만, 우리 세계의 인과적 사실에 비추어보면 형이상학적으로는 불가능하다.

의식에 관한 여러 입장은 보통 좀비 논증에 대한 대응에 의해 나뉜다. 차머스는 좀비가 아예 상상이 불가능하다는 주장을 'A-유형 이론'이라고 하는데, 이는 '선험적 물리주의a priori physicalism'라고도 널리 불린다. 선험적 물리주의자는 의식의 기능에 의한 정의를 경험으로 확인되기 이전에 주어지는 선험적인 것으로 받아들인다.

이들은 고통을 세포 손상을 알리는 표지라고 정의한다. 따라서 고통 개념을 분석하면, 세포 손상을 지시한다는 고통의 기능이 선험적으로 알려진다. 선험적 물리주의의 고통 정의는 좀비 개념과 모순을 이룬다. 우리와 기능적으로 동일하면서도, 즉 세포 손상을 알리는 표지를 가지면서도, 고통을 느끼지 못하는 존재는 개념상 모순이기 때문이다. 그리고 개념상 모순은 상상이 불가능하므로 좀비는 상상이 불가능하다.[13]

앞서 논했듯이 선험적 물리주의의 장점은 분명하다. 고통을 세포 손상을 알리는 표지로 정의하면, 고통에 대한 어떠한 신비도 존재하지 않는다. 고통은 그 정의상 이미 기능적으로 설명이 되었으며, 이에 대한 신경상관자를 찾는 것은 쉬운 문제이다. 바로 이 때문에 차머스는 선험적 물리주의가 최선이라고 간주한다. 그러나 많은 사람들은 고통이 단지 세포 손상을 알리는 역할만을 가지는지에 대해 회의적이다. 또한 선험적 물리주의는 좀비 논증을 논박하기 위해 다시 특정 물리주의를 취해야 한다. 앞서 지적했던 이원론적 논증의 순환성에 대한 비판은 선험적 물리주의에도 적용가능하다.

차머스는 좀비의 상상가능성을 받아들이지만 형이상학적 가능성을 거부하는 입장을 'B-유형 이론'이라고 칭한다. 호간과 티엔슨 T. Horgan and J. Tienson은 동일한 유형을 '뉴 웨이브 유물론new wave materialism'

---

13 철학자들은 이렇게 개념 분석만으로 형이상학적 결론을 내리는 경향을 '안락의자 형이상학armchair metaphysics'이라고 부른다. 오래된 철학자의 이미지는 실험과 관찰을 하는 사람이 아니라 안락의자에 앉아 머릿속의 개념들만으로 존재에 대한 통찰을 내놓는 사람이었다. 안락의자 형이상학자는 우리 세계에 대한 모든 물리 사실이 주어질 경우, 오직 머릿속에서의 개념 분석만으로 물리주의를 증명할 수 있다고 주장한다.

이라고 표현하며,[14] 많은 사람들은 '후험적 물리주의ₐ posteriori physicalism' 라고 부른다. 후험적 물리주의자는 좀비가 수퍼맨과 마찬가지로 잘 짜인 허구 속의 존재이므로 상상가능하지만, 물리주의에 영향을 주지 않는다고 여긴다.

일찍이 스마트는 감각 경험과 두뇌 과정의 동일성이 우연이라고 생각했다.[15] 이 당시만 해도 오직 개념에 의해 참인 사실만이 경험에 앞선 선험적인 것이며, 곧 필연이라고 생각했다. 그러나 크립키가 선험적이면서도 우연인 것과 또 후험적이면서도 필연인 것이 있다고 제안한 이래로,[16] 논리적 필연성·가능성과 형이상학적 필연성·가능성을 구분하는 전통이 자리잡았다. 후험적 물리주의는 의식과 신경상관자 사이에는 과학에 의해 확인되는 필연성이 존재한다고 주장한다. 물이 H_2O인 것은 형이상학적으로 필연이다. 마찬가지로 의식과 신경상관자와의 필연관계도 과학이 확인해줄 수 있어야 한다. 후험적 물리주의자는 이원론이 지배하는 직관 때문에 의식이 신경 기반과 형이상학적 관계를 맺는지 논란이 분분하지만, 의식의 신비가 결국 해소될 것이라고 믿는다.

후험적 물리주의는 좀비 논증에 대한 저항력이 크기 때문에 널리 선호된다. 후험적 물리주의는 좀비의 직관을 수용해 좀비가 상상가능하다고 인정하면서, 이를 물리주의 내부에서 해소하도록 노력한다. 따라서 아예 좀비가 개념상 모순이라며 상상가능성부터

14 T. Horgan and J. Tienson, "Deconstructing New Wave Materialism," in *Physicalism and Its Discontent*, ed. C. Gillet and B. Loewer, Cambridge University Press, 2001.

15 J. J. C. Smart, "Sensations and Brain Processes," *Philosophical Review* 68:2, 1959.

16 S. Kripke, *Naming and Necessity*, Harvard University Press, 1970.

차단하려는 선험적 물리주의에 비해 설득력이 있다. 그러나 이원론자는 좀비의 직관을 수용하면서 물리주의를 고수하는 것이 비일관적이라고 여기며, 의식과 신경상관자의 동일성이 어떻게 정당화될 수 있는지를 묻는다. 온도가 곧 분자의 평균운동에너지라는 사실에는 어떠한 의문의 여지도 없다. 그러나 의식의 환원이 온도의 경우와 같은가? 이러한 질문의 근간을 이루는 설명적 간극은 분명히 직관적 호소력을 가진다. 그렇기에 차머스를 비롯한 이원론자의 질문은 후험적 물리주의에게 강력히 도전한다.

후험적 물리주의자는 의식의 신비가 진정한 신비가 아니라고 여기며 이를 다른 것으로 풀어서 해소하는 전략을 취해왔다. 이를 위해 프레게G. Frege의 '제시 양식mode of presentation'의 차이가 널리 활용된다. 금성은 때로는 새벽별로, 때로는 저녁별로, 우리에게 두 가지 방식으로 알려지곤 한다. 마찬가지로 동일한 인물이 로이스에게 때로는 별 매력이 없는 신문사 동료로, 때로는 자신을 구하는 수퍼맨으로 다가온다. 제시 양식의 차이는 이렇게 동일한 대상이 서로 다른 의미나 방식으로 알려지는 것을 의미한다. 이때, 의미나 방식 자체가 어떠한 존재여야 하는 것은 아니다. 이러한 이해를 의식 문제에 적용할 경우, 물리주의를 지키면서도 의식의 신비를 설명하는 길이 열린다. 원래 고통은 특정 신경 상태와 다를 바 없다. 우리가 고통의 기능적·물리적 측면에 주목할 때, 신경 상태는 세포 손상을 알리는 표지나 특정 두뇌 영역의 활성화를 의미한다. 반면에 우리가 고통의 현상적인 측면에 주목할 때, 동일한 신경 상태는 현상적이고 주관적이며 질적인 의미를 가진다. 여기서 현상적 측면은 단지 '무엇과 같은 것what it is like'일 뿐이며, 이를 독립적으로 존재하는 속성으로 여기는 것은 오류이다. 어떠한 것이 독립적인 속성을 가정할 필요 없이 단지 의미 차원의 제시 양식으로도 설명이 가능하다면, 더 단순한 설명을 택하는 것이 바람직하다.

후험적 물리주의자의 설명을 더 자세히 살펴보자. 이원론적 직관은 오직 현상적 제시 양식에서만 발견되는데, 현상적 제시 양식은 물리적 제시 양식으로 환원될 필요가 없다. 그렇기 때문에 주관성과 같은 의식의 특징은 그대로 보존된다. 일종의 신경 상태로서 고통은 현상적 양식을 통해 그것을 감지하는 본인에게만 주관적으로 알려진다. 다른 사람의 접근은 물리적·기능적 제시 양식을 통하기 때문에, 나의 현상적 방식과 동일할 수가 없다. 그런데 이러한 접근방식의 차이가 물리주의를 부정하는 것이 아니다. 예를 들어 몇몇 물리주의자는 '나' 또는 '저것'과 같은 표현의 성격에 주목하여 의식의 주관성을 설명한다. '나는 지금 커피를 마시고 있어'와 같이 '나'라는 표현이 들어간 문장이 참인지 거짓인지를 판단하기 위해서는 누군가 그런 말을 하고 있는 순간 바로 그 사람이 누구인지, 그리고 그가 과연 커피를 마시고 있는지를 확인해야 한다. '나'가 그 문장을 말하는 오직 그 사람을 지시할 때, 그 문장은 의미를 가진다. 이때, '나'라는 표현이 오직 나만을 지시한다는 것과 나만이 나의 의식에 특권을 가진다는 것은 다를 바 없다. '나'라는 표현의 특수한 성격은 자연과학과 전혀 배치되지 않으며, 물리주의를 부정하는 것과는 상관이 없다. 이렇게 의식의 주관성이 단지 어떤 방식으로 나에게 다가오느냐의 문제일 뿐이라면, 의식의 신비는 해소된다.

이러한 전략을 좀비 논증에 적용하면, 우선 의식이 개념 차원에서 독립적이므로 좀비가 상상가능하다는 결론이 나온다. 현상적 제시 양식을 지시하는 '현상적 개념'은 물리적·기능적 제시 양식을 지시하는 '심리적 개념'에서부터 독립적이다. 따라서 현상적 개념의 독립성을 전제하는 좀비는 개념적으로 정합적이며, 상상가능하다. 그러나 상상가능성이 형이상학적 가능성을 함축하는 것은 아니다. 고통이 특정 신경 상태와 동일하다면, 둘의 분리가능성을 시사하는 좀비가 결국 불가능하기 때문이다. 후험적 물리주의자는 동일한 전략에 의해 매리가 새로운 지식을 얻는다는 것을 인정하면서도, 잭슨의 결론을 피할 수 있다. 빨간꽃을 처음 본 매리는 현상적 제시 양식에 의해 새로운 지식을 얻으며, 이를 설명하기 위해 현상적 개념을 이용할 수 있다. 그녀가 배워온 '빨간색' 경험에 관한 기존의 물리적·기능적 지식은 현상적 개념을 설명하는 데 별 도움이 안 된다. 둘 사이의 개념적 연결이 없기 때문이다. 그러나 이 사실이 '빨간색' 경험이라는 독립적인 속성이 존재함을 함축하는 것은 아니다. 동일한 전략은 네이글의 박쥐 논증도 설명해낸다. 의식의 주관성이 '나' 같은 표현의 성격에 의해 설명된다면, 이를 굳이 존재론적으로 해석해야 하는 당위성은 없다.

신비는 과연 해소되었는가?

물리주의자는 차머스의 좀비 논증에 대답하기 위해서 그의 개념 구분을 받아들여 좀비에 대한 직관을 어느 정도 수용해왔다. 이제 이원론을 오직 개념 차원에서 설명해낸다고 해보자. 그렇다면 의식의 신비가 모두 해소되는가? 당장 마땅한 설명이 없더라도 의식의 신비는 결국에 해결이 가능한 쉬운 문제일 뿐인가? 이원론자가 볼 때, 물리주의자의 전략은 근본적인 문제를 회피할 뿐이다. 물리주의자는 현상적 개념에 대응하는 속성을 따로 가정할 필요가 없으며, 이를 가정하는 것은 순환 논증이라고 말한다. 이에 대해 이원론자는 '너도 마찬가지야!'라고 반격할 것이다. 왜 비환원적인 현상적 개념이 신경 상태와 동일시되어야 하는가? 신비 해소 전략이 성공적이더라도, 아직 심각한 문제가 남아 있다. 후험적 물리주의는 의식과 신경상관자 사이에 모종의 형이상학적 관계를 전제해야 성립한다. 그러나 아직 어떻게 특정 신경 상태에서 특정 의식 상태가 나오는지에 대한 마땅한 설명이 없다. 결국 두 영역의 연결을 설명하는 문제는 물리주의가 마주하는 가장 심각한 문제이다. 차머스의 좀비 논증은 바로 이 문제를 극적으로 드러낸다.

현상적 개념을 사용하면서 동시에 물리주의를 고수하는 것은 결코 화해할 수 없는 양자를 모두 택하려는 불합리한 선택일지도 모른다. 그러나 적어도 신비를 해소하는 전략이 사실 의식이 생각만큼 신비로운 것은 아니라는 생각에 힘을 실어주는 것은 분명하다. 만일 설명적 간극에 대한 직관이 약해진다면, 동일성이나 환원이 더 이상 요청으로서 전제되는 것이 아닐 수 있다. 대다수의 물리주의자가 공유하는 이러한 대담한 낙관주의는 과학의 인상적인 발달에서 기인한다. 물론 눈부신 과학의 성과에도 불구하고 의식의 신비는 여전히 난제로 남아 있다. 그러나 과학이 의식에 본격적인 관심을 가지고 도전을 시작한 지 이제 겨우 20년 남짓이다. 더군다나 인지과학이 등장하여, 의식에 대해 다차원적으로 접근하는 중이다. 과학자는 의식의 신경상관자에 대한 발견을 토대로 여러 가설을 내놓고 있으며, 철학자는 과학의 성과가 철학에서 오랫동안 논의되어왔던 의식 개념을 적절하게 반영하는지를 검토한다. 철학자는 아울러 의식에 대한 철학자의 논의가 현 과학의 성과를 잘 반영하는지도 점검하고 있다. 이러한 다차원적 접근은 의식/두뇌, 주관성/객관성, 현상적 개념/심리적 개념 등의 이분법으로 인해, 아예 두 영역의 연결가능성이 미리 차단된 듯한 현 상황에 변화를 줄 것이다.

과학의 의식 연구는 크게 두 방향으로 나뉘어 진행 중이다. 심리학자와 인공지능학자는 의식의 기능적 측면을 중점적으로 연구한다. 이들은 의식이 외부세계를 반영하는 표상representation이며 언어와 같은 기호나 심상mental image 등의 형태로 정보처리 과정에 개입한다고 설명한다. 반면에 신경과학자는 궁극적으로 신경과학이 의식을 설명해낼 것이라고 믿는다. 만일 의식이 두뇌 수준에서 충분히 설명이 된다면, 굳이 기호나 심상 같은 기능적 용어로 설명할 필요가 없을 것이다. 그래서 이 두 부류의 학자들 사이에는 종종 논란이 벌어진다. 철학자는 과학의 논란을 따라가며 개념적 작업을 한다. 어느 철학자는 신경과학의 편을 들어 마음이 존재론적으로 아무런 가치가 없으며 그 개념조차 정합적이지 않기 때문에, 마음에 대한 개념들이 결국에는 제거될 것이라고 주장한다. 이에 반해, 심리학과 인공지능의 편에서 마음에는 비환원적인 기능적 요소들이 있음을 주장하는 철학자도 있다. 또한 차머스와 같은 이원론자들은 현상적 속성인 의식이 물리적인 설명이나 기능적인 설명에 의해 완전히 파악될 수 없다고 주장한다. 이러한 철학자의 활동을 보면, 의식의 학제적 연구의 전망과 철학의 역할이 어느 정도 드러난다. 물리주의의 전망을 밝힐 새로운 개념은 심리학·인공지능, 신경과학, 그리고 현상학이라는 세 기본 토대 위에, 각 영역을 아우르는 철학적 작업을 통해 가능할 것이다. 의식은 최근의 눈부신 과학 발달에 의해, 또한 이에 발맞춘 개념 발전에 의해 심각한 연구 대상으로 인정받게 되었다. 또 다시 새로운 자극이 주어진다면, 의식의 신비를 해소할 새로운 개념적 이해가 등장할 것이라고 기대해보자.

더 읽을거리

David Chalmers, *The Conscious Mind*, Oxford University Press, 1996
차머스의 출세작. 그는 현상적 의식을 심각하게 여기자는 구호와 현상적 개념과 심리적 개념을 구분하자는 주장으로 이 책을 시작한다. 이어 바람직한 물리주의의 설명 모델을 제시한 후, 좀비 논증을 통해 물리주의가 거짓임을 주장하며 일종의 이원론을 전개한다.

김재권, 『심리철학』, 하종오·김선희 옮김, 철학과현실사, 1996
현재까지 널리 읽히는 심리철학의 표준 교과서. 7장 「의식」과 9장 「환원적 물리주의와 비환원적 물리주의」가 의식 문제와 직접적으로 관련이 있다. 2005년과 2010년에 나온 개정판(미번역)에는 의식에 관한 논의가 대폭 보강되었으며, 차머스의 좀비 논증에 대한 김재권의 성찰이 잘 드러난다.

김재권, 『물리주의』, 하종호 옮김, 아카넷, 2007
대표적인 환원주의자인 김재권은 마음의 대부분의 영역에서 물리주의가 유일한 대안임을 역설한다. 그런데 김재권은 마지막 대목에서 놀랍게도 의식의 신비가 결코 풀릴 수 없음을 인정한다. 원제인 '물리주의, 또는 충분히 가까운 무엇'은 환원을 택하는 물리주의가 의식을 제외하면 심성에 관한 모든 것을 물리적으로 설명할 수 있다는 그의 입장을 잘 반영한다.

크리스토프 코흐, 『의식의 탐구』, 김미선 옮김, 시그마프레스, 2006
코흐는 이 책에서 의식에 대한 신경과학 연구의 성과를 종합적으로 서술하며, 의식의 신경상관자에 대해 상세히 설명한다. 특히 흥미로운 내용은 차머스의 좀비 논증을 성실하게 검토하는 대목이다.

Ned Block, Owen Flanagan, and Güven Güzeldere, eds., *The Nature of Consciousness*, The MIT Press, 1997
의식에 대한 과학과 철학의 연구 성과를 선별하여 편집한 책. 차머스의 저서와 이 책이 있으면, 대략 2000년 이전까지의 의식 연구의 주요 흐름을 파악할 수 있다. 입문 해설도 매우 유용하다. 좀비 논증에 대한 본격적인 논의는 아직 나오지 않으나, 설명적 간극이나 지식 논증에 관한 주요 논문들이 포함되었다.

찾아보기

강성 결정론 383
개별자 동일론 288
개시성 98, 102, 105~108
경험론, 경험주의 99, 101
관념연합론 130, 134, 136
구문론 351~352
구조주의 언어학 192
기능주의 288, 321, 330, 344~348, 355~356, 402
기억 126, 133
기의 191~196
기표 191~196
내재성의 순수 평면 228, 234
내적지각 73
네이글, 어네스트 405, 421
뇌과학 67~68
대뇌국재화 가설 134
데카르트, 르네 6, 17~18, 100, 121, 134, 156~159, 165~169, 171, 176~179, 212~215, 259, 278, 308, 317~320, 344
데카르트의 보복 322
도킨스, 리처드 389, 391~393
동일론 346~347, 405~406
랑그 192~195, 204
리비도 경제학 35
리쾨르, 폴 33, 63
메타심리학 34~36
무법칙적 일원론 286~287, 293, 295, 298, 323

무의식 33, 38, 41~45, 100~101, 135, 143~144, 185, 189~196, 217
문법적 고찰 252
물리주의 26, 277~279, 285, 297, 304, 335, 336~338, 405, 409~423
밈 389~391, 393
방법론적 일원론 291
복수실현논변 288
부수현상론 298, 301~304, 323, 415
불타는 아이의 꿈 48
블록, 네드 407~408, 413~414
빠롤 192~195, 204
상상계 199, 201
상징계 147, 199, 201, 205~206
생리학 4~5, 7, 67, 165, 170, 174
세계-내-존재 96, 111
소쉬르, 페르디낭 드 192~193
속성 실재론 307
속성 유명론 301
속성 이원론 320, 335, 357, 359, 360, 404
송과선 165~166, 319
술어화불가능성 306
시냅스 68, 354
신경상관자 403, 414, 417
신체 9, 11, 13, 18, 19, 39, 53, 133~137, 318~320
실재계 205~206
실존 91, 107
실체이원론 8, 288, 317~319, 322, 346, 357, 358

심리적 개념 408
심리철학 262, 277, 308, 321
심리학 122, 132
심신 문제 307~309, 316, 344, 346, 347, 355, 359, 362, 409
심신 수반 328, 330~331
심신동일론 286, 288
심신이원론 278
심신평행론 134
심신환원주의 286
심층문법 250
아우구스티누스, 아우렐리우스 121, 187
언어놀이 249, 265
연성 결정론 383
오이디푸스 콤플렉스 41
외부지각 72~74, 80~81
위상학적 이론 46
유기체 8, 9, 51, 133, 141, 162~163, 298~299, 302
유명론 302~306
유물론적 실재론 160~161
의미론 351~352
의식 4, 19~25, 49, 75~78, 123, 128, 139~149, 155, 255, 266~277, 344, 355~363, 371, 378, 380, 402, 405, 406~409, 415~420
의식철학 96, 100
이드 37~38, 46, 186
인과적 배제 논증 328

일의적 존재론 219~223
자아 39, 186
정신 실재론 299
정신기구 모델 34~35, 37, 47
정신분석학 33~37, 50, 185~196
정신성 5, 9, 13, 26
제거주의 299, 303
제임스, 윌리엄 123, 126
존재론적 주관성 362
지향성 63, 72, 75~78, 336, 351, 359, 370, 375~378, 402
차연 56
철학적 좀비 410~416, 420~422
초월론적 현상학 84~86
초자아 40
충동 51~52
칸트, 임마누엘 5, 187, 237
코기토 121, 157, 171, 187, 214~215
크립키, 솔 281, 414
탈영토화 233, 236
튜링 테스트 345, 348~349
포스트모더니즘 212~213, 217
표층문법 250~251, 253, 255, 259, 267, 274
프로이트, 지그문트 186~190, 194~196, 205
행위인과론 291
현상학 63, 69~70, 125
현상학적 심리학 71, 75, 86
환상지 156, 164~176

마음과 철학 서양편 하
니체에서 차머스까지

초판 1쇄 발행   2012년 6월 8일
초판 5쇄 발행   2022년 12월 30일

기획   서울대학교 철학사상연구소
글쓴이   강진호 김기현 김서영 김석 박정태 박찬국 백도형
          백승영 이남인 장대익 주성호 최훈 한우진 황수영

펴낸곳   서울대학교출판문화원
주소   08826 서울 관악구 관악로 1
도서주문 02-889-4424, 02-880-7995
홈페이지 www.snupress.com
페이스북 @snupress1947
인스타그램 @snupress
이메일   snubook@snu.ac.kr
출판등록 제15-3호

ⓒ 서울대학교 철학사상연구소·2012

이 책은 저작권법에 의해서 보호를 받는 저작물이므로
무단 전재와 복제를 금합니다.

978-89-521-1332-0 04100
978-89-521-1335-1 (세트)